BASTEI
LÜBBE

Über die Autoren:

Marita Vollborn und *Vlad D. Georgescu* sind freie Wissenschafts- und Medizinjournalisten und schreiben unter anderem für *Spiegel Online, Financial Times Deutschland, Focus* und *die Süddeutsche Zeitung.* Marita Vollborn war als Lebensmitteltechnologin für einen internationalen Konzern tätig, Vlad D. Georgescu beschäftigte sich als Chemiker mit Nachweisverfahren für Schadstoffe und Belastungssubstanzen. Weitere Veröffentlichungen sind *Prima Klima, Brennpunkt Deutschland, KonsumKids* und *Die Gesundheitsmafia.*

Marita Vollborn
Vlad D. Georgescu

DIE JOGHURT-LÜGE

Die unappetitlichen Geschäfte
der Lebensmittelindustrie

BASTEI LÜBBE TASCHENBUCH
Band 60606

1. Auflage: Oktober 2008

Vollständige Taschenbuchausgabe

Bastei Lübbe Taschenbücher in der Verlagsgruppe Lübbe

© 2006 by Campus Verlag GmbH, Frankfurt/Main
Für diese Lizenzausgabe:
© 2008 by Verlagsgruppe Lübbe GmbH & Co. KG,
Bergisch Gladbach
Titelbild: © mauritius images/ROSENFELD
Umschlaggestaltung: Kirstin Osenau
unter Verwendung eines Entwurfs von Hißmann, Heilmann, Hamburg
Satz: Fotosatz L. Huhn, Maintal-Bischofsheim
Gesetzt aus der Sabon
Druck und Verarbeitung: CPI – Ebner & Spiegel, Ulm
Printed in Gerrmany
ISBN 978-3-404-60606-1

Sie finden und im Internet unter
www. luebbe.de
Bitte beachten Sie auch: www.lesejury.de

Der Preis dieses Bandes versteht sich einschließlich
der gesetzlichen Mehrwertsteuer.

Inhalt

Vorwort zur Taschenbuchausgabe

Nach Genfood, Novel Food und Nanofood scheinen wir uns an eine neue Form der Lebensmittel gewöhnen zu müssen: Klonfood (cloned food). Die US-Zulassungsbehörde FDA attestierte am 15. Januar 2008 die Unbedenklichkeit von Fleisch und Milch, die von bestimmten geklonten Tierarten stammt. Zwar geht es derzeit in den USA um lediglich rund 600 geklonte Tiere, deren Fleisch oder Milch infrage kämen. Doch es fehlen klinische Studien und Langzeitversuche, und für Konsumenten erweist sich vor allem ein Aspekt als gravierender Nachteil: Eine Deklarationspflicht gibt es, auch hierzulande, nicht. Der Begriff Klonfood ist ein Novum, nirgends exakt definiert und von den 27 EU-Staaten im Rahmen der Novel-Food-Gesetzgebung behandelt. Eine zusätzliche Risikobewertung hielt man 2007 aufgrund der Datenlage für nicht angebracht. Die Europäische Lebensmittelbehörde EFSA hat schließlich eine bis zum 25. Februar 2008 laufende Umfrage gestartet – mit der Begründung: Die bisherigen Erkenntnisse zur Sicherheit von potenziellen Klonfood-Produkten basierten auf zu wenigen und ohnehin kaum vorhandenen Langzeitdaten.

Ähnliches mussten deutsche Verbraucher in Sachen Nanofood erleben. Um die Akzeptanz der Bevölkerung zu testen, setzte das Bundesinstitut für Risikobewertung (BfR) auf eine »repräsentative« Umfrage: Insgesamt 18 Personen sollten nach vorheriger Schulung einem Expertenteam Rede und Antwort stehen. Über die Gefahren und Nebenwirkungen des neuen Nanofood indes tappen Fachleute nach wie vor im Dunkeln. Fest scheint nur zu stehen, dass bis 2015 Nanofood zum Alltag gehören wird – Risiken inbegriffen. Eine gesetzliche Regelung gibt es bis heute nicht.

Diese zwei Beispiele verdeutlichen, dass der von uns im Jahr 2006 geschriebene Bestseller *Die Joghurt-Lüge* an Aktualität nichts verloren hat: Die Mechanismen der Lebensmittelindustrie sind geblieben, und die staatlichen Regelungen hinken mühsam hinterher – es bleibt weiterhin ein unappetitliches Geschäft auf Kosten der Verbraucher.

Marita Vollborn und Vlad Georgescu, Osterode/Harz, Mai 2008

Einführung

Die Umsätze sind gigantisch, die Zahl der Beschäftigten ist enorm. Mehr als 130 Milliarden Euro erwirtschaftet die Lebensmittelbranche hierzulande jedes Jahr, über 550000 Menschen hält sie in Lohn und Brot. Produziert wird rund um die Uhr, die Verkäufe laufen an sieben Tagen die Woche, bundesweit.

Die Zahlen variieren: Zwischen 50000 und 70000 Lebensmittelgeschäfte sorgen dafür, dass der Verbraucher alles bekommt, was sein Herz begehrt: Erdbeeren im Dezember, Äpfel aus Chile oder Weintrauben aus Südafrika sind ebenso selbstverständlich wie die tiefgekühlte Pizza, tiefgekühltes Gemüse oder Joghurt für Fitnessfanatiker – bar jedweder Fette und mit möglichst wenig Kalorien. Fleisch in allen Variationen ist ebenso normal wie Victoria-Barsch oder Pazifik-Fisch. Und das Sortiment im Kühlregal reicht von Fitnessdrinks bis hin zu Functional Food. Moderne Lebensmittel sollen uns gesund halten, schmecken und für wenig Geld zu haben sein. So jedenfalls lautet die globale Message einer Industrie, die mit Milliardenaufwand über Werbung, PR-Kampagnen und Sponsoringaktionen die Konsumenten vom Segen der New-Food-Ära zu überzeugen versucht. Ein wohl kalkulierter und gezielt unters Volk gebrachter Trugschluss, wie unser Buch dokumentiert.

Denn die meisten modernen Lebensmittel fordern in Wirklichkeit ihren Tribut – und gefährden Gesundheit und Psyche der Verbraucher massiv. Dabei geht es nicht um Schadstoffbelastungen, Hygieneskandale oder Zusatzstoffe allein. Vielmehr löst die gigantische Marketingmaschinerie der großen Dominatoren am Lebensmittelfirmament eine Verhaltensänderung bei den Verbrauchern aus. Wissenschaftlich fundierte Untersuchungen belegen, dass diese

Mechanismen existieren und deren Folgen gravierend sind: »Immer dümmer« würden Menschen, weil der Konsum bestimmter Lebensmittel einen wahren Teufelskreis auslöse. Erst übergewichtig, dann träge und am Ende nur noch vor dem Fernsehapparat – das sei etwa der vorgezeichnete Weg bei vielen Jugendlichen, konstatieren Wissenschaftler der Universität Erlangen und stützen sich dabei auf IQ-Messungen bei Kindern und Teens, deren Essgewohnheiten genau unter die Lupe genommen wurden.

Die Lebensmittelindustrie kennt die fatalen Auswirkungen ihrer Marketingstrategien, hält aber ungehindert daran fest. Todesfälle unter den Verbrauchern als Folge des gesteuerten Nahrungsmittelkonsums sind mittlerweile keine Seltenheit mehr. Über 300 000 Menschen sterben jedes Jahr allein in den USA, weil sie den Verlockungen der Lebensmittelindustrie nicht widerstehen konnten. Weltweit sind gar mehr als drei Millionen Menschenleben zu beklagen, wie die Weltgesundheitsorganisation (WHO) attestiert. Der übermäßige Konsum von Süßigkeiten, zuckerhaltigen Getränken oder Chips & Co. verursacht auch hierzulande volkswirtschaftliche Schäden in Milliardenhöhe und belastet die gesetzliche Krankenversicherung enorm.

Was noch vor einigen Jahrzehnten undenkbar schien, ist mittlerweile traurige Realität geworden: Kinder erkranken an Adipositas oder »Alters«-Diabetes, Asthma und Allergien, und das nur, weil sie Lebensmittel und eine Werbelandschaft vorfinden, die unsere Essgewohnheiten auf subtile Weise steuern. Wer glaubt, nur Kinder und Jugendliche seien der Lebensmittelmaschinerie ausgesetzt, irrt. Bei Erwachsenen beobachten Mediziner brüchige Arterien, eine höhere Neigung zur Demenz und registrieren den vorzeitigen Herztod ihrer Patienten als Folge des veränderten Nahrungsmittelkonsums. Die Folgen des uneingeschränkten Geschäfts mit Lebensmitteln sind dramatisch: eine deutlich höhere Morbidität im Alter und eine sinkende Lebenserwartung der Bevölkerung.

Zwar soll eine ganze Reihe von Gesetzen dafür sorgen, dass Lebensmittel nur dann in den Verkehr gelangen, wenn sie sicher sind. Doch in der Praxis erweisen sich die Regelungen und Gesetzestexte als Makulatur. Das einst sehr strenge deutsche Lebensmittelrecht hat längst den Platz für verwässerte Verordnungen, sinnlose Reglements und unverständliche Deklarationen frei gemacht. Juristen, nicht Lebensmittelchemiker, bestimmen daher die Marktstrategien der großen Lebensmittelmultis. Durch findige Angaben zu den Inhaltsstoffen suggerieren die Hersteller die Unbedenklichkeit der Ware – wohl wissend, dass das nicht immer stimmt. So kommt es in regelmäßigen Abständen zu Rückrufaktionen und Warnmeldungen durch das Bundesinstitut für Risikobewertung (BfR). Nur: Kaum ein Verbraucher nimmt davon Notiz, und nicht immer verschwinden die Produkte aus dem Supermarktregal.

Selbst das vom Bundestag am 29. Juni 2006 verabschiedete Verbraucherinformationsgesetz (VIG) ist nicht geeignet, die Machenschaften der Lebensmittelindustrie zu stoppen. In seiner jetzigen Form und ohne gravierende Nachbesserungen ist das VIG wertlos, kritisiert die vom ehemaligen Greenpeace-Geschäftsführer Thilo Bode im Jahr 2002 gegründete Nichtregierungsorganisation foodwatch. Zwar sollen Behörden die Öffentlichkeit bei Gesundheitsgefahren informieren, sie müssen es aber nicht. Der Verbraucher hat nach wie vor kein einklagbares Recht auf Aufklärung, wer Etiketten fälscht oder Gammelfleisch vertreibt. Außerdem gestehen Ausnahmeregelungen den Unternehmen zu, Betriebsgeheimnissen vergleichbare oder vertraulich erhobene Informationen für sich zu behalten.

Was die Großen der Branche professionell können, ahmen auf ganz anderer Ebene die Kleinen nach. Profit um jeden Preis lautet die Devise in der Landwirtschaft – nur wer billig produziert, hat eine Chance, dem Druck des Handels standzuhalten. Der wiederum bestimmt längst die Preise. Aldi, Lidl oder Wal-Mart, nicht wie einst das Wechselspiel von Angebot und Nachfrage, geben vor, zu welchen Konditionen die Rohstoffe für unsere Nahrungsmittel zu haben sind – die Produzenten fügen sich dem Druck und bieten zum Discountpreis daher auch das an, was eigentlich teurer sein müsste.

Was aber billig ist, soll dennoch schmecken, lauten die internen Anweisungen der Marketingabteilungen der großen Lebensmittelkonzerne. Ein Ziel, das sich nur noch mit chemischer Schützenhilfe realisieren lässt. Geschmacksverstärker, künstliche Aromen und eine wahre Armada an weiteren Zusatzstoffen gehören zum Aufgebot der multimilliardenschweren Lebensmittelindustrie.

Dabei belegen zahlreiche unabhängige wissenschaftliche Untersuchungen, dass nicht nur die Menge der eingesetzten Zusatzstoffe massive Auswirkungen auf die Gesundheit der Verbraucher haben kann. Auch die chemische Zusammensetzung einzelner Substanzen vermag Allergien, Asthma oder Stoffwechselstörungen auszulösen.

Im Wirrwarr der Deklarationsgesetze aber sind die Käufer schlichtweg überfordert. Was sich hinter den zahllosen E-Nummern verbirgt, wissen nur wenige Experten.

Beispiel E 620: Der Geschmacksverstärker gehört zur chemischen Klasse der Glutamate und wird aus pflanzlichen und tierischen Rohstoffen mithilfe enzymatischer Verfahren gewonnen. E 620 kann auch gentechnisch hergestellt werden. Er steht im Verdacht, Migräne, Allergien und Asthma auszulösen. Die Glutaminsäure (E 620) und deren Salze (E 621–625) sind in reiner Form ein weißes, wasserlösliches Kristallpulver, das keinen eigenen Geschmack besitzt. Erst über die Sensibilisierung der Geschmackspapillen im Mund verstärkt es den Geschmack und hebt diesen hervor. Ein Glücksfall für die Hersteller, denn über die Überlistung der körpereigenen Geschmacksnerven lassen sich in der Produktion wertvolle Rohstoffe einsparen – und auf diese Weise die Preise discountmäßig gestalten.

Für die Verbraucher ein undurchsichtiges Geschäft. Denn die klare und verständliche Deklaration ist nicht mehr möglich, wie Lebensmittelchemiker und -juristen attestieren. Ob Antioxidantien, Konservierungsstoffe oder Süßungsmittel – die Liste der Substanzen liest sich wie ein Wörterbuch der Laborchemie. Nebenwirkungen und Risiken sind inbegriffen, aber nie erwähnt. Dabei gäbe die Fachliteratur einen erschreckenden Aufschluss über das Ausmaß der potenziellen Gefahren – doch wer soll das alles wissen?

Welches wirtschaftliche Potenzial hinter dem Geschäft mit dem Geschmack des Kunden steckt, demonstriert ein Beispiel eindrucksvoll: Drei Unternehmen dominieren das Geschehen weltweit. Givauden, International Flavors & Fragrances und Quest International sind auf diesem Gebiet die globalen Player, allein der Europamarkt für Geschmacksstoffe umfasst ein Volumen von 1,29 Milliarden US-Dollar, wie ein Papier der Unternehmensberatung Frost & Sullivan dokumentiert.

In der perfekten Strategie der Lebensmittelbranche haben die Verbraucher letztlich kaum eine Chance. Sie lassen sich manipulieren, steuern und sogar zu Verhaltensänderungen bewegen, die auf Dauer ihre Gesundheit, ihre Intelligenz und sogar ihr Leben gefährden. Die Ahnungslosigkeit der Konsumenten bildet die Basis für das perfekte Milliardengeschäft der Lebensmittelindustrie.

Beispiel Fettzufuhr: Trotz der zunehmenden Zahl Übergewichtiger können die wenigsten Deutschen so genannte gute von schlechten Fetten unterscheiden, wie eine Umfrage des Emnid-Instituts zeigt. Nur ein Drittel der Deutschen (34 Prozent) achtet aus gesundheitlichen Gründen auf das Fett in ihrem Essen. »Fett ist aber nicht gleich Fett; es kommt nicht nur auf die Menge an, sondern auch auf die Art der Fette«, sagt Prof. Eberhard Windler, Fettstoffwechselexperte am Universitätsklinikum Hamburg-Eppendorf. Ganz ohne Fett könnte der Mensch nämlich nicht leben, weil die Vitamine A, D, E und K fettlöslich sind und daher ohne Fett nicht vom Körper aufgenommen werden können. Eine extrem fettreduzierte Lebensweise wirkt sich daher sogar negativ auf die Gesundheit aus. Werden hingegen die richtigen Fette verwendet, können diese helfen, Herz-Kreislauf-Erkrankungen vorzubeugen. Die Emnid-Umfrage ergab, dass nur 26 Prozent der Deutschen den Unterschied zwischen gesättigten und ungesättigten Fettsäuren richtig erklären können. 58 Prozent davon haben schon einmal von dem Unterschied gehört, wissen aber nicht, in welchen Nahrungsmitteln welche Fettsäuren vorkommen.

Unwissen aber bietet den Nährboden für manipulierten Lebensmittelkonsum, selbst dann, wenn es eigentlich nichts Neues zu verkaufen gibt. Besonders sarkastisch: Mittels Werbung und über millionenschwere PR-Kampagnen soll den Menschen ausgerechnet der gesundheitliche Nutzen der neuen Lebensmittel suggeriert werden. »Functional Food« sei an dieser Stelle als ein Beispiel genannt, wie mithilfe fragwürdiger Studien und wissenschaftlich nicht haltbarer Methoden sogar eine therapeutische Wirkung der Produkte suggeriert wird.

Ein Trend, den die Industrie geschickt zu nutzen weiß. Wie das gehen kann, erfuhr man per Pressemitteilung Ende 2005 in Frankreich. Gleich zwei große Joghurthersteller schlossen mit französischen Krankenversicherern Abkommen ganz besonderer Art. Danach könnten in der französischen Republik Käufer von bestimmten Functional-Food-Joghurts bei Vorlage der Quittung einen Teil der Ausgaben von ihrer Krankenversicherung zurückerhalten – der Joghurt auf Rezept rückt in greifbare Nähe.

Dass Geld im Mittelpunkt aller Entscheidungen zu stehen scheint, dokumentiert am eindrucksvollsten das Beispiel BSE. Die von Menschen geschaffene Erkrankung beschäftigt Mediziner und Forscher nach wie vor – auf politischer Ebene und vor allem gegenüber der Öffentlichkeit aber gilt das Problem de facto als gelöst. Rindfleisch wird wieder en masse verkauft, kaum ein Verbraucher misstraut »seinem« Schlachter. In Wirklichkeit jedoch sind nach wie vor weder die Folgen noch die potenziellen Auswirkungen der Prionenerkrankung bekannt. BSE-Rinder können immer noch in den Handel kommen. Während sich die Republik über die »Fleischskandale« des Jahres 2005 erregte, zeigt das Beispiel BSE die wahren Lücken im Kontrollsystem – und macht deutlich, dass allein ökonomische Überlegungen die politischen Entscheidungen in Sachen Verbraucherschutz zu bestimmen scheinen. »Verschlusssache BSE« nannten wir daher ein Kapitel dieses Buches, das exemplarisch die Strukturen und Schwächen im gigantischen Geschäft mit unserem Fleisch aufdeckt.

Nicht minder riskant scheint aus unserer Sicht der heimliche Einzug der Gentechnik in unsere Lebensmittel. Obwohl Verbraucher gentechnisch veränderte Pflanzen und Nahrungsmittel mehrheitlich nicht wollen, konsumieren sie diese doch: in Form von Zusätzen der verschiedensten Art, als Aromen oder als Würze. Neue Kennzeichnungsregelungen entpuppen sich bei näherer Betrachtung als unzulänglich. So dürfen Landwirte ihre Kühe mit Gentech-Futter versorgen, aber die Milch müssen sie dennoch nicht als gentechnisch verändert deklarieren. Und das, obwohl keinesfalls gesichert ist, ob und wie jene nachweisbaren Gentech-Erbfragmente in der Milch im Organismus der Verbraucher wirken. Während die Pharmaindustrie zu jedem neuen Medikament klinische Studien vorlegen muss, die sich eingehend mit den Nebenwirkungen und Risiken der Wirkstoffe befassen, fehlen entsprechende aufwändige Prüfverfahren nach dem Muster der klinischen Studien der Phasen I bis III bei der Zulassung des Gentech-Food.

Trotzdem entscheidet die EU-Kommission ganz im Sinne der Hersteller. Im März 2006 ließ sie den gentechnisch veränderten Mais »1507« von Pioneer Hi-Bred, einer Tochtergesellschaft von DuPont, zur Verwendung als Lebensmittel zu. Der Mais war bereits im November 2005 für den Import und zur Verwendung als Futtermittel zugelassen worden. Trotz fehlender Langzeitstudien an großen Probandenkohorten nach dem Vorbild der Pharmabranche gelangte somit das auf den europäischen Markt, was hierzulande gleich mehreren Umfragen zufolge kaum ein Verbraucher haben will. Die Hersteller freilich durften sich freuen: »Zusammen mit dieser Entscheidung wird der Weg für den Import von Getreideprodukten und Produkten mit der 1507-Eigenschaft in alle 25 Länder der EU geebnet«, ließ Pioneer Hi-Bred über eine Pressemitteilung[1] verkünden.

Noch ungesicherter als die Langzeitfolgen des Genfood-Konsums sind Erkenntnisse über »Nanofood«, bei dem Zusatzstoffe in winzigster Form vollkommen neue Eigenschaften der Produkte versprechen. Diese Lebensmittel sollen schon in wenigen Jahren auf den Markt gelangen – sie erscheinen für die Hersteller als Tor zu einem neuen Milliardenmarkt. Nur: Langzeitstudien über die Risiken und Folgen gibt es nicht, noch weniger existiert dazu ein gesetzliches Regelwerk, das dem Verbraucher die nötige Sicherheit bieten würde. Trotzdem gehen die Konzerne offensiv daran, »Nanofood« schon bald zu vermarkten – wohl wissend, dass ihnen niemand Einhalt gebieten wird.

Wer seine Gesundheit langfristig nicht aufs Spiel setzen will, muss daher wissen, was er isst – oder eben auch lieber nicht. Das Buch will nicht eine ganze Branche diskreditieren und im Vergleich zu vielen anderen kritischen Werken zum Thema Lebensmittel auch keine Anleitung zum Umstieg auf Bioprodukte sein – obwohl wir als Autoren im Laufe der Recherchen für dieses Buch und nach Abwägung aller Aspekte letzten Endes überzeugte Bioprodukt-Käufer geworden sind.

Unser Buch will die Mechanismen der Industrie offen legen und den Einblick ins »Eingemachte« erlauben – am Ende wird jeder Leser für sich entscheiden können, was er in Zukunft glauben und vor allem essen kann.

Kapitel I

Die Strategien der Giganten in der Nahrungsmittelbranche

Der PfanniMan kämpft sich durch ein Feldlabyrinth und vertilgt reihenweise Qualitätskartoffeln. Wer ihn schnell zu steuern weiß, überwindet alle Hürden – von der faulen Knolle bis zum gefräßigen Kartoffelkäfer. Das Online-Spiel des Lebensmittelgiganten Unilever, dem PC-Klassiker PacMan nachempfunden, soll Spaß machen – und Appetit auf Knödel & Co.

Dass Kundenbindung über die reine Produktvermarktung hinausgeht, ist kein Geheimnis. Der Verbraucher gilt als sensibles und konservativ entscheidendes Wesen, dessen Geschmack, Preisvorstellung und Hang zur Bequemlichkeit ebenso befriedigt werden müssen wie seine Schwäche für Unterhaltung. Jeder Vorsprung zählt, jedes Extra, jedes Sahnehäubchen, das ihm die Ware schmackhaft machen soll. Heftig umkämpft ist der 130 Milliarden schwere Markt für Lebensmittel: Schätzungsweise 2000 neue Produkte fügt die Branche dem bereits bestehenden Überangebot pro Jahr hinzu – mit dem Ergebnis, dass der größte Teil davon innerhalb kürzester Zeit wieder aus den Regalen verschwindet[1] (siehe dazu auch Kapitel »Functional Food«). Auf dem Schlachtfeld der Kost tummeln sich mehr als 5000 Unternehmen, doch schneiden sich weniger als ein Dutzend die größten Stücke vom Kuchen ab.

Das Marketing beherrscht den Alltag des Verbrauchers. Die Lust an der Speise wird als Lust am Leben verkauft. Modernes Essen ist Sex für den Magen: eine möglichst umgehende Bedürfnisbefriedigung, die mit einem Augenflirt beginnt und mit dem Löffel in der Fünf-Minuten-Terrine endet. Das »magische Trend-Dreieck« Wellness–Convenience–Genuss verspricht der Branche, endlich das Langweilerimage loszuwerden. Die Gesellschaft für

Konsumforschung (GfK) und die Bundesvereinigung der Deutschen Ernährungsindustrie (BVE) haben anlässlich der internationalen Ernährungsmesse Anuga 2005 eine aktuelle Studie[2] vorgestellt, die überproportionales Wachstum und Wertschöpfung einzelner Sortimente in Aussicht stellt. Wellness, Convenience und Genuss werden die Megatrends sein, von denen Industrie und Handel neue Impulse für ihr Geschäft erwarten können, verspricht die Studie. Bereits heute geben Konsumenten in Deutschland für Produkte dieser Kategorie 60 Milliarden Euro pro Jahr aus. Die Stunden von »Otto-Normalverbraucher« scheinen gezählt. Einkaufspräferenzen richten sich nach individuellen Vorstellungen, nach Geldbeutel und Lebenssituation und verschieben sich immer wieder. Längst lassen sich Märkte nicht mehr nach Kriterien wie Einkommen oder Haushaltsgröße erfassen. Marketing mit Hammer und Meißel zu betreiben, rechnet sich nicht mehr; heute ist das Sezierbesteck gefragt, um Produkte zielgerichtet platzieren zu können.

Der Lebensmittelfluss

Mehr als 185 000 Vollerwerbsbetriebe und 245 000 Nebenerwerbsbetriebe in der Landwirtschaft versorgen den Agrarhandel, zu dem Ökonomen rund 1 200 Primärgenossenschaften, acht Zentralgenossenschaften und knapp 1 000 Landhändler zählen. Von da aus gelangen die Rohstoffe – Obst, Gemüse, Getreide, Fleisch oder Milch – in die 73 000 Unternehmen der Verarbeitungsindustrie, die, nach Herstellung der Endprodukte, den Lebensmitteleinzelhandel beliefert, der sich unter anderem aus Supermärkten, Discountläden und Warenhäusern zusammensetzt. Über 51 000 Verkaufsstellen des Lebensmitteleinzelhandels gibt es mittlerweile in der Bundesrepublik.

Dominiert wird die Ernährungsindustrie seit Jahren, allerdings in wechselnder Positionierung in der Rankingliste, von nur zehn Konzernen:[3]

Tabelle 1: Die großen Konzerne der deutschen Ernährungsindustrie

Konzern	Umsatz 2005 (gerundet)
Südzucker	5,4 Milliarden EUR
Tchibo Kaffee	4,8 Milliarden EUR
Nestlé Deutschland	3,8 Milliarden EUR
Coca-Cola Deutschland	3,3 Milliarden EUR
Deutsche Unilever Gruppe	2,5 Milliarden EUR
Nordmilch	2,0 Milliarden EUR
Kraft Foods Deutschland	2,0 Milliarden EUR
Moksel	1,8 Milliarden EUR
Nordfleisch	1,6 Milliarden EUR
Oetker	1,4 Milliarden EUR

Bei den Handelsunternehmen der Lebensmittelbranche (LEH) verhält es sich ähnlich:[4]

Tabelle 2: Die Großen im Lebensmittelhandel

Konzern	Umsatz 2005 (gerundet)
Edeka/AVA-Gruppe	35,7 Milliarden EUR
Metro-Gruppe	32,1 Milliarden EUR
REWE-Gruppe	30,9 Milliarden EUR
Schwarz-Gruppe	22,7 Milliarden EUR
Aldi-Gruppe	21,7 Milliarden EUR
Tengelmann-Gruppe	14,1 Milliarden EUR
Lekkerland-Tobaccoland	6,4 Milliarden EUR
Schlecker	5,5 Milliarden EUR

Die Big Player im Handel dominieren die Branche

Der Lebensmittelhandel ist jener Bereich des Handels, in den das meiste Geld für Werbung gesteckt wird. Das verwundert nicht, zumal es an Supermärkten in Stadt und Land nur so wimmelt: In Deutschland kommen auf eine Million Einwohner fast 250 Lebensmittel-

Einzelhandelsfilialen mit einer Verkaufsfläche von mehr als 400 Quadratmetern. Der Vergleich mit Großbritannien führt vor Augen, wie hart der Kampf um Kunden und Marktanteile hierzulande geführt wird: In Großbritannien kommen auf eine Million Einwohner 110 Geschäfte; damit stehen jedem deutschen Einwohner doppelt so viele Quadratmeter Einkaufsfläche zur Verfügung wie einem Briten. Die Überkapazitäten und die jahrelange Dressur des Kunden zum Schnäppchenjäger schlagen sich auf die Ertragssituation des Einzelhandels nieder. Während die Konkurrenten in Großbritannien mit 5 bis 7 Prozent Umsatzrendite rechnen dürfen, kommen deutsche Lebensmittelhändler auf 0,5 bis 2 Prozent. Insgesamt klagt der Einzelhandel über die Kaufzurückhaltung seiner Kundschaft. Allein in Baden-Württemberg meldete die Hälfte aller Geschäfte für Januar bis Juli 2005 ein Umsatzminus, im Durchschnitt generierten die Händler 4 Prozent weniger Umsatz als im Vergleichszeitraum des Vorjahres. Etwa 1 000 Geschäfte im Schwabenland meldeten Insolvenz an. Seit etwa 1992 oszilliert der Umsatzzuwachs des Lebensmitteleinzelhandels um den Nullpunkt. Das allein auf die wirtschaftlichen Rahmenbedingungen und eine gedrückte Konsumlaune zurückführen zu wollen, trifft nicht den Kern. Die hohe Arbeitslosigkeit, die Angst vor Arbeitsplatzverlust und die schrumpfende Zahl kaufkräftiger Erwerbstätiger mögen ihren Anteil daran haben. Verbraucher sind zwar kluge Rechner – aber grundsätzlich konsumfreudig. Aber die Probleme das Lebensmitteleinzelhandels sind in viel stärkerem Maße hausgemacht: Flächenexpansion und Verdrängungswettbewerb bestimmen seit Jahren die Entwicklung. Auf diese Weise gewinnen die Großen, was die Kleinen verlieren.

Beherrscht wird der Handel, vom Kunden selten bemerkt, von den Big Playern, die sich Konzentration auf die Fahnen geschrieben haben. Wer zum Beispiel seine Tiefkühlpizza bei Lidl einkauft und die Apfelschorle über das Laufband von Kaufland schickt, lässt die Kasse eines einzigen Großunternehmens klingeln: die der Schwarz-Gruppe. Dass das Entstehen von Handelsmultis an der Tagesordnung ist, zeigt auch das Beispiel Edeka. Im Jahr 2005 bewilligte das Bundeskartellamt die Übernahme der Spar Handels AG und des Discounters Netto Süd durch die Edekazentrale ebenso wie

die Finanzbeteiligung an Netto Nord. »Wir freuen uns über die
Entscheidung der Kartellbehörde«, kommentierte daraufhin der
Edeka-Vorstandsvorsitzende Alfons Frenk, »sie stärkt die Wettbewerbsfähigkeit des von Unternehmern geführten Lebensmitteleinzelhandels.«[5] Bereits Ende der 1990er Jahre zählten 11 Prozent
aller Lebensmittelgeschäfte zu den Verbrauchermärkten mit mehr
als 800 Quadratmetern Verkaufsfläche – die etwa 45 Prozent des
Umsatzes generieren. Die Verbreitung preisgünstiger Handelsmarken in Verbrauchermärkten und Discountern verdrängte in den vergangenen Jahren klassische Markenprodukte und erhöhte dadurch
den Druck auf den traditionellen Lebensmitteleinzelhandel weiter.
Es waren auch Handelsmarken – und nicht Herstellermarken – die
bei den Quality Food & Drink Awards 2006 in Großbritannien
die meisten Preise abräumten. Die Veranstaltung, auf der aus über
500 Handelsmarken- und Herstellermarkenprodukten im Bereich
Lebensmittel und Getränke ausgewählt wurde, würdigte insgesamt
22-mal die Innovationskraft des Handels, aber nur fünfmal die der
Hersteller.

Der Trend ist international. In der weltweit angelegten Studie
The Power of Private Label 2005 wurden 14 Produktbereiche mit
insgesamt 80 Kategorien in 38 Ländermärkten untersucht. Das
Marktforschungsinstitut ACNielsen zeigt darin, dass der Anteil
der Handelsmarken im Konsumgütermarkt weiter ungebrochen
zunimmt. Europa ist nach wie vor führend. Mit einem Handelsmarkenanteil von 30 Prozent liegt Deutschland nach der Schweiz,
deren Handelsmarkenanteil 45 Prozent ausmacht, auf Platz 2 (siehe
Tabelle 3).

Wer die Macht hat, bestimmt den Preis. Die Marktführer des
Handels diktieren, was in den Regalen stehen und wie teuer es sein
darf. Wer einem Discounter die Lieferung zu dessen Konditionen
verweigert, riskiert den Ausschluss seiner Ware auch aus den anderen Ketten des Mutterkonzerns. Immerhin bringen es die Top Ten
des Lebensmitteleinzelhandels auf über 80 Prozent des Branchen-
umsatzes. Die meisten Verbraucher interessieren diese Verflechtungen und ökonomischen Zusammenhänge wenig. Günstige Preise
und die »gefühlte« gute Qualität der Produkte entscheiden über

Tabelle 3: Handelsmarken nach Marktanteil und Zuwachsrate

Produktbereich	Anteil (in %)	Zuwachsrate (in %)
Gekühlte Lebensmittel	32	9
Papierprodukte, Plastik- und Folienverpackungen	31	2
Tiefkühlkost	25	3
Haustierfutter	21	11
Ungekühlt lagerfähige Lebensmittel	19	5
Windeln und Intimhygiene	14	−1
Gesundheitsprodukte	14	3
Alkoholfreie Getränke	12	3
Wasch- und Reinigungsmittel	10	2
Snacks und Süßwaren	9	8
Alkoholische Getränke	6	3
Körperpflege	5	3
Kosmetika	2	23
Babynahrung	2	13

Quelle: ACNielsen SA, Buchrain[6]

Kauf oder Ablehnung. Das wissen die Multis, und sie richten sich danach.

Jahrzehntelang ging die Hauptsache-billig-Strategie der Branche auf. Längst ist unvorstellbar geworden, dass die Menschen früher 60 Prozent ihrer Privatausgaben für Lebensmittel aufwenden mussten; heute sind es nur noch 14 Prozent.[7] Noch in jüngerer Vergangenheit forcierten auch Lebensmittelhändler die von der Hamburger Werbeagentur Jung von Matt getextete und von der Fachmarktkette Saturn losgetretene »Geiz ist geil«-Lawine, symptomatisch für den Zeitgeist, für Billigangebote, Rabattschlachten und preisaggressive Werbung.

Während der allgemeine Preisindex der Lebenshaltung seit 1995 um rund 12 Prozent anstieg, scheint bei Nahrungsmitteln und alkoholfreien Getränken das Ende der Fahnenstange erreicht. Seit 2000 verzeichnet die Statistik keine nennenswerte Steigerung des Preisindex bei Nahrungsmitteln, ohnehin verteuerten sich diese von 1995 bis heute im Durchschnitt lediglich um rund 6 Prozent. Das einst visionäre Ziel vom billigen Essen auf Lebenszeit war damit in greifbare Nähe gerückt. Doch der Schein trügt. Was im Handel wenig kostet, fordert an anderer Stelle seinen Tribut.

Subventionen: Hohe Kosten für billige Lebensmittel

Zum einen subventioniert die Allgemeinheit nicht nur seit vielen Jahren die marode Landwirtschaft, sondern auch die wirtschaftlich gesunde Nahrungsmittelindustrie mit Steuergeldern. Etwa 40 Milliarden Euro geben Europas Steuerzahler alljährlich nur für Agrarsubventionen aus. Das entspricht rund der Hälfte des gesamten Etats der Europäischen Union. Allein die Milchwirtschaft wird mit 16 Milliarden Euro gestützt, das sind umgerechnet 2 Euro Subventionen pro Kuh und Tag. Informationen über die Empfänger der immensen Finanzspritzen sind für Politiker zu heikel, um sie der Öffentlichkeit zugänglich zu machen. Nicht ohne Grund: Wenn dann und wann doch einmal publik wird, was niemand wissen soll, folgt ein Aufschrei der Entrüstung. So empörten sich die Leser der in Frankreich erscheinenden *La Tribune*, nachdem die Zeitung veröffentlicht hatte, dass die zwölf größten französischen Agrarbetriebe den Löwenanteil, rund 500 000 Euro pro Jahr und pro Betrieb erhalten; die beiden Giganten unter ihnen dürfen sich über zusammen 1,7 Millionen Euro Subventionen freuen. Laut einer Analyse der Nichtregierungsorganisation Oxfam bekommen in Spanien 303 »goldene Namen« knapp 400 Millionen Euro, mehr als 1,3 Millionen Euro pro Betrieb. Darunter befinden sich die sieben Spitzenverdiener mit 14,5 Millionen Euro – das ist genauso viel, wie die 12 700 kleinsten landwirtschaftlichen Betriebe zusammen erhalten. In anderen Ländern verläuft die Verteilung nicht gerechter – wer Agrarland besitzt oder einen Betrieb unterhält, profitiert von den öffentlichen Geldspritzen, egal, welchen Beruf er sonst ausübt:

- Bis 2005 erhielt das finanzstärkste Molkereiunternehmen Deutschlands, Müllermilch (Jahresumsatz zirka 2 Milliarden Euro), aus EU-, Bundes- und sächsischen Landesmitteln über 70 Millionen Euro, um das größte Milchwerk Europas in Sachsen zu errichten. Nach Zusage der Millionenhilfe schloss Müller zwei andere Werke in Niedersachsen und Nordrhein-Westfalen, 165 Arbeitsplätze gingen verloren, am neuen Standort kamen nur 148 dazu.[8]

- In Dänemark werden vier Minister der Regierung, mehrere Parlamentsabgeordnete und sogar die dänische EU-Kommissarin mit Zahlungen unterstützt, die in die Millionen gehen.

- Adlige gehören zu den größten Nutznießern. Die britische Queen (geschätztes Vermögen: zwischen 5 und 15 Milliarden Euro) wird mit 800 000 Euro unterstützt, Monacos Regent Fürst Albert mit 300 000 Euro, der Herzog von Westminster (geschätztes Vermögen: 7 Milliarden Euro) mit 260 000 Euro, der Herzog von Marlborough (geschätztes Vermögen: 1,4 Milliarden Euro) mit rund 300 000 Euro, Prinz Charles mit 330 000 Euro.[9]

- In Großbritannien wird der Zuckergigant Tate & Lyle (Umsatz: 3,6 Milliarden Euro) kräftig subventioniert.

- In den Niederlanden erhielt Landwirtschaftsminister Cees Veerman 150 000 Euro an Subventionen. Subventionsspitzenverdiener waren zwischen 1999 und 2003 der niederländische Zweig des Nahrungsmittelkonzerns Mars Incorporated, der Bierkonzern Heineken NV und der US-Tabakhersteller Philip Morris.

- Zu den Top-Begünstigten in der Slowakei zählte 2003 und 2004 Landwirtschaftsminister Zsolt Simon mit 1,3 Millionen Euro.

- In Belgien gehörten die Bank Crédit Agricole, die BASF (Umsatz 2004: 37 Milliarden Euro), das größte Chemieunternehmen der Welt, Campina, eines der größten Milchverarbeitungsunternehmen (1996 aus der ehemaligen Südmilch AG entstanden, 2004 rund 3,6 Millionen Euro Umsatz, rund 1,5 Milliarden Liter Milchverbrauch pro Jahr) sowie der größte Lebensmittelkonzern der Welt, Nestlé, zu den am kräftigsten subventionierten Unternehmen.[10]

Solche Zahlen erhellen nur punktuell die missliche EU-Subventionspolitik, die in allen Mitgliedsstaaten Fuß gefasst hat und wettbewerbsverzerrende Auswüchse treibt. Weil die EU ihre Gelder fast ausschließlich nach der Größe der Anbaufläche verteilt (jeder Hektar bringt rund 300 Euro pro Jahr ein), mehren die steuerfinanzierten Subventionen das Vermögen von Großbetrieben und Großgrundbesitzern. Insgesamt 44 Milliarden Euro hat Brüssel 2005 an landwirtschaftliche Betriebe überwiesen, davon kamen 53 Prozent den Großen zugute, die gerade 6 Prozent aller Höfe ausmachen. Auf diese Weise wird jeder Steuerzahler durch die Hintertür gleich mehrfach zur Kasse gebeten. Er subventioniert den Anbau, die Verarbeitung und den Export von Produkten. Und weil Drittweltländer kaum eine Chance haben, ihre Waren loszuwerden, zahlt er auch noch Entwicklungshilfe. Nicht mitgerechnet sind die Millionen an Forschungsgeldern auf nationaler Ebene, mit denen die Landesregierungen über Jahre hinweg umsatzstarke Unternehmen bei der Stange halten.

Verlierer sind die kleinen Landwirte

Für klassische und kleinere Landwirtschaftsbetriebe bedeuten die derzeitige Subventionsmanier und immer niedrigere Abnahmepreise einen Tod auf Raten. Bauern, einst wichtigste Nahrungsmittellieferanten, sind zu Produzenten von Rohstoffen zum Discounttarif für die Lebensmittelindustrie mutiert. Die Statistik spricht Bände. Derzeit liegt die durchschnittliche Fläche eines Vollerwerbsbetriebs in Westdeutschland bei knapp unter 50 Hektar – 1980 waren es noch 25 Hektar. Während ein Landwirt 1950 noch zehn Menschen ernährte, sind es derzeit 108. Ein Ende der fatalen Entwicklung ist nicht abzusehen. Also heißt es für bäuerliche Betriebe auch in Zukunft: entweder wachsen oder weichen.

Wie desolat die Lage vieler Landwirte ist, erfuhr die Öffentlichkeit im Jahr 2004, als Tausende Milchbauern gegen die Preispolitik von Aldi auf die Straße zogen. Hintergrund war die Ankündigung des Discounters, für Milch noch weniger zu bezahlen als bislang. Ohnehin schon erhielten Bauern damals für einen Liter Milch im

Schnitt 27,7 Cent, also 4,3 Cent weniger im Jahr 2001.[11] Auch Lidl und andere Discounter drohten nachzuziehen. Nur zwei Jahre später, Anfang 2006, sahen sich auch die Produzenten der »Weißen Linie« mit der Dumping-Preispolitik der Lebensmittelhändler konfrontiert: Zwar verkaufte der Handel rund 2,4 Millionen Tonnen Joghurt, Quark und andere Milchprodukte mehr als im Vorjahr, doch der Herstellerumsatz in diesem Segment fiel um 19 Millionen (0,4 Prozent) auf 4,36 Milliarden Euro. Fallende Preise gelten als Kundenmagnet, die Entwicklung der vergangenen Jahre führt das deutlich vor Augen. Allein die Preise für Quark gaben 2005 im vierten Jahr nacheinander nach, mit einer Trendwende rechnet niemand. »Die unter dem Druck der EU-Politik planmäßig sinkenden Erzeugerpreise machen Preiserhöhungen vonseiten der Industrie weiterhin nur sehr schwer durchsetzbar«, konstatierte die *Lebensmittel Zeitung* im Februar 2006.[12] Mit massiver Kritik bedenken zwar Bauernverbände Aktionen wie die der zum Metro-Konzern gehörenden Real-Kette, die einen Tag lang pro Liter Vollmilch unglaubliche 33 Cent verlangte. Doch weil es sich nur um eine Ein-Tages-Kampagne handelte, konnte das umgehend informierte Kartellamt keinen Grund zum Einschreiten entdecken. Die Aktion allerdings sensibilisierte die Verbraucher nachhaltig für »billige Milch«. Warum 90 Cent bezahlen, wenn man den Liter für nur 33 Cent bekommen kann? Dauerhaft niedrige Preise im Supermarkt oder beim Discounter lassen Kunden strömen und helfen dem Absatz auf die Sprünge.

Wer sich dem Billigpreisdiktat der Handelsgiganten nicht fügt, hat schlechte Karten. Der Kampf um jeden Zentimeter Regal ist hart, entsprechend niedrige Einkaufspreise kann der Discounter mit dem Produzenten aushandeln. Derzeit liegen die Konditionsvorteile der großen gegenüber den mittelgroßen Handelsunternehmen beim Einkauf im zweistelligen Prozentbereich. Mit den großen Billiganbietern ins Geschäft zu kommen, ist für kleinere Produktionsfirmen schwierig. Häufig bleibt diesen nur ein Weg: das Konkurrenzprodukt im favorisierten Supermarkt kaufen, analysieren, einen Vergleichstest mit der eigenen Ware anstellen und versuchen, es billiger herzustellen. Um ihr Produkt zu platzieren, müssen Hersteller in der Regel ein »Hochzeitsgeld« entrichten, eine Art Eintrittsgebühr. In der Regel beträgt dieses Listungsgeld 5 bis 10 Prozent des möglichen Umsatzes im ersten Jahr. Dieses Geld kassiert der Handel zusätzlich zur Differenz zwischen Einkaufs- und Verkaufspreis. Wirbt der Discounter dann noch auf Faltblättern, in Postwurfsendungen oder Anzeigen mit diesem Produkt, muss der Hersteller weitere Prozente zuschießen. Verlierer dieser marktüblichen Methoden sind kleine Hersteller und vor allem diejenigen, die ganz am Anfang der Produktionskette stehen: die Landwirte. Denn was durch Produktniedrigpreise an Gewinn verloren geht, versucht die Industrie mit dem Kauf möglichst billiger Rohstoffe wieder wettzumachen. Da erstaunt es nicht, dass dem dramatischen Höfesterben wachsende Umsätze der Lebensmittelindustrie- und Handelsgiganten gegenüberstehen. Während pro Jahr schätzungsweise 20 000 Höfe ihren Betrieb aufgeben, dürfen sich die Branchengrößen über respektable Bilanzen freuen. Beispielsweise stieg der Umsatz des Geschäftsbereichs Nahrungsmittel der Dr.-Oetker-Gruppe 2004 um 18,4 Prozent auf rund 1,7 Millionen Euro (Vorjahr: 1,4 Millionen Euro); der des Discountriesen Lidl 2005 um über 11 Prozent. Selbst im Durchschnitt aller Betriebsgrößen schreibt die Lebensmittelbranche schwarze Zahlen: Anlässlich der Grünen Woche in Berlin 2005 meldete die Bundesvereinigung der Deutschen Ernährungsindustrie (BVE) ein Umsatzplus von 3,3 Prozent auf insgesamt 134,5 Milliarden Euro und florierende Exportgeschäfte. Lebensmittel »made in Germany« im Wert von 29,7 Milliarden Euro eroberten das Ausland – 7,2 Prozent mehr als im Jahr zuvor. Die Ernährungswirtschaft im »Agrarland Deutschland« (so der damalige Bundeslandwirtschaftsminister Karl-Heinz Funke 2000 auf der Expo in Hannover) ist ein Herzstück der europäischen Exportaktivität. Schon heute ist die EU internationaler Spitzenreiter im Lebensmittelexport. Damit sie das auch bleiben kann, setzt sie auf eine Überschussproduktion: Ein Zuviel an Milch, Butter und Fleisch drückt die Preise, und wer zu niedrigen Preisen anbietet, behauptet sich auf dem Weltmarkt. Leidtragende sind die Bauern sowohl im Inland als auch in den Entwicklungsländern, sodass sich auch in Deutschland immer mehr ein »Kasten-Dasein« herausgebildet hat. Auf der einen Seite stehen Bauern mit mittleren Betrieben sowie Kleinbauern, die oftmals Pächter des von ihnen bewirtschafteten Landes sind, auf der anderen Seite agrarindustrielle Großbetriebe und die Nahrungsmittelindustrie, deren Macht ungebrochen wächst.

Essen auf Rezept: Die Joghurt-Lüge

Welche Kategorien der Lebensmittel- und Getränkeindustrie die höchsten Zuwachsraten aufweisen, wollten Analysten des Marketing-Informationsunternehmens ACNielsen wissen. Die im Jahr 2004 weltweit durchgeführte Studie[13] ergab, dass gleich sieben Kategorien innerhalb der internationalen Lebensmittel- und Getränkeindustrie zweistellige Zuwachsraten aufwiesen. Fünf der Blockbuster warben mit Gesundheitsvorteilen oder schlankheitsfördernden Eigenschaften. An der Spitze lagen Sojadrinks und Trinkjoghurts mit Umsatzsteigerungen von 31 beziehungsweise 19 Prozent.

Diese Produktgruppen waren bereits 2002 aufgefallen, weil sie schon damals ein überdurchschnittliches Wachstum aufwiesen. Für die Konzerne der Lebensmittelbranche kommt das Wissen über die Präferenzen ihrer Kunden einer Lizenz zum Gelddrucken gleich: »Die Analyse zeigt, dass Ernährung und Gesundheit bei Verbrauchern weltweit einen hohen Stellenwert haben. Dieser Trend wird unterstützt durch zahlreiche Medienberichte zu Themen wie Fettleibigkeit und Diabetes.«[14] Für die Etablierung neuer Trends greift die Branche tief in die Tasche. Über 1,66 Milliarden Euro investierten Lebensmittelunternehmen im Jahr 2005 in Werbung. Bezieht man auch die Getränkehersteller mit ein, kommen weitere 895 Millionen Euro hinzu.[15] Der Einsatz lohnt. 655 Millionen Euro mehr als im Vorjahr setzte die Branche zum Beispiel weltweit mit Trinkjoghurts um, eine Steigerung von 19 Prozent. Keine andere Produktgruppe konnte einen derartigen Erfolg verbuchen, und selbst Sojadrinks, die mit einer Wachstumsrate von 31 Prozent offiziell die Hitliste der globalen Bestseller anführen, ließen lediglich 244 Millionen Euro mehr in die Kassen der Unternehmen fließen als im Vorjahreszeitraum. Kunden lieben Produkte, die ihnen Gesundheit, Wohlbefinden und Fitness versprechen, und sie reagieren auf das werbende Dauerfeuer mit dem Griff ins Kühlregal. Laut ACNielsen verbinden Verbraucher 12 der

17 gefragtesten Lebensmittelkategorien mit den Begriffen »gesund« oder »Wellness«, ein Trend, den die Industrie geschickt zu nutzen weiß. Selbst eine Liaison mit Institutionen und Unternehmen aus der Gesundheitsbranche ist nicht mehr undenkbar, wie unsere französischen Nachbarn demonstrieren. Denn im Land der Gaumenfreuden scheint schon heute eine neue Ära angebrochen: die des Essens auf Rezept.

Seit 2006 können sich französische Verbraucher ihre Kosten für den Joghurt- und Margarineeinkauf von ihren Krankenversicherern erstatten lassen – wenn es sich dabei um cholesterinsenkende Produkte der Firmen Danone und Unilever handelt. Ende 2005 hatten Unilever und die auf Zusatzkrankenversicherungen spezialisierte Maaf Santé ein Abkommen geschlossen, wonach Maaf seinen Mitgliedern bis zu 40 Euro jährlich erstatten will, wenn diese den Kassenbon über die gekaufte cholesterinsenkende Margarine der Marke Fruit d'Or vorlegen. Unilever war bereits Anfang des Jahres eine ähnliche Partnerschaft mit dem niederländischen Versicherer VGZ eingegangen. Mit Erfolg: Der Verkauf der Produkte schnellte um 25 Prozent in die Höhe. Konkurrent Danone will nun nachziehen und mit der Allianz-Tochter AGF eine ähnliche Vereinbarung für seine Marke Danacol treffen. Mit »Danacol«, einem Joghurtdrink mit Phytostanol-/Phytosterin-Zusatz, will die weltweite Nummer eins für Milchfrischprodukte den explodierenden Markt cholesterinsenkender Getränke erobern, der allein 2004 in Großbritannien um mehr als 500 Prozent zugelegt hatte. Danone erwartet für »Danacol« einen ähnlichen Siegeszug, wie er mit dem probiotischen Joghurt-Drink »Actimel« gelungen war. Verbraucherschützer halten solche Deals nicht zu Unrecht für skandalös. Denn Unilever und Danone haben den Weg frei gemacht für eine Instrumentalisierung der Gesundheit zu Marketingzwecken – eine opake Mixtur aus Fakten und Faktoren, die sich am Maximalgewinn orientiert. Und das zum Therapeutikum aufgepeppte Lebensmittel muss seine Potenz und Unbedenklichkeit nicht einmal in strengen klinischen Studien unter Beweis stellen, wie das bei Arzneimitteln der Fall ist. Im Gegensatz zu jenen dürfen Verbraucher »Medi-Kost« blindlings, in unbegrenzter Menge und auf Dauer schlucken (siehe Kapitel »Functional Food«). Diese

Klippe umschifft und dann noch Neuland betreten zu haben, ist ein marketingtechnisches Meisterstück.

Forschungsgelder vom Staat

Die Alimentierung vornehmlich von Großprojekten und Großunternehmen ist seit Jahrzehnten Bestandteil der nationalen Wirtschaftspolitik – obwohl die Branchenriesen im Gegensatz zu jungen Technologiefirmen gar nicht auf staatliche Unterstützung angewiesen sind. In einem solchen Umfeld geglätteten Wettbewerbs zugunsten der Großen kann sich Neues nur schlecht entwickeln, wirkt sich die staatliche Förderung letztlich kontraproduktiv und innovationshemmend aus. Überhaupt stellt sich die Frage, wozu den Champions der Lebensmittelindustrie öffentliche Gelder zugebilligt werden – zumal sie sich, im Gegensatz zu Firmen, die sich beispielsweise der Medizintechnik, der Nanotechnologie, der Mikrosystemtechnik, erneuerbaren Energien oder Materialforschung verschrieben haben, vornehmlich mit konservativen Problemen wie der Prozessoptimierung, der Produktionsflexibilität oder mittechnologischen Verbesserungen befassen. Die Umsetzung von Ideen in Produkte, wie das bei Functional Food der Fall ist, zahlt sich vornehmlich für die Konzerne aus; fragwürdig, weil nicht ausreichend erforscht, ist indes der Gesundheitsnutzen für die Verbraucher. So bezuschusst der Bund die Innovationsstufe in einem besonders sensiblen Bereich, die Folge- oder Sicherheitsforschung dagegen bleibt auf der Strecke. Was bleibt, ist der schale Beigeschmack, mit Steuergeldern Konkurrenzkraft und Kapitalmacht der Giganten zu stärken.

Zwar hat sich der Staat seit Mitte der 1990er Jahre sukzessive und kontinuierlich aus der Finanzierung von Forschung und Entwicklung in Deutschland zurückgezogen – nur 10 Prozent der F&E-Aktivitäten in den Unternehmen werden noch öffentlich finanziert. Auch hat sich der Anteil der kleinen und mittelständischen Unternehmen an der Forschungsförderung insgesamt erhöht. Doch den Löwenanteil von zwei Dritteln aller aufgewendeten Gelder streichen nach wie vor Großunternehmen ein. Auf europäischer Ebene ist das Verhältnis ähnlich: Während 16 Prozent der Anträge von Kleinunternehmern und Mittelständlern Erfolg haben, sind es 24 Prozent bei Großunternehmen.[16] Einer der Gründe mag sein, dass Großunternehmen im Laufe der Jahre komplexe Netzwerke aufbauen konnten, über »gewachsene Beziehungen« zu öffentlichen Einrichtungen und Universitäten verfügen und viele verschiedene Funktionen integrieren oder gezielt delegieren können. Im Vergleich dazu verlassen kleine und mittelständische Unternehmen (KMU) ungern ausgetretene Pfade: Während Großunternehmen neben den öffentlichen alle denkbaren Finanzierungsquellen anzuzapfen wissen, lassen sich KMU noch immer vorrangig von Banken kreditieren, obwohl sie dort schlechtere Konditionen aushandeln können als ihre großen Konkurrenten.[17] Besonders schwer fällt Markt-Newcomern der Zugang zu Geldern, aber auch etablierte Firmen haben Schwierigkeiten. Die oft hohen bürokratischen Hürden einer Antragstellung in Verbindung mit administrativen Lasten überfordern nicht selten Budget und Business-Kompetenz der KMU.

Dass neben den Geldern der EU beträchtliche Mittel aus der Bundeskasse an Großunternehmen fließen, belegen die Daten des öffentlich zugänglichen Förderkatalogs des Bundesministeriums für Bildung und Forschung (BMBF). Tabelle 4 gibt einen Überblick über ausgewählte Beispiele.

Unilever Bestfoods Deutschland GmbH ließ sich die Arbeit im Rahmen des Verbundprojekts »Naturstoffe als neue funktionelle Salz- und Süßstoffe zur Gesundheitsprophylaxe« mit 354 446 Euro und 44 Cent vergüten, für drei weitere Forschungsvorhaben flossen insgesamt mehr als 450 000 Euro an öffentlichen Mitteln in die Kassen des Konzerns. Und selbst der Lebensmitteleinzelhandel profitierte von der Freigebigkeit des Bundes. So erhielt die Coop AG 1987 und 1998 jeweils mehr als 366 000 Euro für die »Gestaltung des Warenflusses im Lebensmittel-Einzelhandel als Dienstleistung für Läden und Märkte unter dem Gesichtspunkt der Humanisierung des Arbeitslebens«. Die Liste der Beispiele ließe sich fortsetzen, und immer wieder tauchen bekannte Namen auf. Warum der Bund Unternehmen unterstützt, die weltweit operieren und hierzulande oft nur eine Tochtergesellschaft betreiben, bleibt allerdings unverständlich.

Tabelle 4: Empfänger staatlicher Förderungen

Wer?	Wann?	Wie viel? (Euro)	Thema
Unilever	2000–2004	236800,35	Physiologische Aspekte von angereicherten Rapsölen, Einsatzmöglichkeiten in Streichfetten
	2000–2005	127845,20	Schonende Verarbeitung und Stabilität der Carotinoide
	2001–2004	109833,50	Nutzung des innovativen Potenzials hochdruckunterstützter Technologien zur Entwicklung ressourcenschonender Prozesse in der Lebensmittelindustrie: Druckkonservierung
Nestlé	2005–2008	35250,00	Verbesserte Restentleerbarkeit von Verpackungen durch Nano-Innenbeschichtung, Teilvorhaben: Füllgut und Verpackung
Danone	1990–1993	906924,43	EUREKA Verbundprojekt: Produktionsflexibilität in der industriellen Lebensmittelerzeugung
	1994–1996	128305,12	Flexible Produktion und erfahrungsgeleitete Zusammenarbeit, autonome Fertigungseinheit
	1996–1997	25358,83	"
	1999–2002	2034785,23	Molekulare und funktionelle Analytik von Kohlenhydratbestandteilen mit gesundheitsrelevanten Funktionen
Südzucker	1997–1998	582336,91	Enzymatische Herstellung von Oligo- und Polysacchariden und deren Prüfung auf »Functional Food«-Eigenschaften
	2002–2004	359760,00	Entwicklung und Erprobung eines Elektro-Impulsverfahrens zum nichtthermischen Aufschluss pflanzlicher Zellen, Teilvorhaben 1
	2004–2006	245510,00	Teilvorhaben 2

Beispiel Unilever: Gigant mit Forschungstruppe

»Magnum« und »Vienetta« gehören ebenso zum Sortiment wie »Dove« und »Rexona«, »Becel pro-activ« und Rama, Knorr und Pfanni, Sunil und Corall. Bis vor wenigen Jahren vertrieb der britisch-niederländische Markenartikler noch rund 1 600 Artikel und unterhielt je einen Hauptsitz in London und Rotterdam. Unilever ist in mehr als 100 Ländern der Welt tätig und beschäftigt in selbstständigen Tochterfirmen insgesamt (2004) rund 223 000 Mitarbeiter.

Unilever entstand 1929 aus dem britischen Markenseifenhersteller Lever Brothers und dem niederländischen Nahrungsmittelhersteller Margarine Unie. Von Anfang an wurde der Konzern dezentral geleitet, mit börsennotierten, jeweils eigenständig geführten Tochterunternehmen. Was kaum jemand weiß: Anders als die meisten Konzerne erwirtschaftete Unilever zu Beginn seines Bestehens einen Großteil der Gewinne in Entwicklungsländern, vor allem in Nigeria. Die Tochter United Africa Company investierte in Aktivitäten, die eigentlich nichts mit dem Kerngeschäft zu tun hatten, wie zum Beispiel in Brauereien oder den Verkauf von Fahrzeugen. Die deutsche Unilevertochter entstand wenige Monate nach der Fusion von Lever und Unie. Heute arbeiten unter dem deutschen Unileverdach rund 8 000 Menschen; die deutsche Zentrale sitzt in Hamburg. Derzeit hält der Gigant die Marktbedingungen in Europa insgesamt für schwierig, über die in Ost- und Mitteleuropa zeigt er sich erfreut. Um die Konkurrenzfähigkeit zu stützen, hatte Unilever deshalb Mitte 2005 die Preise für Produkte gesenkt; im Ergebnis nahm auch der Europaumsatz im dritten Quartal um 2 Prozent ab. Aldi, Lidl & Co. machen dem traditionellen Markenhersteller zu schaffen; der Anteil an Handelsmarken kletterte allein in den vergangenen anderthalb Jahren auf 40 Prozent. In den USA verzeichnete das Unternehmen dagegen einen Umsatzgewinn von 5 Prozent. Schätzungsweise 3 Milliarden Euro setzt allein Unilever-Deutschland um und erreicht damit beim Betriebsgewinn vor Steuern ein Plus von 6 Prozent (403 Millionen Euro), was einer Umsatzrendite von 13 Prozent entspricht. Nach einem Gewinnverlust 2004 konnte Unilever im darauf folgenden Jahr den Überschuss wieder steigern. Für 2005 weist er einen Nettogewinn von 3,5 Milliarden Euro aus nach 2,9 Milliarden im Jahr davor. Damit sich am Kurs nichts ändert, greift die Konzernführung hart durch. Ihr Ziel ist es, den Umsatz des Europageschäfts um mindestens 1 bis 2 Prozent pro Jahr zu steigern.

Die Strategie: Werke schließen, Arbeitsplätze abbauen, Marken reduzieren und Werbung forcieren. Der geplante europaweite Abbau von 2 500 Arbeitsplätzen (allein in der Konzernzentrale Hamburg 350 von 1 000) soll helfen, den trägen Riesen zu flexibilisieren und den über Jahrzehnte gepflegten Wasserkopf zu trimmen. Das Stutzen reichte bis in die obersten Etagen. Nicht nur Hierarchien und Managementstruktur wurden vereinfacht, auch die bisherige Doppelspitze aus zwei Chairmen fiel. Ab jetzt führt ein einziger CEO das Geschäft, drei von bisher sieben Direktoren wurden eingespart, die gesamte Führungsebene wurde umgebaut, Positionen und ganze Geschäftsbereiche wurden gestrichen, wie im Februar 2006 unter anderem die bekannten Marken Iglo und Birds Eye. Die Konzentration auf das Kerngeschäft forderte viele Opfer. Bislang sind von den etwa 60 Marken deutscher Produktion noch rund 30 übrig geblieben, 400 sollen es konzernweit werden[18] – unverwechselbare und weltweit führende Produktnamen, die sich im Bewusstsein der Kundschaft verankern und beim nächsten Einkauf die Hand zum richtigen Regalplatz lenken sollen. Schon heute generieren die 14 wichtigsten Marken der Gruppe durchschnittlich einen Umsatz von 1,15 Milliarden Euro. Diese Stärke lässt sich der Konzern einiges kosten. Schon vor zwei Jahren hatte Unilever sein Werbebudget um 18 Prozent auf 340 Millionen Euro erhöht. Im Herbst 2005 honorierte der Gesamtverband Kommunikationsagenturen die ungewöhnliche Dove-Reklame mit einem EFFI, dem Preis für eine Produktwerbung, die, bezogen auf ihr Kosten-Nutzen-Verhältnis, besonders wirkungsvoll und effizient ist. Im Gegensatz zur üblichen Kosmetikwerbung wirbt Dove mit ganz normalen Frauen. Damit sei es »gelungen, Typen statt Stereotypen auf die Plakate zu holen und die Individualität von Schönheit sichtbar zu machen«[19], lobten die Juroren aus Industrie, Handel, Publizistik, Marktforschung und Kommunikationsbranche.

Solcher Beifall tut gut, zumal Analysten und Anleger Unilever zwar für verlässlich, aber gleichzeitig auch für schwerfällig und markt-

zahm halten. Immerhin steckt Unilever pro Jahr 1,2 Milliarden Euro
in Forschung und Entwicklung – das ist mehr Geld, als irgendeiner
deutschen Universität pro Jahr zur Verfügung steht. Trotzdem verließen in den vergangenen Jahrzehnten kaum wirkliche Innovationen
die insgesamt sechs Forschungslabors; wenn Unilever einmal einen
Hit landete wie die Eiscreme Vienetta, dann waren Produktentwick-
ler am Werk, nicht Forscher.[20] Oder das Unternehmen geht selbst
auf Einkaufstour, wie im Jahr 2000, als es die Mitbewerber Bestfoods und Slim Fast übernahm. Die weltweit agierende Bestfoods
mit den in Deutschland bekannten Marken Pfanni, Knorr, Mazola
und Mondamin passte hervorragend ins Portfolio, ebenso wie die
vitaminisierten, kalorienarmen Produkte der Slim-Fast-Familie. Mit
Slim Fast hatte Unilever den Nerv abnehmwilliger Übergewichtiger
getroffen: Dank beeindruckender Vorher-Nachher-Werbung mit Pro-
minenten wie Jutta Speidel und Harry Wijnvoord avancierte Slim
Fast zur Lieblingsspeise vieler Dicker.

Dass nach der firmeninternen Schlankheitskur in Zukunft auch von
den Forschungslabors mehr Output erwartet wird, ist den Verantwortlichen bewusst, zumindest aber ist das Ziel abgesteckt. Jan de Rooij,
Direktor des Unilever-Forschungslabors in Vlaardingen bei Rotterdam, macht drei entscheidende Trends aus: »Erstens den Trend zu Produkten, die mehr Vitalität, sprich Gesundheit, versprechen, zweitens,
den Trend zu Fast Food. Unsere Großmütter haben täglich noch etwa
zweieinhalb Stunden für die Essenszubereitung aufgewendet. Heute
investiert der Verbraucher durchschnittlich gerade noch acht Minuten.
Und, drittens, den Trend zu mehr Genuss.«[21] Gesundheitsbewusste
und zahlungswillige Käufer stehen im Fokus des Unternehmens, das
sich aggressiv zum Marktleader mausern will. Bei Bertolli Olivenöl ist
ihm das bereits gelungen – Unilever ist der größte Olivenölhersteller
der Welt und will die Marke jetzt mit einer emotionalen Aura umge-
ben. Bertolli soll das italienische Dolce Vita für den Verbraucher sym-
bolisieren, die mediterrane Lebensart mit Wohlbefinden zu verbinden.
Seit Olivenöl als Hauptbestandteil einer Herz-Kreislauf-schonenden
Mittelmeerdiät gehandelt wird, lassen sich auch konventionelle Produkte zumindest ideell verbessern. Seit Unilever seine Margarine Brio
mit Olivenöl anreichert, verkauft sie sich besser.

Genuss, Wellness und unmittelbarer Nutzen – diese Kriterien müssen neue Produkte im Lebensmittelhandel erfüllen, wenn der Verbraucher sie annehmen soll. Das bestätigte auch die repräsentative Studie »Produkt des Jahres 2006«, die das Fachmagazin *Lebensmittel Praxis* veröffentlichte.

Dem Papier zufolge stehen Produkte, die diese Kriterien zu erfüllen versprechen, deutlich in der Gunst der Käufer. So zeigt beim Speiseeis der Wiederholungserfolg von Langnese Cremissimo & Niederegger Marzipan, dass die Kombination zweier beim Konsumenten bekannter Marken für einen zusätzlichen Verkaufsboom sorgen kann. Unilever war es durch diese Strategie gelungen, unter der Marke Cremissimo erstmals eine Wintersorte zu etablieren. Vor Jahren schon hatte Unilever Neuland betreten, als in TV-Spots Badewannennixen genüsslich ein Magnum verspeisten, während vor der Tür der Winter wütete. Von da an belächelte niemand mehr die Idee, Wintereis verkaufen zu wollen. Heute ist die cremige und nussige Verführung eine selbstverständliche saisonale Ergänzung zur fruchtig-frischen Sommerschleckerei.

Marketing-Meals statt schlichter Mahlzeiten

Kein Einzelfall in Sachen findiger Marketingstrategien. Die Idee, die Dachmarke Freixenet um einen spritzigen Vino de Aguja – also Perlwein – zu erweitern, entpuppte sich für den Sekthersteller beispielsweise als Erfolg. Und Dr. Oetker erweiterte das Premiumsortiment seiner Backmischungen (»Nach Großmutters Back-Idee«) um kleine Kuchen für Kleinsthaushalte. Kühne wiederum setzte mit Salatfix Joghurt & Co. auf den allgemeinen Wunsch nach einer gesundheitsbewussten, leichten Ernährung.

Dass der Fantasie keine Grenzen gesetzt sind und Lebensmittel dabei sogar in den Nonfood-Bereich vordringen können, demonstriert auf skurrile Weise Schwarzkopf & Henkel. Dem Unternehmen gelang sie mit Fa Duschpflege Joghurt »einer in die Jahre gekommenen Marke frisches Leben einzuhauchen«, wie die *Lebensmittel*

Praxis in einer Pressemitteilung zu ihrer Umfrage »Produkte des Jahres 2006«[22] konstatierte. Nachdem die Warengruppe Duschgele ein Jahr zuvor noch um 3,8 Prozent rückläufig war, trug die mit Joghurt geschönte Variante nun zum Wachstum der Kategorie bei.

Langfristig denkende Manager der Lebensmittelbranche haben eine vollkommen neue Esskultur im Visier. Der weltweit größte Nahrungsmittelkonzern, Nestlé, beschäftigt unter seinen rund 250 000 Mitarbeitern weltweit eine rund 650-köpfige Forschereinheit im Nestlé Research Centre bei Lausanne. Die legendäre Einrichtung begründete nicht nur die Anfänge der Probiotik-Ära im Kühlregal, indem sie den mittlerweile etablierten Joghurt LC1 aus der Taufe hob. Sie zeichnet auch für die Erforschung neuartiger, funktioneller Lebensmittel verantwortlich, die laut einer Studie des Fraunhofer-Instituts für Systemtechnik und Innovationsforschung in Karlsruhe ein Marktpotenzial von 28 Milliarden Euro haben. Auf den Verkaufserfolg dieser Produkte zu setzen hat für den Schweizer Konzern Tradition. Der in den 1990er Jahren auf den Markt gebrachte Joghurt LC1 entpuppte sich damals als Blockbuster. Inzwischen jedoch hat die französische Konkurrenz Danone mit der Einführung von Actimel aufgeholt. Der durch LC1 sensibilisierte Handel nahm das Danone-Produkt mit dem probiotischen Bakterienstamm *L. casei defensis* umgehend an; ein überzeugender Werbebotschafter Kachelmann machte es dem Fernsehvolk schmackhaft. Mittlerweile hat sich Actimel in Deutschland einen Marktanteil von 62 Prozent erkämpft.

Zucker als Milliardengeschäft

Der altbewährte Zucker garantiert nach wie vor Milliardenumsätze. Rund 270 industrielle Hersteller haben sich hierzulande auf die Produktion von Süßwaren spezialisiert. Nach Schätzungen des Bundesverbandes der Deutschen Süßwarenindustrie (BDSI) gingen dabei im Jahr 2005 über 3,37 Millionen Tonnen Süßwaren vom Band, was einem Produktionswert von 11,22 Milliarden Euro entspricht. 825 000 Tonnen Schokolade vertilgten die Bundesbürger und geben dafür annähernd 4 Milliarden Euro aus. Für feine

Backwaren, immerhin 740 000 Tonnen, bezahlten die Deutschen 2,23 Milliarden, rund 545 000 Tonnen Zuckerwaren schlugen mit 1,75 Milliarden zu Buche. Was kaum jemand registriert: Auch Chips und andere Knabberartikel zählen zu den Süßwaren; vieles, was salzig schmeckt, enthält zusätzlich Zucker. 281 000 Tonnen Knabberartikel garantierten einen Produktionswert von 712 Millionen Euro. Speiseeis und Rohmassen machen einen Wert von 480 Millionen aus.

Das Geschäft mit dem Zucker treibt auch den Export an. Mehr als 1,2 Millionen Tonnen Süßes verließen die Bundesrepublik im Jahr 2005, was einem Warenwert von 3,33 Milliarden Euro entspricht. Im Ausland besonders beliebt sind Zuckerwaren, Speiseeis, feine Backwaren, Kakao- und Schokoladenhalberzeugnisse »made in Germany«. Abnehmer gibt es vom Pazifik bis zum Ural: Neben Ländern der Europäischen Union beziehen auch die USA und Russland Leckereien aus Deutschland. Der Inlandsabsatz von Süßwarenfertigerzeugnissen in Deutschland lag im Jahr 2005 bei 2,61 Millionen Tonnen, rein statistisch betrachtet verzehrte jeder Bundesbürger 31,8 Kilogramm Süßwaren mit einem Produktionswert von 112,9 Euro.

Weil aber der Mensch Zucker neben den klassischen Süßwaren auch in Getränken, Speiseeis oder Obstkonserven, Selbstgebackenem oder beim Bäcker Erstandenem zu sich nimmt, fällt der Pro-Kopf-Verbrauch von reinem Zucker deutlich höher aus. Rund 36 Kilogramm verspeist jeder Bundesbürger pro Jahr[23] – 1852 lag der Pro-Kopf-Verbrauch noch bei 2,12 Kilogramm.[24]

Die allein über den Zucker aufgenommene Kalorienmenge schlägt mit 144 000 Kilokalorien pro Jahr zu Buche – vor 150 Jahren waren es nicht einmal 8 500. Zu viel Zucker und Fett und zu wenig Bewegung machen nicht nur bequem, sondern auch dick. Von Jahr zu Jahr gibt es mehr Übergewichtige, derzeit leben etwa 400 000 »pummelige« Kinder und Erwachsene in Deutschland. Eigentlich sollte ein Grundschulkind pro Tag höchstens 25 Gramm Zucker aufnehmen – das sind etwa zwei Esslöffel. Stiftung Warentest wollte wissen, welche Ernährungsweise dieser Dosis am nächsten kommt, und verglich dazu zwei Tagesrationen, die jeweils nur aus

Fertigprodukten oder nur aus vergleichbarem Selbstgemachtem bestanden. Nach Auswertung der Ergebnisse stand fest: Ein Tag mit selbst zubereiteten Speisen liefert im Schnitt 1 550 Kilokalorien bei 45 Gramm Fett und 23 Gramm Zucker. Bestanden die Mahl-

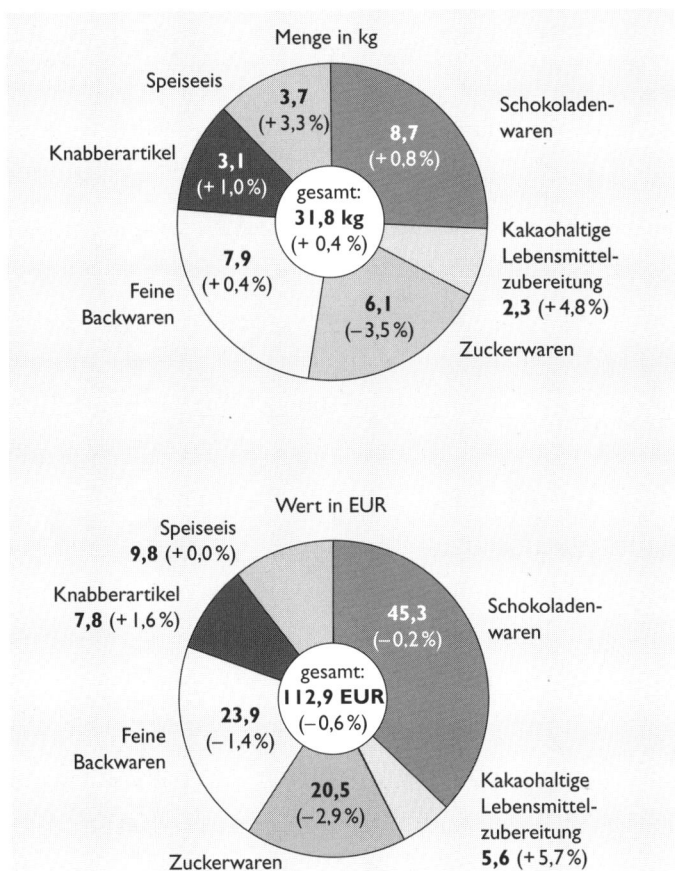

Abbildung 1: Pro-Kopf-Verbrauch von Süßwaren
(Schätzung für 2005, Bevölkerung 82,4 Mio. – Veränderung zum Vorjahr in %)

Quelle: BDSI, 01/2006

zeiten dagegen aus Fertigprodukten, kamen 1 864 Kilokalorien zusammen – bei 64 Gramm Fett und 124 Gramm Zucker. Das Fünffache der empfohlenen Zuckermenge nährt nicht nur das Fettdepot der Kinder. Es bedeutet für die Lebensmittelindustrie auch einen höheren Absatz des süßen Milliardenrohstoffs.

Die Branche gibt sich in Ernährungsfragen wohl interessiert, aber wenig einsichtig. In einer Erklärung des Bundesverbandes der Süßwarenindustrie[26] begrüßte sie zwar die Fortsetzung der Bemühungen im Rahmen der »Plattform Ernährung und Bewegung (peb)«, spricht sich jedoch eindeutig gegen eine Schaffung von Nährwertprofilen und eine Knüpfung von Werbeaussagen an entsprechende Nährwertprofile aus. »Gesetzgeberische Maßnahmen, die das Ernährungsverhalten lenken wollen oder Werbebeschränkungen einführen, sind nach

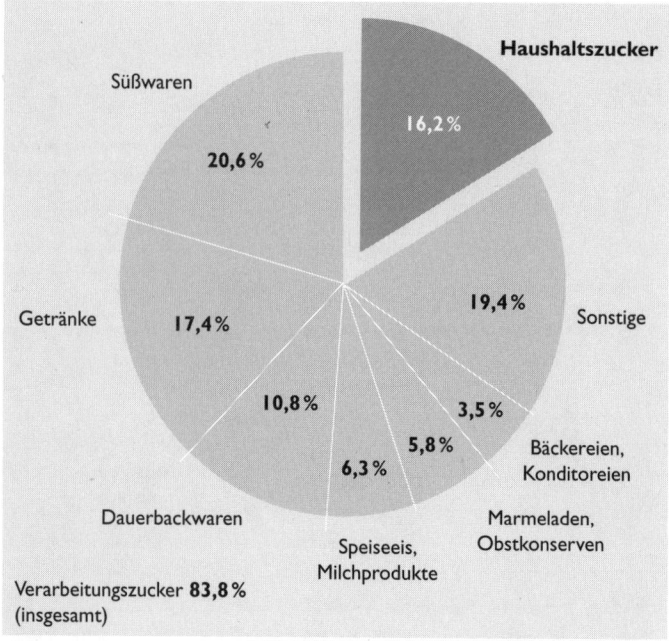

Abbildung 2: Zuckerverbrauch

Quelle: Südzucker[25]

unserer Überzeugung nicht der richtige Weg und gefährden unnötig die Existenz von Betrieben und Arbeitsplätzen«[27], heißt es in der Erklärung – eine unterschwellige Drohung, wie sie Unternehmen allzu oft ins Spiel bringen, wenn eigene Interessen mit gesellschaftlichen Zielen kollidieren.

Kapitel 2

Functional Food

Das Marketingversprechen

Vorgestern nannten wir es noch Essen, heute nennen wir es Schlemmen. Morgen aber werden herkömmliche Bezeichnungen die moderne Ernährung nicht mehr treffend beschreiben können. »Nahrung soll eure Medizin und Medizin eure Nahrung sein«, lautet die derzeit häufig bemühte hippokratische Lebensmaxime, die ihre Renaissance im 21. Jahrhundert zu erleben scheint. Doch die »Gesundheit zum Essen«, wie Functional Food umschrieben wird, offenbart sich ganz anders, als es sich der Vater der Medizin um 400 vor Christus hätte träumen lassen. Denn Lebensmittel sind längst nicht mehr das, was sie einmal waren: durch einfache Technologien wie Erhitzen, Kühlen, Salzen, Zuckern oder Trocknen haltbar gemachte oder aufbereitete Mittel zum Leben, die den Menschen unabhängiger werden lassen von den Jahreszeiten und ihn vor Krankheiten schützen, die der Verderb mit sich bringt. Zu Zeiten des Überflusses sollen Speisen nicht mehr nur sättigen. Sie verkörpern Lebenslust und sozialen Status, offenbaren Standpunkte und Denkweisen ihrer Konsumenten. Auch soll Nahrung von heute Bedürfnisse aller Art befriedigen, mögen diese auch noch so widersprüchlich sein: Sie soll schmecken, ohne dick und krank zu machen; sie soll »natürlich« hergestellt, aber ohne Makel und schnell zubereitet sein; sie soll frisch und immer verfügbar, aber billig sein. Verzicht ist nicht die Sache des Verbrauchers, und so ersteht eine neue Lebensmittelgeneration. Produkte des Functional Food, so die hochfliegenden Träume der Industrie, verschaffen Genuss, sind auf das Individuum zugeschnitten und beugen Krebs, Herz-Kreislauf-Erkrankungen, Karies, Osteoporose oder Diabetes mellitus vor.

Was ist Functional Food?

Weil die Grenze zwischen Medikamenten und Nahrung zunehmend verschwimmt, ist es nicht leicht, eine klare Trennlinie zu konventionellen Nahrungs- und Genussmitteln, Nahrungsergänzungsmitteln, Naturheilstoffen und Therapeutika zu ziehen. Wissenschaftler und Ernährungsfachleute tun sich schwer mit dem Begriff Functional Food. Die Definition des Bundesinstitutes für gesundheitlichen Verbraucherschutz und Veterinärmedizin (BgVV), bei funktionellen Lebensmitteln handele es sich um solche Verzehrgüter, »die über ihre Ernährungsfunktion hinaus gesundheitlich bedeutsame, physiologische Parameter langfristig und gezielt beeinflussen sollen«[1], bleibt vage; die Synonyme »Designer-Lebensmittel« oder »Nutraceuticals« verwirren den Verbraucher eher, als dass sie Klarheit fördern. Eine einheitliche Produktgruppe wie zum Beispiel Teigwaren, Tiefkühlkost oder Milcherzeugnisse bietet Functional Food nämlich nicht. Wenn sich der Glaube in den kommenden Jahren durchsetzt, nicht die Änderung des Lebensstils entscheide über Fitness und Widerstandskraft, sondern der gezielte Griff ins Supermarktregal, kann im Prinzip jedes beliebige Lebens- und Genussmittel zu Functional Food aufgepeppt werden.

Gegenwärtig verfolgen die Unternehmen der Lebensmittelbranche verschiedene Strategien bei der Herstellung von Functional Food:

1. Als negativ bewertete Bestandteile werden durch positiv bewertete ersetzt. Das bedeutet nicht zwingend, dass die als negativ bewerteten Bestandteile per se ungesund sind.
2. Stoffe, die üblicherweise nicht im Lebensmittel vorkommen, werden zugesetzt.
3. Bestandteile, die unerwünschte Effekte haben, werden entfernt.
4. Die Konzentration von Substanzen, denen ein positiver Effekt zugeschrieben wird und die das Lebensmittel natürlicherweise enthält, wird erhöht.
5. Die Bioverfügbarkeit bestimmter Bestandteile wird verbessert.

Zu den bedeutsamsten Gruppen unter den Functional Foods zählen probiotische und prebiotische Produkte sowie mit Vitaminen, Mineralstoffen und sekundären Pflanzenstoffen angereicherte Lebensmittel.

I. Mit Vitaminen und Mineralstoffen angereicherte Lebensmittel

Sie zählen bereits zu den Urahnen der Functional Foods: Getränke mit hoch dosierten Vitaminzusätzen. Am gebräuchlichsten ist nach wie vor die Kombination der Vitamine C und E mit dem Provitamin A (Beta-Carotin). Untersuchungen hatten gezeigt, dass Menschen, die viel davon im Blut haben, seltener an Krebs oder Herz-Kreislauf-Erkrankungen leiden. Mitverantwortlich für den Ausbruch solcher Krankheiten sind so genannte freie Radikale, aggressive Sauerstoffteilchen, die durch UV-Strahlen, Umweltgifte, Zigaretten oder Alkohol entstehen und die als »Oxidantien« im Körper die Zellhüllen, Eiweiße und die Erbsubstanz angreifen. Das können sie nicht mehr, wenn sie unschädlich gemacht werden – beispielsweise durch die antioxidativ wirkenden Vitamine A, C und E. Außer ACE setzen Hersteller mittlerweile noch andere Vitamine zu, unter anderem der B-Gruppe, Biotin, Niacin sowie Mineralstoffe wie Magnesium, Eisen und Selen.

II. Probiotische Lebensmittel

Probiotische Lebensmittel sollen die Darmflora verbessern. Die in solchen Lebensmitteln enthaltenen Mikroorganismen sind besonders widerstandsfähig gegenüber Verdauungssäften und überstehen in wesentlich größeren Mengen die Passage durch den Magen als herkömmliche. Als Probiotika in Gebrauch sind derzeit Hefen und Milchsäurebakterien.

Indem probiotische Milchsäurebakterien regelmäßig zugeführt werden, verdrängen sie zahlenmäßig die im Darm vorhandenen unerwünschten Mikroorganismen wie Clostridien oder Fusobakterien und sollen so die Darmflora im Gleichgewicht halten. Die gesundheitsfördernden Eigenschaften sind abhängig davon, welchem Stamm die Milchsäurebakterien angehören, da diese unterschiedliche Eigenschaften aufweisen. Als relativ gesichert gilt, dass probiotische Bakterienstämme gegen Durchfall helfen und dass sie die Verdauung von Milchzucker ankurbeln. Noch nicht gesichert ist, ob sie das Immunsystem stärken, vor (Darm-)Krebs schützen oder den Cholesterinspiegel senken können. Bekanntestes Produkt ist Trinkjoghurt, beispielsweise der Marke LC1 mit dem Stamm *Lactobacillus johnsonnii La1* (Hersteller: Nestlé) oder Actimel mit dem Stamm *Lactobacillus casei defensis* (Hersteller: Danone).

III. Prebiotische Lebensmittel

Prebiotische Lebensmittel enthalten kurzkettige Kohlenhydrate, die im Dünndarm nicht verdaut werden und daher unverändert den Dickdarm erreichen. Dort stehen sie bestimmten Darmbakterien, vor allem Bifidobakterien, als Nährboden zur Verfügung. Während ihres Abbaus entsteht mehr Wasser im Darm – der Stuhl wird weicher, die Entleerung klappt besser. Außerdem sinkt der ph-Wert im Stuhl, was die Aufnahme von Kalzium, einem wichtigen Mineral, im Darm erleichtert.

Prebiotika kommen natürlicherweise in vielen Nahrungspflanzen vor, zum Beispiel in Zwiebeln, Artischocken, Chicorée oder Spargel, in Bananen, Roggen und Weizen. Für funktionelle Lebensmittel bedeutsam sind bislang vor allem Oligosaccharide und Inulin. Der Anwendungsbereich für prebiotische Zusätze ist praktisch unbegrenzt.

Synbiotika sind Kombinationen von Pro- und Prebiotika, die deren Vorteile in sich vereinigen sollen.

IV. Mit sekundären Pflanzenstoffen (SPS) angereicherte Lebensmittel

Sekundäre Pflanzenstoffe kommen natürlicherweise in Gemüse, Obst, Getreide und Hülsenfrüchten vor. Nur ein Bruchteil der schätzungsweise 100 000 Substanzen ist erforscht. Sie verleihen Lebensmitteln Aroma, Duft und Farbe – manche besitzen außerdem eine gesundheitsfördernde Wirkung. Solche SPS können entweder antimikrobiell oder antioxidativ wirken, manche können den Cholesterinspiegel senken, die Blutgerinnung beeinflussen, Entzündungen hemmen oder krebserregende Stoffe inaktivieren. Neben den cholesterinähnlichen Phytostanolen sind Phytosterole die derzeit gebräuchlichsten, bekannt geworden durch die Becel-pro-activ-Margarine von Unilever. Sie können die Cholesterinaufnahme im Darm hemmen und senken damit den Anteil an »schlechtem« Cholesterin, dem LDL (Beispiele siehe Tabelle 5).

Tabelle 5: Produktbeispiele für Functional-Food-Zusätze

Lebensmittel-gruppe	Zugesetzte Stoffe	Beispiele
Milch- und Milch-produkte	probiotische Milchsäure-bakterien, Prebiotika	Joghurt, Käse, Molke
Getränke	sekundäre Pflanzenstoffe, Omega-3-Fettsäuren, Kalzium, Kräuterauszüge, Antioxidantien	Frucht- u. Gemüsesäfte, Wellnessdrinks, ACE-Drinks, Erfrischungs-getränke
Getreide, Getreide-produkte	Omega-3-Fettsäuren, Pro-, Prebiotika, Sekun-däre Pflanzenstoffe	Brot, Brötchen, Müsli, Cornflakes, Backwaren, Getreideriegel
Wurst	Prebiotika	alle Arten möglich
Eier	Omega-3-Fettsäuren	
Fette	Phytosterine, Probiotika	Margarine
Gemüse	Ballaststoffe, Antioxidan-tien	Fertiggerichte, Tiefkühl-obst, -gemüse
Genussmittel	Vitamine, Probiotika, Ballaststoffe, Mineral-stoffe	Süßigkeiten, Kekse

Quelle: Europäisches Verbraucherzentrum, Kiel

Funktionelle Lebensmittel zielen nicht auf Kranke oder auf eine bestimmte Bevölkerungsgruppe – sie haben das Volk der Konsumenten im Visier, den Durchschnittsesser. Weil das Nahrungsangebot so vielfältig ist wie der Geschmack der Kundschaft, finden immer mehr angereicherte Nahrungs- und Genussmittel ihren Weg in den Supermarkt. Bislang stehen Nahrungsmittel mit zugesetzten Vitaminen mit rund 40 Prozent an erster Stelle, gefolgt von solchen mit Mineralstoffen, unter denen die mit Mengenelementen wie Kalium, Magnesium oder Kalzium versetzten 20 Prozent, die mit Spurenelementen wie Selen, Eisen oder Jod 10 Prozent ausmachen. Den kleinsten Anteil unter den derzeit vertriebenen funktionellen Lebensmitteln haben mit rund 3 Prozent Erzeugnisse, die andere Stoffe wie Aminosäuren, Taurin oder Carnitin enthalten. Mittlerweile ist das Angebot von Milchprodukten, Frühstücksflocken, Fruchtsaft- und Erfrischungsgetränken, die mit Vitaminen und Mineralstoffen aufgepeppt sind, so groß, dass die Anreicherung in diesen Produktgruppen schon zum Standard geworden ist.[2] Außerdem zählen zu dieser Gruppe neben alkoholfreien Getränken unter anderem Milchprodukte, Süßigkeiten (Bonbons), Fruchtzubereitungen und Gebäcke. Man findet sie ebenso in Backwaren und Joghurt wie in Schokolade, Eiscremes, Dressings, Brotaufstrichen und Soßen.

Die Produktpalette erweitert sich ständig: Margarine mit Phytosterinen zur Cholesterinsenkung, Brot und Riegel mit Isoflavonen (Vertretern aus der Gruppe der Pflanzenhormone) gegen Brust- und Prostatakrebs oder Omega-3-Fettsäuren in Eiern, Getränken, Backwaren oder Cornflakes gegen hohen Blutdruck, Entzündungen und zu viel Cholesterin im Blut.

Kein Unbedenklichkeitsbonus für Functional Food

Die »Medizin auf dem Teller«, wie Kritiker mäkeln, erfordert vom Verbraucher ein gehöriges Maß an Vertrauen. Denn die gesundheitlichen Wirkungen, wie sie Werbung und Hersteller Glauben machen wollen, sind vielfach nicht gut abgesichert, der tatsächliche Nutzen der Produkte ist nur schwer zu beurteilen. Viele Fragen bleiben noch offen, zum Beispiel: Wie viel Functional Food sollte ein Gesunder konsumieren, damit die Substanzen wirken? Vertragen die beiden Geschlechter die gleiche Menge? Muss der Verzehr an individuelle Lebenssituationen wie Krankheit, Schwangerschaft und Stillzeit, körperlicher Höchstleistung oder Alter angepasst werden? Von welcher Menge an sind die Verbindungen schädlich? Welche Wechselwirkungen treten mit anderen Stoffen ein?

Obwohl Jahr für Jahr ungezählte Publikationen zum Thema Ernährung erscheinen, kann bislang niemand die Zweifel ausräumen. Die meisten Veröffentlichungen beschäftigen sich mit äußerst spezifischen Fragen und nur für diese enge Thematik ist, wenn überhaupt, eine eindeutige Antwort möglich. Verallgemeinerungen aber können fatale Auswirkungen haben, wie am Beispiel der Antioxidantien deutlich wird.

Vitamine und Mineralstoffe: Viel hilft viel?

Noch in den 1980er Jahren galten die Vitamine A, C und E als Lebensversicherung, hielt man sie doch für mächtige Radikalenkiller, für die perfekte Barriere gegen Infekte und Krebs. Doch im Laufe der Jahre machte die Euphorie der Ernüchterung Platz. Verschiedene Untersuchungen hatten gezeigt, dass die als harmlos geltenden Vitamine, in hohen Dosen konsumiert, entweder nicht wie erhofft wirken oder sogar Schäden anrichten können.

Die erste große Enttäuschung erlebten die Wissenschaftler, als sie in Europa und den USA neun Studien zur Wirkung antioxidativer Vitamine auswerteten, während derer insgesamt rund 110 000 Männer und Frauen regelmäßig die Vitamine A, C, E und Beta-Carotin oder Gemische zu sich nehmen mussten. Die Studien, die über drei bis zwölf Jahre gedauert hatten, zeigten jedoch keine eindeutig positiven Ergebnisse.[3] Der Mythos, Vitamine könne man nie genug bekommen, fiel Mitte der 1990er Jahre mit drei groß angelegten Interventionsstudien zu Beta-Carotin. In der so genannten Finnland-Studie[4] nahmen 30 000 rauchende Männer fünf bis acht Jahre lang täglich entweder 50 Milligramm Vitamin E, 20 Milligramm Beta-Carotin, beides oder ein Placebo ein. Während Vitamin E das Risiko nicht erhöhte, stieg die Lungenkrebsrate in der Beta-Carotin-Gruppe bereits nach 18 Monaten beträchtlich. Am Ende erkrankten weniger Männer an Krebs, die »nur« geraucht, aber kein Beta-Carotin zu sich genommen hatten. Die Physicians Health Study[5], die mit insgesamt 22 000 Probanden durchgeführt wurde, ergab keinerlei Nutzen für zusätzliches Beta-Carotin. Die dritte, die so genannte CARET-Studie[6] untermauerte die Erkenntnisse der Finnland-Studie: Hier hatten 18 000 Raucher und Asbestarbeiter durchschnittlich vier Jahre lang täglich 30 Milligramm Beta-Carotin und 25 000 IU Vitamin A beziehungsweise ein Placebo geschluckt. Letztlich stieg die Lungenkrebsrate durch die Vitaminpräparate um 28 Prozent, die Sterblichkeitsrate sogar um 46 Prozent. Aufgrund solch alarmierender Zwischenergebnisse mussten die Forscher die Studie 21 Monate vor ihrem geplanten Ende abbrechen.

Das Bundesinstitut für Risikobewertung (BfR) hält die Resultate der Untersuchungen für so besorgniserregend, dass es sogar vor Lebensmitteln warnt, die mit Carotinoiden versetzt sind – beispielsweise Fruchtsaftgetränken. Lebensmittel des allgemeinen und täglichen Verzehrs sollten, so die Behörde 2004, eigentlich gar nicht mit Beta-Carotin angereichert werden. Zudem weiß man mittlerweile, dass nicht allein Beta-Carotin in seinem natürlichen »Domizil«, in Gemüse und Obst wie Paprika, Möhre, Mango oder Aprikose, antikanzerogene Effekte aufweist: Mehr als 40 andere Verbindungen aus der Gruppe der Carotinoide wirken protektiv – in welcher Menge und Zusammensetzung, ist allerdings unbekannt.

Auch deutsche Wissenschaftler teilen die Skepsis gegenüber Getränken und Nahrungsmitteln, denen Vitamine in großen Mengen zugesetzt wurden. Eine Reihe von Untersuchungen bestätigt, dass viel nicht immer viel hilft, vor allem nicht bei Risikogruppen. Meist sind die Lebensmittel in ihrer natürlichen Nährstoffzusammensetzung den industriellen mit überbordenden Gehalten an Vitaminen überlegen. So wiesen Wissenschaftler der Universität Bonn im Laborversuch nach, dass ACE-Säfte zellschädigende Sauerstoffradikale weniger gut abfingen als schlichter roter Traubensaft. Noch besser wirkte Saft aus schwarzen Johannisbeeren.

Nach heutigem Wissensstand stellt die Überdosierung das größte

Problem im Umgang mit künstlich zugesetzten Vitaminen dar. Während ein Normalköstler kaum ein Übermaß an Vitaminen und Mineralstoffen aufnehmen kann (es sei denn, er vertilgt extreme Mengen der Vitamin-A-Bombe Leber), kann das bei den Essern, die gerne und häufig zu funktionellen Lebensmitteln und zu Vitaminpillen greifen, ganz anders aussehen. Eine im Herbst 2005 publizierte Metaanalyse[7] mit 130000 Teilnehmern zeigte, dass die regelmäßige Einnahme von hohen Mengen Vitamin E (mehr als 400 IU/Tag) bei älteren Menschen langfristig das Sterberisiko erhöht. Die Studie ist so bemerkenswert, weil gerade Vitamin E einen hervorragenden Ruf als Jungbrunnen genießt; es soll die geistige Leistungsfähigkeit ankurbeln und vor Krebs, Morbus Alzheimer und Herzerkrankungen schützen. Diese Auffassung mag auch gerechtfertigt sein – allerdings nur in der empfohlenen Menge. Die Überschreitung des Schwellenbereiches kann, wie die Beispiele zeigen, empfindliche gesundheitliche Konsequenzen verschulden.

Die Tabelle 6 zeigt die möglichen Nebenwirkungen, die durch Überdosierung, also bei enorm erhöhten Tagesdosen ausgewählter Vitamine und Mineralstoffe auftreten können. In der Regel halten sich die Hersteller zwar an die Empfehlungen der Fachgesellschaften. In der Summe der Lebensmittel jedoch, die ein Functional-Food-Fan pro Tag zu sich nimmt, kann diese empfohlene Höchstmenge mehrfach überschritten werden. Schon das Beispiel der Lebensmittel für Kinder führt den Trend vor Augen. Das Angebot von Kinderlebensmitteln umfasste laut Forschungsinstitut für Kinderernährung Dortmund (FKE) 2001 bereits 308 Produkte (gegenüber 130 Produkten 1996). 40 Prozent dieser Kinderlebensmittel sind mit Vitaminen angereichert. Zum Frühstück verspeist ein Schulanfänger mit einer Portion Flakes bis zu drei Vierteln des Tagesbedarfs an bestimmten Vitaminen.[8] Kommen dann noch Fruchtzwerg Multivitamin oder Käpt'n Kuck, Lachgummi und Nimm 2, Nesquick Zauberkekse, Choco Krispies Müsliriegel, Capri-Sonne Multivitamin, Fruchttiger & Co. dazu, mausert sich der Sprössling zum wandelnden Vitaminagglomerat. Mögen die Produkte im Einzelnen, falls selten genug auf dem Speiseplan akzeptiert, auch kein Risiko bergen – in der Summe katapultieren sie die Vitaminmenge in den Grenzwertbereich und darüber hinaus. Verfechter von Vitamindrinks & Co. versichern zwar, ein Zuviel könne nicht schaden, weil gerade die wasserlöslichen Vitamine, falls im Überschuss vorhanden, über Harn und Stuhl ausgeschieden werden. Obwohl sie der Körper tatsächlich nicht speichern kann, scheint eine generelle Verharmlosung wenig angebracht, denn sowohl Langzeitwirkung als auch die Einzelheiten spontaner Wechselwirkungen im Stoffwechsel sind nicht bekannt. So weiß man nur, dass eine 1 000fache Tagesdosis von Vitamin B1 einen Schock verursachen kann, dass zu viel Vitamin B6 im Tierversuch die Lebern von Ratten schädigte, dass zu viel Niacin kurzfristig zu Übelkeit führt, dass zu viel Vitamin C eine Magenschleimhautentzündung nach sich ziehen kann und zu viel Vitamin B6 möglicherweise Unruhezustände zur Folge haben kann. Auch ist bekannt, dass eine Überdosierung bestimmter Vitamine zu einem erhöhten Bedarf an anderen Vitaminen führen kann – wodurch letztlich sogar eine Mangelsituation auftreten kann. Zudem unterscheiden sich die Vitamine hinsichtlich der tolerierten Überdosierung. Bei Thiamin, Riboflavin, Pantothensäure, Biotin, Cobalamin und Ascorbinsäure sowie beim fettlöslichen Vitamin E scheint auch das Hundertfache der Tagesdosis unbedenklich zu sein. Bei den Vitaminen Pyridoxin und Niacin sollte die Dosierung allerdings niedriger liegen (um das 50fache), vor allem bei einer dauerhaften zu hohen Aufnahme. Fettlösliche Vitamine wie A und D haben einen viel engeren Sicherheitsbereich, maximal bis zum Fünffachen der empfohlenen Tagesdosis.

Dabei ist es so einfach, seinem Körper über die herkömmliche Nahrung alles zu geben, was er braucht. Nur einige Beispiele: Um ihn mit ausreichend Vitamin A zu versorgen, genügen pro Tag entweder zwei Gläser Milch mit einem Fettanteil von 3,5 Prozent, eine Portion Grünkohl oder zwei bis drei mittelgroße Möhren, gekocht mit etwas Öl. Menschen mit einem höheren Vitamin-A-Bedarf, wie Jugendliche und Schwangere, benötigen das Doppelte dieser Mengen.

Auch Vitamin C muss dem Körper nicht in rauen Mengen zugemutet werden. Der Bedarf liegt bei 100 Milligramm pro Tag. Enthält der Speiseplan jeweils eine rohe Paprika, eine Apfelsine, ein Glas Orangensaft (100 Prozent Saft) oder 50 Gramm schwarze Johannisbeeren, wird es dem Organismus nicht an Vitamin C mangeln.

Tabelle 6: Mögliche Nebenwirkungen durch Überdosierung
(Vitamine und Mineralstoffe)

Vitamin / Mineralstoff	in 100 g Lebensmittel sind enthalten (Beispiele)	empfohlene Dosis pro Tag	überschrittene Tagesdosis	Nebenwirkung bei Überdosierung
Vitamin C	Ananas: 1000 mg Paprika: 120 mg Brokkoli: 115 mg Johannisbeere, schwarz: 180 mg Kiwi: 60 mg Apfelsine: 50 mg	100–110 mg	> 5 g	Harnsteinbildung, Durchfall, Magen-Darm-Beschwerden
Vitamin B6	Weizenkeime: 4 mg Kartoffeln: 0,3 mg Walnuss: 0,87 mg Erdnuss: 0,44 mg Bohnen: 0,28 mg Rosenkohl: 0,30 mg	1,2–1,5 mg	> 500 mg	schwere Nervenerkrankungen, Leberschaden bei Ratten nachgewiesen
Vitamin A	Grünkohl: 1447 µg Möhren: 1700 µg Honigmelone: 783 µg Tunfisch: 450 µg Mango: 205 µg	0,8–1,0 mg	über fünffache Tagesdosis	Kopfschmerzen, Schwindel, Übelkeit, Leberschäden, Skelettveränderungen
Vitamin B1	Weizenkeime: 2 mg Kartoffeln: 0,10 mg Erbsen: 0,76 mg Makrele: 0,14 mg Erdnuss: 0,90 mg	1,0–1,3 mg	über 100fache Tagesdosis (gespritzt)	Hitzegefühl, Übelkeit, Herzklopfen
Vitamin D	Hering: 26,71 µg Schmelzkäse: 3,13 µg Hühnerei: 2,93 µg Margarine: 2,50 µg	5 µg, im Alter 10	> 250 µg	schwere Schäden durch Kalziumablagerungen in Haut, Leber, Niere, Herz, Gefäßen
Niacin (B3)	Weizenkleie: 17,7 mg Champignons: 4,7 mg Makrele: 7,7 mg Rindfleisch: 7,5 mg Erdnuss: 15,3 mg	13–16 mg	35 mg	Rotwerden, Hautjucken, Hitzegefühl, Kopfschmerzen, Magenschleimhautentzündung, Leberschäden
Kalzium	Milch: 120 mg Camembert 45 %: 570 mg Bohnen: 105 mg Grünkohl: 212 mg Rucola: 160 mg	1000 mg	2 g pro Tag	Durchfall, Harnsteine
Magnesium	Weizenkleie: 490 mg Mehrkornbrot: 70 mg Sojabohnen: 220 mg Cashewnüsse: 270 mg Sonnenblumenkerne: 420 mg	310–350 mg	über 3 g pro Tag	Magen-Darm-Beschwerden, Harnsteine, Muskellähmungen
Eisen	Roggenvollkornbrot: 2,65 mg Spinat: 4,1 mg Linsen: 7,5 mg Rindfleisch: 2,26 mg Schweineschnitzel: 1,7 mg	10–15 mg	?	Magen-Darm-Beschwerden, Erhöhung des Infektrisikos
Selen	Niere: 1200 µg Käse: 60 µg Getreide: 40 µg Ei: 40 µg	30–70 µg	ab 350–450 µg	Vergiftungserscheinungen: Leberzirrhose, Haarausfall, Herzmuskelschwäche

Quelle: Deutsche Gesellschaft für Ernährung, NOVAfeel[9]

Schwangere, Stillende, körperlich schwer Arbeitende, Rekonvaleszente oder Kranke müssen rund 25 Prozent mehr verzehren.

Der Körper braucht etwa 12 Milligramm Vitamin E pro Tag – durch eine normale Mischkost nimmt der Bundesbürger bereits 25 Milligramm auf.

Aus Vitamin-D-Vorstufen, die mit der Nahrung aufgenommen werden, kann der Körper unter Sonneneinstrahlung Vitamin D selbst bilden. Zehn Minuten Aufenthalt an frischer Luft pro Tag genügen. Fisch, Hartkäse, Milch und Eier sind gute Vitamin-D-Lieferanten. Beispielsweise deckt eine Portion Fisch à 100 Gramm bereits 20 Prozent des Tagesbedarfs; ein Liter Milch liefert einer Schwangeren die benötigte Vitamin-D-Menge.

Heißes Eisen: Frühstücksflocken

Lebensmittelanalytiker finden immer wieder überdosierte Vitaminmengen, zum Beispiel bei Frühstücksflocken. So hatte Stiftung Warentest bei Cornflakes eine Überdosierung mit Vitamin B1 um bis zu 50 Prozent entdeckt.[10] In einer anderen Untersuchung stellten die Tester fest, dass die Flakes eine bis zu dreifache Menge an Vitaminen enthielten als auf der Verpackung angegeben,[11] in verschiedenen Getreideprodukten war 50 Prozent mehr Vitamin B1 enthalten als angegeben, in Süßwaren 25 Prozent, Folsäure in Milchmischgetränken sogar 175 Prozent mehr als angegeben. Der Grund dafür, warum Hersteller das tun, ist ein technologischer: Auch künstliche Vitamine sind nicht unvergänglich. Neben Feuchtigkeit und Wärme setzen ihnen Sauerstoff und Licht zu. Um zu erreichen, dass das Produkt garantiert bis kurz vor Ablauf des Mindesthaltbarkeitsdatums so viele Vitamine enthält, wie auf der Verpackung deklariert, verteilen sie Vitamine nach dem Gießkannenprinzip.

In Deutschland reichern Produzenten seit 1970 ihre Cornflakes an. Das tat der Beliebtheit der Frühstücksflocken bislang keinen Abbruch – im Gegenteil. Im guten Gewissen, durch eine wohlschmeckende und unkomplizierte Startmahlzeit den anstrengenden Alltag mit einem regelrechten Vitamin-Eisen-Schub zu beginnen, füllten Eltern ihren Kindern und sich selbst die Teller. Doch 1999 ging eine friedliche Ära zu Ende: Damals wagte die norwegische Regierung den Widerstand und verbot schließlich Anfang 2000 die Einfuhr von Kellogg's Cornflakes mit der Begründung, es sei nicht auszuschließen, dass gewisse Bevölkerungsgruppen infolge der unkontrollierten zusätzlichen Einnahme von Vitaminen und Eisen gesundheitlich gefährdet würden. Kellogg's legte Beschwerde ein, und Norwegen musste sich wegen Behinderung des freien Handels in Luxemburg verantworten, dem Sitz des Gerichtshofes der europäischen Freihandelszone EFTA. Der EFTA-Gerichtshof folgte in seinem Urteil im Jahr 2001 der Argumentation der Norweger zwar nicht, im Lande herrsche kein Vitaminmangel, eine Anreicherung von Lebensmitteln sei daher überflüssig. Allerdings erkannte er das »Vorsorgeprinzip« (precautionary principle) an. Demnach hat eine Regierung das Recht, den Vertrieb eines Produktes auch dann zu untersagen, wenn zwar keine absolute Sicherheit darüber besteht, dass es gefährlich ist, jedoch seriöse Wissenschaftler in belegbarer Weise eine solche Gefährdung annehmen. Die Reaktion der Norweger auf das – durchaus interpretationsfähige – Urteil fiel eindeutig aus: Sie beharrten auf dem Cornflakes-Bann. Kellogg's dagegen legte den Spruch der EFTA-Richter anders aus und hält beständig Ausschau nach Ernährungsexperten, die als Paten für die aufgepeppten Flocken auftreten könnten.

Mit großem Interesse hatten auch andere nordeuropäische Länder die Auseinandersetzung beobachtet. Schließlich reagierte im August 2004 Dänemark. Die dänische Gesundheitsbehörde Danish Veterinary and Food Administration (DVFA) verbot kurzerhand den Verkauf von zwölf Frühstücksflocken und sechs Müsliriegeln. Den Bescheid begründete die DVFA mit einer Risikoanalyse des Danish Institute for Food and Veterinary Research (DFVF). Das Institut war zu dem Schluss gekommen, dass die angegebenen Mengen bei regelmäßigem Genuss Nieren und Leber von Ungeborenen und Kindern schädigen könnten – und das, obwohl die Mengen an Vitamin B6 und Folsäure tatsächlich nur 25 Prozent der empfohlenen Tagesdosis für einen Erwachsenen ausmachen. Bei Eisen und Kalzium waren es sogar nur 17 Prozent. Nordisk Kellogg's, die skandinavische Tochterfirma des US-Nahrungsmittelgiganten, beschwor dagegen die Unbedenklichkeit ihrer Produkte.

Tatsächlich ist ein Zuviel vor allem am Spurenelement Eisen alles andere als ungefährlich. Zwar ist Eisen ein lebensnotwendiger Stoff, bildet es doch die Grundlage für die Bildung des roten Blutfarbstoffs Hämoglobin und bestimmt damit über die Fähigkeit des Blutes, Sauerstoff zu transportieren; zudem ist es Bestandteil vieler Enzyme. Andererseits kann überdosiertes Eisen stark toxisch für den Organismus oder die einzelne Zelle sein. Bei einem Überangebot bilden sich aggressive freie Radikale, die den Zelltod herbeiführen können. Auch benötigen viele Krankheitserreger Eisen zum Gedeihen. Studien bei den Massai in Kenia hatten gezeigt, dass die mit Eisen unterversorgten Nomaden trotz verschmutzten Trinkwassers selten an Durchfall litten. Als sie jedoch Eisenpräparate erhielten, erkrankten einige von ihnen an Malaria, andere an Amöben-Ruhr. Für diese Schlussfolgerung spricht auch, dass Menschen, die an einem erblich bedingten Eisenüberschuss, der so genannten Hämochromatose, leiden, eher einen Herzinfarkt, Diabetes und Tumore bekommen. Nach wie vor herrscht Unklarheit über »das janusköpfige Element«, wie die Ernährungswissenschaftlerin Brigitte Neumann vom EU.L.E.-Institut Eisen einmal tituliert hat[12]. Während sicher ist, dass insbesondere Heranwachsende, Frauen im gebärfähigen Alter, Schwangere und Stillende, Veganer, Senioren oder Leistungssportler einen erhöhten Bedarf an Eisen aufweisen, der selten gedeckt wird, sind die Eisenregulationsmechanismen im Körper nach wie vor nicht im Detail verstanden. Obwohl sich hierzulande kritische Stimmen renommierter Lebensmittelexperten mehren, sieht das Bundesinstitut für gesundheitlichen Verbraucherschutz und Veterinärmedizin in Berlin keinen Grund, mit Eisen angereicherte Lebensmittel vom Markt zu nehmen.[13]

Solange die Zusammenhänge nicht eindeutig geklärt sind, profitieren die Hersteller von der Gutgläubigkeit der Verbraucher. Dass Konsumenten den Werbeaussagen Glauben schenken, beweist ein Blick an die Börse. Offensichtlich unbeschadet ging beispielsweise Kellogg's aus den Auseinandersetzungen mit den skandinavischen Behörden hervor. Der Kursgewinn der Company in den vergangenen

Jahren war beträchtlich: Im dritten Quartal 2005 steigerte sie ihren Gewinn um 11 Prozent auf 274,3 Millionen Euro. Entsprechend optimistisch schaut das Unternehmen in die Zukunft. Für das Folgejahr erwartet es einen Zuwachs von 2,50 Euro pro Aktie – immerhin 20 Cent mehr als im Vorjahr.[14]

Probiotische Produkte als Umsatzgaranten

Probiotika sind die Renner unter den funktionellen Lebensmitteln und gelten als ökonomische Selbstläufer. Seit ihrer Einführung im Jahr 1995 sind sie enorm erfolgreich. Allein 1997 betrug der Umsatz mit Probiotika in Deutschland 150 Millionen Euro, ein Jahr später hatten bereits 20 Prozent der deutschen Haushalte die neuen Joghurts probiert. Fast 11 Prozent ihres Lebensmittelbudgets, das sind 2,3 Milliarden Euro, gaben die Bundesbürger für Milchgetränke aus. Zwischen 1996 und 2004 stieg der Umsatz mit probiotischen Milchfrischerzeugnissen von 75 Millionen auf 485 Millionen Euro, errechnete die Gesellschaft für Konsumforschung (GfK). Neben probiotischen Functional Foods sind auch entsprechende Nahrungsergänzungsmittel, so genannte Supplements, sowie pharmazeutische Spezialerzeugnisse auf dem Markt.

Das Gros der Produkte enthält Milchsäurebakterien, einige auch andere als probiotisch ausgelobte Mikroorganismen. Am weitesten verbreitet sind Stämme aus den Gattungen Bifidobakterium, Enterococcus, Lactobacillus, Lactococcus und Streptococcus, neuerdings noch weitere Gattungen. Probiotische Milchsäurebakterien können allerdings nur dann wirken, wenn eine ausreichende Menge von ihnen den Darm lebend erreicht. Das Bundesinstitut für gesundheitlichen Verbraucherschutz und Veterinärmedizin (BgVV) spricht von mindestens einer Million Milchsäurebakterien pro Gramm. Dass einige Joghurts diese Konzentration bei weitem nicht enthalten, stellte die Zeitschrift *Ökotest* bereits 1999 fest. Sie monierte, dass von den relativ wenigen, die überhaupt vorhanden waren, lediglich 40 Prozent das Bad in Magensäure und Galle unbeschadet überstehen könnten,

die meisten also gar nicht erst im Darm ankämen. Um sich anschließend im Darm ansiedeln zu können, sollten sie sich an der Darmschleimhaut anheften. Dort ist es allerdings schon ganz schön voll:
Rund 100 Billionen Mikroorganismen aus bis zu 600 Bakterienarten
und -stämmen haben sich hier eingenistet.

Wann Probiotika helfen

Einige Mediziner sagen Probiotika eine große Zukunft voraus, indem
sie sich auf verschiedene klinische Beobachtungen berufen, die Hinweise für positive Effekte liefern. Was probiotische Milchsäurebakterien im Körper Gutes tun können, richtet sich danach, welchem der
200 derzeit bekannten Stämme sie angehören. Nicht jeder Stamm
kann alles, nicht für jeden Stamm ist eine Wirkung belegt. Manche verdrängen zahlenmäßig schädliche Keime im Darm, indem sie
diesen die Nahrung streitig machen. Andere produzieren bakterizide
Substanzen, wieder andere kurzkettige Fettsäuren wie Essigsäure,
Propionsäure und Buttersäure als Nährstoffe für die Dickdarm-
schleimhaut und zur Erzeugung eines schwach sauren Milieus, in
dem pathogene Organismen schlecht oder gar nicht gedeihen können.
Besonders interessant ist auch diejenige Gruppe, die eine immun-
modulierende Wirkung auf das mit dem Darm zusammenarbeitende
Lymphgewebe ausübt.[15]

Die Geschichte der Probiotika reicht weit in die Vergangenheit zurück. Der Nutzen fermentierter Milchprodukte war den Balkanvöl-
kern schon vor Tausenden Jahren bekannt. Eine neue Blüte erlebte
das Interesse an den gesunden (Milch-)Erzeugnissen mit der Arbeit
des russischen Bakteriologen und Pasteur-Schülers Ilja Metschnikow
am Anfang des 20. Jahrhunderts. Er hatte sich den Kopf darüber zer-
brochen, warum die Menschen im Kaukasus ein so stattliches Alter
erreichen – und stellte fest, dass sie regelmäßig Sauermilchprodukte
verzehrten. Seine Auffassung »Der Tod liegt im Darm« kurbelte die
Forschung zum Thema Probiotika an, zumal bis heute keine bedenk-
lichen Effekte beispielsweise von Lactobazillen und Bifidobakterien
bekannt wurden. Sie gelten als so ungefährlich, dass die amerika-

nische Food and Drug Administration sie als besonders sicher, als GRAS (generally recognized as safe) einstuft.

Hier ein kurzer Überblick über Belege für den Nutzen bestimmter Stämme:[16]

1. Allergien

In den Industrienationen sind Allergien seit Jahren auf dem Vormarsch. In einer finnischen Studie mit 62 Müttern und ihren neugeborenen Kindern konnten die Forscher nachweisen, dass durch die tägliche Einnahme von *Lactobacillus rhamnosus GG* der Immunschutz der Muttermilch stieg, das Risiko einer Allergie sank.

2. Durchfälle

Gerade in Entwicklungsländern leiden Kleinkinder an Durchfällen, viele sterben daran. In einer Studie mit 204 unterernährten peruanischen Kindern im Alter von 6 bis 24 Monaten traten nach Gabe von *Lactobacillus rhamnosus GG* deutlich weniger Durchfälle auf. Bei durch Rotaviren verursachten Durchfällen im Säuglingsalter wirkten die Stämme *L. rhamnosus GG, Bifidobacterium lactis* sowie *Lactobacillus reuteri SD 2222* prophylaktisch. Als effektiv bei der Behandlung und Prävention infektiöser Durchfälle im Kindesalter erwies sich auch *Saccharoymces boulardii*.

3. Andere Infektionen

Vaginalinfektionen und Infektionen des weiblichen Harntraktes sind relativ häufig. Normalerweise sorgt das schwach saure Milieu, das durch Milchsäurebakterien wie *Lactobacillus jensenii* oder *L. iners* entsteht, dafür, dass Krankheitserreger wie *Escherichia coli, Proteus mirabilis* oder *Prevotella*, aber auch Hefen wie *Candida* nicht die Überhand gewinnen. Vor der Pubertät und nach der Menopause finden sich entweder keine oder nur wenige Lactobazillen in der Vagina. Der ph-Wert steigt, Krankheitserreger setzen sich durch. In einer Studie nahmen 33 Frauen über ein Jahr entweder probiotischen Joghurt oder keinen Joghurt auf. Der probiotische Joghurt enthielt *Lactobacillus acidophillus LA-5, Streptococcus thermophilus CH-3* und *L. bulgaricus CH-3.* Bei den Joghurtesserinnen verringerte sich die Zahl der Infektionen um den Faktor 3. Aufgrund der Besserung ihrer Krankheitssymptome weigerten sich acht Frauen aus der Joghurtgruppe, in die Kontrollphase der Studie – ohne Joghurt – einzutreten.

Die Rückfallrate bei Colitis ulcerosa, jener entzündlichen Dickdarmerkrankung, die durch das Bakterium *Escherichia coli Nissle 1917* mit verursacht wird, sinkt bei der Gabe des Probiotikagemischs VSL-3.

4. Antibiotikabehandlung

Durch die Behandlung mit einem Antibiotikum wird in der Regel die Magen-Darm-Flora abgetötet, notwendige Bakterien im Darm fehlen. Die im Joghurt enthaltenen probiotischen Kulturen ersetzen die fehlenden Bakterien, der Patient erholt sich schneller.

Verschiedene Untersuchungen legen nahe, dass Probiotika, während einer Antibiotikabehandlung verabreicht, prophylaktisch gegen durch das Antibiotikum hervorgerufenen Durchfall wirkt, insbesondere die Hefe *Saccharomyces boulardii* und verschiedene Lactobazillen.

5. Krebsprophylaxe

Vermutlich können Lactobazillen und Bifidobakterien die Mengen an bestimmten Substanzen vermindern, die an der Krebsentstehung beteiligt sind, so das Enzym Beta-Glukuronidase, bestimmte Gallensäuren und Aflatoxin.

Tierexperimentelle Untersuchungen haben gezeigt, dass die Verfütterung von Laktobazillen, Bifidobakterien und komplexen Kohlenhydraten kanzerogene Verbindungen im Darm entgiften können, was zu einer Verringerung von genetischen Schäden sowie Tumoren geführt hat. Gegenwärtig wird geprüft, inwiefern dieser Mechanismus auch für die menschliche Ernährung zutrifft.[17]

Doch es gibt auch Ergebnisse, die keinerlei Nutzen von Probiotika zeigen, wenn auch weniger. Zum Beispiel hatten sich in einer Studie die Hoffnungen zerschlagen, bei einer Birkenpollen-allergie durch die Einnahme von *Lactobacillus rhamnosus GG* in Pillenform mit weniger Medikamenten auszukommen. Auch besserten sich die Symptome der Patienten nicht. In einer anderen Studie sollte die Wirkung probiotischer Kulturen auf Reisediar-rhoe getestet werden. Ein Teil der untersuchten, in Südamerika stationierten britischen Soldaten nahm *Lactobacillus fermentum* und *L. acidophilus*, ein weiterer ein Scheinpräparat zu sich. Nach etwa vier Wochen ergaben sich keine Unterschiede zwischen den Gruppen; sowohl die Mitglieder der einen als auch die der anderen litten etwa gleich oft an Durchfall.[18]

Die Aufzählung zeigt, in welch engem thematischem Rahmen die Untersuchungen ablaufen. Steht schließlich ein Ergebnis fest, gilt es allein für diese Fragestellung und kann nicht verallgemeinert wer-den. Hier aber setzt raffiniertes Marketing an: Es sammelt einzelne positive Resultate und präsentiert sie in einem Kontext, der dem Verbraucher suggeriert, Probiotika seien Allheilmittel – jedes wirke gegen Krebs und Durchfall, Allergien und Infektionen, egal welcher Zusammensetzung, egal welcher Dosis. Genau das aber ist ein Trug-schluss, dem viele Konsumenten erliegen.

Auch ist bis heute nicht genau geklärt, wie Probiotika eigentlich ihre hilfreiche Arbeit tun und welchen Einfluss der Organismus da-rauf hat. Dass nicht jeder Mensch gleich ist, ist hinlänglich bekannt: Er unterscheidet sich nicht nur in Geschlecht und Alter, sondern auch hinsichtlich Konstitution, Krankheitsanfälligkeit, Nahrungs- und Arzneimittelverträglichkeit, Phasen wie Krankheit und Stress; bei Frauen kommen noch menstruationsabhängige Lebensabschnitte, Schwangerschaft und Stillzeit hinzu. Deshalb hat auch der indivi-duelle Organismus einen gehörigen Anteil daran, wie Substanzen, die ihm zugeführt werden, verwertet werden. Fachleute nennen das Pharmakokinetik; sie beschreibt Aufnahme, Verteilung, Abbau und Ausscheidung eines Wirkstoffs in Abhängigkeit von der Zeit. Die Pharmakokinetik bei Probiotika ist derzeit Gegenstand intensiver Forschung – weil eben nicht enträtselt.

Die Anzahl der Studien wächst von Jahr zu Jahr, doch reichen diese für ein endgültiges Fazit bisher nicht aus. Außerdem beziehen die einzelnen Untersuchungen zu wenige Patienten ein[19] – und zu geringe Fallzahlen rechtfertigen nicht, die Lobeshymnen der Hersteller in ein Edikt zum massenhaften Ad-hoc-Kauf umzumünzen. Dass viele überdies in vitro, im Reagenzglas also, oder als Tierversuch ablaufen und klinische Studien mit menschlichen Probanden kaum ersetzen können, lässt erst recht Zweifel an generellen Empfehlungen à la »Actimel aktiviert Abwehrkräfte« (Actimel von Danone), »Die kleine Gesundheitspflege« (Yakult vom gleichnamigen Hersteller) oder »Ein täglicher Beitrag für Ihre Gesundheit« (LC1 von Nestlé) aufkommen, denn die Wissenschaft hat bislang keine eindeutige Antwort darauf, wie viele Bakterien täglich aufgenommen werden müssen und ob die Veränderung der Darmflora auf Dauer wirklich unproblematisch ist. Kritiker des neuen Ess- und Trinkkults, wie der wissenschaftliche Informationsdienst des Europäischen Insituts für Lebensmittel- und Ernährungswissenschaften (EU.L.E. e.V.) verweisen auf Unsicherheiten. Zwar ist bis heute noch nie eine auf Milchsäurebakterien zurückzuführende Infektion durch den Verzehr von entsprechenden Lebensmitteln nachgewiesen worden. Doch weiß man seit mehr als 100 Jahren, dass Bakterien aus dem Intestinaltrakt durch die Darmschleimhaut in den Körper gelangen können, wo sie sich in Leber, Milz und Niere festsetzen. Weil diese Wanderung aber in äußerst geringem Maße stattfindet und die Ausreißer üblicherweise vom Immunsystem vernichtet werden, besteht bislang kein Grund zur Panik. Es ist allerdings denkbar, dass das Gleichgewicht der Darmflora unter bestimmten Bedingungen aus dem Ruder gerät, zum Beispiel nach der Einnahme eines Antibiotikums, bei Diabetes, Allergien, Entzündungen der Darmschleimhaut oder einer Eiweißmangelernährung. In diesen Fällen könnten die Bakterienstämme enorm anwachsen, was die Wanderungsbereitschaft beflügelt. Bei Menschen mit geschwächtem Immunsystem könnten die eingewanderten Mikroben Probleme verursachen, indem sich beispielsweise mit der Nahrung aufgenommene probiotische Bakterien an Organe heften und Entzündungen hervorrufen.[20]

Milchsäurebakterien sind nicht per se als unbedenklich einzustufen, denn eine Spezies unterteilt sich in verschiedene, genetisch nicht uniforme Stämme mit jeweils anderen Eigenschaften. Das Attribut »sicher« kann jeweils nur einem Stamm, nicht aber der gesamten Spezies zugesprochen werden. Das Bundesinstitut für gesundheitlichen Verbraucherschutz und Veterinärmedizin (BgVV) warnt davor, Erfahrungen bei der traditionellen Verwendung von Milchsäurebakterien als Starterkulturen und deren Unbedenklichkeit auf neue probiotische Stämme zu übertragen. Von einer ungeprüften Verwendung von *Lactobacillus rhamnosus* raten die Verbraucherschützer ab, da es bei dieser Spezies Stämme gibt, die bei Superinfektionen eine Rolle zu spielen scheinen. So konnten sie in Blut und Organproben von Menschen nachgewiesen werden, deren Immunabwehr geschwächt war, beispielsweise bei Krebskranken, Transplantations- und Dialysepatienten.[21] Das BgVV dringt daher auf eine stammspezifische Identifizierung und entsprechende Unbedenklichkeitsprüfungen, besonders auch im Hinblick auf die gesundheitliche Verfassung des Verbrauchers. Immerhin handelt es sich um lebende probiotische Keime, die in hoher Zahl konsumiert werden. Nur Studien mit probiotischen, zuvor definierten und gut charakterisierten Bakterienstämmen am Menschen können letztlich Gewissheit schaffen. Sie sollten nicht nur die üblichen Kriterien wie doppelblind, randomisiert und placebokontrolliert durchgeführt werden, sondern ihr Ergebnis auch wiederholbar und überprüfbar sein, wie das durch die Veröffentlichung in renommierten Fachzeitschriften am ehesten der Fall ist.

Milchsauer vergorene Produkte gelten schon seit Hunderten von Jahren als gesund – lange bevor der Mensch den hilfreichen Lactobazillus aufspürte. Am Anfang dieser Entwicklung standen milchsauer vergorenes Gemüse und Kefir, der mithilfe von Hefepilzen fermentiert wird. Aus Russland stammt die Tradition, Brot mit Sauermilch, Wasser und Gewürzen zu vergären. Fahrende Händler bieten das alkoholhaltige Getränk Kwass bis heute vor allem in den Sommermonaten als kühle Erfrischung in den Städten an. Ein alkoholfreies Pendant gibt es auch in Deutschland: Der Brottrunk, seit etwa einem Vierteljahrhundert verbreitet, wird aus vergorenem Vollkornbrot und Wasser hergestellt. Auch ein bis zwei Becher Joghurt à 250 Gramm enthalten genügend Milchsäurebakterien – auf teure probiotische Produkte könnte man eigentlich gut verzichten.

Prebiotische Nahrung mit Inulin und Oligofructose

Dass probiotische Kulturen hoch spezialisiert wirken, gilt mittlerweile als unbestritten. Allerdings können Probiotika nur dann funktionieren, wenn sie nicht als Ersatz für Hamburger, Chips, Cola & Co. herhalten müssen. Denn probiotische Kulturen brauchen einen Nährboden – und den bietet ihnen eine ausgewogene Ernährung mit reichlich Kohlenhydraten und Ballaststoffen, aber wenig tierischen Fetten. Produkte aus dem Kühlregal können jene aus dem Gemüse- und Brotregal nicht ersetzen; Ernährungsfehler sind durch probiotische Lebensmittel nicht auszugleichen. Dieses Wissen hat findige Food-Hersteller veranlasst, bekannte Lebensmittel mit Inulin und Oligofructose zu veredeln. Inulin ist ein natürlicher Stoff, der als Reservekohlenhydrat in Pflanzenteilen gespeichert wird, zum Beispiel von Chicoréewurzel, Topinambur (eine Sonnenblumenart mit kartoffelähnlichen Knollen), Dahlie und Artischocke. Inulin ist eine aus bis zu 60 Zuckerbausteinen (Monosacchariden) aufgebaute Substanz, Oligofructose besteht aus weniger als zehn Zuckermolekülen. Inulin wird in ähnlicher Weise aus Zichorienwurzeln gewonnen wie Zucker aus Zuckerrüben, Oligofructose wiederum aus Inulin synthetisiert. Lebensmitteldesigner schätzen Inulin wegen seines angenehmen »Mundgefühls«. Es ist nicht nur, wie Oligofructose, leicht süß, es hinterlässt auch ähnlich wie Fett eine cremige Empfindung auf der Zunge – und das, ohne dick zu machen. Denn im Vergleich zu Fett, das mit 10 Kilokalorien je Gramm zu Buche schlägt, enthält Inulin nur 1 Kilokalorie pro Gramm. Deshalb verwenden es Food-Hersteller gerne in Fitness- oder Diätprodukten. Weil dem Menschen das inulinabbauende Enzym Inulinase fehlt, kann die Substanz im Dünndarm nicht resorbiert werden und gelangt deshalb unverdaut in den Dickdarm, wo es als Prebiotikum das Wachstum der günstigen Bifidobakterien stimuliert und das der Fäulnisbakterien unterdrückt. Indem sie Tieren eine inulinhaltige Diät fütterten, stellten Wissenschaftler fest, dass durch den Rückgang der Fäulnisbakterien auch die Produktion von Ammoniak sinkt. Ammoniak wiederum steht im Verdacht, an Entstehung und Wachstum von Dickdarmtumoren beteiligt zu sein. Der letztendliche Beweis beim Menschen steht jedoch noch aus.[22]

Verschiedene Studien[23] haben gezeigt, dass Jugendliche, deren Knochen sich noch im Aufbau befinden, bei einer täglichen Zufuhr von Inulin und Oligofructose wesentlich mehr Kalzium aufnahmen – und zwar dann, wenn die Testpersonen mit Kalzium nicht ausreichend versorgt waren. Bei Frauen nach der Menopause blieb der erwünschte Effekt allerdings aus.

Schon hat das Inulinfieber nicht nur Mediziner und Ernährungsphysiologen, sondern auch Pflanzengenetiker erfasst. Die positiven Ergebnisse der Inulinforschung im Hinterkopf, hatten Wissenschaftler des Max-Planck-Instituts in Golm bei Potsdam daran gearbeitet, der altbackenen Kartoffel die Fähigkeit einzupflanzen, Inulin zu bilden. Im Jahr 2000 schließlich war es ihnen gelungen. Nach erfolgreicher Übertragung der entsprechenden Artischockengene konnte die »Inulinknolle« die Substanz bis zu 5 Prozent ihres Trockengewichts bilden.[24]

Obwohl bislang weder Daten über langfristige Effekte, beispielsweise auf die Knochengesundheit, vorliegen noch bekannt ist, welche Mindestmengen aufgenommen werden müssen, um einen Gesundheitsnutzen zu erzielen,[25] jubelt die Nahrungsgüterindustrie. Ein neuer Stern ist geboren, Produkte quer durch das Sortiment sind potenzielle Inulinmatrizen. Hersteller jeder Betriebsgröße wollen den Zug nicht verpassen: Nestlé mischt zum Beispiel seinem Milchpulver für Kleinkinder eine spezielle, inulinhaltige Formulierung bei; die Wurzener Nahrungsmittel GmbH peppt ihre Flakes mit inulinhaltigem Topinambursirup, Raftilose und Raftiline auf; Filtertütenhersteller Melitta brachte im Jahr 2001 sogar eine inulinhaltige Tüte auf den Markt; und Unilever versetzt seine Suppensnacks der Marke »Du darfst« mit Inulin und reichert Obstsalate und Putenleberwurst mit Oligofructose an.

Schwierig ist es indes, die Dosis-Wirkung-Beziehungen zu definieren, weil die Darmflora jedes Menschen verschieden ist. Laut Studien tritt der prebiotische Effekt von Inulin und Oligofructose ab einer Tagesdosis von mindestens 5 Gramm ein – zusätzlich zur täglich mit der Nahrung aufgenommenen Menge. Die Gesellschaft Deutscher Chemiker hält eine Auslobung daher erst ab einer Menge von etwa einem Drittel der Tagesdosis (1,5 Gramm) in einer

Verzehreinheit, also zum Beispiel einem Joghurt à 150 Gramm, für gerechtfertigt. Wie Probiotika auch, funktioniert prebiotische Nahrung erst nach einem gewissen Zeitraum, in der Regel nach einer Woche. Auch hält der prebiotische Effekt nur über den Zeitraum der Aufnahme an und erlischt dann. Ein weiteres Problem ist die geringe Haltbarkeit von kurzkettigen Inulinverbindungen. Die Zuckereinheiten sind säure- und temperaturempfindlich, was besonders bei der Produktion und später am heimischen Herd bei der Zubereitung eine Rolle spielt. Kommen mehrere Verarbeitungsvorgänge zusammen, droht die vollständige Zerstörung; Fruchtsäfte zum Beispiel enthalten eine Menge an Säure, die den ph-Wert in den kritischen Bereich drückt, Milchprodukte werden pasteurisiert. Auch Fermentationsprozesse wie die Gärung bei Hefe- oder Sauerteigen schaden Inulin & Co. Verluste von mehr als 50 Prozent bis hin zum vollständigen Abbau bei längerer Lagerung können die Folge sein. Hersteller könnten das als Wink mit dem Zaunpfahl missverstehen, Inulinverbindungen in ihren Produkten ähnlich wie Vitamine in Frühstücksflocken überzudosieren, um der Nährwertkennzeichnung auf der Verpackung auch gegen Ende des Mindesthaltbarkeitsdatums noch entsprechen zu können. Nicht mehr als 25 Prozent sollten das sein, warnt die Chemiker-Fachgesellschaft; ansonsten könnten gastrointestinale Symptome nicht ausgeschlossen werden. Welche das sein könnten, ist nicht sicher, vor allem im Hinblick auf die aufgenommene Menge. Bekannt ist nur eine – recht harmlose, aber unangenehme – Nebenwirkung beim Verzehr inulinhaltiger Pflanzenteile: Während des Abbaus bilden sich Gase, die sich als Flatulenzen (Blähungen) ihren Weg aus dem Darm bahnen. Bei künstlich zugesetztem Inulin verstärkten sich die Beschwerden jedoch. Probanden, die bis zu 10 Gramm Oligofructose pro Testmahlzeit aufnehmen mussten, litten unter Durchfall, heftigsten Blähungen und Oberbauchbeschwerden.[26] Keine natürliche Pflanze verfügt über eine solch enorme Menge an Inulinverbindungen.

Stellt sich die Frage, was Inulin einem gesunden Esser an Zusatznutzen bringen könnte. Schließlich ist der Schutz vor Darmkrebs (noch) nicht bewiesen – im Gegensatz zur pflanzenbetonten Mischkost, auch lässt sich der Kalziumbedarf eines Erwachsenen bereits mit zwei Gläsern Milch (insgesamt 0,5 Liter) und zwei Scheiben Schnittkäse decken. Meist handelt es sich bei mit Inulin oder Oligofructose angereicherten Produkten um stark verarbeitete Lebensmittel, die zwar dem Geschmack des Verbrauchers entgegenkommen, aber in der Summe seiner Gesundheit nicht zuträglich sind. Für den Traum »Fitness ohne Verzicht« erkauft er sich ein gutes Gewissen zu Höchstpreisen von der Food-Industrie.

Sekundäre Pflanzenstoffe SPS

Sekundäre Pflanzenstoffe dienen eigentlich der Pflanze selbst. Sie produziert sie nicht vorrangig, um zu wachsen, sondern um sich zu schützen: vor Insektenfraß, Pilzbefall oder schädlicher UV-Strahlung. Die Stoffe, die dabei entstehen, werden also nicht im Primärstoffwechsel gebildet, sondern im sekundären. Daher haben sie auch ihren Namen.

Bis vor wenigen Jahren galten SPS – ähnlich wie Ballaststoffe – als unbedeutend für die menschliche Ernährung und Gesundheit, ja sogar als giftig. Mittlerweile hat sich diese Meinung ins Gegenteil verkehrt, haben epidemiologische Untersuchungen und Interventionsstudien doch viele Hinweise auf den Nutzen von sekundären Pflanzenstoffen belegt. Je nachdem, um welche SPS es sich handelt, wirken sie

- antikarzinogen (das Krebsrisiko senkend),
- antimikrobiell (vor Mikroben wie Bakterien, Viren, Pilzen schützend),
- antioxidativ (als Radikalfänger)
- und stärkend auf das Immunsystem.

Zum Beispiel hemmt Phytinsäure, die in den Randschichten des Getreidekorns vorkommt, die Bildung von Sauerstoffradikalen, die für die Entstehung von Dickdarmkrebs mitverantwortlich gemacht werden. Anderen Verbindungen, wie der großen Gruppe der Polyphenole, werden vielfältige positive Eigenschaften zugesprochen.

Zu diesen Substanzen gehören die Flavonoide, die sich wiederum in verschiedene Gruppen gliedern (siehe Tabelle 7). Die zugehörigen Flavonole und Anthocyane sind natürliche Farbstoffe. Sie färben Auberginen violett, Kirschen und Preiselbeeren rot, Sellerie und Paprika gelb. Ungefähr 5 000 Flavonoide erschweren die Überschaubarkeit; andererseits sind die meisten von ihnen in bestimmten Kombinationen in den verschiedenen Obst- und Gemüsearten immer wieder anzutreffen. Als Radikalfänger sind Anthocyane sogar den Vitaminen C, E und Beta-Carotin überlegen. Darüber hinaus sind sie in der Lage, Entzündungen einzudämmen. Eine Hand voll dunkelroter Kirschen, Heidelbeeren oder Preiselbeeren muss deshalb den Vergleich mit einem hoch dosierten Vitamin-E-Präparat nicht scheuen. Preiselbeeren helfen auch bei Harnwegsinfekten, weil sie neben den entzündungshemmenden Anthocyanen antibakteriell wirkende Proanthocyanidine enthalten; Heidelbeeren verhindern Proteinveränderungen in der Linsenflüssigkeit des Auges, die durch den eiweißschädigenden Einfluss freier Radikale hervorgerufen werden und gehäuft im Alter auftreten.[27] Tierexperimente bestätigen die These, dass Flavonoide, zum Beispiel Quercetin, antimutagen und antikarzinogen wirken. Epidemiologische Untersuchungen am Menschen bestätigten diesen Befund: Wer mehr polyphenolreiches Obst und Gemüse konsumiert, ist besser gegen bösartige Tumoren und vor Herz-Kreislauf-Erkrankungen geschützt.[28]

Tabelle 7: Vorkommen von Flavonoiden (Beispiele)

Substanzklasse	Vorkommen	Wirkung
Isoflavonoide	Sojabohnen	Phytoöstrogen
Flavonole	Zwiebeln, Rotwein, Äpfel, grüner Tee	blutstillend
Flavonone	Grapefruit, Orange	Bitterstoffe (verdauungsfördernd)
Anthocyane	Heidelbeeren, blaue Trauben, Kirschen	gegen Entzündungen, schmerzstillend

Quelle: Ernährungs-Umschau 48 (2001), Heft 12

Tabelle 8: Vorkommen und Wirkung sekundärer Pflanzenstoffe

Name	Vorkommen u. a.	Wirkung
Carotinoide	rote, orange, gelbe Früchte/Gemüse, Spinat, Brokkoli	Reduktion von Herzinfarkten, antioxidativ, krebsvorbeugend, Schutz vor Maculadegeneration/Katarakt
Sulfide	Zwiebeln, Lauch, Knoblauch, Spargel	antibakteriell, krebsvorbeugend, senken Cholesterinspiegel
Glucosinolate	Kohlarten, Senf, Rettich, Kresse	krebsvorbeugend, Schutz vor Infektionen
Phytinsäure	Hülsenfrüchte (Bohnen, Erbsen), Nüsse, Getreide, Leinsamen	antioxidativ, vermutlich krebsvorbeugend, Senkung Blutzucker
Phyto-östrogene	Getreide, Hülsenfrüchte	wirken wie Sexualhormone, Schutz vor hormonabhängigen Krebsarten (Brust, Prostata, Gebärmutter)
Phytosterine	Sesam, Nüsse, Soja, Sonnenblumenkerne	senken Cholesterinspiegel, krebsvorbeugend (Dickdarm)
Terpene	ätherische Öle, z. B. Menthol	krebsvorbeugend
Saponine	Hülsenfrüchte, Spinat	senken Cholesterinspiegel, krebsvorbeugend (Darm)
Flavonoide	siehe Tabelle »Vorkommen von Flavonoiden«	

Eindrucksvoll ist auch das Beispiel der Glucosinolate, bestimmter Geschmacksstoffe, wie sie in Kohlarten vorkommen. Schon beim Kauen oder Zerkleinern der Pflanzenteile werden Glucosinolate in kleinere Einheiten, so genannte Derivate gespalten, die als die stärksten antikarzinogen wirkenden sekundären Pflanzenstoffe gelten: Isothiocyanate. Tierexperimente aus den 1960er Jahren und spätere Verzehrstudien untermauerten diese Annahme. Demnach genügen zwei Portionen Kohlgemüse täglich, um das Krebsrisiko für bestimmte Tumore um die Hälfte zu verringern. Glucosinolatderivate hemmen die Krebsentstehung vor allem in der Brust, in der Speiseröhre, der Leber, der Lunge und im Magen.

Auch die positiven Eigenschaften der anderen sekundären Pflanzenstoffe, wie sie in der Tabelle zusammengefasst sind, wurden in vielen Tests bestätigt – für Gemüse und Obst. Ob diese Aussage für zugesetzte sekundäre Pflanzenstoffe gleichermaßen gilt, ist fraglich, weil es an Wissen über Einzelheiten wie Verstoffwechselung, optimale Zusammensetzung, Wechselwirkung mit anderen Substanzen und vielen anderen Parametern mangelt.

Die Super-Margarine

Fleischlastige Ernährung, körperliche Inaktivität, hoher Blutdruck, überbordende Cholesterinwerte – solcher Faktoren bedarf es in der Regel, um als Herzinfarktpatient auf der Intensivstation zu landen. Weil der durchschnittliche deutsche Esser konservativ tafelt, hat er ein Problem: Das Zuviel an tierischen Fetten trägt dazu bei, dass seine Blutgefäße verstopfen und sein Herz außer Takt kommt. Kampagnen wie die der Deutschen Gesellschaft für Ernährung (DGE) »Fünf am Tag« können ihn dennoch nicht überzeugen, mehr Obst und Gemüse auf seinem Teller zu dulden, wohl aber die Verheißungen des Food-Giganten Unilever. Mit seiner Margarine »Becel pro-activ« verspricht er Genuss ohne Reue mit gesundheitlichem Nebeneffekt. Die enthaltenen Phytosterine sind so potent, dass sie den Anteil an schädlichem Cholesterin im Blut, dem LDL, um 10 bis 15 Prozent senken können; um das zu erreichen, müsse man täglich zwischen 20 und 25 Gramm davon verzehren – das sind vier mit Becel pro-activ bestrichene Scheiben Brot. Über die normale Ernährung ist das nicht zu schaffen. Ein durchschnittlicher Esser nimmt pro Tag lediglich 360 Milligramm an Phytosterinen auf; Menschen, die häufiger Sesamsamen, Sonnenblumenkerne und Nüsse knabbern, etwas mehr.

Die Wirksamkeit von Phytosterinen ist unbestritten. Phytosterine werden so gut wie nicht verstoffwechselt, sie gelangen über die Blutbahn in die Leber und von dort mit dem Gallensaft in den Dünndarm. Dort verdrängen sie das Cholesterin aus den Mizellen, kleinen zusammengeballten Teilchen aus Fettverbindungen. Auf diese Weise nimmt der Körper weniger Cholesterin auf und wird zur vermehrten Eigensynthese angeregt. Trotz erhöhter Cholesterinproduktion sinkt der Cholesterinspiegel im Blut ab. Dieser Effekt ist so eindrucksvoll, dass das National Cholesterol Education Programm Expert Panel (NCEP, der US-Gesundheitsbehörde zugeordnet) die Verwendung ausdrücklich empfiehlt.

Was die Werbung allerdings verschleiert: Die Empfehlungen konzentrieren sich derzeit ausschließlich auf Erwachsene mit Hypercholesterinämie zur Senkung des Gesamt- und LDL-Cholesterins und auf den Einsatz in der Sekundärprävention nach einem durch Arterienverkalkung (Arteriosklerose) hervorgerufenen Krankheitsbild wie Schlaganfall, Herzinfarkt oder Verstopfungen in den Beinschlagadern (»Schaufensterkrankheit«).[29] Auf seiner Internetseite[30] wirbt Unilever dagegen: »Becel pro-activ ist ein neuartiges Lebensmittel für alle, die ihren Cholesterinspiegel aktiv senken möchten.« Hier findet sich kein Wort darüber, dass die Pharmamargarine nicht für alle gleichermaßen zuträglich ist. Erst das Etikett schränkt ein: Für Schwangere, Stillende und Kinder bis fünf Jahre sei sie »unter Umständen nicht zweckmäßig«. Auch Verwender cholesterinsenkender Medikamente, so der Hinweis, sollten sie mit Bedacht konsumieren. Der Grund: Verspeist ein Patient die »Pille aufs Brot« und nimmt zusätzlich entsprechende Medikamente, sinkt sein Cholesterinspiegel möglicherweise zu stark ab.

Was dem Verbraucher verborgen bleibt, ist die Tatsache, dass Phytosterine negativen Einfluss auf andere Stoffwechselvorgänge haben können, beispielsweise auf den Gehalt fettlöslicher Vitamine im Blutplasma. Mit Phytosterinen angereicherte Margarine kann zwar nach heutigen Erkenntnissen Vitamin K, das in Tomaten enthaltene starke Antioxidans aus der Carotinoid-Familie, Lykopin, oder Vitamin E nicht beeinträchtigen. Dagegen scheint sie den Beta-Carotin-Gehalt in Mitleidenschaft zu ziehen, wie vermutlich auch andere fettlösliche Vitamine. Die American Heart Association rät deshalb zu weiteren Studien, vor allem auch bei Schwangeren und

Kindern. Weil noch nicht feststeht, ob und wie sich die Senkung des Beta-Carotins auf den Organismus auf Dauer auswirkt, und angesichts der Tatsache, dass immer mehr Functional Food auf den Markt kommt, raten Forscher dazu, »ein effektives Post-Marketing-Sicherheitsnetz«[31] zu etablieren. Wie das im Einzelnen aussehen könnte, bleibt offen.

Phytosterine haben längst ihren Siegeszug in der gesamten EU angetreten. Während in Deutschland derzeit (2006) lediglich zwei Margarinen auf dem Markt sind, finden sich in den Supermärkten unserer europäischen Nachbarn mit Phytosterinen versetzte andere Produkte des täglichen Bedarfs wie Joghurt, Milch-, Frucht- und Sojagetränke, Gewürz- und Salatsoßen. Seit die EU im November 2004 das In-Verkehr-Bringen von entsprechenden Milchprodukten erlaubt hat, kann der Verbraucher seit kurzem auch in Deutschland angereicherten Joghurt und Milchgetränke kaufen.[32] Damit Verbraucher mit Phytosterinen oder Phytostanolen versetzte Lebensmittel von anderen unterscheiden können, müssen diese laut EU-Verordnung 608/2004 besonders gekennzeichnet sein. In der Nähe des Namens muss der Hinweis »mit Pflanzensterin-/Pflanzenstanol-zusatz« stehen; eine Mengenangabe auf dem Produkt ist ebenfalls vorgeschrieben.

Doch wie soll der Verbraucher einschätzen, wie viel gut, wie viel schlecht für ihn ist, wenn sich selbst Wissenschaftler noch den Kopf über Wechselwirkungen zwischen Medikamenten und ihren gebratenen, gebackenen und gekochten Functional-Food-Pendants zerbrechen?

SPS: Die Menge macht das Gift

In großen Mengen aufgenommen, gelten viele andere sekundäre Pflanzenstoffe nicht gerade als unbedenklich. Einige Nebenwirkungen haben sich in Tierstudien und Reagenzglasversuchen gezeigt, über andere diskutieren die Fachleute noch. Hier vier Beispiele für die vermuteten Folgen einer Überdosierung:[33]

- **Saponine** könnten die Durchlässigkeit des Darmes beispielsweise für giftige Substanzen erhöhen und die Darmzellen schädigen. Das Saponin Glycyrrhizin erhöht den Blutdruck; Ernährungsmediziner fordern deshalb einen Grenzwert für Lakritz, der pro 100 Gramm 2 000 Milligramm Glycyrrhizin enthält.

- **Sulfide** (wie zum Beispiel das bakterientötende und lipidsenkende Allicin im Knoblauch) stehen im Verdacht, die Entwicklung bösartiger Zellen in der Leber voranzutreiben. Die untersuchten Mengen liegen allerdings weit über der Menge, die ein Mensch über die natürliche Nahrung aufnehmen kann. Entsprechend der im Tierversuch eingesetzten Menge müsste er täglich 2 Kilogramm Knoblauch verspeisen.

- Bestimmte **Glucosinolate** (genauer: Glucosinolatderivate, zum Beispiel Thio- und Isothiocyanate) begünstigen die Kropfbildung, weil sie mit Jod, das zur Bildung von Schilddrüsenhormonen benötigt wird, konkurrieren. Um einen »Kohlkropf« auszulösen, müsste ein Mensch jedoch über längere Zeit mit Jod unterversorgt sein und gleichzeitig pro Tag 400 Gramm Weißkohl, 2 Kilogramm Chinakohl oder 2,8 Kilogramm Rettich essen.

- **Isoflavone**, **Lignane** und **Coumestane** sind SPS mit einer hormonähnlichen Wirkung und werden deshalb den Phytoöstrogenen zugeordnet. Einige besitzen ein prokanzerogenes Potenzial, zum Beispiel können sie das Wachstum von Adenokarzinomen der Gebärmutter begünstigen. Die Substanz Genistein, ein Isoflavanoid, das in der Sojabohne vorkommt, kann Zellbestandteile und die Erbsubstanz DNS schädigen. Diese Schäden ähneln denen, die auch bei Kindern mit Blutkrebs (akute infantile Leukämie) auftreten. Säuglinge, die mit Sojaprodukten gefüttert werden, können autoimmunbedingte Schilddrüsenerkrankungen entwickeln. Vor allem Sojasäuglingsnahrung ist wegen der hohen Konzentration an Phytoöstrogenen umstritten. Die Kinder nehmen mit der Flasche zwischen 2 und 4 Milligramm pro 100 Milliliter auf, was einer Dosis von 3 bis 7 Milligramm pro Kilogramm Körpergewicht entspricht. Diese liegt um ein Vielfaches höher als bei Erwachsenen, die sich traditionell mit Sojaprodukten ernähren (unter einem Milligramm pro Kilogramm und Tag).[34]

Wechselwirkungen mit Medikamenten

Einige sekundäre Pflanzenstoffe sind dann nicht mehr harmlos, wenn der Esser gleichzeitig Medikamente einnehmen muss. Zumindest für Fumarocumarine, für die Flavonoide Quercertin und Kämperol sowie das Abbauprodukt von Naringin, das Naringenin, ist diese Wechselwirkung belegt. Die genannten Stoffe kommen besonders in Grapefruitsaft vor, Naringin beispielsweise ist für den bitteren Geschmack der Früchte verantwortlich. Ärzte empfehlen daher, Medikamente nur mit Wasser einzunehmen. Soweit man heute weiß, besitzt normaler Orangensaft nicht das Interaktionspotenzial von Grapefruitsaft.

Die genannten SPS beeinflussen die Bioverfügbarkeit von oral aufgenommenen Medikamenten, indem sie deren Verstoffwechselung entweder beschleunigen oder hemmen. Je öfter der Patient Grapefruitsaft trinkt, desto mehr verstärkt sich der Effekt, tritt jedoch schon vom ersten Genuss an auf. Er lässt erst nach einigen Tagen nach; sind zwischen drei und sieben Tage nach der Aufnahme des Saftes verstrichen, ist er gänzlich verschwunden. Kalziumantagonisten, wie sie Kardiologen ihren Patienten zur Behandlung oder Verhütung von Angina Pectoris, gegen Bluthochdruck oder Herzrhythmusstörungen verschreiben, sind am besten untersucht. Solche Medikamente bremsen den Einstrom von Kalziumionen in die Muskelzellen des Herzens und der Blutgefäße, was sie entspannt. Dadurch kann das Blut gemächlicher fließen, der Blutdruck sinkt und das Herz wird entlastet. Grapefruitsaft erhöht beispielsweise die Bioverfügbarkeit mancher Kalziumantagonisten (nachgewiesen für: Felodipin, Nitrendipin, Nisoldipin) sowie des in der Aids-Therapie eingesetzten Saquinavir um mehr als 70 Prozent, das anderer Substanzen wie des Antihistaminikums Terfenadin, des Antiepileptikums Carbamazepin oder des Antidementivums Nimodipin um 30 Prozent. Interaktionen sind auch für einige CSE-Hemmstoffe und Statine beschrieben, wie sie zur Behandlung von zu hohen Cholesterinwerten (Lipidsenker) verschrieben werden, und bei den Benzodiazepinen zur Behandlung von Angst- und Unruhezuständen.[35]

Schon stellen Mediziner die Überlegung an, diese an sich negative

Wechselwirkung positiv zu nutzen: Wenn es gelänge, sie exakt vorherzusagen, könnten sie ihren Patienten weniger Medikamente verordnen – die erwünschte Arzneimittelwirkung wäre die gleiche, die finanzielle Entlastung für das Gesundheitssystem beachtlich. Bis heute ist das allerdings nicht gelungen.

Functional Food: Lebensmittelrecht in der Schwebe

Den Begriff Functional Food im Rechtsraum zu orten, fällt schwer, denn er entzieht sich einer eindeutigen Zuordnung. Durch seine Zwitterstellung zwischen Arznei- und Lebensmitteln taucht er bislang in keiner rechtlich verbindlichen Definition auf, denn der heutigen Rechtsauffassung zufolge sind beide Bereiche strikt voneinander getrennt. Zwar existieren Regelungen für Nahrungsergänzungsmittel, nicht aber für Functional Food, das gleichzeitig Nährmittel und Therapeutikum ist. In Deutschland sind Lebensmittel »Stoffe, die dazu bestimmt sind, in unverändertem, zubereitetem oder verarbeitetem Zustand vom Menschen verzehrt zu werden; ausgenommen sind Stoffe, die überwiegend dazu bestimmt sind, zu anderen Zwecken als zur Ernährung und zum Genuss verzehrt [zu] werden«[36]. Arzneimittel dagegen werden definiert als »Stoffe und Zubereitungen aus Stoffen, die dazu bestimmt sind, durch Anwendung am oder im menschlichen oder tierischen Körper Krankheiten, Leiden, Körperschäden oder krankhafte Beschwerden zu heilen, zu lindern, zu verhüten oder zu erkennen sowie die Beschaffenheit, den Zustand oder die Funktion des Körpers oder die seelischen Zustände zu beeinflussen«[37]. Doch spätestens seit Unilever seine cholesterinsenkende Margarine Becel pro-activ auf den Markt gebracht hat, gehören Lebensmittel mit Beipackzetteln zum Standardsortiment. Für solche Produkte fehlen die entsprechenden Rahmenbedingungen; der Verbraucher ist nur unzureichend vor falschen oder irreführenden Behauptungen der Hersteller geschützt. Bislang ist nicht einmal der Bereich der gesundheitsbezogenen Aussagen reguliert; in der Europäischen Union gibt es bis heute keine harmonisierte Gesetzgebung, nur Kennzeichnungsrichtlinien. Diese untersagen es, Lebensmitteln Eigenschaften, einer Krankheit vorzubeugen, sie behandeln oder heilen zu können, zuzuschreiben, und so interpretiert jedes Land die Kennzeichnungsrichtlinien auf seine Weise. In den verschiedenen Mitgliedsstaaten der EU haben sich unterdessen Initiativen gebildet, um die Verwendung gesundheitsbezogener Aussagen zu erleichtern, wie die Joint Health Claimes Initiative (JHCI) in Großbritannien. Jüngste Entwicklung ist der Codex Alimentarius, ein gemeinsames Programm der UN-Organisationen für Nahrung und Landwirtschaft (FAO) und Gesundheit (WHO), der erst in Ansätzen vorhanden ist. Später soll er für die Gesetzgebung in den einzelnen Ländern als Basis genutzt werden. Die konzertierte Aktion FUFOSE (Functional Food Science in Europe) soll wissenschaftlich fundierte Methoden finden, die belegen können, dass das entsprechende funktionelle Lebensmittel auch tatsächlich einen positiven Effekt auf die Gesunderhaltung hat oder sogar heilend in den Krankheitsprozess eingreift. FUFOSE unterstützt zwei Arten von Gesundheitsaussagen,[38] die sich auf jene Menge an Nahrungsmitteln beziehen müssen, die üblicherweise verzehrt werden:

- Aussagen des Typus A, »Erhöhte Funktion«, nehmen keinen Bezug zu Krankheiten, dafür werden hier Aussagen über die Wirkung auf Körperfunktionen getroffen, zum Beispiel: »Koffein kann die kognitive Leistung verbessern« oder »Inulin verbessert die Kalziumaufnahme«.
- Dagegen betreffen Aussagen des Typus B, »Verringerung eines Krankheitsrisikos«, Nahrungsmittel oder deren Bestandteile, die das Risiko für eine bestimmte Krankheit reduzieren können, zum Beispiel: »Folat kann das Risiko eines Neuralrohrdefekts beim Ungeborenen vermindern« oder »ausreichend Kalzium kann das Osteoporoserisiko im Alter minimieren«.

Allerdings ist bis heute die Nennung von Krankheiten im Zusammenhang mit Lebensmitteln in der EU generell verboten, und zwar unabhängig davon, ob die Behauptung durch wissenschaftliche Erkenntnisse gestützt werden kann oder nicht, ob sie der Realität entspricht oder ein Hirngespinst ist.

Obwohl es zurzeit kein europäisches Gesetz über die Sicherheit funktioneller Lebensmittel gibt, ist die Europäische Union der Auffassung, dass die bestehenden Bestimmungen hierfür ausreichen. Für Functional Foods gilt das Lebensmittelrecht. Sie müssen folgenden Ansprüchen genügen:[39]

1. Sie müssen gesundheitlich unbedenklich sein.
2. Neuartige Lebensmittelzutaten im Sinne der Novel-Food-Verordnung vom Mai 1997 oder Zusatzstoffe müssen ein Genehmigungsverfahren durchlaufen.
3. Der Nachweis einer Wirkung muss möglichst aus Untersuchungen am Menschen abgeleitet sein und wissenschaftlichen Standards entsprechen.
4. Die Werbung darf nicht mit dem Verbot der krankheitsbezogenen Werbung kollidieren.

Wie schwierig es häufig ist, Functional Food richtig einzuordnen und zu beurteilen, zeigt die Praxis. Gesundheitlich unbedenklich sind längst nicht alle auf dem Markt erhältlichen funktionellen Lebensmittel. Das gilt insbesondere für solche, deren Wirksubstanzen nur bis zu einer gewissen Obergrenze aufgenommen werden sollten. Hierzu zählen die Vitamine A, C und E ebenso wie Eisen oder sekundäre Pflanzenstoffe. Auch hängt es von der korrekten Bezeichnung ab, ob die eingesetzten Stoffe frei verwendbar und zugelassen sind. Der Begriff »Extrakt« allein sagt beispielsweise nichts darüber aus, welche Inhaltsstoffe in welcher Menge angereichert wurden. Von der Art der Anreicherung hängt aber die rechtliche Einstufung ab: Aromaextrakte sind frei verwendbar; ein Extrakt, angereichert mit pharmakologisch wirksamen Stoffen, ist dagegen zulassungspflichtig. Oft ist auch die Werbung wissenschaftlichen Erkenntnissen um Meilen voraus. Bei Beteuerungen wie »Aloe vera stärkt das Immunsystem« klaffen Wunsch und Wirklichkeit weit auseinander. Ein Bier mit erhöhtem Gehalt an Xanthohumol, einem Flavonoid, das im Hopfen enthalten ist, wird angepriesen mit »Xan-Bier wirkt antioxidativ«. Auch häufen sich unerlaubte, weil krankheitsbezogene Werbeslogans: Ob Nonisaft (ein Saft aus der Indischen Maulbeere, für den laut Scientific Committee on Food der Europäischen Kommission keine Erkenntnisse über die positiven Wirkungen vorliegen), der Krebsgefahr und Herzinfarktrisiko senken soll, Apfelbeerennektar, ein Mittel gegen »die aggressiven krebsauslösenden, allgegenwärtigen Umweltgifte« oder Molkedrinks, die Entzündungen in Schach halten sollen – nicht rechtens sind alle diese Versprechungen.[40]

Hauptsache, das Image ist gesund

Ungeachtet der landesweiten Wirtschaftsflaute verzeichnet der Markt für Functional Food seit Jahren zweistellige Wachstumsraten. Die Zahlen sprechen für sich. Insgesamt 2,5 Milliarden Euro Umsatz allein in Deutschland und ein prognostiziertes Wachstum von mindestens 10 Prozent verheißen der Functional-Food-Branche rosige Aussichten.

Wie wichtig Functional Food beispielsweise für den weltgrößten Nahrungsmittelkonzern Nestlé ist, zeigte im Jahr 2002 das vehemente Interesse des Schweizer Konzerns, der im Jahr 2001 einen Rekordgewinn von umgerechnet 4,5 Milliarden Euro erzielte, an der Health Food & Slimming und Sports Nutrition des Basler Pharmakonzerns Novartis. Das Interesse des Giganten an Nahrungsmitteln, die durch Erhöhung, Zufuhr oder Entfernung bestimmter Substanzen den menschlichen Stoffwechsel medikamentenähnlich beeinflussen, könnte Schule machen. Die Delphi-Studie 2002 sieht allein in Deutschland eine Verdoppelung des Marktanteils von Functional Food von derzeit 2 auf über 4 Prozent im Jahr 2011.[41]

Eine besondere Finesse im Gesetzeswerk entpuppt sich dabei als Wachstumsmotor eigener Art. Da jedes Functional-Food-Mittel als Lebensmittel verkauft wird und deshalb nicht den strengen Vorschriften des Arzneimittelrechts unterliegt, ist der Hersteller automatisch vom Wirkungsnachweis entbunden. Jahrelange kostenintensive klinische Studien nach den Standards der pharmazeutischen Industrie sind überflüssig – und fehlen.

Damit nicht genug. Seit der Neugestaltung des Lebensmittelbedarfsgesetzes, Juristen seit dem 21. Februar 2002 unter der Nummer

178/2002 bekannt, gilt alles, was aufgenommen wird, als Lebensmittel. Die Definition hat es in sich, denn Lebensmittel bedürfen generell keiner Zulassung, um ins Supermarktregal zu gelangen. Und das, obwohl sie zum Teil Wirkstoffe enthalten, die wie Isoflavone vehement in die Biochemiefabrik des menschlichen Organismus eingreifen.

»In Europa gibt es derzeit keine anerkannte rechtliche Definition für Functional Food, und für deren Zulassung besteht bislang keine spezifische regulative Richtlinie«, beschreiben auch Industrieforscher wie Elke Trautwein, Privatdozentin am Unilever Nutrition Center im Niederländischen Vlaardingen die Lage.[42]

Der Verbraucher sieht sich als Folge der soften Regeln mit einer Vielzahl von Produkten konfrontiert, die allesamt eines gemeinsam haben – sie versprechen Gesundheit ohne Verzicht:

- So bewirbt in den USA ein Hersteller seine »Quaker Oats« mit Segen der Zulassungsbehörde Federal Food and Drug Agency (FDA). Die Haferkleie senke nachweislich das Risiko für Herz-Kreislauf-Erkrankungen, heißt es dort.

- Ebenfalls amerikanisch ist die Art, Männer mit lycopinhaltigem Ketchup der Traditionsfirma Heinz vor Prostatakrebs schützen zu wollen.

- Nestlé setzt selbst nahezu ein Jahrzehnt nach der Produkteinführung immer noch auf seinen Renner LC1 und erinnert den Verbraucher, dass die Kulturen im probiotischen Joghurt, täglich verzehrt, »vor unerwünschten Bakterien schützen«.

- Den Segen der angesehenen American Heart Association hat der US-Riegel »Heart Bar«. In jeder Drogerie frei verkäuflich, sollte das Produkt »unter ärztlicher Aufsicht« konsumiert werden.

- Auf den Nervenzell-Wachstumsförderer DHA setzt der südkoreanische Lebensmittelhersteller »Einstein Namyang Co.« und vertreibt für Studenten die entsprechende DHA-haltige Milch »Einstein«.

- Die mit Phytosterolen angereicherte Margarine »Becel pro-activ«, ein Verkaufshit des Herstellers Unilever, senkt zwar den Anteil des »schädlichen« Cholesterins tatsächlich, wie verschiedene Studien zeigten. Allerdings sind Langzeiteffekte nicht bekannt, ebenso wenig wie Wechselwirkungen und andere Effekte im Körper.

Während cholesterinsenkende Medikamente wie Bayers skandalträchtiges und 2001 vom Markt genommenes Mittel Lipobay (in den USA Baycol) erst nach nahezu einem Jahrzehnt Forschungsarbeit zugelassen werden können, genügen der Lebensmittelindustrie Beobachtungszeiträume von rund zwölf Monaten und Probandengruppen von jeweils knapp 100 Menschen, um dem Produkt Unbedenklichkeit zu bescheinigen. »Es geht nicht um das Innovative, sondern darum, die Kassen klingeln zu lassen«, urteilt daher Reinhard Neubert, Professor am Pharmazeutischen Institut der Universitätsklinik Halle.[43]

In Anbetracht eines Marktvolumens von geschätzt weltweit über 200 Milliarden US-Dollar sehen das einige Hersteller, wie die in Südkorea angesiedelte Seoul Milch Co., anders. Sie entwickelte einen Trinkjoghurt, der unter anderem Taurin, Gluthation und Acidophilus NCPM enthält und verpassten ihm einen Namen, der jedem Zeitgenossen ein Glitzern in die Augen treiben dürfte: »Never Die«.

In den USA tun die Lebensmittelkonzerne alles für ein neues, gesundes Image auch ihrer altbekannten Produkte. So setzt ein in Kalifornien ansässiger Knabberzeughersteller seit einigen Jahren auf eine neue Marketingstrategie. Chips, Tortillas oder Salzbrezel werden entweder ohne oder nur noch mit ungesättigten und damit »gesunden« Fetten hergestellt. Die Strategie ist einfach zu durchschauen: Der Hersteller möchte seine alte Produktlinie nicht aufgeben und versucht daher, altbekannte Snacks mit neuem Image zu versehen. Auf diese Weise erblickten »gesunde« Salzbrezel das Licht der Welt – die sich weder geschmacklich noch im Kaloriengehalt wesentlich von ihren alten Pendants unterscheiden. Dem Kunden jedoch wird suggeriert, durch den Konsum des Produktes etwas Gesundes für seinen Körper zu tun.

Kein Einzelfall. Auch der Fast-Food-Gigant McDonald's hat die Umstellung auf »gesünderes Fett« angekündigt und gibt sich bei seinen Meals möglichst transparent. Wer es wirklich wissen will, kann bei McDonald's die Nährwerttabellen der angebotenen Speisen einsehen – und wird erkennen, dass sie nach wie vor deutlichen Kalorienbomben entsprechen.[44]

Aufklärung ganz eigener Art betreiben in den USA gleich fast ein Dutzend der großen Lebensmittelhersteller. Die eigens für Kinder und Jugendliche eingerichtete Website www.kidnetic.com soll – nach Bekunden der Betreiber – frei von Werbung und ohne Produktinformationen die junge Klientel zur gesunden Ernährung anleiten. Auf der Liste der Website-Sponsoren stehen unter anderem PepsiCo, Coca-Cola, McDonald's, Hershey, Kellogg's und Kraft Foods.

Die gelieferten Informationen lassen einigen Zweifel an der Ehrlichkeit des Vorhabens aufkommen:

»Cheeseburgers, French fries, onion rings, chips, cookies, cake, candy, ice cream, and soft drinks are sometimes called junk food. But just because a food you like is called ›junk‹ doesn't mean you should never eat it or that you won't be healthy if you do.«[45]

Was Junk-Food heißt, suggeriert die Website der Lebensmittelriesen, müsse nicht unbedingt ungesund sein. Vor allem aber müsse die Bezeichnung als Junk-Food nicht dazu führen, auf solches Essen zu verzichten.

Nach Meinung von *Spiegel Online* sind solche Marketingtrends die Folge eines zunehmenden Imageverlustes nach Lebensmittelskandalen und negativen Medienberichten. Filme wie *Super Size Me*, in dem die deutliche Gewichtszunahme des Autors infolge ungebremsten Fast-Food-Verzehrs bildhaft dokumentiert wird,[46] trieben den Lebensmittelherstellern den Angstschweiß auf die Stirn: Man befürchtete eine ähnliche Prozesslawine wie jene, mit denen sich die Tabakindustrie seit Jahren herumplagen muss – und an deren Ende Schadenersatzzahlungen in Milliardenhöhe drohen.

Um solche Risiken zu unterbinden, gehen die Lebensmittelkonzerne mit allen Mitteln vor. Studien über negative Auswirkungen der Produkte werden oft bewusst unter Verschluss gehalten. Wer dennoch publizieren möchte, gerät unter Druck, wie *Spiegel Online* bereits im Jahr 2002 aufdeckte:

Beispiel WHO: Als die Weltgesundheitsorganisation WHO gemeinsam mit der Welternährungsorganisation FAO einen Entwurf zum weltweiten Problem der Übergewichtigkeit vorlegen wollte, bekam der verantwortliche US-Repräsentant und Gesundheitsminister Tommy Thompson nach Informationen des Nachrichtenmagazins

»einen freundlichen Brief von der Lebensmittelindustrie«. Darin, konstatierte *Spiegel online,* wurde der Politiker »darauf aufmerksam gemacht, dass es genug Studien gebe, die eine Verbindung zwischen dem Konsum von Softdrinks und Fettleibigkeit widerlegten«. Ob Zufall oder nicht: Die WHO-Studie wies bei Erscheinen auf die dramatische Situation hin – verzichtete jedoch auf politische Empfehlungen, die der Industrie hätten schaden können.[47]

Während die PR-Maschinerie den Sinneswandel der Hersteller suggeriert, setzt die Industrie Milliardenbeträge ein, um sich die Klientel der Zukunft zu sichern.

Beispiel Sponsoring: Viele Konzerne haben Exklusiv-Verträge mit Schulen abgeschlossen. Die Schule verpflichtet sich, nur die Produkte eines bestimmten Anbieters zu verkaufen, und bekommt dafür Geld oder Sachleistungen vom Konzern. Jede zehnte Schule in den USA beispielsweise unterhält Exklusivverträge mit dem Getränkehersteller PepsiCo – eigens dazu aufgestellte Automaten liefern den Kindern das, was dem Konzern satte Gewinne beschert: Softdrinks und Pepsi in allen Variationen.[48]

Wie Marketingstrategen alte Produkte mit neuen Slogans versehen in Europa als »gesunde« Lebensmittel bewerben, hat die Auseinandersetzung um die »kleinen Steaks« zu Bewusstsein geführt. Zu den Tricks der Branche[49] gehört es nämlich, die weniger guten Bestandteile der Produkte schönzureden – oder totzuschweigen. Dabei wird immer eine juristisch unangreifbare Form gewählt. So erfuhren Verbraucher im Jahr 2005, dass die bei Kindern beliebten Fruchtzwerge der Firma Danone »ohne Kristallzucker« und »mit der Süße aus Früchten« schmecken. Letztere erklärt Danone als »Traubenfruchtsüße«.

Nach Ansicht des österreichischen Vereins für Konsumenteninformation (VKI) eine klare Form von irreführender Werbung. Der Hersteller täusche eine »gesunde« Süße vor, die es biochemisch betrachtet gar nicht gibt. In der Tat: Ob herkömmlicher Haushaltszucker oder Fruchtzucker, beide Formen sind Energieschwergewichte und erhöhen zwangsläufig die Menge an zugeführter Energie sowie, je nach konsumierter Menge, das Körpergewicht. Auch in puncto Kariesbildung steht Fruchtzucker dem gemeinen Haushaltszucker nicht im Mindesten nach. Zucker bleibt Zucker, nur die Aufnahmegeschwindigkeit ins Blut ist je nach Art unterschiedlich.

Die Verbraucherschutzorganisation im Alpenland reagierte und erhob im Auftrag des österreichischen Bundesministeriums für Konsumentenschutz gegen Danone Klage.

Danone selbst weist den Vorwurf der irreführenden Werbung zurück. Man würde lediglich die neue Rezeptur, bei der 8 Prozent weniger Kohlenhydrate zu Buche schlügen, bewerben. Dem VKI reichen diese Argumente nicht. Denn: Für die Mehrheit der Eltern haftet die in großen Lettern gehaltene Aufschrift »ohne Kristallzucker« als vermeintlich besonders gesundes Charakteristikum des Produkts im Gedächtnis. Sie werden kaufen, weil sie vertrauen.[50]

Kapitel 3

Zusatzstoffe

Die Werkzeuge der Milliardenmacher

Jahrhunderte hindurch waren Speisen gekennzeichnet durch Verfügbarkeit, Natürlichkeit und Einfachheit. Es kam auf den Tisch, was die Saison und der Geldbeutel hergaben, vorrangiges Ziel war es, satt zu werden. Mit dem Beginn der Industrialisierung, als die Dampfmaschine viele Fertigungsprozesse revolutionierte, veränderte sich auch das grundlegende Bild von Landwirtschaft und Ernährung: Die Produktivität im Agrarbereich stieg, die Vieh- und Milchwirtschaft expandierte und versorgte zunehmend andere Wirtschaftszweige mit Rohstoffen. Fabriken für die Herstellung von Suppennahrung, Teigwaren, Schokolade, Käse, Milchpulver und Kondensmilch schossen wie Pilze aus dem Boden, Ernährungsgewohnheiten und Geschmackspräferenzen änderten sich, und die Haushalte gaben immer weniger Geld für Nahrungsmittel aus. Zu Beginn des 20. Jahrhunderts verschlang der Kauf von Lebensmitteln noch die Hälfte des Einkommens, 1950 lag dieser Anteil bei weniger als einem Drittel und Mitte der 1990er Jahre betrug er kaum mehr als 10 Prozent.

Die Verlagerung der Lebensmittelproduktion in die Fabrikhallen machte Essen und Trinken erschwinglich, haltbar, stets verfügbar und ermöglichte die Befriedigung von Kundenwünschen. Die industrielle Produktion stellte aber auch Ansprüche an die Verarbeitbarkeit der Rohstoffe und zwang dazu, die ursprünglichen Eigenschaften durch den Einsatz spezieller Verbindungen abwandeln zu können. Zuvor als »fremde Stoffe« bezeichnet, weil sie im natürlichen Produkt nicht vorkommen, wurden diese 1974 im Zuge des Lebensmittel- und Bedarfsgegenständegesetzes (LMBG) in »Zusatzstoffe« umbenannt. Seitdem erweiterte sich die Palette ständig; der Grund für ihren Einsatz änderte sich dagegen nicht. Lebensmittel von heute sind ebenso wie ihre Grundkomponenten auf allen Stufen technologiegeprägt – vom Anbau der Rohstoffe über deren Ernte und Verarbeitung bis hin zu Verpackung, Vertrieb und Konsum. Damit dieser Ablauf möglichst reibungslos vonstatten geht, werden Zusatzstoffe eingesetzt. Sie dienen dazu, Farbe, Struktur und Geschmack sowie die chemische und mikrobiologische Haltbarkeit, also ihren Gebrauchs- und Nährwert zu stabilisieren und eine störungsfreie Produktion sicherzustellen.[1] In Deutschland zählen neben den zu technologischen Zwecken eingesetzten Substanzen auch noch die aus diätetischen oder ernährungsphysiologischen Gründen zugesetzten Stoffe dazu. Das Lebensmittel- und Bedarfsgegenständegesetz sowie zahlreiche Verordnungen regeln ihren Einsatz. Zu den bekanntesten Zusatzstoffen zählen Antioxidantien, Emulgatoren, Farbstoffe, Konservierungsstoffe, Säuerungsmittel, Stabilisatoren, Verdickungs- und Geliermittel sowie Zuckeraustauschstoffe und Süßstoffe. In der folgenden Übersicht sollen diese kurz vorgestellt werden.

Tabelle 9: E-Nummern nach Klassen

E 100–199	Farbstoffe
E 200–299	Konservierungsstoffe
E 300–321	Antioxidationsmittel
E 322–375	Emulgatoren, Säuerungsmittel
E 400–419	Verdickungs- und Geliermittel
E 420 ...	unterschiedliche Zusatzstoffe

Antioxidantien Der Sauerstoff der Luft schädigt besonders schnell Lebensmittel, die ungesättigte Fettsäuren enthalten.

Beispiele: Ascorbinsäureester (E 304), Tocopherole (E 306–309), Gallate (E 310–312)

Produktbeispiele: Margarine, Trockensuppen und -soßen, Marzipan, Kartoffeltrockenprodukte

Emulgatoren dienen dazu, zwei nicht mischbare Substanzen wie zum Beispiel Wasser und Öl zu einer Emulsion zu verbinden, Suspensionen (Flüssigkeiten mit darin fein verteilten Feststoffen) zu stabilisieren oder schwer lösliche Stoffe zu benetzen.

Beispiele: Mono- und Diglyceride von Speisefettsäuren (E 471), Lecithine (E 322), Fettsäureester der Ascorbinsäure (E 304)

Produktbeispiele: Speiseeis, Backwaren aller Art, Margarine, Kaugummi

Farbstoffe Die natürlichen Farben eines Rohstoffs leiden bei der Verarbeitung, viele gehen fast vollständig verloren. Farbstoffe sollen diese Mängel ausgleichen und das Lebensmittel optisch attraktiver machen. Zugelassen sind 15 natürliche und naturnahe Farbstoffe und 28 synthetische.

Beispiele für synthetische Farbstoffe: Chinolingelb (E 104), Amaranth (E 123), Zuckercouleur (E 150), Brillantschwarz (E 151), Brillantsäuregrün (E 142)

Produktbeispiele: Limonaden, Speiseeis, Puddingpulver, Liköre, Süß- und Backwaren, Kaffeeessenzen

Fettersatzstoffe reduzieren den Energiegehalt im Lebensmittel. In den Industrieländern nimmt der Durchschnitt der Bevölkerung rund 40 Prozent zu viel Energie in Form von Fetten auf. Bekannt ist der unter dem Produktnamen OLESTRA vertriebene Saccharosepolyester (SPE), der aus Saccharose und den Fettsäuren aus Baumwollsaat-, Soja- oder Maisölen gewonnen wird. SPE wird von Procter & Gamble (USA) hergestellt und ist derzeit nur in den USA und nur für Kekse zugelassen. Andere (Handelsnamen) sind: Maltrin, Avicell, Paselli SA2 oder N-Oil. Sie kommen in Cremes, Margarine, Sahne, Joghurt oder Dressings vor.

Feuchthaltemittel binden Wasser und verhindern ein Austrocknen des Lebensmittels. Zum Beispiel bleibt Marzipan durch den Zusatz von Sorbit oder Sorbitsirup (E 420) plastisch. In Schokolade und anderen Süßigkeiten verhindern sie das Auskristallisieren von Zucker. Zu den Feuchthaltemitteln zählen Lecithine (E 322), Glycerin (E 422) oder Maltit (E 965).

Geschmacksverstärker unterstützen den Eigengeschmack der Speisen und Getränke, meist ohne selbst geschmacklich in Erscheinung zu treten.

Beispiele: Ethylmaltol (für süße Speisen), Mononatriumglutamat (für Salziges und Gemüse)

Produktbeispiele: Süßwaren, Backwaren, Asiatisches, (Trocken-) Suppen, Fleischzubereitungen

Konservierungsstoffe hemmen das Wachstum von Schimmelpilzen und Bakterien (Fäulniserreger, Gärungserreger) und verlängern damit die Haltbarkeit.

Beispiele: Sorbinsäure (E 200), Benzoesäure (E 210), Propionsäure (E 280–283), Schweflige Säure (E 220–228)

Produktbeispiele: frische Lebensmittel

Säuerungsmittel verleihen Lebensmitteln einen sauren Geschmack. Viele weisen zusätzlich noch andere technologische Vorzüge auf: Sie wirken konservierend, als Emulgatoren, Stabilisatoren, Backtriebmittel oder Geliermittel.

Beispiele: Ascorbinsäure (E 300), Bernsteinsäure (E 363), Essigsäure (E 260), Phosphorsäure (E 338)

Produktbeispiele: Obst und Gemüse in Dosen und Gläsern, Gelees aller Art, Getränke, Süßwaren, Suppen, Säuglingsentwöhnungsnahrung, Backwaren

Stabilisatoren erhalten die Zustandsform eines Lebensmittels oder einer Zubereitung und haben damit ähnliche Eigenschaften wie Verdickungsmittel und Emulgatoren. Im Gegensatz zu diesen wirken sie aber direkt auf das enthaltene Eiweiß ein, das entweder als Sol (Kolloid) oder als Gel vorliegen kann.

Beispiele: Phosphate (Natriumphosphat E 339, Kaliumphosphat E 340, Diphosphat E 450, Polyphosphat E 452)

Produktbeispiele: Kondensmilch, Schmelzkäse, Brühwürste (Wiener Würstchen, Jagdwurst), Schlagsahne

Verdickungs- und Geliermittel, auch Bindemittel sollen die »Entquellung« von Gelen verhindern, das Gefüge der Speise verbessern, eine Entmischung verhindern oder mehr Zähigkeit (Viskosität) verleihen.

Beispiele: Agar (E 400), Carrageen (E 407), Johannisbrotkernmehl (E 410), Guarkernmehl (E 412)

Produktbeispiele: Soßen, Desserts, Mayonnaise, Dressings, Konfitüren und Marmeladen, Gummibärchen

Zuckeraustauschstoffe und Süßstoffe schmecken zuckerähnlich und intensivieren Aromen. Zuckeraustauschstoffe liefern Energie, allerdings weniger als Zucker. Süßstoffe dagegen haben keinen oder nur einen vernachlässigbaren Nährwert.

Beispiele Zuckeraustauschstoffe: Sorbit (E 420), Mannit (E 421), Xylit (E 967)

Beispiele für Süßstoffe: Acesulfam K (E 950), Aspartam (E 951), Cyclamat (E 952), Saccharin (E 954)

Produktbeispiele: Light-Produkte, Diabetiker-Produkte, Süßwaren, Getränke, Backwaren

Wie kommt eine Substanz zu ihrer E-Nummer?

Was viele Verbraucher inzwischen schreckt, haben die Gesetzesväter einst erdacht, um die Käufer zu beruhigen: die Kennzeichnung von Zusatzstoffen mit E-Nummern. Im Gegensatz zu den übrigen Zutaten, die ohne Beschränkungen verwendet und vermarktet werden dürfen, ist der Einsatz von Zusatzstoffen nur dann erlaubt, wenn sie zuvor ausdrücklich zugelassen wurden. Entsprechende Verordnungen (Zusatzstoff-Zulassungsverordnung, Zusatzstoff-Verkehrsordnung) regeln, unter welchen Bedingungen das geschieht; sie schreiben zum Beispiel Höchstmengen vor, regeln, wie sie gekennzeichnet werden sollen oder welche Beschaffenheit sie aufweisen müssen. Weil es in

Europa kein einheitliches Lebensmittelrecht gab, vereinbarten die EU-Mitgliedsstaaten eine Harmonisierung, bei der die komplizierten chemischen Bezeichnungen mit einem europaweit verbindlichen »E« (E für Europa) und einer zugehörigen Nummer verschlüsselt wurden. Das »E« sollte die Sicherheit suggerieren, dass mit dem Verzehr keinerlei Gesundheitsrisiken verbunden seien. Anfangs sperrte sich sogar die deutsche Lebensmittelbranche gegen die Bezeichnung – noch allzu frisch war die Erinnerung an Schlagzeilen über das Pflanzenschutzmittel Parathion von Bayer, ein starkes Nervengift mit der Bezeichnung E 605 (hier für: Entwicklungsnummer), das den zweifelhaften Ruhm erwarb, effektiv Leib und Leben zu gefährden. Zwar war das Mittel blau gefärbt, roch und schmeckte widerlich. Doch das schreckte Mörder wie Selbstmörder wenig. Eine Frau in Kempen beispielsweise hatte diese sinnlichen Warnhinweise kaschiert, indem sie 20 Tropfen E 605 einer stark gezuckerten Heidelbeersoße beimischte. Das Dessert bekam drei Ehemännern, dem eigenen Vater und einer Tante nicht – sie starben an Pseudo-Herzinfarkten. 1983 überführte sich die Mörderin selbst, als sie einer unliebsamen Schwiegertochter den Tod androhte.[2] Trotz solcher namentlicher Verwandtschaft ließ sich der Widerstand gegen die E-Nummern auf Dauer aber nicht aufrechterhalten.

Zu den nationalen und internationalen Expertengremien, die Zusatzstoffe bewerten und zur Verwendung in Lebensmitteln freigeben, zählen der frühere Wissenschaftliche Lebensmittelausschuss der EU-Kommission (Scientific Committee on Food, SCF), das Joint FAO/WHO Expert Comittee on Food Additives (JECFA) und die Senatskommission zur Beurteilung der gesundheitlichen Unbedenklichkeit von Lebensmitteln (SKLM) der Deutschen Forschungsgemeinschaft. In der EU ist seit 2003 die European Food Safety Authority (EFSA) für die gesundheitliche Bewertung von Zusatzstoffen zuständig. Sie wird dabei von einem internationalen Fachgremium, dem Panel on Food Additives, Flavourings, Processing Aids and Materials in Contact with Food (Panel AFC) beraten. Das EFSA bewertet Zusatzstoffe nun anstelle des im Frühjahr 2003 aufgelösten SCF.

Die Regeln zur Untersuchung von chemischen Substanzen als potenziellen Zusatzstoffen sind fest verzurrt. Solche Stoffe kommen nur dann zum Einsatz, wenn deren Ungiftigkeit zuvor ausreichend wissenschaftlich dokumentiert wurde. Allerdings: Keine der wissenschaftlichen Prüfungen muss den strengen Studienvorgaben entsprechen, wie sie in der Pharmazie zwingend vorgeschrieben sind; alle Angaben zur Unbedenklichkeit basieren auf Vorversuchen an Zellkulturen und Tests mit Ratten, Kaninchen oder Hunden – die Reaktion des menschlichen Organismus wird damit zwar simuliert, jedoch nicht geprüft. Zwischen 90 Tagen und zwei Jahren dauern die Versuchsreihen. Untersuchungen darauf, ob die Stoffe Krebs erregen können, erfolgen meist an zwei verschiedenen Tierarten, weil sich herausgestellt hat, dass diese unterschiedliche Reaktionen zeigen. Daneben muss ein zukünftiger Zusatzstoff noch andere Tests bestehen:

- Er darf das Erbgut nicht schädigen (Ausschluss der Mutagenität).
- Er darf sich nicht im Körper anreichern. Eine Anreicherung von Stoffen kann dazu führen, dass sie in der Summe giftig wirken (Kumulation).
- Er darf den Fötus nicht schädigen (Ausschluss der Teratogenität).
- Er darf die Wirkung anderer Substanzen nicht verändern (Synergismus-Ausschluss).
- Sein Verhalten im Körper wird geprüft (metabolischer Weg: Resorption, Stoffwechsel, Speicherung, Ausscheidung, Abbau).[3]

Aus den Tierversuchen schließen die Forscher auf die Höchstmenge des jeweiligen Zusatzstoffes, die keinerlei gesundheitliche Beeinträchtigung hervorruft. Diese Menge wird als »No Effect Level« (NEL) bezeichnet. Zur Übertragung auf den Menschen wird dieser NEL-Wert durch den Sicherheitsfaktor 100 geteilt. Das Ergebnis ist der ADI-Wert, der die akzeptable tägliche Aufnahmemenge (Acceptable Daily Intake = ADI) repräsentiert. In der Praxis bedeutet das, der Konsument könnte diese Menge Tag für Tag seines Lebens zu sich nehmen, ohne gesundheitliche Gefahren fürchten zu müssen. Der ADI-Wert hat nur einen Haken: Er basiert auf Tierversuchen; der Abgleich mit »humanen Daten« erfolgt selten und nur dann, wenn verfügbares Material aus Studien am Menschen vorliegen. Auch sind sich die verschiedenen Expertengruppen nicht bei allen

ADI-Werten einig. Besonders bei den Farb- und Konservierungsstoffen sind einige Substanzen umstritten; ihre Werte sind nur vorläufig festgesetzt.[4]

Die Unbedenklichkeit der insgesamt 312 in der EU zugelassenen
Zusatzstoffe abzuschätzen, ist selbst für den Interessierten ein aus-
sichtsloses Unterfangen. Beim Blick in die Fachliteratur wird er bald
feststellen, dass Süßstoff nicht gleich Süßstoff, Farbstoff nicht gleich
Farbstoff, Konservierungsstoff nicht gleich Konservierungsstoff
ist. Zu beinahe jedem Zusatzstoff gibt es eine schier unüberschau-
bare Zahl von – oft widersprüchlichen – Veröffentlichungen. In den
seltensten Fällen enthalten solche Studienergebnisse zusätzlich die
Information darüber, wer sie finanziert hat. So ist der Fall nicht un-
wahrscheinlich, dass eine industriefinanzierte Untersuchung unlieb-
same Schlussfolgerungen einer öffentlich finanzierten zu widerlegen
versucht.

Die Motive sind leicht zu durchschauen, denn natürlich kann es
sich die Lebensmittelbranche nicht erlauben, die Hände in den Schoß
zu legen – ihr Ruf, ihr Gewinn und damit ihre Position am Markt
stehen auf dem Spiel. Gleichzeitig ist der Markt schwer zu fassen:
Veränderte Kundenwünsche, Trends, die sich ändernde demogra-
fische Entwicklung, Internationalisierung und der Zwang zur Konzentration auf »Kernkompetenzen« stellen die Anbieter vor immer
neue Herausforderungen. Hinzu kommt, dass gerade der deutsche
Kunde überaus preissensibel ist – Lebensmittel möglichst billig einzukaufen, ist sein primäres Ziel. Diese »Erziehung« zur ausschließlichen Kaufentscheidung über den Preis ist vom Handel selbst forciert
worden, weil er sich über Jahre hinweg immer stärker über den Preis
profiliert hat.

Qualität und Service sind ins Hintertreffen geraten und spielen
nur mehr eine untergeordnete Rolle. »Schnäppchenjäger« stehen im
Fokus des Handels. »Smartshopper«, die ständig auf der Suche sind
nach mehr Qualität für weniger Geld, oder »Qualitätsshopper«, für
die Qualität wichtiger ist als der Preis, werden kaum angesprochen.
Daher ist es auch nicht verwunderlich, dass die Markenloyalität leidet – viele Marken, so fürchten die Lebensmittelhersteller, werden
spätestens 2010 durch Handelsmarken ersetzt sein. Die Gewinnmar-

gen für traditionelle Produkte werden schmaler, Alternativen sind gefragt, zumal die Discounthysterie weit verbreitet ist und die Preissensibilität der Verbraucher irreversibel zu sein scheint.

Eine Möglichkeit, aus dem Strudel aufzutauchen, bieten neue Trends. Derzeit stehen Gesundheit und Wellness beim Verbraucher ganz hoch im Kurs – ohne Verzicht auf Geschmack und Convenience, versteht sich. Viele Unternehmen schwimmen auf dieser Welle mit, Light- und Wellness-Produkte haben sich in den Supermärkten fest etabliert. Obwohl der Wellness-Markt seinen Wachstumszenit bereits überschritten hat, trifft er doch nach wie vor die Zeichen der Zeit und lockt die Branche mit Gewinnzuwächsen. Verbraucher haben verinnerlicht, dass sie durch entsprechende Ernährung zur eigenen Gesunderhaltung beitragen können, dass zum Beispiel zu viel Fett und Zucker gesundheitsschädlich sind. Das Dilemma ist nur: Beides wirkt als natürlicher Geschmacksverstärker. Die Industrie fühlt sich deshalb herausgefordert, Ersatz zu finden.

Die Südzucker AG, Marktführer für Zucker in Europa, führt diese Entwicklung vor Augen. Seit Jahren dümpelt der Umsatz im Segment Zucker vor sich hin, die Analysten sprechen von einer »Stabilisierung auf niedrigem Niveau«. Dagegen verspricht sich die Konzernführung vom Segment »Spezialitäten« einen Gewinnschub, und die Zahlen geben ihr Recht. Als eine der wachstumsstärksten Südzucker-Töchter hat sich die 1979 gegründete Palatinit GmbH mit Sitz in Mannheim erwiesen. Während Palatinit für 2003/04 einen Umsatz von 1,18 Millionen Euro verzeichnete, stieg er 2004/05 bereits auf 1,3 Millionen Euro. Palatinit stellt unter anderem Isomalt, einen Zuckeraustauschstoff (E 953) her, der aus Rübenzucker gewonnen wird. Er ersetzt Zucker im Verhältnis 1:1, hat aber nur halb so viele Kalorien. Die Bakterien im Mund können Isomalt nicht als Nahrung nutzen, weshalb es nicht zur Bildung zahnschädlicher Säuren kommt. Isomalt wird mittlerweile in etwa 1 600 Produkten eingesetzt, unter anderem in Desserts, Fruchtaufstrichen, Gebäck, Soßen und Süßigkeiten (Vivil, Wrigley's, Ricola Kräuterbonbons …). Bei zuckerfreien Hartkaramellen ist Isomalt der international am meisten verwendete Rohstoff. Zum Sortiment der Palatinit GmbH gehören außerdem die Zuckerart Palatinose, die über einen längeren Zeitraum Energie zur Verfügung stellen kann und damit in Sportlerprodukten Anwendung findet, sowie die Süßungsmittel Aspartam (E 951), Saccharin (E 954), Natriumcyclamat, Kalziumcyclamat (E 952), Acesulfam K (E 950) und Neohesperidin (E 959) her.

Süßstoffe – süßes Gift?

In einer Gesellschaft, die den »Waschbrettbauch« zum Statussymbol erhebt und magersüchtige Models hofiert, drückt das schlechte Gewissen bei Tisch noch heftiger als der Hosenbund. Denn Beleibte haben es schwerer als Dünne, gelten sie doch als träge, weniger leistungsfähig und wankelmütig. Wer dazugehören will, muss konform sein – auch figürlich. Der Verzicht jedoch fällt schwer, das Angebot in den Supermärkten ist billig und über die Maßen verführerisch. Einen Ausweg aus dem Dilemma offeriert die Nahrungsmittelindustrie: Sie ersetzt einfach, was dick macht. Seit den 1980er Jahren, als die Light-Welle über Europa schwappte, ist Zucker einer ihrer Lieblingsfeinde. Zucker, neben Fett, einer zu hohen Gesamtkalorienzahl pro Tag und zu wenig Bewegung, tatsächlich eine der Hauptursachen von Übergewicht und ernährungsbedingten Krankheiten, wird zunehmend durch Süßstoffe ersetzt.

Tabelle 10: In Europa zugelassene Süßstoffe

Aspartam	E 951	200-mal süßer als Zucker
Acesulfam K	E 950	200-mal süßer als Zucker
Cyclamat	E 952	35-mal süßer als Zucker
Neohesperidin DC	E 959	400- bis 600-mal süßer als Zucker
Saccharin	E 954	550-mal süßer als Zucker
Thaumatin	E 957	2000- bis 3000-mal süßer als Zucker
Sucralose	E 955	600-mal süßer als Zucker
Aspartam-Acesulfamsalz	E 962	350-mal süßer als Zucker

Seit Jahren schwelt die Auseinandersetzung um das Für und Wider von Süßstoffen. Zwischen Verharmlosung und Panikmache finden sich alle Spielarten menschlicher Überzeugungen – abhängig davon, welcher Klientel Befürworter und Kritiker angehören. Während Behörden und Hersteller abwiegeln, sind Wissenschaftler und Verbraucherschützer eher geteilter Meinung. Der Streit der Fachleute verunsichert die Konsumenten, vor allem die Diabetiker unter ihnen. Dennoch leben Diabetiker heute länger und besser als noch vor 20 Jahren. Das eigentliche Problem in Deutschland sind nämlich nicht die Süßungsmittel, sondern ist die Tatsache, dass der Diabetes mellitus Typ 2 oft erst erkannt wird, wenn der Betroffene um die 60 Jahre alt ist und bereits Folgeschäden entwickelt hat. Im Vergleich dazu begeben sich Diabetiker in den USA schon vor ihrem 50. Lebensjahr in Behandlung.

Bislang ist es nicht zweifelsfrei gelungen, einen kausalen Zusammenhang zwischen Süßstoffkonsum allgemein und Krebs oder anderen Erkrankungen beim Menschen herzustellen. Einer Literaturanalyse Kölner Wissenschaftler zufolge ist die Beweislage für den Verdacht, Süßstoffe seien prinzipiell kanzerogen, äußerst dünn. Sie hatten rund 50 Publikationen, die zwischen 1968 und 2001 erschienen waren, ausgewertet und konnten nur für extreme Dosen von Natriumsalzen wie Natriumsaccharin eine Kanzerogenität ausmachen – für andere Süßstoffe dagegen nicht. Aussagen über das krebserregende Potenzial von Süßstoffen der zweiten Generation wie Acesulfam K oder Sucralose seien aufgrund ihrer erst kürzlichen Zulassung noch gar nicht möglich.[5] Andererseits steht der Beweis für die Unbedenklichkeit von Süßstoffen noch immer aus. Einige Publikationen deuten sogar auf ernst zu nehmende und schwerwiegende Gesundheitsgefahren einzelner Süßstoffvertreter hin.

Die Debatte offenbart die trügerische Sicherheit, in der sich Verbraucher wiegen sollen: Statt – wie es bei Arzneimitteln der Fall ist – eine neue Substanz eingehend, langjährig und nach immer dem gleichen Procedere zu prüfen, genügen eine Hand voll wissenschaftlicher Daten in unterschiedlichsten Studiendesigns für die Zulassung. Während eine therapeutische Substanz eine Vielzahl von Hürden bis zur Zulassung nehmen muss, dürfen Lebensmittel, die täglich und nicht nur in

Ausnahmesituationen konsumiert werden, mit Zusatzstoffen versetzt werden, deren Sicherheit nicht eindeutig belegt ist. Es steht lediglich fest, dass bis jetzt noch kein negativer Effekt nachgewiesen werden konnte. Tiermodelle taugen nur zum Teil, um positive oder negative Rückschlüsse auf den menschlichen Organismus ziehen zu können. Auch fehlt es an den so dringend notwendigen epidemiologischen Studien beim Menschen, unter anderem wohl deshalb, weil die Süßstoffe im einzelnen Produkt kombiniert vorkommen und ihre Effekte damit schwerlich auseinander zu dividieren sind. Viele Konsumenten nehmen ohne ihr Wissen Süßstoffe auf, weil sie die Zutatenliste erst gar nicht lesen, die Substanzen aber in der Mehrzahl der verfügbaren Lebensmittel vom Erfrischungsgetränk über die Wurst und Backwaren bis hin zum Joghurt enthalten sind. Würde die Wissenschaft wirklich eines Tages mit Sicherheit belegen können, dass ein Süßstoff oder die Kombination mehrerer Süßstoffe Krankheiten verursacht, wäre die gesamte Bevölkerung betroffen. Der eingefleischte Selbstkocher, der Sportfan und sogar das besorgte Elternpaar greifen zur künstlichen Süße, wenn Pfunde purzeln oder die Zähne des Nachwuchses geschont werden sollen. Dabei ist niemandem wirklich klar, was er da eigentlich schluckt oder schlucken lässt. Süßstoffe sind synthetisch hergestellte Substanzen, sehr reine Chemikalien, über deren Wirkung sowohl Hersteller als auch Wissenschaftler grübeln: Warum eigentlich schmecken diese Stoffe süß? Dass es darauf bis heute keine Antwort gibt, scheint niemanden zu stören – die Angst vorm Dickwerden und vor Karies sitzt wohl tiefer als die vor »der Chemie«. Auch das chemische Element Beryllium beispielsweise schmeckt süß, hat es aber wohl wegen seiner Seltenheit nicht zum Süßstoff gebracht. Vor etwa acht Jahren hatte die Doktorarbeit eines Chemikers und Apothekers das Interesse der Industrie geweckt. Ludwig Kerckhoff vom Institut für Pharmazeutische Chemie der Universität Münster hatte entdeckt, dass es einen Zusammenhang zwischen der räumlichen Struktur der Süßstoffmoleküle und der Süß-Intensität des Stoffs gibt.[6] Die Arbeit brachte Kerckhoff den mit damals 5 000 Mark dotierten Wissenschaftlichen Förderpreis des Süßstoff-Verbandes ein und verbesserte das Verständnis um die Süßkraft, ganz klären konnte sie sie nicht.

Ob Süßstoffe überhaupt sinnvoll oder nützlich sind, sei dahingestellt.

Obwohl der Konsum der künstlichen Süße seit Jahren wächst – der Markt für Süßstoffe beträgt rund 1,4 Milliarden US-Dollar – kann von einem Rückgang von Diabetes mellitus, Übergewicht und Karies, Angina Pectoris, Fettstoffwechselleiden, Bluthochdruck oder Schlaganfällen keine Rede sein. Nach wie vor verbreitet sich Fettsucht (Adipositas) in epidemischem Ausmaß; sie ist die häufigste Zivilisationskrankheit. Fast jeder dritte Erwachsene und jedes fünfte Kind sind übergewichtig. Light-Produkte aller Art konnten diese Entwicklung nicht bremsen – im Gegenteil. Ein Grund dafür mag sein, dass die enthaltenen Süßstoffe den Appetit eher anregen als zügeln.

Solche »Vorzüge« weiß die Landwirtschaft seit langem zu nutzen: Saccharin beispielsweise wird in der Schweinemast eingesetzt, damit die Tiere innerhalb kürzester Zeit die schlachtreife Muskelmasse auf die Waage bringen. Dabei fungiert der Süßstoff nicht als direktes Mastmittel – schließlich liefert er selbst keine Kalorien. Vielmehr soll Saccharin den Ferkeln den Übergang von Sauenmilch auf das spätere Futter erleichtern. Weil die einzelnen Komponenten dieses Futters ungewohnt und teilweise bitter schmecken, dienen Süßstoffe der Maskierung. Die gleichzeitige Beimischung von Aromen stimuliert die Tiere zusätzlich zu höherer Futteraufnahme. Würde beides fehlen, magerten sie ab, weil das Futter ihnen nicht schmeckt – und das kostete den Züchter viel Geld. Anstelle von Süßstoffen Zucker einzusetzen, kommt für Futtermittelhersteller nicht infrage. Zum einen übertüncht Zucker den unangenehmen Geschmack nicht so perfekt, zum anderen ließe sich das Futter bei entsprechenden Mengen nicht mehr zu Pellets, zylinderförmigen Presskörpern aus Trockenfutter, verarbeiten. Zudem sind Süßstoffe erheblich billiger als Zucker.

In den folgenden Abschnitten stellen wir die wichtigsten Vertreter dieser Gruppe vor.

Saccharin

Saccharin gehört zu den am besten untersuchten Lebensmittelzusatzstoffen, versichert der Internationale Süßstoffverband (International

Sweeteners Association, ISA).[7] Das kristalline Pulver findet vor allem in Süßwaren und diätischen Nahrungsmitteln Verwendung. Weil es recht bitter schmeckt, wird es häufig mit Cyclamat, Thaumatin oder Xylit gemischt. Schon kurz nachdem es Ende des 19. Jahrhunderts den amerikanischen Markt erobert hatte, wollten einige Wissenschaftler Saccharin aus der menschlichen Ernährung verbannt sehen, wurden aber vom damaligen Präsidenten Theodore Roosevelt mit den Worten »Anyone who thinks saccharin is dangerous is an idiot« (»Jeder der denkt, Saccharin sei gefährlich, ist ein Idiot«) brüsk zurückgewiesen. So leicht ließen sich die Bedenken allerdings nicht aus der Welt räumen. Schon recht frühzeitig kam der Verdacht auf, Saccharin könne Krebs verursachen. Neuen Zündstoff erhielt der Streit, als kanadische Forscher im Jahr 1977 nach der Auswertung einer Tierstudie mit Ratten zu dem Schluss kamen, Saccharin könne die Entstehung von Blasenkrebs fördern.[8] Allerdings waren die verabreichten Dosen extrem hoch: Ein Mensch müsste umgerechnet 10 000 Süßstofftabletten oder 750 Flaschen süßstoffhaltiger Erfrischungsgetränke pro Tag zu sich nehmen, um sie zu erreichen. Dennoch hatten die Ergebnisse ein politisches Nachspiel. Die Europäische Kommission beriet und setzte eine Empfehlung[9] auf, in der sie unter anderem eine Tageshöchstdosis von 2,5 Milligramm je Kilogramm Körpergewicht festlegte und anregte, Saccharin keinen Lebensmitteln zuzusetzen, die für Kinder unter drei Jahren bestimmt waren. Vier Jahre später führten das National Toxicology Program (NTP) des amerikanischen Department of Human Health and Human Services und das Internationale Büro für Krebsforschung (International Agency for Research on Cancer, IARC) der Weltgesundheitsorganisation (WHO) Saccharin und seine Natrium-, Kalium- und Kalziumsalze als »anticipated human carcinogen« ein. Weil sich in der Zwischenzeit wissenschaftliche Hinweise häuften, dass »im Rahmen des üblichen Verzehrs« keine Gefahr für den Menschen drohe, rehabilitierte das NTP Saccharin im Jahr 2000, woraufhin der damalige Präsident Bill Clinton einen Gesetzentwurf unterzeichnete, der bestimmte, dass die mit Saccharin versetzten Produkte in Zukunft keinen entsprechenden Warnhinweis mehr tragen müssen. Dass mehr als nur ein Rest Unsicherheit bleibt, zeigt eine Verzehrstudie am Menschen aus den späten 1970er Jahren. Damals hatten das US-amerikanische Nationale Krebsforschungsinstitut (National Cancer Institute, NCI) und die Arzneimittelzulassungsbehörde (Food and Drug Administration, FDA) zwei Gruppen von Essern auf ihr Blasenkrebsrisiko hin untersucht. Im Vergleich zueinander waren die Süßstoffkonsumierer nicht mehr gefährdet als die Zuckerkonsumierer. Allerdings zeigten sich innerhalb der Gruppe, die Süßstoffe zu sich nahm, Unterschiede: Für die »heavy user« konstatierten die Forscher ein wachsendes Risiko. Als »heavy user« definierten sie die Probanden, die mehr als sechs Portionen Zuckerersatzprodukte pro Tag verzehrten oder rund 240 Milliliter entsprechender Diätdrinks tranken.[10]

Cyclamat

Cyclamat, neben Saccharin einer der bekanntesten Süßstoffe, ist ein weißes Pulver und chemisch gesehen ein Salz (Natrium- oder Kalziumsalze der Cyclohexylsulfaminsäure). Es verdankt seine Entdeckung dem Studenten Michael Sveda, der 1937 an der Universität von Illinois an der Synthese eines fiebersenkenden Mittels arbeitete. Als Erster erwarb der Chemiekonzern DuPont das Patent auf die Herstellung von Cyclamat, später das Pharmazieunternehmen Abbott. Ursprünglich war Cyclamat dazu bestimmt, die Bitterkeit mancher Arzneimittel zu kaschieren. Schließlich kam es in den USA als Süßstofftablette für Diabetiker auf den Markt und war 1958 sogar Anwärter, in die Liste der absolut sicheren Lebensmittel, die so genannte GRAS-Liste, aufgenommen zu werden. Kaum zehn Jahre später lieferten Tierexperimente Hinweise darauf, dass auch Cyclamat ein mögliches kanzerogenes Potenzial besitzt. Seitdem ist es in den USA verboten, in der Zwischenzeit in Deutschland und mehr als 50 anderen Ländern aber zugelassen. Mehr noch: Gesetzgebende Behörden unter anderem in Dänemark, Schweden, Belgien, Luxemburg, Portugal, Israel, den Niederlanden und der Schweiz haben Cyclamat entweder für zusätzliche Lebensmittelbereiche genehmigt oder die empfohlenen Einnahmewerte erheblich erhöht.[11] Seit das Cancer Assessment Committee der US-amerikanischen Arzneimittelzulassungsbehörde Food and Drug Administration (FDA) und die US National Academy of Sciences Cyclamat bereits 1984 als sicher eingestuft haben, ist die Wiederzulassung von Cyclamat für die USA sicher nur eine Frage der Zeit.

Strittig ist Cyclamat auch wegen seiner Verstoffwechselung im Körper. Längst gilt die Behauptung als widerlegt, Cyclamat werde »vom Körper ohne Veränderung oder Verwertung wieder ausgeschieden« (O-Ton Assugrin, Hermes Süßstoff AG)[12]. Vielmehr kann Cyclamat in der Darmflora zu Cyclohexylamin umgewandelt werden, welches – ebenfalls im Tierversuch – Hoden und Spermien schädigte. Neueren Erkenntnissen zufolge ist der Umbau von Cyclamaten im menschlichen Organismus wesentlich höher als bislang angenommen. Aufgrund dessen hatte die EU-Kommission im Jahr 2002 Cyclamat in Bonbons, Kaugummi und Speiseeis verboten und den Höchstwert für alkoholfreie Erfrischungsgetränke verringert.[13] Die Entscheidung gilt als reine Vorsichtsmaßnahme: Der Verbraucher soll den ADI-Wert von maximal 7 Milligramm pro Kilogramm Körpergewicht möglichst nicht erreichen. Das allerdings ist für Light-Fans gar nicht so einfach: Bereits zwölf Tabletten am Tag genügen. Der Wissenschaftliche Ausschuss für Lebensmittel der Europäischen Kommission (Science Committee on Food, SCF) hatte im März 2000 eine Neubewertung des Süßstoffs Cyclamat vorgenommen, nachdem er die Cyclamataufnahme in Spanien, Deutschland und den Niederlanden abgeschätzt und zu dem Schluss gekommen war, dass insbesondere jüngere Verbraucher allzu schnell den Höchstwert überschritten. Der Grund dafür ist ein simpler: Modegetränke stehen bei der jungen Klientel hoch im Kurs; konsumierte sie zu diesen aromatisierten und mit bis zu 400 Milligramm Cyclamat je Liter gesüßten Wässern noch Light-Produkte, konnte niemand mehr für die Einhaltung des ADI-Werts garantieren.

Acesulfam K

Acesulfam K zählt zu den jüngsten Sprösslingen der Süßstofffamilie. Entsprechend wenig weiß die Wissenschaft über den Stoff zu berichten. Die geistigen Väter, Wissenschaftler der Hoechst AG, halten Acesulfam für absolut unbedenklich, und sogar der Krebsinformationsdienst[14] schließt sich dieser Auffassung an. Dass Acesulfam K den Vertrauensbonus wohl nicht verdient, zeigte sich während des Zulassungsverfahrens für Indien 1997. Damals verfütterten Forscher umgerechnet 60 Milligramm pro Kilogramm Körpergewicht an Mäuse, deren Erbgut sich daraufhin veränderte.[15] Auch *Ökotest* mahnt deshalb zur Skepsis: An der Harmlosigkeit von Acesulfam K bestünden berechtigte Zweifel; die Beurteilung der Weltgesundheitsorganisation (WHO), der Süßstoff berge keine Risiken, gründe sich »überwiegend auf unveröffentlichte Berichte der Hoechst AG«[16].

Dass Süßstoffe auch andere Effekte als karzinogene oder mutagene haben können, belegt eine britische Studie aus dem Jahr 2004, die erstmals Licht ins Dunkel pathophysiologischer Mechanismen von Softdrinks bringt. Schon einige Zeit lang war bekannt, dass Getränke mit Süßstoffen die Blase überaktivieren. Warum das so ist, ist bisher ungeklärt. Epidemiologen von der Universität Leicester hatten die Daten einer Studie mit insgesamt 6 424 Frauen, die über 40 Jahre alt waren, ausgewertet. Diejenigen, die mit Natrium-Saccharin und Acesulfam K gesüßte Limonaden tranken, litten signifikant häufiger unter den Symptomen einer überaktiven Blase als die anderen.[17]

Inzwischen ist Acesulfam K weltweit in mehr als 70 Staaten zugelassen; der ADI-Wert wurde auf 15 Milligramm pro Kilogramm Körpergewicht und Tag erhöht. Allein in den Mitgliedsländern der Europäischen Union ist der Süßstoff in 43 Lebensmittelkategorien und als Tafelsüße zugelassen.[18]

Aspartam

Geradezu mustergültig ist die Auseinandersetzung um den Süßstoff Aspartam (E 951), einen Eiweißstoff, der anstelle von Zucker in weltweit schätzungsweise 6 000 Lebensmitteln verwendet wird: in Light-Produkten, zahnfreundlichen Süßigkeiten wie Kaugummi und Bonbons oder Diätschokolade. Häufig mischen Hersteller dabei verschiedene Süßstoffe, um der natürlichen Zuckersüße geschmacklich möglichst nahe zu kommen. Aspartam wird nach seiner Aufnahme im Organismus durch Enzyme in seine Bestandteile Phenylalanin und Asparaginsäure sowie Methanol gespalten. Aus diesem Grund dürfen Menschen, die unter der seltenen erblichen Stoffwechselerkrankung Phenylketonurie leiden, Aspartam nicht zu sich nehmen. Der Gesetzgeber hat deshalb vorgeschrieben, dass alle Lebensmittel, die Aspartam enthalten, den Hinweis »enthält eine Phenylalaninquelle« tragen müssen. Außerdem kann Aspartam, wie andere Zuckeraustausch- und Süßstoffe auch, ab einer Menge von etwa 10 bis 20 Gramm Durchfall und Blähungen verursachen, weil es im Dünndarm nicht vollständig aufgenommen wird, teils unverändert in den Dickdarm gelangt und dort Wasser bindet.[19] Lebensmittel mit mehr als 10 Prozent Zuckeraustauschstoffen müssen daher den Warnhinweis »kann bei übermäßigem Verzehr abführend wirken« tragen.

Seit der Stoff 1981 von der amerikanischen Behörde Food and Drug Administration (FDA) zugelassen wurde, ist ein regelrechter Kampf entbrannt. Genährt wurde der Streit durch eine Veröffentlichung des Neuropathologen John Olney in den USA, in der dieser die These vertritt, Aspartam sei karzinogen.[20] Er und seine Kollegen hatten beobachtet, dass Amerikaner seit den 1980er Jahren zunehmend an Hirntumoren erkrankten, und machten den Süßstoff dafür mitverantwortlich. Dutzende Wissenschaftler stellten sich gegen Olney. Als schlagendstes Argument der Gegner galt wohl die Behauptung, dass eine Zunahme der Hirntumorrate zwar tatsächlich festzustellen gewesen sei – allerdings schon seit 1973, zu einem Zeitpunkt also, als Aspartam noch gar nicht auf dem Markt war. Der Hersteller NutraSweet Kelco, eine Tochter des Biotech-Konzerns Monsanto, warf Olney »Angstmacherei« und »Datenmanipulation« vor. Nach Informationen des britischen Medizinblattes *The Lancet* soll sie noch vor dem Druck den Chefredakteur kontaktiert haben, um die Angelegenheit zu »klären«.[21] Der wissenschaftliche Ausschuss für Lebensmittel der Europäischen Kommission kam nach der Auswertung des Materials im Juni 1997 zu dem Schluss, dass das vorliegende Material keinen Beleg für einen ursächlichen Zusammenhang zwischen Aspartam und Krebs liefere. Zwei Mitglieder dieses Ausschusses, ein Toxikologe des Hygiene-Instituts Tübingen sowie ein Kollege von der Universität Tübingen, beurteilten Olneys Arbeit gegensätzlich: Während Ersterer die Meinung des Amerikaners teilte, widersprach ihr Letzterer.[22]

Aspartam wird häufig in Zusammenhang mit Hirntumoren, Epilepsie, neuroendokrinen Veränderungen, Kopfschmerzen und Allergien gebracht. Neu angeheizt wurde die Debatte durch einen Beitrag des *Mittagsmagazins*, den das ZDF am 18. Mai 1999 ausgestrahlt hatte. In einem Interview hatte der Kieler Toxikologe Hermann Kruse erklärt, Aspartam sei selbst nicht krebserzeugend, leiste aber einen Beitrag »zum Krebsgeschehen«. Außerdem könnten Befindlichkeitsstörungen auftreten, »beispielsweise übermäßige Kopfschmerzen, Schwindelgefühle, Beschwerden im Nackenbereich und so weiter«. NutraSweet attackierte den Kieler Professor ähnlich wie zuvor Olney und fuhr schwere Geschütze auf: Das Unternehmen verklagte Kruse vor dem Düsseldorfer Landgericht mit der Begründung, bei der Äußerung Kruses habe es sich nicht um ein Werturteil gehandelt, sondern um eine falsche Tatsachenbehauptung. Im Falle, dass Kruse seine Behauptung wiederhole, sollte er entweder 500 000 Mark Ordnungsgeld zahlen oder ersatzweise mit Ordnungshaft von sechs Monaten bestraft werden. Beide Seiten versuchten anhand wissenschaftlicher Untersuchungen ihren jeweiligen Standpunkt zu untermauern. Sie beriefen sich auf 166 Studien, die zwischen 1976 und 1999 zu Aspartam veröffentlicht wurden – 83 davon stuften den Süßstoff als nicht problematisch ein. Das Gericht sah sich nicht in der Lage, anhand dieser Daten abschließend über den gesundheitlichen Effekt von Aspartam zu entscheiden; die Aussage von Kruse sei daher vom Recht auf freie Meinungsäußerung gedeckt, der Antrag von NutraSweet wurde abgewiesen.[23]

In der EU wurde Aspartam zuletzt im Jahr 2002 wissenschaftlich beurteilt. Als sicher gilt eine Tagesdosis bis 40 Milligramm pro Kilogramm Körpergewicht. Das entspricht etwa zehn Dosen eines aspartamhaltigen Light-Getränks pro Tag. Die FDA hat für die USA 50 Milligramm festgesetzt. Trotz der Versicherungen von Behörden und Forschern verdammen Verbrauchergruppen in den USA Aspartam als allgegenwärtigen »süßen Killer«, und auch in Europa machten sich zunehmend Bedenken breit. Kritiker und verunsicherte

Verbraucher tauschten sich im Internet über den Stoff und seine vermeintlichen Nebenwirkungen aus. Das veranlasste die Technische Universität Berlin (TU) unter dem Titel »Gerüchte im Internet verbreiten allerlei Unsinn«[24] Stellung zu nehmen: Sowohl der Abbau zu Phenylalanin und Asparaginsäure sei ungefährlich als auch die Entstehung geringer Mengen Methanol (ein Nervengift). »Damit kommt der Körper problemlos klar«, schreiben die Berliner. Es gebe daher »keinerlei ernst zu nehmende medizinische Studien, die einen ursächlichen Zusammenhang zwischen dem Verzehr von Aspartam-haltigen Lebensmitteln und Krankheiten ... nachweisen konnten«. Dass diese Äußerung voreilig sein könnte, legt eine Vermutung des unabhängigen *arznei-telegramms* nahe. Demnach wäre es möglich, dass das beim Zerfall von Aspartam frei werdende Methanol oder dessen Stoffwechselprodukt Formaldehyd durchaus für die potenzielle Kanzerogenität verantwortlich sein könnte.[25] Eine italienische Arbeitsgruppe des Ramazzini-Instituts, Bologna, will nun herausfinden, ob Aspartam bei Ratten zu mehr malignen Erkrankungen, insbesondere Leukämien und Lymphomen, führen kann.[26] Die Forscher hatten beobachtet, dass weibliche Tiere unter Zufütterung von Aspartam dosisabhängig deutlich häufiger Lymphome und Leukämien entwickelten als Tiere, die nur Standardnahrung erhielten. »Dabei wird ein Anstieg bereits in einem Mengenbereich registriert, der unterhalb der für den Menschen festgelegten akzeptierten täglichen Menge liegt«, schreibt das *arznei-telegramm*. Auch litten die weiblichen Tiere häufiger unter Karzinomen des Nierenbeckens und des Harnleiters.[27] Dass es sich bei den Ramazzini-Tests um einen »ersten experimentellen Nachweis der multipotentiellen karzinogenen Effekte von Aspartam handelt«, räumt die europäische Behörde für Lebensmittelsicherheit, die European Food Safety Authority (EFSA), ein. Im Dezember 2005 hat die EFSA die Primärdaten beim Ramazzini-Institut angefordert, um die Bedeutung der neuen Erkenntnisse im Zusammenhang mit den bereits vorliegenden umfangreichen Daten zur Sicherheit von Aspartam zu überprüfen. Zwischen März und Anfang Juni wird das Ergebnis erwartet. Die Reaktion der EFSA auf die im Juni 2005 erschienene Studie kann man zumindest als zurückhaltende Besorgnis interpretieren, obwohl sie versichert, es gebe derzeit noch keinen Grund, Verbrauchern von Lebensmitteln mit Aspartam abzuraten. Weil ohnehin kein Süßstoff völlig unumstritten sei, rät das Bundesinstitut für Risikobewertung, generell keine großen Mengen zu konsumieren, öfter mal den Wirkstoff zu wechseln oder auf Süßstoffkombinationen zurückzugreifen.[28]

Allerdings: Die Verwendung von Zuckeraustauschstoffen ist generell nicht unumstritten. So weiß man mittlerweile, dass beispielsweise Sorbit und Xylit, abhängig von der täglich aufgenommenen Dosis, Triglyceride im Blut erhöhen können. Triglyceride sind neben Cholesterin die wichtigsten Blutfette und gelten als mitschuldig an Herz- und Kreislauferkrankungen. Wünschenswert sind Triglyceridwerte von unter 200 Milligramm je Deziliter Blut, bei Diabetikern sogar noch um 50 Milligramm je Deziliter weniger. Pragmatischer sind daher die Tipps der Deutschen Gesellschaft für Ernährung (DGE), die rät, prinzipiell weniger süß zu essen, die Diabeteskost derjenigen Gesunder anzupassen und Kinder von klein auf an weniger Süßes zu gewöhnen.

Neu: Sucralose und Aspartam-Acesulfam-Salz

Im Januar 2005 hat die neue Generation der Süßstoffe Zuwachs bekommen: Sucralose, die als einziger Süßstoff aus Zucker gewonnen wird, und das aus Aspartam und Acesulfam hergestellte Salz sind durch die Richtlinie 2003/115/EG für den deutschen Markt zugelassen, nachdem der wissenschaftliche Ausschuss für Lebensmittel (SCF) beide Substanzen bewertet hatte.

Sucralose oder auch »Splenda« besitzt eine Süßkraft, die das 600-fache der des Zuckers erreicht, dabei aber keine Kalorien mitbringt. Der 1976 vom englischen Zutatenhersteller Tate & Lyle entwickelte Stoff besteht aus Zuckermolekülen, bei denen drei Hydroxylgruppen (–OH) durch Chloratome ersetzt wurden, ist also eine Trichlorsaccharose. 1998 erwirkte das Unternehmen zusammen mit seinem Partner, dem amerikanischen Pharma- und Medizintechnikkonzern Johnson & Johnson bei der amerikanischen Food and Drug Administration (FDA) die Zulassung, ein Jahr darauf übernahm McNeil

Nutritionals die Vermarktung in den USA. Seitdem ist Splenda zum Liebling der amerikanischen Low-Carb-Esser avanciert und schreibt Marketinggeschichte. Innerhalb von nur vier Jahren schwang sich der Hersteller zum Marktführer auf, eroberte mehr als 50 Prozent des insgesamt eine Milliarde schweren Süßstoffmarktes in den USA, drängte sich sogar an den bisherigen Marktführern NutraSweet und Equal vorbei und setzte 2004 rund 190 Millionen US-Dollar um. Die Großen der Branche wollen sich diesen Hype nicht entgehen lassen und springen auf den Splenda-Zug auf. Mehr als 10 000 Genussmittelerzeuger führen das Süßstofflogo auf ihren Verpackungen, unter ihnen PepsiCo und Coca-Cola.[29] Coca-Cola hatte mit Splenda gesüßte Coke als siebte Erweiterung seiner Diätproduktlinie im zweiten Quartal 2005 zunächst für den amerikanischen Markt angeboten.

Unterdessen ist Splenda in über 40 Ländern zugelassen. Anders als Saccharin schmeckt Splenda nicht bitter, hat aus Produzentensicht über seine enorme Süßkraft hinaus aber noch mehr zu bieten: Die Süße ist ausdauernd, auch nach dem Hinunterschlucken bleibt sie noch lange bestehen. Splenda ist hitzestabil, was die Substanz für die Weiterverarbeitung prädestiniert, löst sich sehr gut auf und ist hervorragend mit anderen Nahrungsmittelbestandteilen mischbar. In Deutschland ist der Süßstoff noch wenig bekannt, wird aber in Internetforen[30] bereits angepriesen. Der Slogan »Splenda ist made from sugar, so it tastes like sugar« (Splenda ist aus Zucker hergestellt, also schmeckt es wie Zucker) oder »Think sugar, say Splenda« (Denke an Zucker, sage Splenda) soll Verbrauchern suggerieren, wie naturnah und zuträglich der Süßstoff sei. Erwiesenermaßen positiv ist indes der Einfluss des Splenda-Hypes auf die Konzernbilanz von Johnson & Johnson. Während der Pharmaumsatz lediglich um 0,9 Prozent zulegte, brachte es die Verbraucherproduktsparte auf ein Plus von über 9 Prozent – zu verdanken dem starken Wachstum bei Splenda und den Neutrogena-Kosmetikprodukten.[31] Dass Sucralose Chlor enthält, macht die Verbindung nicht gerade vertrauenswürdig. »Splenda ist nicht natürlich, sondern ein chlorierter Süßstoff«, warnt der amerikanische Zuckerverband auf seiner Internetseite,[32] eine Attacke, die die Sucraloseproduzenten mit einer Klage beantwortet haben. Das Argument der Zuckerhersteller scheint nicht ganz unberechtigt, schließlich ist Chlor als äußerst reaktionsfreudiges Element bekannt und wird daher in der Industrie vielfältig genutzt, um beispielsweise Bleichmittel, Kunststoffe (PVC, Polyurethan, Polycarbonat) oder Salzsäure herzustellen. Chlor und viele seiner Verbindungen sind giftig. Falls der menschliche Organismus entgegen den Beteuerungen der Hersteller in der Lage ist, Sucralose zu verstoffwechseln, ist nicht geklärt, was mit den Abbauprodukten geschieht und ob diese im Körper Schaden anrichten können. Der amerikanische Zuckerverband jedenfalls zitiert die Food and Drug Administration, wonach Sucralose bis zu 27 Prozent absorbiert wird – ein Wert, der nachdenklich stimmt.

Sucralose absolut rein herzustellen, ist selbst mithilfe modernster Syntheseverfahren nicht möglich. Die Europäische Union schreibt im Rahmen der Zulassung daher Maximalwerte für in Sucralose enthaltene Stoffe vor.

Tabelle 11: Maximalwerte für in Sucralose enthaltene Stoffe

Wasser	2 g/100 g
Sulfatasche	0,7 g/100 g
Blei	1 mg/kg
chlorierte Disaccharide	0,5 %
Arsen	3 mg/kg
chlorierte Monosaccharide	0,1 %
Triphenylphosphinoxid	150 mg/kg
Methanol	0,1 %

Einige dieser Stoffe sind in entsprechenden Dosen gesundheitsschädlich. Triphenylphosphinoxid beispielsweise, ein häufiges Zwischenprodukt verschiedener Synthesen in der chemischen Industrie, ist giftig, wenn es verschluckt wird, ebenso wie Methanol, das Leber und Zentralnervensystem schädigen kann oder das Schwermetall Blei. Allerdings sind diese Substanzen im Endprodukt – dem Dessert oder Getränk – in derart verschwindend geringen Mengen vorhanden, dass sie wohl eher nicht ins Gewicht fallen. Letzlich kann auch Zucker toxische Stoffe enthalten wie Arsen, Blei oder Kupfer.[33] Allerdings entsteht während der Raffination von Zucker, dem Entfärben von braunem Rohzucker also, fast reine Saccharose von 99,8 Prozent; Sucralose ist maximal zu 98 Prozent rein.

Wie Sucralose alias Splenda hält die Europäische Kommission auch Aspartam-Acesulfam-Salz für zulassungswürdig. In ihrem Vorschlag aus dem Jahr 2002 zur Änderung der Richtlinie 94/35/EG über Süßungsmittel, die in Lebensmitteln verwendet werden dürfen, erkennt sie »die technische Notwendigkeit, gesundheitliche Unbedenklichkeit für den Verbraucher bei bestimmungsgemäßer Verwendung, keine Irreführung des Verbrauchers« sowie »nachweisbare Vorteile für den Verbraucher« zu.

Aspartam-Acesulfam-Salz entsteht, indem das Kaliumion des Acesulfam K durch Aspartam ersetzt wird, und findet dort Verwendung, wo bis dato auch seine Ausgangsstoffe zugesetzt wurden. Das Salz weist gegenüber den Einzelsubstanzen verschiedene technologische Vorteile auf: Es löst sich schneller auf als die Kombination, was das Mischen von Instantprodukten für Desserts, Toppings, Getränkepulver und Tafelsüße erleichtert; es ist im Gegensatz zu den Einzelsubstanzen nicht hygroskopisch, lässt sich dadurch besser lagern und stellt nicht so hohe Ansprüche an die Verpackung; es verteilt sich leicht in schwierigen Produkten, steigert die Süße von Kaugummi und ist insgesamt süßer.[34] Zur gesundheitlichen Sicherheit findet sich in dem Papier lediglich der Hinweis darauf, dass der Wissenschaftliche Lebensmittelausschuss Stellung genommen hat und Aspartam-Acesulfam-Salz für akzeptabel hält, weil:

- das Salz eine alternative Quelle von Aspartam- und Acesulfamionen neben den bereits zugelassenen Quellen (E 951 und E 950) ist,
- die potenzielle Exposition mit derjenigen durch eine Mischung aus Aspartam und Acesulfam K gleichzusetzen ist und
- die Verwendung der Substanz keine zusätzlichen Sicherheitsprobleme aufwirft.

Die Entscheidung der Kommission dürfte die Industrie gefreut haben. War zuvor eine Mischung von Aspartam K und Acesulfam schwierig zu handeln, sind nun weniger Verfahrensschritte nötig, der Einsatz der Zwittersubstanz kann auf viele weitere Produkte erweitert werden. Das spart Kosten und verbessert den Quartalsabschluss.

Sogar die Deutsche Gesellschaft für Ernährung (DGE) lobt die Einführung von Aspartam-Acesulfam-Salz und Sucralose: »Mit diesen beiden neuen Süßstoffen erhöht sich die Auswahl für die Verbraucher.«[35] Dass es den Konsumenten an Süßstoffalternativen mangelt, widerlegt der Blick in die Diätregale der Supermärkte und auf die Zulassungslisten der EU. Vielmehr hat die Einführung der Novitäten einen rein technologischen – und damit wirtschaftlichen – Hintergrund; dem Esser, und damit potenziellen Käufer, soll lediglich ein neues Produkt schmackhaft gemacht werden. Dabei ist völlig ungewiss, welche Langzeit- und dosisabhängigen Wirkungen beispielsweise die permanente Aufnahme von Sucralose, einer weiteren synthetischen Substanz, die es bislang in der Nahrung nicht gegeben hat, ausübt, zumal sie in den USA erst seit 1999 und in Europa erst seit 2005 in vieler Munde ist. Der »vorbeugende Verbraucherschutz« scheint damit in den Händen der Feinchemie zu ruhen.

Welchen Nutzen haben Süßstoffe für den Verbraucher?

Was die DGE in Deutschland zum Thema Essen und Trinken sagt, hat Gewicht. Über Süßstoffe weiß sie nur Gutes zu sagen: »Süßstoffe sind hervorragend geeignet für eine kalorienarme Ernährung, da sie keinen oder nur einen sehr geringen Brennwert besitzen. Sie beugen also Übergewicht vor oder helfen bei der Gewichtsreduktion. Anders als kariesfördernder Haushaltszucker wirken sich Süßstoffe positiv auf die Zahngesundheit aus, denn die Mundbakterien können sie nicht verwerten und somit auch keine zahnschädigenden Säuren herstellen. Süßstoffe beeinflussen weder den Insulinspiegel noch den Appetit. Durch ihre insulinunabhängige Verwertung im Körper sind Süßstoffe auch für Diabetiker gut geeignet. Süßstoffe erhöhen den Blutzuckerspiegel nicht. Sie sind auch ein idealer Begleiter der momentan beliebten Low-Carb-Diäten, da sie kohlenhydratfrei sind und einen Glyx von null haben ...«[36]

Mit einigen dieser Feststellungen, die einem Reklameblatt des Süßstoffverbandes entnommen sein könnten, widerspricht die DGE nicht nur ihren eigenen Aussagen, sondern gängigem Ernährungswissen:

- Zwar lassen sich mit Süßstoffen Kalorien sparen, Übergewicht beugen sie jedoch nicht vor. Obwohl der Konsum von Süßstoffen seit Jahren zunimmt, wächst die Zahl Übergewichtiger unaufhörlich. Etwa 10 Prozent der täglichen Kalorienaufnahme stammen aus Zucker, dagegen bringt es Fett auf einen Anteil von 40 Prozent und mehr. Radikales Zuckersparen hilft also wenig, wenn nicht der Fettkonsum massiv eingeschränkt und mehr Sport getrieben wird.

- Dem Vorzug, dass Süßstoffe die Zähne schonen, steht der Nachteil gegenüber, dass sie die Gewöhnung an Süßes unterstützen. Eltern, die ihren Kindern anstelle von »ungesundem« Zucker mit Süßstoffen gesüßte Leckereien geben, entwöhnen sie nicht, sondern fördern ihre Vorliebe für Süßes. Süßstoffe und mit Süßstoffen gesüßte Lebensmittel gehören nicht auf den Speiseplan von Kindern – schon deshalb, weil Wirkungen auf einen im Wachstum begriffenen Organismus ebenso wenig geklärt sind wie Langzeitfolgen des Dauerkonsums. Lieber schrittweise die bisherige Menge an Zucker vermindern. Gleiches gilt auch für Erwachsene, die abnehmen wollen.

- Süßstoffe beeinflussen den Appetit, wenn auch auf indirektem Weg. Hersteller nutzen die natürliche Präferenz für Süßes aus, um ihre Waren aufzuwerten. Süßes schmeckt eben besser. Indem Süßstoffe unangenehme Geschmacksnoten überdecken, lassen sich auch Lebensmittel schönen, die ernährungsphysiologisch minderwertig sind oder an deren Rohwarenqualität die Hersteller aus Kostengründen geringere Ansprüche stellen.

- Ob Süßstoffe die Insulinausschüttung ankurbeln, ist seit langem strittig. Die britischen Forscher Peter Rogers und John Bundell hatten 1991 herausgefunden, dass Versuchspersonen, die zum Frühstück Joghurt mit Süßstoff essen, über den Tag mehr Kalorien zu sich nehmen als diejenigen, die zu zuckerhaltigem oder naturbelassenem Joghurt greifen. Rogers und Bundell schlussfolgerten, dass die Süße den Gaumen kitzelt und das Gehirn die Insulinproduktion ankurbelt, da es nicht zwischen Zuckersüße und Süßstoffsüße unterscheiden kann. So sinkt der Blutzuckerspiegel, und das Hungergefühl nimmt zu, ein Vorgang, der als »cephalische Insulinsekretion« bekannt geworden ist. Die Süßstoffindustrie reagierte umgehend und gab ihrerseits eine Studie[37] in Auftrag, um diese These zu erschüttern. Versuchspersonen wurde auf nüchternen Magen ein Süßstoff-Wasser-Drink verabreicht – wie erwartet blieb er ohne Einfluss auf die Insulinausschüttung. Allerdings: Der cephalische Effekt tritt nur ein, wenn man etwas gegessen hat und auch nur dann, wenn man nicht regelmäßig Süßstoffe konsumiert. Bei Dauerkonsum künstlicher Süße erlischt er, weil der Körper lernt, dass die Insulinausschüttung unangemessen ist.

- Süßstoffe sind für Diabetiker geeignet. Jedoch ist man davon abgerückt, Zucker völlig aus dem Ernährungsplan gut eingestellter Diabetiker zu verbannen. Unter der Voraussetzung, dass sie unter anderem Zucker in »verpackter Form«, also nicht pur und nicht als Getränk zu sich nehmen, ist er in kleinen Mengen erlaubt. Nach heutiger Auffassung bringen Diabetikerprodukte keinerlei Vorteile für den Zuckerkranken, im Gegenteil. Meist weisen sie einen höheren Fettgehalt auf als herkömmliche Lebensmittel; die Deklaration »für Diabetiker geeignet« ist somit eher irreführend als hilfreich.[38]

- Süßstoffe mögen Bestandteil der »Glyx«-Diät sein – am Sinn einer solchen Diät bestehen aber begründete Zweifel. Die »Glyx«-Diät orientiert sich am glykämischen Index, der aussagt, wie stark der Blutzucker nach dem Verzehr eines Lebensmittels ansteigt. Der Anstieg wird durch die Art und Menge der Kohlenhydrate beeinflusst. Der Körper kurbelt daraufhin die Insulinausschüttung an, das Insulin wiederum senkt den Blutzuckerspiegel – Heißhunger entsteht. Für die Glyx-Diät ist einzig der glykämische Index relevant, die Höhe der Energie- und Fettzufuhr spielt keinerlei Rolle. Dabei spielt Fett eine zentrale Rolle bei der Entstehung von Übergewicht. Auch ignoriert sie, dass die Blutzuckerwirksamkeit von vielen anderen Faktoren mitbestimmt wird, zum Beispiel vom Flüssigkeitsgehalt der Nahrung, der Temperatur, dem Fett- und

Ballaststoffgehalt der Mahlzeit. Nahrungsmittel werden isoliert betrachtet: Laut Glyx-Diät haben Kartoffeln einen hohen glykämischen Index und sind nicht empfehlenswert, werden sie aber in Fett gebraten (zum Beispiel Pommes), weisen sie einen niedrigen glykämischen Index auf und sind damit geeigneter – eine bizarre Empfehlung, urteilt die DGE in einem Online-Artikel der Allgemeinen Ortskrankenkasse.[39]

Fazit: Süßstoffe machen wahrscheinlich nicht krank und dick, aber sicher auch nicht gesund und schlank.

Konservierungsstoffe

Wie schön war die Zeit, als Hitze, Kälte, Zucker oder Salz, Alkohol oder Essig genügten, um ein Lebensmittel vom Herbst bis ins nächste Frühjahr gegen Schimmel und Fäulnis zu schützen, mag so mancher Schmauser schwärmen. Doch vergisst er dabei allzu schnell, dass die damalige Tafel nicht besonders reich gedeckt war. Noch im 19. Jahrhundert bestanden die Mahlzeiten zu 90 Prozent aus Kartoffel- und Getreideprodukten, der Rest aus Milch, Käse, Eiern, Fisch, Fleisch sowie heimischem Gemüse wie Hülsenfrüchten und verschiedenen Kohlarten. Frisches und Exotisches kam nur bei Wohlhabenden auf den Tisch; ansonsten wurde gegessen, was das Feld hinterm Haus oder die Märkte in der Umgebung hergaben.

Gesundheit – unhaltbar?

Sauerkraut und Dörrobst im Dezember waren gestern, heute gibt es Aprikosen, Navelinas und frische Erdbeeren. Ebenso hoch wie der Anspruch an die Vielfalt ist der an die Haltbarkeit. Kaum ein Verbraucher akzeptiert heute noch, dass der Bierschinken nach zwei Tagen ergraut, die Marinade eintrübt oder die Käserinde einen weißlichen Flaum ansetzt. Mit der Unansehnlichkeit kommt aber auch der Verfall: Verdorbene Lebensmittel schmecken nicht unbedingt nur widerlich, Bakterien und Schimmelpilze können sich auch, von den Papillen auf der Zunge unbemerkt, in Getränk oder Speise einnisten. Manche Arten rufen schwere Lebensmittelvergiftungen, einige sogar Krebs hervor.

Verursacher von Lebensmittelvergiftungen

Schimmelpilzgifte (Mykotoxine) zählen zu den bedenklichsten Toxinen. Von den dazugehörenden sechs bekannten Aflatoxinen ist das Aflatoxin B1 das giftigste überhaupt – kein anderer Pflanzenstoff erzeugt derart potent Krebs. Es wird von den Schimmelpilzen *Aspergillus flavus* und *Aspergillus parasiticus* gebildet. Vorkommen: Nüsse, Erdnüsse, Reis, gemahlene Mandeln/Muskatnüsse, Pistazien, Feigen, Getreide, Nieren. Aflatoxine können zu Bewusstlosigkeit, Fortpflanzungsstörungen und bei Neugeborenen zu Entwicklungsstörungen führen.

Bakterien sind gefürchtete Erreger von Lebensmittelvergiftungen.

Staphylococcus aureus produziert ein Gift, dem auch kurzzeitiges Kochen nichts anhaben kann. Nimmt der Esser geringe Mengen davon auf, entzündet sich die Darmschleimhaut. Die Symptome (Übelkeit, Erbrechen und Durchfall) treten wenige Stunden nach dem Verzehr auf und klingen in der Regel rasch wieder ab.

Clostridium perfringens und *Bacillus cereus* verursachen ähnliche Symptome, wenn das Lebensmittel massiv mit diesen Bakterien verunreinigt ist. Nach acht bis 20 Stunden stellen sich Bauchkrämpfe, Durchfälle und Erbrechen ein, die meist nach einem Tag wieder abgeklungen sind.

Clostridium botulinum: Erreger des Botulismus, die Typen A, B und E sind für den Menschen gefährlich. Sie vermehren sich im Lebensmittel. Das von *C. botulinum* gebildete Toxin wird über den Darm aufgenommen und gelangt über das Blut zu den peripheren motorischen Nerven, wo es schwere Schäden anrichtet. Durch die Nervenlähmung kommt es zu Schluckbeschwerden, Doppeltsehen und schließlich zur Atemlähmung. Häufig schwerer bis tödlicher Verlauf bereits bei kleinsten Dosen (10^{-8} Gramm). Seltene Erkrankung durch mangelhafte Konservierung von Würsten, Schinken, Konserven und Honig. *C. botulinum* ist auch der Grund dafür, warum Säuglingen und Kleinkindern niemals Honig, auch nicht zum Süßen von Getränken, gegeben werden sollte.

Salmonella ssp., eine Bakteriengattung mit zirka 2 200 Arten, können in rohen oder unzureichend gegarten Eier-, Rohmilch-, Fleisch- und Geflügelprodukten enthalten sein. Je nach Salmonellenart entsteht ein typisches Krankheitsbild, vom Brech-Durchfall bis Paratyphus und Typhus mit dem Risiko von Langzeitfolgen.

Campylobacter jejuni, C. coli sind häufige Erreger in rohen oder nur erwärmten Lebensmitteln (Hackfleisch, Geflügel, nicht pasteurisierte Milch, Trinkwasser, rekontaminierte Speisen). Komplikationen: schwere Lähmungen, schwere Dickdarmentzündungen. Seltene Langzeitfolge kann das Guillan-Barré-Syndrom, eine akute Nervenentzündung mit Lähmung der Extremitäten, sein.

Yersinia enterocolitica: Yersinien sind kälteliebend und vermehren sich daher auch gut unter Kühlschrankbedingungen. Ausreichendes Erhitzen tötet sie. Sie sind Erreger einer fieberhaften Darmentzündung (Entercolitits, Enteritis). Mögliche Langzeitfolge: reaktive Gelenkentzündung (Arthritis).

Escherichia coli sind normale Bewohner des menschlichen Darms (Colibakterien); ihre verschiedenen Stämme haben eine unterschiedliche pathogene (krankmachende) Potenz. Gelangen sie in die Nahrung, können sie schwerste Entzündungen bis hin zum Tod verursachen, vor allem bei Kleinkindern und Menschen mit gestörter Immunabwehr (Alte, Kranke). Eine Infektion ist nicht nur über Lebensmittel (Rinderhack, Salami, Mettwurst, Rohmilch, nicht pasteurisierter Apfelsaft, Salat, Sprossen, Trinkwasser), sondern auch direkt möglich (Mensch zu Mensch in Familien, Kindertagesstätten, Altenheimen, Krankenhäusern). Zirka 100 Bakterien reichen aus, sich anzustecken. Gefürchtete Langzeitfolge: Hämolytisch-urämisches Syndrom (Erkrankung mit Schädigung der Blutgefäße, Blutzellen, Nieren).

Listeria ssp.: Listerien kommen fast überall vor. 10 Prozent der Menschen tragen sie im Darm und scheiden sie regelmäßig aus. Als humanpathogen gilt nur eine Art, nämlich *L. monocytogenes*, Verursacher der Listeriose, übertragen durch rohe Tierprodukte, Gemüse, das mit Mist gedüngt wurde und anschließend roh verzehrt wird, sehr enger Tierkontakt (Fleischer, Gerber …). Listerien sind sehr widerstandsfähig, überstehen auch Tiefgefrieren und Trocknen sehr gut. Gesunde Erwachsene erkranken kaum, können sich aber auch über Geschlechtsverkehr anstecken. Gefährdet sind vor allem Kranke, Schwangere, Föten und Neugeborene. Symptome: Entzündungen in Hals und Rachen, von Harnblase und Nierenbecken. Schwere Verläufe: Hirnhautentzündung, Gehirnentzündung, Blutvergiftung mit hoher Sterblichkeitsrate. Vernichtung durch Erhitzen.

Neben den genannten Beispielen gibt es noch andere Verursacher von Lebensmittelvergiftungen, zum Beispiel Viren (Hepatitis A, E, Rotaviren, Norwalk-Like-Viren) oder Parasiten (zum Beispiel Trichinellen).

Wie viele Menschen tatsächlich kontaminierte Nahrung zu sich nehmen und erkranken, lässt sich nicht genau eruieren. In Deutschland werden jährlich rund 200000 Fälle gemeldet; wahrscheinlich sind es wesentlich mehr. Die Weltgesundheitsorganisation (WHO) schätzt, dass allein in den Industrienationen 30 Prozent aller Menschen erkranken – Tendenz steigend. Das Bakterium Campylobacter hat mittlerweile Salmonellen als häufigste Durchfallerreger abgelöst. Doch während sich Salmonellen in gut gekühlten Lebensmitteln nicht vermehren, halten sich die eher wärmeempfindlichen Campylobacter bei Kühlschranktemperaturen in Hackfleisch bis zu fünf Tagen, in Wasser bis zu einer Woche und in Milch sogar bis zu zwei Wochen. Forscher arbeiten derzeit an einer Campylobacterimpfung – sie halten sie mittlerweile für wichtiger als die Impfung gegen Kinderlähmung (Polio). Untersuchungen haben gezeigt, dass 60 bis 80 Prozent der Fleischware, die in Supermärkten angeboten wird, Campylobacter enthielt.[40] 20 Millionen Lebensmittelvergiftungen durch Campylobacter pro Jahr in den USA stimmen nachdenklich – zumal einige der bakteriellen Infektionserreger resistent gegenüber Antibiotika geworden sind, der einzigen wirksamen Therapie. Der Wettlauf zwischen Pharmazie und Krankheitserregern hat längst begonnen, die einstige Wunderwaffe ist stumpf geworden. Waren beispielsweise 1990 noch etwa 2 Prozent der Bakterien eines bestimmten Stammes gegen ein Antibiotikum resistent, sind es heute 20 Prozent.

Solche Zahlen und Fakten nimmt die Industrie gern zum Anlass, um auf die Verwendung von Konservierungsstoffen in möglichst vielen Lebensmitteln zu dringen. Dass Konservierungsstoffe tatsächlich sinnvoll und notwendig sein können, ist natürlich nicht von der Hand zu weisen – die Frage ist nur: Wo sollten sie eingesetzt werden und auf welche kann man verzichten? Eine generelle Ausstattung als Rüstzeug gegen den Verderb ist wohl ebenso abzulehnen wie der blinde Griff ins Reagenzienregal, zumal einige der zugelassenen Substanzen durchaus nicht so harmlos sind, wie dem Verbraucher suggeriert wird.

Natamycin: Zwischen Heilen und Konservieren

Das biotechnologisch gewonnene Natamycin (E 235) ist ein Konservierungsstoff – und gleichzeitig Medikament. Es wirkt antibiotisch auf der menschlichen Haut, auf Käse, auf der Schleimhaut, auf Wurst, ist als Breitbandmykotikum unter anderem gegen Fußpilz und Vaginalmykosen geschätzt und verhindert auf gepökelten und getrockneten Fleischprodukten, Hartkäse, Schnittkäse und halbfestem Schnittkäse das Wachstum von Pilzen. Selbstverständlich musste sich auch Natamycin den Vorabprüfungen aller Zusatzstoffanwärter unterziehen. Das Expert Committee on Food Additives (JECFA) hat den Stoff insgesamt viermal, nämlich 1968, 1976, 2001 und 2003 beurteilt. Nach seiner ersten Bewertung leitete es einen ADI-Wert von bis zu 0,25 Milligramm je Kilogramm Körpergewicht ab, erhöhte sieben Jahre später auf 0 bis 0,30 Milligramm und setzte die Unbedenklichkeitsgrenze (»Level causing no toxicological effects«) auf 200 Milligramm pro Person und Tag beziehungsweise 3 Milligramm je Kilogramm Körpergewicht fest. Der Wissenschaftliche Lebensmittelausschuss der EU-Kommission (Scientific Committee on Food, SCF) hielt Natamycin für Gouda, Edamer & Co. sowie für Wursthüllen dann für akzeptabel, wenn ausschließlich das Endprodukt mit

Natamycin behandelt wird und die Rückstände – bezogen auf die Oberfläche – nicht größer als ein Milligramm je Quadratdezimeter sind. Außerdem darf Natamycin fünf Millimeter unter der Oberfläche nicht mehr nachweisbar sein. Dem Wunsch der Unternehmen, die Substanz auch für Wein, andere Getränke und Schinken zuzulassen, entsprachen die Behörden nicht.

Kritischer als die international Verantwortlichen äußerten sich deutsche Fachleute. Das Bundesinstitut für Risikobewertung (BfR), vormals BgVV, wollte zwar die Anwendung für Käse dulden, nicht jedoch zur Oberflächenbehandlung von Wursthüllen. Aus mikrobiologischer und technologischer Sicht besteht nach Ansicht der deutschen Behörde keine Notwendigkeit, die Substanz zu verwenden.

In Deutschland gibt es eine ganze Reihe von Käsesorten, die mit Natamycin behandelt werden. Auf den Verpackungen lässt sich die Substanz meist aus der Zutatenliste herauslesen – bei offener Ware ist sie allerdings nicht kennzeichnungspflichtig. Der Konsument kann daher nicht wissen, ob er mit dem Käse das antibiotisch wirkende Mittel schluckt oder nicht. Die Aufschrift »Rinde nicht zum Verzehr geeignet« warnt ihn lediglich vor dem wachsartigen, ungenießbaren Überzug, hält ihn aber nicht dazu an, die Rinde samt fünf Millimetern Käse abzuschneiden und wegzuwerfen, wie es eigentlich notwendig wäre, damit das Natamycin nicht in seinen Körper gelangt. Außerdem gibt es Käsesorten, die überhaupt keine sichtbare Rinde aufweisen, deren äußere Schicht aber trotzdem das Mittel enthält. Zwar würde der unwissende Esser die festgelegte Höchstmenge nicht erreichen – es sei denn, er wäre physisch in der Lage, an einem einzigen Tag Käse zu vertilgen, dessen mit Natamycin behandelte Oberfläche 18 Quadratdezimeter beträgt. Der ADI-Wert ist also nicht das Problem. Prekär ist, dass der Konsument regelmäßig geringe Mengen eines in der Medizin verwendeten antibiotischen Wirkstoffs zu sich nimmt – und dadurch mit jedem Bissen der Antibiotikaresistenz Vorschub leistet. Wie die Weltgesundheitsorganisation (WHO) in einem Bericht feststellt, sind selbst diese geringen Mengen geeignet, die Mikroflora des Verdauungstraktes so zu beeinflussen, dass es zu Verschiebungen zwischen den einzelnen Arten und Stämmen kommen kann; Resistenzen sind zu befürchten.[41] Doch: Wer weiß das schon? Das Bundesinstitut für Risikobewertung (BfR) jedenfalls fordert nicht nur eine konsequentere Aufklärung des Verbrauchers, es mahnt auch an, Substanzen, die in der Humanmedizin zum Einsatz kommen, »nur restriktiv« einzusetzen. Technologisch unvermeidbar ist die Anwendung von Natamycin auf Würsten, deren Hülle mitgegessen werden kann, oder bei Rohschinken nicht.

In diesem Licht betrachtet, tönt die Entwarnung von anderer offizieller Seite allzu laut. »Das Europäische Parlament und der Europarat haben ein detailliertes Kennzeichnungssystem für Lebensmittelzusätze etabliert, das gewährleisten soll, dass Verbraucher hinsichtlich Lebensmitteln mit Konservierungsstoffen eine informierte Wahl treffen können«, lässt das Europäische Informationszentrum für Lebensmittel EUFIC auf seiner Internetseite wissen.[42] Auch das Bayerische Landesamt für Gesundheit und Lebensmittelsicherheit (LGL), im Freistaat (wie die LGL in allen Bundesländern) zuständig unter anderem für Risikoanalyse und Überwachung im Sinne des Verbrauchers, hat von Amts wegen einzig ein Auge auf die Einhaltung des ADI-Werts, aber nicht auf die lauernden Gefahren des Natamycineinsatzes in Lebensmitteln. Es hat in den vergangenen drei Jahren bei keiner der über 1 000 Käseproben eine Überschreitung der Höchstmenge oder das Vorhandensein von Natamycin unterhalb von fünf Millimetern festgestellt und setzt also voraus, dass der Käsefreund die Rinde seines Edamer oder Gouda nicht zaghaft, sondern bewusst großzügig wegschneidet.

Dass der Verbraucher nicht nachdrücklicher gewarnt wird, ist wohl politisch so gewollt: Eine Käsehysterie bekäme der Industrie – und damit der gesamten wirtschaftlichen Situation in Deutschland – schlecht. Erfahrungsgemäß lässt sich der Esser vor allem von der Argumentation großer Boulevardblätter leiten, nicht aber von der sachlich-spröden Informationstaktik von Behörden und wissenschaftlichen Institutionen. Sie können nur beobachten, dass die Verunsicherung über Lebensmittel in der Bevölkerung in den vergangenen Jahren weite Kreise gezogen hat; schlüssige Daten aus Forschungsarbeiten, warum das so ist, gibt es bis heute allerdings nicht. Verunsicherung ist eben ein Bauchgefühl und schlecht zu fassen.[43] Allgemeine Technikskepsis und pessimistische Weltsicht, steigendes

Umweltbewusstsein, widersprüchliche Aussagen auch seriöser Einrichtungen, von politischen und wirtschaftlichen Interessen geprägte Debatten und vor allem Lebensmittelskandale scheinen das Denken und Empfinden der Konsumenten nachhaltig beeinflusst zu haben. Kommunikative Zurückhaltung scheint deshalb angebracht, will man den Käsestandort Deutschland nicht gefährden. Immerhin ist Deutschland mit knapp 2 Millionen Tonnen pro Jahr Europas Käsehersteller Nummer eins – weltweit produzieren nur die USA mehr Käse. Rund ein Drittel der deutschen Jahresproduktion wird exportiert, davon 80 Prozent innerhalb der Europäischen Union. Dem Spitzenreiter Frischkäse mit rund 781 000 Tonnen (2004) folgen Schnittkäse mit 526 400 Tonnen und Hartkäse mit 196 000 Tonnen.[44] Schnittkäse und Hartkäse sind Natamycinträger – je nachdem, ob der Käsehersteller das wünscht. Viele Kunststoffumhüllungen können, wie die des auf Hilfsstoffe für Käseproduzenten spezialisierten Schweizer Unternehmens foodtech ag »foodplast«, wunschgemäß mit oder ohne Natamycin geordert werden. Der Auftrag der Hülle ist denkbar einfach: Meist handelt es sich um viskose Flüssigkeiten, mit denen der Käse gleichmäßig mittels Pinseln oder Schwämmen bestrichen wird; nach einer anschließenden Trocknungszeit kann der Käse verpackt werden.

Obwohl die Deutschen zwischen mehr als 150 Käsesorten wählen können, entscheiden sich die meisten für die Klassiker: den zu den Hartkäsen zählenden Emmentaler und die beiden Schnittkäsesorten Gouda und Edamer. Immerhin 10 Prozent der Deutschen lassen sich in einem Käsefachgeschäft beraten, der Löwenanteil der Käseesser greift auf das Angebot aus Selbstbedienungstheke und Kühlregal zurück. Wichtigste Kaufkriterien sind Geschmack, Preis und Fettgehalt[45] – Fragen nach der Art der Konservierung werden kaum gestellt.

Seit Jahren poliert die Centrale Marketing-Gesellschaft der deutschen Agrarwirtschaft mbH (CMA) am Image deutscher Agrarprodukte. Die Landwirtschaft ist wie überall in Europa hoch subventioniert. Den eher regional geprägten Bereichen Pflanzenbau, Viehzucht und Milchwirtschaft steht ein europaweit agierender, mächtiger Handel gegenüber, der einen enormen Preisdruck auf die Verarbeiter ausübt. Häufig knicken die Lebensmittelhersteller unter der Forderung, bei höheren Margen billiger zu produzieren, ein – landwirtschaftliche Betriebe als ihre Zulieferer sind dann das schwächste Glied in der Kette. Die Spirale der Wertevernichtung zeigt sich im permanenten Verfall von Rohstoffpreisen. So fielen die Preise für Schlüsselprodukte wie Milchpulver oder Butter in den vergangenen Jahren um ein Drittel. Die Liberalisierung des Käsemarktes in der EU forderte zusätzlich seinen Tribut. Mit Kampagnen wie »Unser Käse. Einfach unwiderstehlich«, einem integrativen Kommunikationskonzept aus Anzeigen, PR-Maßnahmen und dem Online-»Käsefinder«[46], versucht die CMA dem deutschen Kunden Appetit auf heimischen Käse zu machen. Dass die Käsewirtschaft in der Bundesrepublik für 2005 einen Rekordumsatz meldete, der Pro-Kopf-Verbrauch auf eine Höchstmarke von rund 22 Kilogramm pro Jahr stieg und die Branche ein Absatzplus von 8 Prozent verzeichnete, kann nicht darüber hinwegtäuschen, dass die Lage angespannt ist: Die positive Entwicklung resultierte weiterhin ausschließlich aus dem Boom bei der Selbstbedienungsware, insbesondere aus dem Discountgeschäft.[47] Öffentliche Vorbehalte gegenüber Zusatzstoffen würden die sensible Marktsicherheit nur gefährden.

Die politische Marschrichtung scheint klar: Zugeständnisse an die Industrie sind notwendig – die Ankündigung von Massenentlassungen bei drohendem Gewinnverlust würde Wählerstimmen kosten. Das politische Kalkül reduziert sich auf das Motto: »Was dem Verbraucher nicht mittelbar schadet, kann der Industrie unmittelbar nutzen.« Eine Information wird aber nicht umso seriöser, je zaghafter sie weitergegeben wird – eine tropfenweise verbreitete Botschaft schürt nur diffuse Ängste und überlässt marktschreierischen Panikmachern das Feld.

Natürlich ohne Natur

Verbrauchern fällt es schwer, sich für oder gegen einen bestimmten Konservierungsstoff zu entscheiden. Weder die E-Nummern noch die

Bezeichnungen können ihm weiterhelfen, zumal es darunter auch solche gibt, deren Namen nach Natur klingen, wie Kohlensäure (E 290), Milchsäure (E 270), Ameisensäure (E 236), Zitronensäure (E 330) oder Äpfelsäure (E 296). Doch wer meint, eine Extraktion genüge, um die begehrte Substanz zu erhalten, der irrt. In den Mengen, wie sie heute benötigt werden, reichen solche einfachen technologischen Lösungen nicht mehr aus, und ganz »ohne Chemie« kann eine großtechnische Herstellung gar nicht ablaufen, wie das Beispiel Zitronensäure zeigt. Obwohl die Endprodukte rein und frei von Verunreinigungen durch Hilfsstoffe sind, müssen die beim Herstellungsprozess anfallenden Nebenprodukte wie Gips unter Umweltaspekten als heikel beurteilt werden. Auch spielt der Einsatz der Gentechnologie bei der Herstellung von Substanzen für die Lebensmittelindustrie eine zunehmende Rolle. So werden heute Fruchtsäuren wie Zitronensäure oder Äpfelsäure oft unter Zuhilfenahme gentechnisch veränderter Mikroorganismen (Pilze oder Hefen) produziert (siehe dazu auch das Kapitel »Gentechnik und Genfood«).

Beispiel Zitronensäure: Beim ursprünglichen Verfahren wird Zitronensaft mit konzentrierter Ammoniaklösung versetzt. Es entsteht lösliches Ammoniumcitrat. Um dieses Ammonimcitrat in einen unlöslichen Zustand zu überführen, wird es mit Kalziumchlorid in Kalziumcitrit umgewandelt. Nach der Behandlung mit Schwefelsäure entsteht eine Zitronensäurelösung und Gips als Abfallprodukt. Zitronensäure erhält man schließlich durch Kristallisation. Heute wird Zitronensäure mithilfe der Biotechnologie gewonnen: Der transgene Pilz *Aspergillus niger* produziert bei niedrigen ph-Werten und unter Eisenmangel Zitronensäure.[48]

Die Industrie verspricht sich vom Einsatz der »weißen Biotechnologie« einen geringeren Rohstoff- und Materialverbrauch, geringere Investitions- und Entsorgungskosten und einen geringeren Energiebedarf – kurz: eine Kostenersparnis und einen höheren Gewinn. Biotechnologische Verfahren ersetzen klassisch-chemische; ihr Anteil wird voraussichtlich von heute 5 Prozent auf 20 Prozent im Jahr 2010 klettern. Biotechnologisch hergestellte Produkte mit großem Marktvolumen finden sich vornehmlich in der Lebensmittel-, Futtermittel- und Genussmittelindustrie (siehe Tabelle 12).

Tabelle 12: Mit biotechnologischen Verfahren hergestellte Bulk-Ware

Bezeichnung	Weltjahres-produktion (Mio. Tonnen)	Verwendung in Lebensmitteln
L-Glutamin-säure	1 500	Sport- und Fitnessnahrung, Ausgangsstoff für Glutamatherstellung
Zitronen-säure	1 000	Konservierung, Säuerungsmittel
L-Lysin	700	Aminosäure für diätetische Lebensmittel (außer Getreidemahlprodukte, alkoholfreie Getränke)
Milchsäure	150	Säuerungsmittel, Konservierungsmittel; verwendet u. a. in Margarine, Salatsoßen, Getränken, eingelegtem Gemüse, Kindernahrung
Gluconsäure	100	Stabilisierung des Säuregehalts, Fruchtzubereitungen, verarbeitetes Obst und Gemüse, Desserts, Limonade
Vitamin C (Ascorbin-säure)	80	Antioxidationsmittel, Farbstabilisator, Mehlbehandlungsmittel, Vitaminzusatz, u. a. in Back- und Fleischwaren, Getränken, Konserven, Streichfetten

Quelle: McKinsey 2003, Frost & Sullivan 2003, Festel Capitel 2003[49]

Von Einsatz bis Wirkung

Die Produktion und Bereitstellung moderner Lebensmittelvielfalt ist oft ein zweischneidiges Schwert: Verbraucher stellen hohe Ansprüche an Haltbarkeit, geschmackliche Qualität und Preis. Wer erwartet, dass er an der Fleischtheke zwischen mehreren Salaten wählen kann, den auserwählten dann auch noch bei hochsommerlichen Temperaturen gefahrlos im Auto transportieren, womöglich nebenbei noch andere Einkäufe erledigen und schließlich zu Hause verzehren will, ohne gesundheitliche Risiken durch Verderb in Kauf nehmen zu müssen, der kann auf Konservierungsstoffe nicht verzichten. Es sind vor allem die langen Transportwege vom Hersteller über Händler und Verkäufer bis hin zum Kunden, die eine Haltbarmachung erfordern.

Auch Obst, Nüsse und Meeresfrüchte aus den entlegensten Gebieten der Erde sollen taufrisch die Tafel zieren, Grundnahrungsmittel mindestens über zwei Wochen frei von Schimmel und Fäulnis sein, Fertiggerichte monatelang in Supermarktregalen und Vorratsräumen ausharren.

Lange Transportwege und Lagerzeiten auch aus mikrobiologischer Sicht zu überstehen, ist besonders schwierig für empfindliche Waren wie Fleisch, Geflügel; Milch; Fische, Krebse, Muscheln, Schnecken; Eier sowie Erzeugnisse daraus; Säuglings- und Kindernahrung; Speiseeis und Halbgefrorenes; Backwaren mit nicht durcherhitzter Füllung oder Auflage; Feinkost-, Rohkost-, Kartoffelsalate; Marinaden, Mayonnaise; Nahrungshefen; emulgierte Soßen.

Dabei ist nicht jeder Konservierungsstoff per se gesundheitsschädlich. Geprüft sind sie alle, umstritten viele. Offizielle Stellen sprechen Konservierungsstoffen aufgrund der Zulassungsbestimmungen und Mengengrenzen zwar eine direkte toxische Wirkung ab, wenn sie entsprechend den Vorgaben verarbeitet und konsumiert werden. Unter bestimmten Bedingungen und für bestimmte Menschen können sie dennoch schädlich sein. Schätzungsweise 0,1 bis 1 Prozent der Verbraucher reagieren auf Konservierungsstoffe mit allergischen Symptomen. Wer die Erfahrung gemacht hat, dass er bestimmte Substanzen nicht verträgt, sollte sie auf jeden Fall meiden.

Beobachtete Nebenwirkungen von Konservierungsstoffen

E 200–203 Sorbinsäure und ihre Salze

Gemeinhin gilt Sorbinsäure als unbedenklich, weil sie vom Gesunden verstoffwechselt wird. Es gibt allerdings Hinweise aus Tierversuchen, dass ein Abbauprodukt von E 201, Natriumsorbat, erbgutverändernd wirkt.

Produktbeispiele: Dauerwurst, Feinkost, Halbfettmargarine, Früchte für Joghurt

E 210–213 Benzoesäure und ihre Salze

Benzoesäure ist zwar natürlicher Bestandteil vieler Lebensmittel wie Milch, Honig oder Obst – allerdings in Spuren. Als Konservierungsmittel ist Benzoesäure wesentlich höher dosiert und kann relativ häufig pseudoallergische Symptome wie Asthma oder Nesselsucht auslösen. Haustiere vertragen Benzoesäure nicht (5 Promille sind bei der Katze tödlich). Hunde- und Katzenfutter darf deshalb keine Benzoesäure enthalten.

Produktbeispiele: Kaffeeextrakt, Marinaden, Fruchtjoghurt, Salate

E 214–219 PHB-Esther

Diese Verbindungen werden aus Benzoesäure hergestellt und lösen überdurchschnittlich oft allergische Reaktionen aus. Kreuzallergien mit Sulfonamiden (Antibiotika) sind möglich. Wirken gefäßerweiternd, im Tierversuch betäubend und wachstumshemmend.

Produktbeispiele: Marzipan, Fischprodukte, Würzmittel

E 220–228 Schwefeldioxid und Sulfite

Gehören zu den ältesten Konservierungsstoffen und dienen auch der Schönung (etwa dem Erhalt der Farbe). Zerstören Vitamin B1 und Folsäure. Können Kopfschmerzen, Übelkeit und Asthmaanfälle auslösen. Todesfälle durch anaphylaktische Schocks sind bekannt geworden.

Produktbeispiele: Trockenfrüchte, Instantprodukte (Kartoffelpulver)

E 230–232 Bi- und Diphenyl, Phenole

Eigentlich Pestizide. Sind nur für Zitrusfrüchte oder deren Einwickelpapier zugelassen. Führten im Tierversuch zu Blasenkrebs, inneren Blutungen, Organveränderungen und verminderter Fruchtbarkeit. Krebsverdacht. Allergieauslösendes Potenzial bei Hautkontakt. Langzeitwirkung: Chlorakne, Hyperpigmentierung der Haut, Haarausfall. In Herstellerbetrieben traten vereinzelt Todesfälle bei der Verarbeitung von E 230 auf. Nach dem Schälen gründlich die Hände waschen, keine Schalen zum Kochen oder Backen verwenden, Kinder Früchte nicht selbst schälen oder mit dem Einwickelpapier spielen lassen.

Produktbeispiele: alle Arten von Zitrusfrüchten

E 233 Thiabendazol

Außer als Konservierungsmittel wird es auch in der Landwirtschaft als Fungizid im Kartoffel- und Obstanbau sowie in der Human- und Veterinärmedizin als Wurmmittel eingesetzt. Im Tierversuch krebserregend. Beim Menschen vermutlich (es liegen noch keine gesicherten Daten vor) in hohen Dosen Nierenprobleme, Fruchtbarkeits- und Wachstumsstörungen. Deklaration nur bei Zitrusfrüchten vorgeschrieben, bei Bananen nicht.

Produktbeispiele: Bananen, Zitrusfrüchte

E 234 Nisin

Sammelbezeichnung für verschiedene Eiweiße mit antibiotischer Wirkung. In der Humanmedizin als Antibiotikum im Einsatz. In Deutschland erst seit der EU-Harmonisierung von Zusatzstoffen erlaubt. Mögliche Gefahr: durch Dauereinnahme Resistenzentwicklung von Mikroorganismen gegen Antibiotika möglich.

Produktbeispiele: Schmelzkäse, Gries- und Tapiokpudding, Frischkäse und Rahmfrischkäse (Mascarpone)

E 235 Natamycin

Siehe Seite 112, Kapitel »Natamycin: Zwischen Heilen und Konservieren«.

E 236–238 Ameisensäure und ihre Salze (Formiate)

Sie können im Körper abgebaut werden, sind nur in größeren Dosen giftig. Führten im Tierversuch zu Leberschäden.

Produktbeispiele: Sauerkonserven (außer Sauerkraut), Fruchtsäfte

E 239 Hexamethylentetramin

Wird aus Ammoniak und Formaldehyd hergestellt; in der Humanmedizin gegen Gicht und Harnwegsinfektionen eingesetzt. Wirtschaftliche Bedeutung auch als Grundstoff zur Sprengstoffherstellung, als Konservierungsstoff für Kosmetika und Vulkanisationsbeschleuniger.

Produktbeispiele: bisher ausschließlich für Provolone (ein italienischer Würzkäse aus Schafsmilch) zugelassen

E 242 Dimethyldicarbonat

Deklarationsfreies Kaltentkeimungsmittel für Getränke. Kaum Erkenntnisse über mögliche Nebenwirkungen. Zerfällt nach der Zugabe in Methanol, das das Nervensystem schädigen kann, und Kohlendioxid. Durch Reaktionen mit Mikroorganismen entstehen geringe Mengen von Methylcarbamat, das normalerweise als Pestizid Anwendung findet.

Produktbeispiele: Erfrischungsgetränke, Dosentee und alkoholfreier Wein

E 249–252 Nitrite und Nitrate

Konservierungs- und Umrötungsmittel. Unterbindet Wachstum des Botulismuserregers im Fleisch. Zu dieser Gruppe gehört auch das bekannte Nitritpökelsalz (Natriumnitrit, E 250). N. sorgen für eine rote Pökelfarbe, die auch bei hohen Temperaturen nicht verloren geht. Schinken darf etwa zehnmal so viel Nitrat zugesetzt werden, wie im Trinkwasser maximal als Rückstand erlaubt ist. Die stark krebserregenden Nitrosamine entstehen durch eine Reaktion zwischen Aminen und Nitrit beziehungsweise Nitrat – das geschieht nicht nur in Mund und Magen, sondern auch beim Erhitzen von gepökelten Produkten mit Käse oder während des Kochens oder Bratens (beispielsweise »Toast Hawaii«, Pizza mit Salami und Käse) oder beim Grillen

(Wiener Würstchen, Bockwürstchen, Kasseler, Fleischwürste, Speck, Leberkäse).

Produktbeispiele: Schnittkäse, Hartkäse, Anchosen (Fischprodukte), Wurst, Fleischprodukte

E 280–283 Propionsäure und ihre Salze

Verursachte im Tierversuch Tumore am Vormagen von Ratten. Aus diesem Grund bis 1996 in der Bundesrepublik verboten. Seit der EU-Harmonisierung von Zusatzstoffen wieder europaweit zugelassen. Vorsicht ist angeraten.

Produktbeispiele: Feinbackwaren (Kuchen, Kekse), abgepacktes, geschnittenes Brot, dänisches Polsebröd

E 284–285 Borsäure und Borax (Natriumtetraborat)

Konservierungs- und Desinfektionsmittel. Wird auch in der Kosmetikindustrie verwendet. Lange Zeit Einsatz bei Milchprodukten und Zitrusfrüchten, wegen der starken Giftigkeit aber später selten verwendet. Reichert sich im Fettgewebe an, vor allem gefährlich für Kinder. Im Falle einer Vergiftung gibt es keine Gegenmittel. Kaum Erkenntnisse über Langzeitfolgen.

Produktbeispiele: Kaviar

E 290 Kohlendioxid (Kohlensäure)

Treibgas, Aufschäummittel, Konservierungsstoff. Gilt in Lebensmitteln als harmlos. Ohne Einschränkung für alle Lebensmittel zugelassen.

Produktbeispiele: Erfrischungsgetränke, Schaumwein, Soda …

Am Gesetz vorbei

Weil Konservierungsstoffe zunehmend in den Fokus kritischer Verbraucher geraten, unterschlagen Hersteller und Händler gelegentlich die vorgeschriebene Kennzeichnung, manche Waren sind nachlässig oder falsch beschriftet. In zwei von 68 Apfelproben fand das Bayerische Landesamt für Gesundheit und Lebensmittelsicherheit (LGL)[50] Carnaubawachs oder Schellack auf der Oberfläche, die Angabe »gewachst« fehlte aber. Besonders häufig verstieß die Deklaration von Schalenbehandlungsmitteln bei Zitrusfrüchten gegen die gesetzlichen Vorgaben (siehe Tabelle 13). Nicht wesentlich besser schnitten Gemüseerzeugnisse ab – vom tiefgekühlten Spinat über Kidneybohnen in der Dose bis hin zu frei verkauften Oliven und Salzgurken. Von den insgesamt 537 untersuchten Proben fielen 123 (knapp 23 Prozent) negativ auf. Bei 8 von 35 Proben Gewürzgurken, meist offen angebotene Ware in Imbissständen und Fleischereien, fehlte die entsprechende Kennzeichnung vollständig. In zwei Proben wiesen die Tester entgegen der Auszeichnung »ohne Konservierungsstoffe« oder sogar »Natur« Konservierungsstoffe nach. Das Gros der Lebensmittelhersteller und -vertreiber scheint sich an die gesetzlichen Vorgaben zu halten, doch die Zahl schwarzer Schafe dürfte sich mehren, wenn der Spagat zwischen Kostendämmung, Gewinnmaximierung und Verbraucheranspruch nicht gelingt.

Tabelle 13: Verstöße gegen die Kennzeichnungspflicht von Zitrusfrüchten

Art	fehlende oder falsche Kenntlichmachung (Prozent der untersuchten Proben)
Limetten	33 %
Grapefruit, Pomelo	28 %
Clementinen, Satsumas	20 %
Orangen	13 %
Zitronen	4 %
Gesamt	16 %

Quelle: Bayerisches Landesamt für Gesundheit und Lebensmittelsicherheit (LGL)[51]

Der Esser versteht keinen Spaß, wenn er an der Nase herumgeführt wird; sein Misstrauen in die Panschereien der Lebensmittelindustrie sitzt tief. Dass ihm Frische und Natürlichkeit vorgegaukelt werden, wo in Wirklichkeit Konservierung ist, treibt den Pfeil nur tiefer ins Fleisch. Für so manchen Verbraucher ist die Information »ohne Konservierungsstoffe« mittlerweile zum Ernährungsmotto avanciert. Wenn es auch in Deutschland an marktanalytischen Beweisen für den Trend mangelt – andernorts in Europa sind die Umfrageergebnisse eindeutig: 50 Prozent der ungarischen Konsumenten zum Beispiel suchen einer Untersuchung des Marktforschungsinstituts GfK aus dem Jahr 2004 zufolge Lebensmittel, die frei von Konservierungsstoffen, künstlichen Aromen und Farbstoffen sind.[52] Doch dass der Verbraucher Frische ohne Konservierung bevorzugt, ist auch hierzulande längst kein Geheimnis mehr. Die IIR Deutschland GmbH mit Sitz in Sulzbach/Taunus hat sich auf die Fahnen geschrieben, vor allem Unternehmen mit aktuellen und marktnahen Informationen zu versorgen. Sie richtet pro Jahr 1600 Weiterbildungsveranstaltungen, Konferenzen und Kongresse aus, um Geschäftsführer und Mitarbeiter den Puls der Zeit fühlen zu lassen. Mit dem Aufruf »Gehören Sie zu den Ersten, die auf Konservierungsstoffe verzichten!« richtet die IIR im Juni 2006 die Fachkonferenz »Konservieren ohne Konservierungsstoffe« in München aus. Unter anderem wird es um Prozessoptimierung, die Anwendung neuer technologischer Verfahren und neuartige Verpackungen gehen.

Das Argument radikaler Konservierungsstoffgegner, Unternehmen wollten mit dem massenhaften Einsatz der umstrittenen Substanzen Mängel in der Verarbeitung und prophylaktisch in der Transportkette kompensieren, ist nicht ganz von der Hand zu weisen.

Laut Gesetz haben Lebensmittelhersteller hygienische Mindestanforderungen zu erfüllen. Diese auch als »Basishygiene« bezeichneten Vorschriften der Lebensmittelhygiene-Verordnung (LMHV) sind verbindlich. Um Hygienefehler auszuschließen, schreibt das Gesetz ein Eigenkontrollsystem mit entsprechenden Sicherungsmaßnahmen vor. Solche Sicherungsmaßnahmen sind zum Beispiel spezifische Anforderungen an die Räumlichkeiten, an die Boden- und Wandbeschaffenheit oder an die in den Verarbeitungsräumen herrschenden Temperaturbedingungen. Die amtlichen Veterinär- und Lebensmittelüberwachungsbehörden kontrollieren stichprobenartig die Maßnahmen, die die Betriebe ergreifen. Verstöße gegen die gesetzlichen

Vorgaben können auf verschiedene Weise geahndet werden. Im harmlosesten Fall folgt eine Belehrung und die Verpflichtung des Herstellers oder Importeurs, die Ware zurückzunehmen. Ihnen können aber auch rechtliche Konsequenzen drohen wie Bußgeld oder Strafanzeige. Auch steht es den Beamten frei, die Medien einzuschalten und die Öffentlichkeit vor dem Produkt zu warnen. Deutschlandweit liegt die Beanstandungsquote zwischen 13 und 18 Prozent, größtenteils wegen mangelhafter Qualität, unkorrekter Zusammensetzung und unzureichender Kennzeichnung. Als gesundheitsschädlich werden pro Jahr nur einzelne Proben eingestuft.[53]

Es ist weniger die »Entmenschlichung« der großtechnischen Produktion, die Hygieneprobleme mit sich bringt. In der Regel verringern Maschinen und Geräte wie Trommeln, Pumpen, Transportbänder oder Rühreinrichtungen sogar die Gefahr einer Kontamination. Schon weil deren Funktionstüchtigkeit und möglichst lange Lebensdauer gewährleistet werden müssen, werden sie üblicherweise nach jeder Schicht gesäubert – Spülgänge mit verschiedenen Reinigungs- und Desinfektionsmitteln (hier ist eher die umweltgerechte Entsorgung ein Problem) sowie anschließend mit klarem Wasser sollen Anhaftungen aller Art beseitigen. Beim Bau oder der Erweiterung einer Produktionsanlage besteht die größte Schwierigkeit darin, keine »toten Winkel« zu schaffen, die schwer zugänglich und ebenso schlecht sauber zu halten sind, denn hier gedeihen Mikroorganismen prächtig. Allerdings ist Platz ein ökonomischer Faktor; nur wer ihn optimal ausnutzt, gewinnt: Manchmal genügt die Erweiterung um eine Funktionseinheit, um den Durchsatz pro Stunde zu erhöhen.

Weniger die großtechnische Ausstattung als vielmehr der Mensch gehört zu den Hauptrisikofaktoren für eine Verunreinigung mit Mikroorganismen. Häufig lässt das hygienische Verhalten der Mitarbeiter zu wünschen übrig: Händewaschen, das Tragen einer vorgeschriebenen Schutzbekleidung oder auch das besondere Augenmerk im Umgang mit Rohstoffen und Endprodukten sind nicht unbedingt selbstverständlich.

Wiederholt monieren die staatlichen Lebensmittelkontrolleure folgende Zustände in Herstellerbetrieben, Gaststätten, Großküchen und Imbissen:[54]

- verschmutzte und beschädigte Gebrauchsgegenstände und Arbeitsgeräte,
- fehlende Handwaschgelegenheiten,
- mangelhafte Hygiene beim Personal,
- ungenügende Sorgfalt bei der Behandlung von Lebensmitteln, zum Beispiel Lagerung,
- unzureichende Abzugseinrichtungen,
- Mängel im baulichen Zustand der Betriebsräume.

Der Schluss liegt nahe, dass besonders kleine und mittelständische Hersteller unter dem massiven Preisdruck des Handels und dem Konkurrenzgebaren großer Mitbewerber an der Hygiene sparen. Schließlich gilt die Lebensmittelhygiene-Verordnung unabhängig von der Betriebsgröße und von der Produktionsmenge; auch der Fleischer um die Ecke muss sich um die Einhaltung der baulichen Vorschriften kümmern, muss sein Personal schulen, regelmäßig Eigenkontrollen durchführen und diese aus Gründen der Produkthaftung ausreichend dokumentieren. Hilfe bei der Durchführung gewähren neben den Ämtern auch private Sachverständige und die Berufsverbände; Letztere haben Hygieneleitfäden und Musterkontrollbögen zur effektiven Umsetzung erarbeitet.

Chancen für die Zukunft der Lebensmittelindustrie

»Ohne Konservierungsstoffe« wird mehr und mehr zu einem Gütesiegel für Lebensmittel und beeinflusst letztlich auch die Kaufentscheidung. Im Vergleich zu den USA steht Deutschland beim Absatz von Frischeprodukten immer noch auf dem Stand von 1980.[55] Es gibt derzeit weder ein theoretisches noch ein praktisches Gesamtkonzept für innovative Frischeprodukte oder die Realisierung von konservierungsstofffreien bekannten Produkten, das alle Stufen der Herstellung – Produktion, Verpackung, Marketing, Vertrieb und Logistik – zusammenführt. Wer sich bislang darauf verlassen hat, dass der Zusatz von Konservierungsstoffen den Keimbesatz seiner Produkte niedrig genug hielt, und dieses Kriterium ausreichte, um

Kunden zu gewinnen, wird umdenken müssen. Lebensmittel ohne Konservierungsstoffe lange haltbar machen und die gesetzlichen Hygienevorgaben einhalten zu können, stellt besondere Ansprüche an die Produktion, an Abfüllung und Verpackung. Alternativen sind gefragt – und die gibt es schon:

Prozessoptimierung/Verfahrenstechnik

Jedes Produkt stellt spezifische Ansprüche an seine Verarbeitung, manchmal werden mehrere Produkte auf ein und derselben Linie hergestellt. Beides muss in der Planung der Anlage oder deren Erweiterung berücksichtigt werden (»Engineering«). Individuelle Lösungen gibt es selten von der Stange. Eine Linie kann so konzipiert sein, dass innerhalb kürzester Zeit ein Umrüsten möglich und ihre Flexibilität gewährleistet ist. Viele Anlagen von heute sind nicht ausreichend aufeinander abgestimmt; es kommt zu Verzögerungen, das Produkt wird längere Zeit kritischen Außenbedingungen, zum Beispiel einer zu hohen Temperatur, ausgesetzt. Auch solche Anlagen lassen sich den »Bedürfnissen« des Produkts anpassen (Sondermaschinen- und Gerätebau, Kompositionen einzelner Anlagenteile, Erhöhung des Wirkungsgrades).

Außerdem stellt sich die Frage nach der Beherrschung einzelner Prozessabschnitte. Die Rezeptur für ein Produkt steht zwar fest, aber Komposition der Zutaten und einzelne Verfahrensschritte werden in ersten Werksversuchen getestet, sind Erfahrungssache und abhängig vom Wissensstand (etwa sichere Temperaturführung und deren Reproduzierbarkeit).

Innovative Anlagen, die während eines Durchlaufs mehrere zusätzliche Arbeitsgänge integrieren, verkürzen die gesamte Verarbeitungszeit (zum Beispiel Mischen und gleichzeitiger Einsatz anderer Verfahren wie Benetzen, Anfetten, Kühlen, Kristallisieren, Pasteurisieren, Trocknen, Umhüllen, Verflüssigen, Alkalisieren etc.). Außerdem ermöglicht eine bessere Kenntnis einzelner Prozesse das Überbrücken besonders heikler Phasen während der Verarbeitung.

Rohstoffsicherung und höhere Rohstoffqualität

Ein Produkt kann nur so gut sein wie die Rohware, aus der es besteht. Verbesserungen in der Logistik des Transports, der Wareneingangskontrolle, der Lagerung und der Anlieferung an die Anlage sind von entscheidender Bedeutung. Detektoren zum Aufspüren von Fremdkörpern als Keimträgern werden immer sensibler; Arbeitskräfte zum Sondieren sind oft unerlässlich. Aus Gründen der Kostenersparnis verzichten manche Unternehmen ganz oder teilweise auf solche Mitarbeiter. Die sorgfältige Auswahl der Lieferanten, deren laufende Überwachung und Schulung ist Grundvoraussetzung für eine gleichbleibend hochwertige Rohware. Manche Firmen, wie beispielsweise Langnese-Iglo, eine Unilever-Tochter (bis 2006) und Hersteller von tiefgekühltem Rahmspinat, haben eigens dazu Landwirte unter Vertrag. Firmeneigene Iglo-Anbauberater begleiteten den Spinatanbau von der Saat über Düngung, Pflanzenschutz und Ernte bis hin zum Transport ins Werk.

Verpackung

Für Verpackungsanlagen gilt im Prinzip dasselbe wie für die allgemeine Prozessoptimierung. Derzeit gibt es bereits Maschinen zur Kaltabfüllung unter keimarmen Bedingungen (zum Beispiel »Ultraclean« der Firma florin, Gesellschaft für Lebensmitteltechnologie mbH) oder Maschinen zur High-Speed-Frischhalteversiegelung, aber auch aseptische Verpackungen, die eine lange Haltbarkeit versprechen (zum Beispiel Tetra Pak, SIG Combibloc). Eine der bekanntesten Neuerungen der vergangenen Jahre ist eine mit Konservierungsstoffen beschichtete Verpackungsfolie vom Fraunhofer-Verbund Polymere Oberflächen (POLO), die die Substanzen gezielt an die Oberfläche des Lebensmittels bringt – also dorthin, wo Mikrobenwachstum abläuft. Die schützenden Schichten gelangen über spezielle Lackierungsverfahren auf die Folie, wodurch sich die Menge an Konservierungsstoffen stark reduzieren lässt. Die Folie eignet sich allerdings nur für feste Produkte. Bei flüssigen würden die Konservierungsstoffe nicht an der Oberfläche der Verpackung bleiben, sondern sich in der Flüssigkeit bis zur Unwirksamkeit verdünnen.

Transport und Lagerung

Prozessoptimierung und Logistik sind hier die herausragenden Themen. Daneben sollten dem Verbraucher Mittel an die Hand gegeben werden, die es ihm ermöglichen, den Frischestatus eines Lebensmittels beurteilen zu können. Mit dem Mindesthaltbarkeitsdatum allein kann er wenig anfangen, da es nur aussagt, bis wann ein Produkt seine typischen Eigenschaften behält, aber nicht, wie lange es genießbar ist. Außerdem sagt es nichts über Temperatur und Lagerungsbedingungen aus. Lösungen wie der intelligente Lebensmittelaufkleber TTI (Time Temperature Indicator, Zeit-Temperatur-Indikator) helfen ihm da schon weiter. Der von Forschern der Universitäten Bayreuth und Bonn entwickelte TTI besitzt eine Art innerer Uhr, die bei höheren Temperaturen schneller und bei niedrigen langsamer läuft. Der »blaue Punkt« wird zu Beginn der Kühlkette beim Verpackungsvorgang aktiviert und entfärbt sich in Abhängigkeit von der Umgebungstemperatur. Anhand einer Vergleichsskala kann der Verbraucher den Frischegrad schnell und unkompliziert ablesen. Dunkelblau bedeutet »ganz frisch«, Hellblau »noch frisch« und Weiß »nicht mehr frisch«. Der TTI kostet zwischen einem und wenigen Cents und wird nach Gebrauch im Gelben Sack entsorgt.

Stichwort Kombination herkömmlicher und neuartiger Konservierungsverfahren

Übliche Verfahren zur Haltbarmachung ohne Konservierungsstoffe sind Gefrieren, Gefriertrocknen, Erhitzen, Trocknung (mit oder ohne Salz), Räuchern und Vakuum. Eine Kombination verschiedener Methoden ist möglich, zum Beispiel der Einsatz von Mikrowellen während des Trocknens (Verringerung der Trocknungszeiten, Erhalt der Produkteigenschaften). Auch Gewürze (zum Beispiel: Nelken, Piment, Bohnenkraut, Oregano, Zimt, Senf) und ihre Inhaltsstoffe besitzen natürlicherweise ein antifungizides Potenzial. »Unter Schutzatmosphäre verpackt« ist eine seit etwa 20 Jahren angewandte Methode, bei der der Packung Luft entzogen und durch ein »Schutzgas« ersetzt wird, eine Kombination von Kohlendioxid und Sauerstoff, meist im Verhältnis 40:60. Das »Schutzgas« tötet die Keime zwar nicht, Kohlendioxid hemmt aber deren Vermehrung. Bei guter Kühlung erreichen solche Produkte eine doppelte bis dreifache Haltbarkeit gegenüber herkömmlich verpackter Ware. In Deutschland bislang noch sehr wenig genutzt ist die Hochdruckbehandlung. Hier werden Lebensmittel einem extrem hohen Druck ausgesetzt. Dieses »kalte Kochen« zerstört die Eiweiße in den Mikroorganismen umgehend, sodass sie absterben, schont aber das Lebensmittel. Optischer Frischecharakter, ursprünglicher Geschmack und Nährstoffgehalt bleiben erhalten. Geeignete Produkte sind frisch gepresste Obstsäfte, Fruchtzubereitungen und helles Fleisch. Die Hochdrucktechnologie eignet sich auch zur Kombination mit thermischer Behandlung (gleichzeitig oder zeitversetzt). Diese Methode fällt unter die Novel-Food-Verordnung – jedes so haltbar gemachte Lebensmittel muss in Deutschland daher extra zugelassen sein.

Mangelndes Wissen als hausgemachtes Problem

Lebensmittel sollen frisch schmecken und das möglichst lange. Unsere Urgroßmütter kannten noch die bewährten Konservierungsmethoden wie Trocknen, sauer Einlegen oder Einwecken, mit denen man Bakterien und Schimmel bis ins kommende Jahr hinein die Lebensgrundlage entziehen konnte. Doch dieses Wissen ist heute vielerorts verloren gegangen. An die Stelle von Vorratshaltung und traditioneller Haltbarmachung sind Kühltruhe und Kühlschrank getreten, in denen sich hochgradig verarbeitete Produkte finden. Mit industriellen Zusätzen konserviert, verzehrfertig und in Portionen abgepackt, haben sie den Esser daran gewöhnt, dass Lebensmittel keinerlei Gesundheitsgefahr durch Mikroben bergen – und ihn vom Wissen um einfachste Hygiene- und Zubereitungsregeln entbunden. Weil moderne Nahrungsmittel den Eindruck vermitteln, eine besondere Sorgfalt erübrige sich, spielen lebensmittelbedingte Hygienerisiken, abgesehen von einigen wenigen spektakulären Fällen, im Bewusstsein der Bevölkerung kaum eine Rolle. Das jedoch ist ein grundlegender Irrtum, denn das Hygienerisiko zählt auch heute noch zu den größten Gesundheitsgefährdungen. Wie die Weltgesundheits-organisation (WHO) konstatierte, werden lebensmittelbedingte Krankheiten vor allem im Privathaushalt, in Kantinen, Mensen, Restaurants und anderen Einrichtungen der Gemeinschaftsverpflegung erworben.[56] Dabei könnten viele Krankheitsfälle – europaweit sind 70 Prozent der Lebensmittelvergiftungen auf Salmonelleninfektionen zurückzuführen – auf unkomplizierte Weise verhindert werden. Saubere Schneidbretter, Messer und anderes Küchengerät, Arbeits- und Ablageflächen schützen vor einem Massenbefall mit Mikroben. Putzutensilien wie Reinigungsschwämme, Geschirr- und Handtücher gehören zu den schlimmsten Keimschleudern im Haushalt. Obwohl augenscheinlich noch in Ordnung, finden hier Bakterien beste Wachstumsbedingungen. Ungefähr 100 Millionen Keime tummeln sich auf einem Quadratzentimeter Küchenschwamm; auf einem einzigen Geschirrtuch lassen sich 10 Millionen identifizieren. Ein Wisch genügt, um die Krankheitserreger überall in der Küche zu verteilen, wo sie sich nicht nur halten, sondern bei entsprechender Feuchtigkeit auch noch vermehren können. *Escherichia coli* beispielsweise überlebt auf einem Laminatboden bis zu einer Stunde; in einem Geschirrtuch harrt es 48 Stunden aus. Untersuchungen haben gezeigt, dass der Toilettensitz oftmals sogar einen geringeren Bakterienbesatz aufweist als die Spüle.[57]

Der Nachlässigkeit in einfacher Hygiene steht die übereifrige Verwendung von Desinfektionsmitteln gegenüber. Desinfektionsmittel haben in der industriellen Produktion ihre Berechtigung. Aber sie gehören nicht in den Haushalt, warnt das Bundesinstitut für Risikobewertung (BfR), Sauberkeit genügt. Während die Reinigung dazu dient, Schmutz und Speisereste zu entfernen und die Zahl der Mikroorganismen zu reduzieren, soll mit einer Desinfektion das Keimwachstum gestoppt werden. Allerdings sterben dabei nicht nur die krankmachenden Bakterien, sondern auch die gesundheitlich unbedenklichen, die der Mensch braucht, um sein Immunsystem zu trainieren.[58] Die Zunahme von Allergien in Deutschland wird unter anderem darauf zurückgeführt, dass in zu vielen Haushalten Desinfektionsmittel verwendet werden. Auch diskutieren Fachleute die Gefahr von Resistenzen bei unsachgemäßer Anwendung.

Um der Mikroben Herr zu werden, genügen im Haushalt simple Hygieneregeln wie:

- Händewaschen mit Seife nach der Toilette, vor dem Kochen, vor dem Essen;
- Waschgelegenheiten sauber halten;
- Putzlappen oft wechseln und nach Gebrauch auskochen;
- Schneidbretter aus Glas oder Kunststoff verwenden statt aus Holz;
- Abfalleimer mehrmals pro Woche leeren und säubern;
- Kühlschrank öfter ausräumen und reinigen;
- Bad, Küche, WC trocken halten;
- regelmäßiges Saubermachen mit einfachen Putzmitteln.

Ein weiteres Problem für die Ausbreitung gefährlicher Krankheitskeime im Lebensmittelbereich stellt die Massentierhaltung dar. Wo Tiere auf engstem Raum zusammengepfercht leben müssen, können sich humanpathogene Keime bestens ausbreiten. Das ist der Preis dafür, dass Hühnerkeule, Eier, Kotelett und frische Mettwurst wenig kosten: Nach Angaben des Bundesinstituts für Risikobewertung erkranken pro Jahr schätzungsweise 250 Menschen an Salmonellosen.[59] Das Robert-Koch-Institut beziffert den Anteil tierischer Produkte, die mit Salmonellen belastet sind, auf 20 bis 40 Prozent; kommen dann noch Fehler in Umgang, Lagerung, Verarbeitung und Zubereitung hinzu, ist eine Infektion kaum mehr zu verhindern.

Hier einige Tipps zum Umgang mit Lebensmitteln:[60]

- Salmonellen sterben nicht durch Tiefkühlen ab, wohl aber bei hohen Temperaturen. Deshalb: Speisen bei 75 Grad durchgaren, mindestens zehn Minuten lang.
- Niemals Fleisch auf denselben Schneidbrettern zubereiten wie Gemüse, Zwiebeln, Kräuter, Kartoffeln etc.
- Rohe Lebensmittel (Fleisch, Fisch, Eier, Meeresfrüchte) im Kühlschrank verpackt oder zumindest abgedeckt aufbewahren. Geflügel flüssigkeitsdicht verpacken.
- Arbeitsgeräte dürfen nicht in Kontakt mit bereits zubereiteten Speisen kommen.

- Panierreste wegwerfen.
- Keine Speisen mit rohen Eiern zubereiten.
- Tiefgefrorenes im Kühlschrank auftauen lassen (kritische Temperatur wird so nicht erreicht).
- Auftausaft auffangen und entsorgen.

Der Verzicht auf Konservierungsstoffe setzt ein Umdenken beim Verbraucher voraus. Ein lange haltbares Lebensmittel ohne Konservierungsstoffe kann es nicht geben – die Blutwurst ohne Nitritpökelsalz, die sich über sechs Wochen hält, ist eine Utopie. Für einen Umstieg auf konservierungsstofffreie Kost sollten Konsumenten bereit sein, Kompromisse einzugehen, sie müssten zum Beispiel weniger und dafür öfter einkaufen, Kochgewohnheiten und Hygienemaßnahmen überdenken und entsprechend ändern. Wenn das Sortiment konservierungsstofffreier Lebensmittel auch noch zu wünschen übrig lässt, ein Ausstieg ist schon heute möglich: Statt täglich Fertigkost auf den Tisch zu bringen oder essen zu gehen, aus frischen Zutaten öfter selber kochen.

Farbstoffe

Das Spektrum der Natur ist einmalig. Ihre Farben reichen vom knalligen Rotton einer vollreifen Kirsche über das satte Grün einer prallen Avocado, das strahlende Gelb einer frischsauren Zitrone bis zum leuchtenden Orange einer knackigen Möhre. Appetit macht, was leuchtet, aromatisch und makellos ist und Aufmerksamkeit erregt. Die Lebensmittelindustrie hat den schönen Schein längst perfektioniert. Sie weiß: Das Auge isst nicht nur mit, es lässt sich auch betrügen.

Der Mensch wählt ein Lebensmittel primär über die Sensorik, und der visuelle Aspekt spielt dabei eine entscheidende Rolle. Während zu Urzeiten das Auge möglichst schnell erfassen musste, ob eine Frucht genussreif oder überfällig, von Schädlingen befallen oder giftig war, übermittelt es heute Informationen, aus denen das Gehirn Emotionen und Botschaften baut. Farben können die Kaufentscheidung des Kunden ganz erheblich beeinflussen, indem sie seine Stimmung in die eine oder andere Richtung lenken:

- **Rot** ist die Farbe des Blutes, der Energie, der Stärke und des Feuers. Rot wirkt aufreizend, dynamisch und appetitfördernd.
- **Gelb** symbolisiert das Sonnenlicht, die Zeit des Gedeihens und der Reife. Gelb erzeugt Heiterkeit, ist dynamisch, regt an und erfrischt.
- **Orange** ist ein Mischton aus Rot und Gelb, eine Farbe der Neuzeit. Auf viele Menschen wirkt sie nicht so aggressiv wie Rot oder so kraftstrotzend wie Gelb, sondern warm, optimistisch und festlich.
- **Blau** ist die Farbe des Himmels und des Wassers, wird mit Unendlichkeit und Geist in Verbindung gebracht und lässt entspannen. Sie vermittelt Verlässlichkeit und Vertrauen, aber auch Kälte; ihr haftet etwas Elitäres an. Gleichzeitig kommt strahlendes Blau in Form einer essbaren Frucht selten vor; so mancher setzt daher Blau bei Lebensmitteln mit »giftig« gleich.
- **Grün** ist eine Sekundärfarbe aus Blau und Gelb und gilt als die Farbe des Frühlings. Sie impliziert Neubeginn, Wachstum und Nahrung. Sie wirkt vertrauenerweckend und beruhigend, ist aber, wie Rot, das süß und scharf schmecken kann, ambivalent: Bei Umfragen wird Grün mit »bitter« oder »frisch« assoziiert, mit »gesund« oder »unreif«.
- **Violett** ist ein Mischton aus Blau und Rot und changiert in Früchten oder Gemüse in die eine oder andere Richtung, meist recht dunkel. In der Farbenlehre gilt sie als Farbe der Inspiration, der Würde und des Besonderen.

Welchen Einfluss die Farbe ausübt, offenbarte ein Test mit Versuchspersonen, denen Kaviar vorgesetzt wurde. Beim ersten Anblick entschied sich die Mehrheit für die Probe, die aus minderwertigem, künstlich schwarz gefärbten Fischeiern bestand. Erst mit verbundenen Augen entschieden sich die meisten Versuchspersonen für den aromatischen, aber nicht gefärbten Kaviar.[61]

Indem sie die Verpackung oder das Produkt färben, entscheiden

Hersteller, welche Gedanken und Gefühle sie beim Käufer auslösen wollen. Die Entscheidung der Marketingabteilungen will gut überlegt sein: Die meisten Verbraucher denken und kaufen konservativ, eine missglückte Farbgebung beim Produkt wird weniger verziehen als bei der Verpackung. Als vor Jahrzehnten die ersten tiefgekühlten Erbsen im Supermarkt angeboten wurden, reagierte die Bevölkerung skeptisch: Zu grün, als dass es sich um die natürliche Farbe handeln konnte, schließlich kannte man das verwaschene Graugrün der Dosenware, also lehnten viele TK-Erbsen ab. Bis heute ist das Gerücht nicht ganz aus der Welt, tiefgekühlte Erbsen wären gefärbt, um zum Kauf zu reizen. Doch das stimmt nicht. Erbsen gehören zu den besonders empfindlichen Gemüsearten, schon auf dem Feld. Sie reifen so unterschiedlich, dass ununterbrochen überwacht werden muss, wann sie erntereif sind. Als zukünftige TK-Ware werden Erbsen nach dem Dreschen umgehend angeliefert und weiterverarbeitet. Um die Enzymaktivität zu unterbinden, die Aroma, Vitamine und Farbe verändern würde, werden sie nach dem Waschen blanchiert, danach mit kaltem Wasser abgekühlt und anschließend gefroren, indem sie über ein Fließbett mit Bodenlöchern gleiten, durch das minus 40 Grad kalte Luft strömt. Die Luft hebt jede Erbse in die Höhe und gefriert sie einzeln. Der Kälteschock erhält nicht nur die Vitamine, sondern auch die Farben.

Auch für Dosenware bestimmte Erbsen werden vor der Weiterverarbeitung gesäubert und blanchiert, danach in die entsprechenden Gefäße abgefüllt, mit 85 Grad heißem Wasser, dem Gewürze, Aromen und Farbstoffe zugegeben werden können, übergossen, um ein späteres Ausdehnen zu verhindern, danach verschlossen und bei 135 Grad sterilisiert. Das Sterilisieren tötet zwar alle Keime, sodass die Ware jahrelang lagerfähig ist, zerstört aber gleichzeitig die Vitamine. Aufgrund der hohen Hitze ändern sich auch Farbe und Geschmack.

Vor allem die großen Firmen unternehmen vor einer geplanten Markteinführung umfangreiche Produkttests, um den Newcomer mit den Augen des Konsumenten betrachten zu können. Das Lebensmittel muss nicht nur geschmacklich, sondern auch visuell überzeugen, die Verpackung muss ansprechen, es muss Vorteile beim Transport, bei der Lagerung, bei der Verarbeitung in der Küche bieten. Ziel ist es, ein Gesamtbild, eine Einheit zu schaffen, eine Kreation aus sensorischen und mentalen Botschaften. Schritt für Schritt ist es der Branche gelungen, den Verbraucher an eine Farbigkeit und Vielfalt zu gewöhnen, die vorherigen Generationen von Essern gänzlich unbekannt war. Vor allem Kindern, die Buntes lieben, werden »Eyecatcher« aufgetischt, aber auch Erwachsene lassen sich unter anderem Desserts gerne colorieren. Wer kennt sie nicht, die legendäre Götterspeise im Instantformat? Dass sie außer den natürlichen Zutaten Wasser, Zucker und Gelatine nur Zusatzstoffe aus den Lebensmittellabors enthält, scheint niemanden zu stören: Säuerungsmittel Zitronensäure oder Fumarsäure, Aromen und die Farbstoffe Chinolingelb, Patentblau V und Gelborange S gaukeln Auge und Zunge die Illusion »Waldmeister« vor. Blasse Naturfarben, durch Verarbeitung und Haltbarmachung noch unscheinbarer geworden, akzeptiert der Verbraucher eben nicht mehr.

Farben können blenden, und gerade das macht sie für die Lebensmittelindustrie reizvoll. Mit der optischen Wahrnehmung einer bestimmten Farbe verknüpft der Esser einen ganz bestimmten Geschmack. Rot, Gelb und Grün sind »gelernte« Farben. Dass der Verbraucher beim Farbspektrum großtechnisch hergestellter Nahrungsmittel sein Leben lang lernfähig bleibt, zeigt das Beispiel Vanilleeis, das in Deutschland nur deshalb jahrzehntelang gelb zu sein hatte, weil niemand es anders kannte. Doch nicht Vanille war der Verursacher der gelben Farbe, sondern das viele Ei, das damals beigemischt wurde, um das Eis geschmeidig zu machen. Als echtes Vanilleeis aufkam, das – ohne Ei – weiß aussah und winzige schwarze Krümelchen der natürlichen Vanilleschote enthielt, höhnten Spötter, »da hätte wohl jemand seinen Staubsaugerbeutel entleert«[62]. Vanille ist von Natur aus nämlich nicht gelb, sondern braun-schwarz; »Eiscreme mit Vanillegeschmack«, wie es heute deklariert werden muss, enthält künstliches Vanillinaroma, als »Vanilleeis« bezeichnetes Speiseeis dagegen muss natürliches Vanillearoma der Schote enthalten.

Welche Farbstoffe gibt es?

Die beiden wichtigsten europäischen Vorschriften sind die »Europäische Parlaments- und Ratsrichtline 94/36/EC über die Verwendung von Farben in Nahrungsmitteln« und die »Richtlinie der Kommission 95/45/EC über die spezifischen Reinheitskriterien von Farben für die Verwendung in Nahrungsmitteln«. Sie legen die Listen erlaubter Lebensmittelfarben und deren Reinheitskriterien fest. Wie die anderen Zusatzstoffe auch werden Lebensmittelfarben vom Wissenschaftlichen Ausschuss für Lebensmittel (SCF) der Europäischen Kommission bewertet, der auch einen Wert für die vertretbare tägliche Einnahmemenge, den ADI, festlegt.

Lebensmittelfarben sind wasser- und fettlösliche oder unlösliche Substanzen, die entweder künstlich hergestellt werden oder in der Natur vorkommen und die zum Färben von Nahrungs-, Genuss- und Arzneimitteln zugelassen sind. Bedenklich ist, dass auch unansehnliche Waren durch Lebensmittelfarben ein verkaufsförderndes und appetitanregendes Aussehen erhalten können – der Eindruck guter Qualität entspricht dann kaum der Realität. Außerdem können sich die Konsumenten, insbesondere Kinder, an Färbungen gewöhnen, die mit dem natürlichen Aussehen der Produkte unter Umständen nicht mehr viel gemein haben. Derzeit sind 46 Farbstoffe EU-weit im Einsatz.

Neben Lebensmitteln aller Art sollen Farben auch Ostereier bunt und Reinigungsmittel ansprechend färben. Wenn die Schale der Eier zum Zeitpunkt des Färbens allerdings Risse oder Beschädigungen aufweist, können die Farben in recht hohen Konzentrationen auf das Ei übergehen, was bei Allergikern Probleme hervorrufen kann. Ebenso wie Ostereierfarben dürfen Geschirrspülmittel Farben enthalten, von denen einige nicht unumstritten sind, sowie zahlreiche Kosmetikfarbstoffe (siehe Beispiele). Eine Tonne Geschirrspülmittel enthält schätzungsweise 100 Gramm Farben. Inwieweit Spülmittelreste auf Geschirr und Besteck auf Dauer auf die Gesundheit wirken und ob es Kumulationseffekte mit den vielen anderen in der Umwelt und in der Nahrung enthaltenen synthetischen Substanzen gibt, ist bislang nicht geklärt.

Tabelle 14: Für die EU zugelassene Farbstoffe (Beispiele)

	Farbstoff	Eigenschaften	Produktbeispiele für die Anwendung
E 100	Kurkumin	gelber Pflanzenfarbstoff, unbedenklich	Margarine, Curry, Reisfertiggerichte
E 101	Riboflavin	gelborange, meist synthetisch hergestelltes Vitamin, unbedenklich	Cremespeisen, Teigwaren, Suppen, zugelassen für alle Lebensmittel
E 102	Tartrazin, Azofarbstoff	zitronengelb, synthetisch, Allergierisiko	Brause(-Pulver), Süßwaren, Puddingpulver, Kunstspeiseeis, Fruchtessenzen
E 104	Chinolingelb	gelb, synthetisch, Allergierisiko	Ostereierfarbe, Puddingpulver, Räucherfisch
E 110	Gelborange S, Azofarbstoff	gelborange, synthetisch, Allergierisiko	Joghurt, Puddingpulver, Aprikosenmarmelade, Biskuits mit Gelee, fertige Käsesoßen, Paniermehl
E 123	Amaranth, Azofarbstoff	rot, synthetisch, Allergierisiko	Fertigprodukte, Puddingmischungen, Fertigsuppen und -soßen, Marzipan, Süßwaren
E 124	Cochenillerot A, Azofarbstoff	rot, synthetisch, Allergierisiko	Fruchtgelees, Brause, Lachsersatz, Süßwaren
E 133	Brillantblau FCF	blau, synthetisch hergestellt, in hohen Konzentrationen evtl. Ablagerungen in Nieren und Lymphgefäßen	Konserven, Getränke, Süßwaren
E 142	Brillantsäuregrün	grün bis blau, erbgutverändernd im Bakterienversuch	Erbsen in Dosen, Ostereierfarben, Pfefferminzprodukte, Süßwaren
E 150a	Zuckercouleur	braunschwarz, aus einer Zuckerlösung mit Natriumcarbonat	Backwaren aller Art, Kaffeeessenzen, Pudding, Spirituosen, Getränke
E 151	Brillantschwarz BN	schwarz, synthetisch, Allergierisiko	Fischrogen/deutscher Kaviar, Lakritze u. a. Süßwaren, Soßen
E 153	Pflanzenkohle	schwarz, aus Verkohlung organischer Substanzen, kann Benzpyren enthalten (krebserregend)	Fruchtsaftkonzentrate, Marmelade, Wachsüberzüge (Käse), Süßwaren
E 160a	Carotine	orange bis gelb und rot, aus Pflanzenextrakten, meist aber synthetisch, auch gentechnisch, unbedenklich	Butter, Käse, Marzipan, Joghurt, Fruchtprodukte (in allen Lebensmitteln zugelassen)

Anmerkung: Das »unbedenklich« bezieht sich jeweils auf den gesunden Durchschnittsesser.

Tabelle 15: Lebensmittel- und andere Farbstoffe in Handgeschirr-
　　　　spülmitteln (Beispiele)

Farbstoff	E- und Color-Index-Nummer	Farbe
Brillantblau	E 133/C.I. 42090	blau
Chinolingelb	E 104/C.I. 47005	gelb
Tartrazin	E 102/C.I. 19140	gelb
Diamantgelb extra	C.I. 45350	gelb, fluoreszierend
Grüngelb	C.I. 59040	grün, fluoreszierend
Maigrün	C.I. 47005/61570	grün
Grün	E 102+133/C.I.19140–42090	grün
Grün POV	C.I. 42090+59040	grün

Quelle: Symrise GmbH, Holzminden, www.symrise.de

Natürliche Farbstoffe[63]

Natürlicherweise in Lebensmitteln vorkommende färbende Substanzen sind Isoprenoidabkömmlinge (-Derivate), zu denen beispielsweise das gelborange färbende Beta-Carotin gehört. Auf nichtsyn-
thetischem Weg wird Beta-Carotin durch Extraktion aus Karotten
gewonnen. Die zweite Gruppe ist die der Tetrapyrrolabkömmlinge,
zu denen Chlorophyll, der grüne Pflanzenfarbstoff, zählt. Um Chlorophyll zu gewinnen, erfolgt eine Extraktion von Brennesseln oder
Luzerne mit Alkohol oder Aceton. Anthocyane, die dritte Gruppe,
sind natürliche Farbstoffe, die im Zellsaft von Blüten und Früchten
vorkommen. Die Farbpalette der Anthocyane reicht von Rot über
Violett bis hin zu Blau. Um sie zu gewinnen, werden Trauben, Kirschen, Pflaumen oder Preiselbeeren extrahiert. Der vierten Gruppe,
den Betalainen, gehören die Rote-Beete-Farbstoffe an, die durch Extraktion der Rote-Beete-Wurzeln gewonnen werden. Die Vertreter
der fünften Gruppe, der Curcuminoide, sind gut bekannt als Färbe-
mittel für Currypulver. Diese gelben Farbstoffe nutzt der Mensch,
indem er die Wurzeln von *Curcuma longa L.* extrahiert. Riboflavin
wurde früher aus Milch isoliert und hieß zuvor Lactoflavin. Heute
wird Riboflavin synthetisch hergestellt; es handelt sich also um kei-

nen natürlichen, sondern um einen naturidentischen Farbstoff. Fans des roten Campari, eines Kräuterlikörs, kennen vielleicht die Herkunft seiner typischen blutroten Farbe, die auch Cochenille, Echtes Karminrot oder Karminsäure genannt wird. Cochenille ist der einzige Farbstoff tierischer Herkunft. Lieferanten des Farbstoffs sind Schildläuse *(Dactylopius coccus)*.

Synthetische Farbstoffe[64]

Hierzu gehören drei große Gruppen von Lebensmittelfarbstoffen: die Indigofarbstoffe, die Triarylmethanfarbstoffe und die Azofarbstoffe.

Lange Zeit galt Indigo als der »König« der Farbstoffe, ein tiefes Blau, das in dunkles Violett übergehen kann. Indigo ist schon lange bekannt, die ältesten Funde stammen aus einer steinzeitlichen Höhle in Frankreich. Etwa 2000 vor Christus umwickelten die Ägypter ihre Mumien mit indigogefärbten Bändern. Früher nutzten die Menschen verschiedene Indigoferaarten zur Herstellung, darunter *Indigofera arrecta*, *Indigofera tinctoria* und *Indigofera suffruticosa*, in Ermangelung der »echten« Indigopflanzen auch die Färberwaid *(Isatis tinctoria)*, den Färberknöterich *(Polygonum tinctorium)* oder eine Mutante des Pilzes *Schizophyllum commune*. Die erste synthetische Herstellung gelang aber schon 1870, der erste synthetische Indigo kam 17 Jahre später auf den Markt. Indigo ist die Farbe blauer Gummibären.

Triarylmethan, auch Triphenylmethan oder, noch einfacher, Tritan genannt, ist der Grundkörper zur Herstellung von Farbstoffen wie Brillantblau FCF (E 133) oder Patentblau V (E 131). Brillantblau findet sich in Getränken, kandierten Früchten, Knabberartikeln, Süßigkeiten, Käserinde und Wurstpellen. Patentblau wird für Zuckerglasuren (»Smarties«), Liköre (»Blue Curaçao«) und Ostereierfarben verwendet.[65]

Die dritte ist gleichzeitig die größte Gruppe synthetischer Lebensmittelfarbstoffe und die umstrittenste. Vertreter der Familie der Azofarbstoffe färben nicht nur Lebensmittel, sondern auch Textilien, Leder, Öle und Wachse, Holz oder Papier. Azofarbstoffe stammen aus den Laboratorien der Farbenfabriken. Früher erfolgte ihre Produktion auf der Basis von Steinkohleteer, das in Kokereien als Abfallprodukt anfiel, heute werden Azofarbstoffe mithilfe von Erdöl hergestellt. In Verruf sind Azofarbstoffe geraten, nachdem bekannt wurde, dass einige von ihnen unter bestimmten Bedingungen, zum Beispiel unter Einwirkung von Sonnenlicht (UV-Strahlung) oder durch Hautkontakt (Schweiß) Amine freisetzen, die stark giftig bis krebserregend sind. Azofarben für Lebensmittel sind in Norwegen und Griechenland verboten. In der EU nicht zugelassen sind die Azofarbstoffe Sudanrot, Pararot und Methylorange.

Tabelle 16: In der EU zugelassene Azofarbstoffe

E 102	Tartrazin
E 110	Gelborange S
E 122	Azorubin
E 123	Amaranth
E 124	Cochenillerot A (nicht zu verwechseln mit dem echten Cochenille/Karmin, E 120)
E 127	Erythrosion
E 128	Rot 2G
E 129	Allura-Rot AC
E 151	Brillantschwarz BN
E 154	Braun FK (Mischung aus sechs Azofarbstoffen)
E 155	Braun HT
E 180	Rubinpigment (Litholrubin BK)

Tartrazin – ein Streitfall

Das Schnäpsle nach dem Essen brennt das Völlegefühl aus dem Leib – die Kräuter tun dem Magen gut, das freche Gelbgrün dem Herzen. Gelb, die Farbe der Frische und der Freude, stammt in diesem Fall vom Azofarbstoff Tartrazin (E 102). Seit 1992 war Tartrazin in der Bundesrepublik nur noch für Kräuterbranntweine und Kräuterliköre zugelassen, zu viele Negativmeldungen warfen kein gutes Licht auf die sonnengelbe Substanz aus dem Labor. Schließlich sollte kein Konsument unter Sehstörungen und Atemschwierigkeiten leiden, befanden die deutschen Behörden und untersagten aus prophylaktischen Gründen die Verwendung in allen anderen Lebensmitteln. Die Österreicher ächteten Tartrazin nicht nur im Lebensmittel, sondern erwogen sogar eine Sperre für Gebrauchsgegenstände. In der Schweiz war Tartrazin 15 Jahre lang verboten. Dass sich die international agierenden Lebensmittelproduzenten daran wenig störten, belegen Untersuchungen unter anderem im Alpenland. Im Sommer 2000 untersuchte das Basler Kantonslabor 22 farbige Lebensmittel aus den USA und Asien auf Tartrazin. Neun von ihnen enthielten E 102, nur in einem Fall war dies auch deklariert. Extrachargen für Länder zu produzieren, die den Einsatz bestimmter Zusatzstoffe ablehnen, kommt anscheinend nicht infrage.

Die Verbote währten allerdings nicht lange. Im Zuge der EU-Angleichung (Revision der Zusatzstoffverordnung im Mai 2002) darf Tartrazin nun wieder flächendeckend in Obst- und Fruchtweinen, in nichtalkoholischen aromatisierten Getränken, in Brausen und Brausepulvern, in Backwaren, Knabberartikeln, Puddingpulver und Dessertspeisen, aber auch in Senf, aromatisiertem Schmelzkäse, in Fisch- und Krebspasten, zum Färben von Käserinden und Kunstdärmen, in Süßigkeiten (zum Beispiel Weingummi) und last not least als Farblack für Dragees (zum Beispiel Schokolinsen) eingesetzt werden. Wegen ihrer Farbbrillanz sind Azofarbstoffe hoch geschätzt. Alle Jahre wieder verleihen sie dem Zuckerguss der Pfefferkuchenhäuser ein prächtiges Kolorit, ebenso wie zu Ostern den Eiern. Besonders wenn die Schalen der Ostereier Risse bekommen oder gequetscht werden, können recht hohe Mengen an Tartrazin (E 102), Azorubin (E 122), Brillantschwarz (E 151) oder der mit den Azofarbstoffen chemisch verwandten Lebensmittelfarbe Chinolingelb (E 104) in das Ei übergehen.

Tartrazin ist ein künstlich hergestellter, zitronengelber Lebensmittelfarbstoff, der besonders lichtecht ist. Tartrazine stehen im Verdacht, Unverträglichkeitsreaktionen und Pseudoallergien mit den typischen Symptomen wie Juckreiz, tränenden Augen und Schnupfen, mit Atemschwierigkeiten und Hautausschlägen, Heufieber und Sehprobleme hervorzurufen. Menschen, die auf den Arzneiwirkstoff Acetylsalicylsäure (Markennamen u. a. Aspirin oder ASS ratiopharm) allergisch reagieren, sind neben Asthmatikern besonders gefährdet. Der Deutsche Allergie- und Asthmabund (DAAB) schätzt, dass zwei von hundert Bundesbürgern unter einer Pseudoallergie leiden. Dass Tartrazin eine »echte« Allergie mit Beteiligung des Immunsystems verursachen kann, wurde immer wieder bezweifelt, weil das Tartrazinmolekül zu klein sei, um vom Immunsystem des Körpers erkannt zu werden. Tartrazinbefürworter liefen daher gegen das generelle Verbot in den deutschsprachigen Ländern Sturm; Spanien und Großbritannien klagten vor der Welthandelsorganisation (WTO), um einen Abbau der Handelshemmnisse zu erwirken – und gewannen. Dass Tartrazin die juristische Hürde nehmen und in die Supermarktregale zurückkehren durfte, sagt allerdings nicht viel darüber aus, inwieweit es für die menschliche Gesundheit zu- oder abträglich ist. Beispiele für ökonomische Entscheidungen in der Geschichte der Lebensmittelfarben gibt es viele. Als Ende des 19. Jahrhunderts erkannt wurde, dass die damals für Lebensmittel verwendeten Industriefarben extrem giftig waren, machte die Politik Zugeständnisse an die Industrie und zog nur einige aus dem Warenverkehr. Immerhin deckte die deutsche Farbenindustrie damals 80 Prozent des Weltbedarfs und die Chemie kurbelte die Wirtschaft an. Auch ein Treffen im Reichsgesundheitsamt 1914 fiel nicht anders aus. Chemiker, Mediziner und Pharmazeuten sollten entscheiden, ob bestimmte Konservierungsstoffe vom Markt genommen werden sollten. Obwohl begründete Zweifel an deren Unschädlichkeit bestanden, sprachen sie sich gegen ein rigoroses Verbot aus.[66]

Gegen Tartrazin haben Mediziner schon vor 25 Jahren Bedenken geäußert. Wie heftig die Substanz wirken kann, beschreibt ein Hals-Nasen-Ohren-Arzt anhand eines Falles im Fachblatt *Ärztliche Praxis*.[67] Ein elfjähriges Mädchen leidet unter heftigen Atembeschwerden. Seine Nasenschleimhaut ist stark entzündet und geschwollen, es haben sich ausgeprägte Wucherungen gebildet. Zwei der großen Polypen, die im Nasenhöhlen-Rachenraum sitzen, müssen entfernt werden. Die Veränderungen im Blutbild des Kindes sprechen für eine allergische Reaktion als Auslöser der Atembeschwerden. Um die Symptome zu lindern, muss das Mädchen ein kortikoidhaltiges Nasenspray anwenden sowie dauerhaft ein Asthmamedikament einnehmen. Ein pädiatrischer Allergologe stellt schließlich eine hochgradige Tartrazinsensibilisierung fest, ansonsten ist das Kind allergologisch unauffällig. Eineinhalb Jahre später müssen noch einmal Nachwucherungen entfernt werden. Der HNO-Arzt schreibt: »Im Laufe der Jahre sind mir einige Fälle einer ausschließlichen Tartrazin-Sensibilisierung begegnet. Soweit bekannt, lag bei allen Polyposis nasii vor [...]. Obige Diagnostik ist allerdings auf eine Reihe glücklicher Umstände zurückzuführen, die nicht immer gegeben sind.«

Zuckercouleur – die braune Gefahr

Die tiefgekühlte Frikadelle wirkt mit ihrem saftigen, mildbraunen Hackleib wie frisch vom Grill, typisch auch die dunklen Streifen, die jeweils Ober- und Unterseite zieren. Nur kurz in die Pfanne oder die Mikrowelle, etwas Senf oder Ketchup dazu – fertig ist die kleine Mahlzeit. Was der Esser nicht weiß: Der Hackfleischkloß ist nie mit einem Grill in Berührung gekommen. Die Bratfarbe hat er von der Zuckercouleur, neben Bindemitteln und Würze eine der wichtigsten Komponenten in der Fleischmasse, und die appetitlichen Abdrücke heißer Rostspuren stammen vom glühenden Gitter einer Produktionseinheit, die dem Kochklops für wenige Sekunden ihr Brandzeichen aufgedrückt hatte.

Zuckercouleur entsteht durch Erhitzen von Zuckern (zum Beispiel Invertzucker, Traubenzucker, Glucosesirup) mit Reaktionsbeschleunigern, so genannten Katalysatoren, deren Zusammensetzung die Entstehung von Aroma und Farbe steuert. Solche Reaktionsbeschleuniger sind entweder Säuren oder Basen. Es entsteht ein Gemenge bräunlicher bis schwarzer Farbstoffe teils unbekannter Struktur. Nach der Verwendung der verschiedenen Reaktionsbeschleuniger unterscheidet man:

- einfache Zuckercouleur (E 150 oder E 150a),
- Sulfitlaugen-Zuckercouleur (E 150b),
- Ammoniak-Zuckercouleur (E 150c),
- Ammoniumsulfit-Zuckercouleur (E 150d).

Tabelle 17: Zuckercouleur nach der Art ihrer Herstellung

Bezeichnung	Reaktionsbeschleuniger	Einsatzgebiete
Einfache Zuckercouleur (E 150/150a)	Natriumcarbonat, Kaliumcarbonat, Essig-, Zitronen-, Schwefelsäure	stark alkoholhaltige Erzeugnisse
Sulfitlaugen-Zuckercouleur (E 150b)	Sulfit, Schwefelsäure, Natriumsulfit, Kaliumsulfit, Natriumhydroxid, Kaliumhydroxid	Speiseeis (nur USA)
Ammoniak-Zuckercouleur (E 150c)	Ammoniak, Ammoniumcarbonat, Natriumcarbonat, Kaliumcarbonat sowie die entsprechenden Hydroxide, Schwefelsäure	Bier, alkoholische Getränke, saure Lebensmittel
Ammoniumsulfit-Zuckercouleur (E 150d)	Ammoniak, Sulfit, Ammonium-, Natrium-, Kaliumsulfit, Kaliumcarbonat, Kaliumhydroxid, Schwefelsäure	saure Lebensmittel, alkoholfreie Erfrischungsgetränke

Quelle: Werner Baltes: Lebensmittelchemie, Springer 2000
Anmerkung: Die Herstellung von Zuckercouleur kann auf der Basis von genverändertem Mais erfolgen.

Die Reaktionsbeschleuniger beeinflussen, welche Zuckercouleur entsteht. Sie haben damit unmittelbar Einfluss auf das spätere Einsatzgebiet. Noch vor einigen Jahren nahm man an, dass Zuckercouleurs fast vollständig aus Verbindungen bestehen, die im Körper nicht verstoffwechselt werden, sodass sich Mengenbeschränkungen und eine Pflicht zur Kennzeichnung erübrigten. Noch heute dürfen die vier Zuckercouleure »quantum satis«, also ohne Höchstmengenbegrenzung, eingesetzt werden – und das, obwohl bekannt ist, dass beispielsweise in Ammoniak-Zuckercouleur (E 150c) bereits zwei toxische Komponenten aus der Stoffgruppe der Imidazole entdeckt wurden: zum einen 4-Methylimidazol, das im Tierversuch bei Mäusen, Kaninchen und Hühnern schwere Krämpfe auslöste, zum anderen die Substanz 2-Acetyl-4-Tetrahydroxibutylimidazol (THI), von der schon längere Zeit bekannt ist, dass sie die Anzahl der Lymphozyten im Blut reduziert. Lymphozyten gehören zu den weißen Blutkörperchen und sind die eigentlichen Abwehrzellen des menschlichen Organismus.

Eine Veröffentlichung der beiden US-amerikanischen Forscher Susan R. Schwab und Timothy Hla im Fachblatt *Science* im Herbst 2005 führt den »Persilschein« für Zuckercouleure endgültig ad absurdum. Ihren Erkenntnissen zufolge mischt sich THI direkt in den Regelmechanismus ein: Es blockiert ein Enzym einer Substanz, die die Aktivität der Lymphozyten steuert. THI schaltet sozusagen die Ampel von Grün auf Rot um, denn es verhindert, dass die beiden wichtigen T-Lymphozyten CD4 und CD8 an ihre Einsatzorte auswandern. Dadurch unterbricht es die Immunabwehr, der normale »Verkehrsweg« der Lymphozyten ist lahmgelegt. Betroffen sind alle lymphatischen Organe wie Thymus, Milz und Teile des Darms. Wie gefährlich dieser Mechanismus ist und ob eine Aufnahme von Zuckercouleur im Rahmen der üblichen Ernährung problematisch ist, können die Forscher noch nicht beantworten. Bisher gelten die Zuckercouleure E 150a und E 150b als unbedenklich; vom häufigen Verzehr der Zuckercouleure E 150c und E 150d ist aber abzuraten. Eltern sollten ihren Kindern zuliebe wegen der bestehenden Unsicherheiten ganz auf Nahrungsmittel mit Zuckercouleur verzichten.

Zuckercouleur deklarieren die Hersteller gerne und völlig legitim als »Karamel«, der sich aber selbstverständlich auch anders als beschrieben herstellen ließe, nämlich durch Erhitzen von weißem Zucker ohne weitere Hilfsstoffe. So lenkt die Deklaration den Verbraucher von der unschönen Vorstellung ab, es handele sich um das Produkt einer chemischen Reaktion. Zuckercouleur alias Karamel findet sich in allem, was der Verbraucher liebt: in Brot und Gebäck zum Vortäuschen eines Vollkornanteils, in Kakao, Schokolade, Tee, Kaffee und Cola, in Marmeladen, Wurst, Fertigsoßen, Süßwaren (zum Beispiel Lakritze), Whisky, Grappa, Weinbrand, Malzbier und Alkopops. Außerdem sind Päckchen mit Zuckercouleur erhältlich, um selbst gekochte Desserts und Soßen nachdunkeln zu können. Sogar der Balsamico, unumstrittener Favorit in der Salatküche, kann sich nicht immer brüsten, von reinster Qualität zu sein. Während der echte »Aceto Balsamico Tradizionale di Modena«, eine erlesene Spezialität, nur als Luxusartikel gehandelt wird und für das »Tradizionale« in Anspruch nehmen darf, gesetzlich geschützt und damit vor Panscherei sicher zu sein, trifft das für »Balsamico« nicht zu. So mancher »Aceto Balsamico di Modena« verdankt seine dunkle Farbe nämlich in erster Linie Zuckercouleur. Wollte ein italienischer Produzent auf diesen kleinen Eingriff verzichten, würde der Balsamico so hell, dass ihn viele Verbraucher nicht mehr akzeptierten.[68]

Eistee ist eine weitere Matrix für Zuckercouleur. Das beliebte Erfrischungsgetränk, das es in allen möglichen Varianten gibt, wird üblicherweise unter Verwendung von Schwarzteeextrakten und verschiedenen Zusatzstoffen wie Säuerungsmitteln, Säureregulatoren und Süßstoffen hergestellt. Laut Zusatzstoff-Zulassungs-Verordnung ist Zuckercouleur für Tee, Teeextrakte, Teeaufgusszubereitungen und Instantmischungen ausgenommen.[69] Wer dort Zuckercouleur trotzdem beimischt, verstößt gegen geltendes Recht. Das hält manchen Hersteller nicht davon ab, seine Ware nachzubräunen, um einen höheren Teegehalt vorzutäuschen und das natürlich nicht zu deklarieren. Obwohl die chemischen Untersuchungsämter der Städte und Kreise Proben nehmen, haben sie kaum eine Chance, die schwarzen Schafe zu überführen. Zum einen können wegen begrenzter Mittel und Zeitressourcen nur einige Proben untersucht werden. Der zweite Grund aber wiegt schwerer: Die Nachweismethode hat ihre Grenzen. Üblicherweise wird Zuckercouleur nicht direkt, sondern über ein Nebenprodukt, das bei der Herstellung anfällt, nachgewiesen. Um diese Substanz, das 4-Methylimidazol, festzustellen, verwenden Behörden die Analysemethode HPLC (Hochleistungs-Flüssigkeits-Chromatographie), die jedoch die gesuchte Substanz nur ab einer bestimmten Menge nachweisen kann. Weil Zuckercouleur aber eine hervorragende Färbekraft besitzt, genügen für Erfrischungsgetränke im Allgemeinen zwischen 0,02 bis 0,2 Prozent. Das klingt nicht viel – aus toxikologischer Sicht ist aber schon das bloße Vorhandensein von 4-Methylimidazol inakzeptabel. Die Substanz ist kaum untersucht; was man über sie weiß, ist wenig beruhigend. Das ist auch der Grund für die Festlegung eines Grenzwertes in Zuckercouleur von 250 Milligramm je Kilogramm.[70] Eine Umstellung der behördlichen Untersuchungsmethoden auf sensiblere Verfahren scheint daher mehr als angebracht.

Nicht erlaubt und trotzdem verwendet

In Schuhcreme mag Sudanrot seine Berechtigung haben, in Gewürzen nicht. Als französische Behörden im Mai 2004 den Azofarbstoff, der eigentlich zum Anfärben von Benzin, Heizöl und Bohnerwachs bestimmt ist, in Chili entdeckten, zweifelte niemand mehr an der Skrupellosigkeit schwarzer Schafe. Schon ein Jahr zuvor wurde Sudanrot, das auch unter dem Synonym Sudan bekannt ist, in verschiedenen Erzeugnissen, darunter Chili- und Paprikapulver und entsprechenden Gewürzmischungen gefunden, obwohl es innerhalb der EU für Lebensmittel nicht zugelassen ist. Frankreich informierte über das Europäische Schnellwarnsystem für Lebens- und Futtermittel die Europäische Kommission und deren Mitgliedsstaaten. Mit der Entscheidung 2003/460/EG forderte die Europäische Kommission alle Mitgliedsstaaten auf, sicherzustellen, dass keine belasteten Einfuhren in den Handel gelangen, und setzte die Nachweisgrenze auf 10 Milligramm pro Kilogramm fest. Bereits auf dem Markt befindliche Ware sollte umgehend auf Sudan getestet werden. Wenig später meldeten Frankreich, Italien und Großbritannien weitere Funde – in Gewürzen und Fertiglebensmitteln; Deutschland und die Schweiz folgten. Im Laufe der Monate stießen die Behörden immer wieder auf Sudan. Nachdem die britische Lebensmittelsicherheitsbehörde im Januar 2005 Sudan in Worcestersauce gefunden hatte, stellte sie eine Liste mit 350 Produkten zusammen, in denen die belastete Soße verarbeitet worden war. Auch in der Schweiz tauchten entsprechende Lebensmittel auf. Das Schweizerische Bundesamt für Gesundheit beruhigte die Bevölkerung zwar, eine unmittelbare gesundheitliche Gefährdung bestehe nicht, warnte aber vor einem Dauerkonsum. In Deutschland hieß es zuerst, dergleichen Produkte seien nicht auf dem Markt, doch mussten die Behörden diese Aussage bald revidieren. In Bayern und Schleswig-Holstein stießen sie auf betroffene Ware, Rückrufaktionen starteten.

Sudanrot ist ein gesundheitsschädlicher Stoff, Studien belegen seine mutagenen Eigenschaften. Er ist in der Lage, mit den Erbsubstanzmolekülen DNA und RNA stabile Verbindungen einzugehen. In Tierversuchen mit Ratten und Mäusen wirkte Sudanrot karzinogen. Die »International Agency for Research on Cancer« (IARC) stuft die

Sudanfarbstoffe in die Kategorie 3 ein. Stoffe der Kategorie 3 geben wegen ihres krebserregenden Potenzials Anlass zur Besorgnis, können aber wegen unzureichender Informationen nicht endgültig beurteilt werden. Trotzdem ist Vorsicht angebracht. Diese Einschätzung gilt für alle Sudantöne (Sudan I, II, III und IV).

Bis heute wurde Sudan in Chili und Chilierzeugnissen, Gewürzmischungen wie Currypulver, in Lebensmitteln, die daraus hergestellt sind, und in weiteren Verarbeitungsstufen gefunden, in gefärbten Teigwaren, in Palmöl, Paprika und Soßen, die häufig aus Drittländern wie Indien, der Türkei oder Osteuropa stammen. Beispielsweise wurde das Chemische und Veterinäruntersuchungsamt Karlsruhe bei Gewürzen und Gewürzmischungen bei fünf von 50 Proben fündig, was insgesamt 10 Prozent entspricht. Den mit 4 Gramm je Kilogramm höchsten Wert wies Paprikagewürz auf. Bei den Würzmitteln stießen die Lebensmittelkontrolleure bei 17 von 57 Proben auf Sudan – hier waren also 30 Prozent betroffen. Dass besonders skrupellose Lebensmittelproduzenten den höchstwahrscheinlich krebserzeugenden Stoff einsetzen, hat seinen Grund: Die natürlicherweise enthaltenen Farbstoffe wie Carotinoide sind nicht lichtstabil und verblassen mit der Zeit; Sudan dagegen bewahrt auch unter Lichteinfluss seine Farbenpracht. Manche Erzeuger haben auch Schwierigkeiten, den hohen Keimgehalt in Gewürzen in den Griff zu bekommen. Werden zur Keimminderung dann Oxidationsmittel eingesetzt, bleicht die Ware aus. Schließlich dienen die kräftigen und lichtechten Industriefarben dazu, den Urzustand vorzutäuschen.

Zum Schutz des Verbrauchers gelten EU-weit seit 2004 folgende Regeln:[71]

- Die Einfuhr von Chili und Chilierzeugnissen ist nur dann erlaubt, wenn ein Analysebericht bestätigt, dass Sudanrot I–IV nicht enthalten sind.
- Die Behörden müssen prüfen, ob ein solcher Analysebericht vorliegt. Falls nicht, muss der Importeur das Erzeugnis untersuchen lassen.
- Den zur Einfuhr vorgestellten und im Handel erhältlichen Produkten werden Stichproben entnommen. Falls Sudan festgestellt

wird, wird die Europäische Kommission über das Schnellwarnsystem informiert.

- Chili und Chilierzeugnisse, in denen Sudan nachgewiesen wird, werden vernichtet.

Wenig später erweiterte die Kommission die Untersuchungspflichten beim Import auf Currypulver, im Mai 2005 dann auch auf Kurkuma und Palmöl, sodass sich die genannten Maßnahmen auch auf diese Erzeugnisse beziehen – nicht aber auf andere Lebensmittel, in denen die Behörden fündig geworden waren. Sie fallen durch das Sicherheitsnetz der Europäischen Kommission. Wie dringend notwendig eine möglichst breit gefächerte Überwachung ist, führt ein Warnruf der britischen Behörde für Lebensmittelsicherheit, der »Food Standards Agency« (FSA), vor Augen: Sie hatte Sudan I mit einer Konzentration von 4 Milligramm je Kilogramm in dem zugelassenen Lebensmittelfarbstoff Gelborange S (E 110) ermittelt. Gelborange S, das an sich schon als möglicher Allergieauslöser gehandelt wird, ist beinahe überall verbreitet. Man trifft es unter anderem in Getränken an, in Lachsersatz, Krabben, Garnelen, Kaugummi, Fertigsuppen, Backwaren und Biskuits mit Orangengelee, Kunsthonig, Speiseeis, Fruchtkonserven, Paniermehl, Zitronenquark und in Süßigkeiten.

Für andere problematische Farben, die ebenso wenig wie Sudan I bis IV als Lebensmittelfarbstoffe zugelassen sind, aber trotzdem immer wieder in Produkten auftauchen, wie Orange G, Sudanrot 7 B oder Buttergelb, gibt es in Europa überhaupt keine gemeinsame Marschrichtung, keine verfügbaren Daten für eine Risikobewertung und damit keinen vorbeugenden Gesundheitsschutz.

Deklaration – vom Glauben an die Zutatenliste

Für die Lebensmittelindustrie ist die »Liebe auf den ersten Blick« zwischen Produkt und Konsument von großer Bedeutung. Pralle Erdbeeren auf Joghurtbechern suggerieren Fruchtigkeit, goldgelbe

Ähren auf Cornflakeskartons Natürlichkeit und weidende Kühe auf Milchetiketten artgerechte Tierhaltung. So verschieden die Produkte, so gleich das Ziel: Die Verpackungen sollen Vorfreude bereiten auf ein Produkt, das nur darauf wartet, gekauft und genossen zu werden. Dass es viele Hersteller wurmt, dem Kunden mit ausufernden Zutatenlisten den Appetit verderben zu müssen, ist nachvollziehbar.

Beredtes Beispiel für die Vorgaukelung falscher Tatsachen ist und bleibt der Erdbeerjoghurt; immerhin gehört jeder fünfte verkaufte Joghurt in diese Kategorie. Die Beliebtheit der Erdbeere in Deutschland ist ungebrochen, doch reicht die gesamte deutsche Erdbeerernte von etwa 53 000 Tonnen pro Jahr bei weitem nicht aus, um all die Joghurtbecher, Marmeladengläser, Schokoladen oder Strudel zu füllen. Deshalb braucht es Ersatz: Ein spezieller Schimmelpilz, der auf Sägespänen einer australischen Holzart wächst, hilft der Zunge auf die Sprünge und erspart der Industrie, teure Rohwaren anderweitig zu beschaffen. So lag der Fruchtgehalt in Erdbeermagerjoghurt bei etwa 1 Prozent – selbst der beste Erdbeerjoghurt[72] enthält maximal eine einzige Frucht pro 250-Gramm-Becher, der Durchschnitt liegt bei einer halben Frucht. Der Rest sind naturidentische Aromen, Zucker und, damit die Illusion perfekt ist, »Fruchtstücke«. Diese bestehen vorrangig aus Obstabfällen und Pressrückständen, die mit Wasser, Zucker und Zitronensäure aufbereitet wurden. Die notwendige Struktur verleihen dem Fruchtimitat Dikalziumphosphat, eine aus Knochen ausgefällte Kalziumverbindung, und Dickungsmittel aus Algen; Farb- und Aromastoffe peppen es optisch und geschmacklich auf. Hinweise auf die Herstellungsart des Joghurts wird man auf der Zutatenliste allerdings vergeblich suchen. Und was mindestens ebenso schwer wiegt: Der durchdringende, künstlich anmutende Erdbeergeruch und -geschmack hat eine erstaunliche Anziehungskraft. Wer nach entsprechendem Dauerkonsum einmal eine echte Frucht probiere, sei von deren Gusto regelrecht enttäuscht, moniert die Innungskrankenkasse (IKK). Besonders Kinder, auf deren Speiseplan noch nie selbst gerührte Joghurts, dafür umso mehr Fruchtzwerge & Co. gestanden haben, werden auf solche Aromen konditioniert. Die Gefahr ist groß, dass sie auch als Erwachsene zum stark verarbeiteten Lebensmittel mit dem gewohnten Geschmack und Geruch greifen werden – eine erfolgreiche Kundenbindung beginnt eben schon im Kleinkindalter.

Wenn auch nicht immer ausführlich genug, um den Verbraucher ausreichend ins Bild zu setzen, so enthält die Deklaration auf der Verpackung doch einiges an Informationen. Sie ist ein Kompromiss zwischen Verbraucherschutz auf der einen und Konzerninteressen auf der anderen Seite. Das Argument der Unternehmen, man wolle Lebensmittel nicht mit einem Beipackzettel ausstatten, ist indes recht fadenscheinig. Immerhin enthalten nur 13 Prozent der Verpackungsfläche Auskünfte über das Lebensmittel, hat eine Stichprobe der Verbraucherzentralen belegt. Den Rest nutzen die Hersteller für Werbung und bunte Bilder.

Laut Gesetz muss auf der Verpackung unter anderem zu finden sein:

- **Verkehrsbezeichnung** Sie ist der Name des Lebensmittels, zum Beispiel »Schmelzkäse«, »Suppenwürfel« oder »Hefeklöße« (kein Fantasiename wie »Hochzeitssuppe«, keine Hersteller- und Handelsmarke wie »Haribo« oder wie REWE-Produkte »Ja«).
- **Mindesthaltbarkeitsdatum** Es gibt den Zeitpunkt an, bis zu dem das Produkt bei richtiger Lagerung seine spezifischen Eigenschaften behält; es ist also KEIN Verfallsdatum. Nach dem Mindesthaltbarkeitsdatum ist das Lebensmittel nicht zwangsläufig verdorben.
- **Hersteller, Preis,** enthaltene **Menge** Die Herstellerangabe soll als Herkunftsnachweis der Ware gelten. Discountprodukten ist aber selten anzusehen, woher sie stammen. Enthaltene Nährwerte zu deklarieren ist nicht gesetzlich vorgeschrieben; Nährwertangaben sind freiwillig.
- **Zutatenliste** (auch Zutatenverzeichnis, siehe Beispiel).

Wie aus einem Rezept eine Zutatenliste wird

Tabelle 18: Beispiel: Schokoladenpudding mit Vanillesoße

Herstellung für 1 000 Kilogramm	Auf dem 250-Gramm-Becher steht unter »Zutaten«:
710 kg Magermilch	entrahmte Milch
150 kg Weißzucker	Zucker
55 kg Kakaopulver (schwach entölt)	Kakaopulver
35 kg Kokosfett	Kokosfett
30 kg chemisch modifizierte Stärke	modifizierte Stärke
20 kg Carrageen	Verdickungsmittel Carrageen (oder E 407)
0,4 kg Vanilleessenz	natürliche Aromastoffe
0,01 kg Farbstoff Riboflavin	Farbstoff Riboflavin (oder E 101)

Quelle: aid infodienst Verbraucherschutz, Ernährung, Landwirtschaft e. V.

Gesetzlich vorgeschrieben ist eine deutlich lesbare Zutatenliste auf dem Etikett, auf der alle enthaltenen Zutaten aufgeführt werden. Anhand des Zutatenverzeichnisses kann der Kunde – zumindest im Wesentlichen – erkennen, woraus das Produkt besteht. Vorausgesetzt, der Verbraucher weiß etwa zum obigen Beispiel, dass Kokosfett ein durch Raffination gewonnenes Fett ist, das zu 87 Prozent gesättigte Fettsäuren enthält. Die Reihenfolge der Zutaten ist ein Hinweis auf die Mengen, in denen sie enthalten sind. Je weiter vorn eine Zutat steht, desto größer ist ihr Mengenanteil im Lebensmittel. Häufig trügt natürlich der Schein. Wer sich angesichts einer appetitanregenden Abbildung auf der Verpackung auf eine Hühnersuppe freut, könnte schnell enttäuscht sein, wenn er in der Zutatenliste den tatsächlichen Fleischanteil entdeckt. Es gibt sogar Hühnersuppen, die noch nie mit Brust oder Keule in Berührung gekommen sind und sich nur deshalb so nennen dürfen, weil wenigstens das enthaltene Fett vom Huhn stammt. Das fehlende Aroma liefern Lebensmittellabors.

Auch Zusatzstoffe gelten als Zutaten und müssen daher mit Zusatzstoffklasse und Verkehrsbezeichnung oder E-Nummer in der

Zutatenliste erscheinen. So könnte auf einem Suppenwürfel stehen: Geschmacksverstärker (Zusatzstoffklasse), Mononatriumglutamat (Verkehrsbezeichnung) oder E 621 (E-Nummer). Da ein Zusatzstoff nie Hauptbestandteil eines zusammengesetzten Lebensmittels sein darf, ist er nie an erster Stelle zu finden. Nicht nur verpackte, auch lose Ware unterliegt der Kennzeichnungspflicht. Egal ob Mortadella vom Fleischer oder Käse und Gemüsezubereitungen vom Markt – der Verbraucher sollte wissen, welche Zusatzstoffe enthalten sind. Im Gegensatz zu verpackten Lebensmitteln aus dem Supermarkt schreibt Paragraf 9 der Zusatzstoff-Zulassungs-Verordnung (ZZVO) für Unverpacktes eine wenig strenge Kennzeichnung vor. Sogar ein Verkaufsgespräch hält er für ausreichend. Ansonsten genügt die Angabe der Zusatzstoffklasse: Bei unverpackten Süßigkeiten ist der Hinweis »mit Farbstoff« ausreichend, bei Frischsalaten und Fischzubereitungen »mit Konservierungsstoff« oder bei Zitrusfrüchten »gewachst«, üblicherweise auf einem Schild neben der Ware oder auf dem Preisschild.

Im Unterschied zu den Zusatzstoffen müssen technische Hilfsstoffe prinzipiell nicht deklariert werden. Wie ihre Bezeichnung schon sagt, unterstützen sie Prozesse wie Schneiden, Filtrieren oder Stoffumwandlungen. Zum Beispiel sorgen Enzyme für einen Umbau von Stärke in den beinahe allgegenwärtigen Glucosesirup; selbst wenn die Enzyme gentechnisch hergestellt sind, besteht keine Deklarationspflicht. Lauge hilft beim Schälen von Kartoffeln, Katalysatoren lassen die Fetthärtung ablaufen. Technische Hilfsstoffe müssen nicht auf der Zutatenliste erscheinen, weil sie nach ihrem Gebrauch im Herstellungsprozess wieder aus dem Lebensmittel entfernt werden. Das gelingt jedoch nicht vollständig: Im verzehrfertigen Endprodukt sind sie oft noch in Spuren enthalten. Weil sie weder als Lebensmittel noch als Zusatzstoffe gelten, müssen sie laut Gesetz auch nicht zugelassen werden.

Weil sich moderne Lebensmittel immer weiter von ihrer ursprünglichen Natur wegentwickelt haben und vielfach als komponierte Convenience-Produkte in Kühlschränke, Speisekammern und Tiefkühltruhen gelangen, hielt der Gesetzgeber eine Kennzeichnung bis 2004 für besonders umständlich. Zusammengesetzte Lebensmittel, wie sie heute üblich sind, bestehen nicht mehr nur aus Rohstoffen, sondern sind Puzzles aus mehreren einzelnen, häufig verarbeiteten Lebensmitteln. Besonders ärgerlich war die bis dahin gültige 25-Prozent-Regel, die für solche Waren galt. Wenn ein Bestandteil mit einem entsprechenden Zusatzstoff weniger als 25 Prozent des Gesamtlebensmittels ausmachte, war keine Deklaration notwendig. Das bedeutete beispielsweise, dass der Schwefel der entsprechend behandelten Rosinen in Trauben-Nuss-Schokolade nicht auf der Zutatenliste auftauchte, wenn der Gewichtsanteil der Rosinen weniger als 25 Prozent betrug. Auch mussten Schmelzsalze im Käsebelag einer Pizza bei einem Käseanteil unter 25 Prozent nicht gekennzeichnet werden, ebenso wenig wie Konservierungsstoffe in »Fruchtzubereitungen« von Joghurts. Vor allem Allergikern trieb diese Vorschrift den Schweiß auf die Stirn: Sie konnten für keine Fertigkost sicher sein, dass die für sie allergene Zutat nicht enthalten war. Wenn zum Beispiel auf der Verpackung als Zutat lediglich »Gemüse« erschien, konnte es sich auch um eine Gemüsemischung aus Möhren, Fenchel, Zwiebeln und Sellerie handeln – Sellerie aber gehört neben Nüssen, Milch, Fisch, Eier, Soja oder Gluten, dem Klebereiweiß in Weizen, zu den häufigsten Allergenen. Ernährungsfachleute rieten den Betroffenen daher, alles selbst zuzubereiten, um das Risiko einer allergischen Reaktion zu umgehen. Diese Regelung ist nun vom Tisch – zu stark war der Handlungsdruck geworden. Im November 2003 verabschiedete der Ministerrat der Europäischen Union eine Richtlinie, nach der in Zukunft alle Inhaltsstoffe aus zusammengesetzten Produkten auf die Packung gedruckt werden müssen. Für den Erdbeerjoghurt heißt das, dass dann alle Konservierungsstoffe oder Verdickungsmittel aus dem bis dato nur lapidar mit »Fruchtzubereitung« gekennzeichneten Zutatenmix genannt werden müssen. Besondere Regeln für die Deklaration gelten bei Aromen, egal ob natürlich, naturidentisch oder künstlich, ob Raucharomen, Aromaextrakte oder Reaktionsaromen, die aus Hunderten einzelner Stoffe bestehen können.

Mit In-Kraft-Treten der Richtlinie gilt die »2-Prozent-Regel«: Macht beispielsweise der Anteil einer »Gewürzmischung« weniger als 2 Prozent des Produktes aus, muss auch in Zukunft nicht einzeln aufgeschlüsselt werden, woraus die Gewürzmischung besteht.

Enthält sie jedoch bekannte allergieauslösende Stoffe, müssen diese auf jeden Fall genannt werden. Ein Wermutstropfen allerdings bleibt: Für Menschen, die auf andere als die »Hauptallergene« reagieren, bestehen weiterhin Unsicherheiten, weil nach wie vor alle Würzkräuter, die weniger als 2 Prozent des Produktes ausmachen, zu »Kräutern« und »Gewürzen« zusammengefasst werden dürfen. Ein Beifußallergiker wird es deshalb schwer haben, Fertigprodukte mit Gewürzmischungen zu finden, die er essen darf. Ebenso wenig erübrigt sich dank neuer Regeln für den Allergiker, die Zutatenliste jedes Mal zu lesen, denn die Hersteller können jederzeit die Rezepte ihrer Kreationen abwandeln, Bestandteile ersetzen oder hinzufügen.

Von der neuen Deklarationspflicht erfasst sind auch Lebensmittel, die mit gentechnisch veränderten Organismen hergestellt wurden, wenn deren Anteil mehr als 0,9 Prozent ausmacht. Die Mitgliedsstaaten der EU hatten nach In-Kraft-Treten der neuen Richtlinie ein Jahr Zeit zur Umsetzung. Ein weiterer Übergangszeitraum soll den Unternehmen ermöglichen, ihre Erzeugnisse entsprechend umzustellen. Auch konnten die Hersteller von zusammengesetzten Lebensmitteln bis August 2004 für ihr Produkt einen Antrag auf Verlängerung der alten Regelung über weitere vier Jahre stellen, wenn sie in dieser Zeit dessen Verträglichkeit auch für Allergiker nachweisen konnten. Bis heute stehen daher Produkte in den Regalen, die entweder nach der alten oder nach der neuen Vorschrift gekennzeichnet sind. Dieses Problem besteht so lange, bis die alten Bestände aufgebraucht sind.

Zu den genannten Vorschriften lässt der Gesetzgeber eine ganze Reihe von Ausnahmen zu. Diese fertig verpackten Lebensmittel müssen keine Zutatenliste aufweisen:[74]

- Frischobst, Frischgemüse, Kartoffeln;
- Packungen mit nur einer Zutat wie Zucker, Mehl, Erbsen, Reis, Quark, Joghurt;
- einzeln käufliche figürliche Zuckerwaren (Marzipantiere, Schokoladenfiguren);
- Getränke in Glasflaschen mit unverwischbarer Aufschrift, die zur Wiederverwertung bestimmt sind;

Tabelle 19: Unterschiede und Neuerungen der Deklarationspflicht, Zusammenfassung

Alte Regelung	Neue Regelung
Ausnahmen vom Zutatenbegriff sind Zusatzstoffe, Aromen, Enzyme und Mikroorganismen, die im Endprodukt keine technologische Wirkung mehr haben, sowie ihre Lösungsmittel oder Trägerstoffe; Bestandteile, die bei der Herstellung vorübergehend entfernt und in entsprechender Menge wieder zugeführt werden, z. B Fruchtfleisch bei der Saftherstellung. Diese müssen nicht im Zutatenverzeichnis genannt werden!	Ausnahmen vom Zutatenbegriff müssen aufgeführt werden, wenn es sich dabei um Stoffe handelt, die häufig/schwerwiegende Symptome einer Lebensmittelunverträglichkeit hervorrufen. Diese Hauptallergene sind: glutenhaltige Getreide, Krebstiere, Eier, Fisch, Erdnüsse, Soja, Milch, Schalenfrüchte, Sellerie, Senf, Sesamsamen und die jeweils daraus hergestellten Erzeugnisse, außerdem Schwefeldioxid und Sulfite in einer Konzentration von mehr als 10 mg/kg, angegeben als SO_2.
25%-Regelung bei zusammengesetzten Zutaten: Die Einzelzutaten einer zusammengesetzten Zutat müssen nur dann genannt werden, wenn die zusammengesetzte Zutat mehr als 25% des Lebensmittels ausmacht.	Aufhebung der 25%-Regelung, d. h. die Nennung aller Einzelzutaten ist vorgeschrieben, Ausnahmen bestehen bei: zusammengesetzten Zutaten, für die kein Zutatenverzeichnis vorgeschrieben ist, z. B. Käse, Joghurt; zusammengesetzten Zutaten, die weniger als 2 % Gewichtsanteil im Produkt ausmachen und deren Zusammensetzung in einer Rechtsvorschrift vorgeschrieben ist, z. B. Konfitüre; Kräuter und Gewürzmischungen mit einem Anteil unter 2 %; Aromen; diese müssen aufgrund des Rezepturgeheimnisses nicht genannt werden.
Zusammenfassung verschiedener Lebensmittel zu einer Klasse im Zutatenverzeichnis möglich	Verwendung einiger Klassennamen nicht mehr möglich. Weiterhin zulässige Klassennamen sind: pflanzliches Öl/Fett, tierisches Öl/Fett, Stärke, Fisch, Käse, Gewürze und Kräuter unter 2 %, Kaumasse, Zucker (für Saccharose jeder Art), Paniermehl, Dextrose, Milcheiweiß, Kakaobutter, Wein, Fleisch (mit Nennung der Tierart), Mehl (mit Aufzählung der Getreidearten). Lückenlose Nennung potenziell allergener Lebensmittelbestandteile, auch bei der Zusammenfassung der Zutaten in eine Klasse

Quelle: Deutsches Ernährungsberatungs- und Informationsnetz (DEBInet)[73]

- Getränke mit einem Alkoholgehalt von mehr als 1,2 Volumenprozent (Ausnahme gilt nicht für Bier; Substanzen mit möglicher allergener Wirkung müssen deklariert werden, z. B. Schwefeldioxid);
- sehr kleine Packungen mit einer Flächengröße unter 10 Quadratzentimeter (Beispiele: Portionspackungen Marmelade, Lollys, Kaugummi);
- Süßwaren und Dauerbackwaren, die im Verkaufsraum vorportioniert werden.

Jede Zutatenliste kann nur so gut sein wie der Hersteller, der sie zusammengestellt hat, verantwortungsvoll ist. Nach wie vor wird geschummelt, besonders gern bei unverpackter Ware. Und weil 25 Prozent der Verbraucher ein diffuses Unbehagen im Zusammenhang mit Zusatzstoffen plagt,[75] unterschlagen Unternehmen – und die Verkäufer hinter der Fleischtheke, wo die beliebten Fertigsalate angeboten werden – besonders gerne die in Misskredit geratenen Konservierungs- und Farbstoffe. Im Gegensatz dazu deklarieren übervorsichtige Firmen, was sie eigentlich gar nicht müssten: Häufig liest der Kunde auf Verpackungen, zum Beispiel von Schokolade, Warnhinweise wie »kann Spuren von … enthalten«. Damit wollen sich die Hersteller gegenüber eventuellen Schadenersatzansprüchen absichern. Sie wissen, dass es in den Werken mitunter schwierig sein kann, bei Verwendung ein und derselben Linie für verschiedene Produkte eine absolute Trennung der Rohstoffe zu gewährleisten. Wenn auch die lebensmittelhygienischen Vorschriften in der Regel eingehalten werden, eine 100-prozentige Sicherheit geben könnten sie dafür nur dann, wenn die Waren auf jeweils anderen Anlagen produziert würden. Das aber ist aus finanziellen Gründen nicht machbar; sogar Verbraucherverbände räumen das ein. Weil sie den Allergiker unnötig verunsichert sehen, fordern sie deshalb eine Kennzeichnung nur dann, wenn das Endprodukt nachweislich solche Spuren wirklich enthalte – für die Unternehmen ein momentan unrealistischer Anspruch. Noch fehlt es in der Praxis an molekularbiologischen Methoden, um Spuren allergener Nahrungsmittel in zusammengesetzten Lebensmitteln spezifisch und sensitiv nachweisen zu können. Eine Routinediagnostik gibt es noch nicht.

Heißt »E« wirklich essbar?

Für viele Verbraucher sind E-Nummern ein Ärgernis, für Allergiker dagegen unverzichtbar. Nur anhand einer umfassenden Deklaration können Menschen, die unter Nahrungsmittelunverträglichkeiten, Allergien oder Pseudoallergien leiden, abschätzen, ob das Lebensmittel für sie geeignet ist oder nicht. Noch in den 1980er Jahren war das nicht einfach. Um festzustellen, ob das Produkt für sie geeignet war oder nicht, mussten Betroffene es testen. Damals nämlich standen auf der Zutatenliste lediglich Gruppen wie »Farbstoff« oder »Konservierungsstoff«, kein Zusatzstoff war einzeln aufgeführt. Weil niemand so recht wusste, was er aß, häufte sich die Zahl allergischer Reaktionen – der Grundstein für das Negativimage der Zusatzstoffe war gelegt.

Seit europaweit E-Nummern eingeführt sind, hat sich die Lage für die Allergiker zwar wesentlich gebessert, absolut sicher können sie aber dennoch nicht sein. Die Unzulänglichkeit machte sich in der Synonymfindung Luft: Für die einen steht das »E« für »essbar« oder »eatable«, für die anderen lediglich für »edible« (englisch: genießbar), die Lästerer übersetzen es schlicht mit »ekelig«.

Tatsache ist, dass bei mindestens 75 der Einzelsubstanzen Probleme auftreten können[76] – aber nicht müssen. Es gibt viele, auch natürliche und naturbelassene Lebensmittel, die giftige Inhaltsstoffe aufweisen oder deren Inhaltsstoffe im Körper zu giftigen Substanzen umgebaut werden. Hier einige Beispiele:

- In der Kartoffel ist das giftige Glycoalkaloid Solanin nicht nur dann enthalten, wenn sie längere Zeit der Sonne ausgesetzt war, sondern auch in der richtig gelagerten Knolle. Am höchsten ist der Solaningehalt im Bereich der Augen und in der Schale, am geringsten im Inneren. Auch kommen besonders hohe Solaningehalte in bestimmten Sorten, in unreifen oder verletzten Kartoffeln vor. Solanin ist nicht durch Kochen, sondern nur durch großzügiges Herausschneiden der grünlichen Schichten zu beseitigen und führt bei übermäßiger Aufnahme zu Nierenentzündungen, Krämpfen, Atemstörungen und Lähmungen. Typische Symptome einer übermäßigen Zufuhr sind ein Kratzen im Hals, Kopfschmerzen und Mattigkeit. Schon eine Dosis von 400 Milligramm kann tödlich sein. Auch rohe und unreife Auberginen bilden Solanin. Bei Tomaten sollte der Stengelansatz stets weggeschnitten werden, da auch er Solanin enthält.

- Speisekürbisse können den Giftstoff Cucurbitacin enthalten, der normalerweise nur in Zierkürbissen vorkommt. Wachsen Speise- und Zierkürbisse in der gleichen Gegend, kann eine Befruchtung durch Bienen in seltenen Fällen zu Kreuzungen führen, sodass auch der essbare Kürbis den Giftstoff aufbaut. Wenn er bitter schmeckt, ist Vorsicht geboten, denn Cucurbitacin kann heftige Bauchschmerzen und Durchfall auslösen.

- In grünen Bohnen findet sich Phasin, ein giftiges Eiweiß, das Erbrechen und Magen-Darm-Probleme hervorrufen kann. Grüne Bohnen sollte man daher niemals roh essen und auch das Kochwasser nicht weiterverwenden.

- Petersilie, ein Kraut, das schon Hildegard von Bingen im 12. Jahrhundert lobte, ist in Mengen ebenfalls nicht unbedenklich. Als ausgesprochen zellschädigend gelten seine Phytoalexine. Zwischen 50 und 100 Gramm Petersilie genügen vermutlich, um sich umzubringen. Früher nahmen Frauen, die ungewollt schwanger waren, Petersilie als Hausabortivum. Auch Anis, Dill und Kümmel enthalten Phytoalexine.

Im Gegensatz zu den industriell zugesetzten Stoffen sind die in Nahrungspflanzen enthaltenen Substanzen jedoch weitaus besser abgesichert: Generationen von Essern haben über Jahrhunderte hinweg am eigenen Leib erfahren, wie sie wirken. Sie haben ihre Erfahrungen und das Wissen um richtigen Anbau, verschiedene Zubereitungsformen und Wechselwirkungen zwischen verschiedenen Zutaten an ihre Kinder weitergegeben, sodass zum Beispiel heute allgemein bekannt ist, dass man Kartoffeln im Dunkeln aufbewahren, Bohnen abkochen oder Kräuter besser nicht in rauen Mengen verzehren sollte. Weniger bekannt ist, dass manche Gemüse schon durch zweiminütiges Kochen oder ein Einfrieren über 14 Tage ihre allergene Potenz verlieren.[77]

Das eigentliche Problem sind moderne Essgewohnheiten, die das Lebensmittel zunehmend seiner Herkunft entfremden und zum Massenprodukt degradieren. Die industrielle Großproduktion ist lediglich eine Antwort darauf. Trends verfolgen, neue setzen, Zielgruppen schaffen, wo keine sind, und Scheininnovationen in den Markt pressen gehören zum Geschäft der Lebensmittelindustrie. Weil sich nicht jede Substanz – auch nicht synthetische, maßgeschneiderte – für jedes Produkt und jede Verarbeitungs- und Aufbewahrungsform eignet, greifen Hersteller auf eine Vielzahl von Zusatzstoffen zurück, denn einige wenige genügen diesen vielfältigen Ansprüchen nicht mehr. Um Transparenz zu schaffen, hat der Gesetzgeber festgelegt, dass das Gros an Zusatzstoffen auf der Verpackung genannt werden muss, doch statt zu vereinfachen, verwirren die E-Nummern und chemischen Fachbegriffe: Unbedenkliche Stoffe haben ebenso eine E-Nummer wie solche, denen Forscher ein gesundheitsschädliches Potenzial zusprechen. Verbraucher können sie kaum auseinander halten. Nur die wenigsten Käufer werden beim Einkauf den Aufdruck auf der Verpackung mit der langen EU-Zusatzstoffliste vergleichen und verstehen, was in der Leberwurst, im Kartoffelsalat, im Dressing oder in der Roten Grütze wirklich steckt. Hinzu kommen noch schätzungsweise 2 700 verschiedene Aromen, die erst gar nicht auf der Verpackung erscheinen müssen und die kein Konsument auseinander halten kann, wie das Beispiel zeigt.

Beispiel für Fertigkost, die viele (pseudo)-allergene Stoffe enthält[78]

Frühstück

Müsli mit Trockenaprikosen:	geschwefelt;
Fruchtjoghurt:	Konservierungsmittel: Sorbinsäure/E 200; Aromen, Verdickungsmittel: Johannisbrotkernmehl/E 410; Geliermittel: Carrageen/E 407; Emulgator: Mono- und Diglyceride von Speisefettsäuren/E 471; Süßungsmittel: Acesulfam K/E 950;

Cappuccino, löslich:

Emulgator: Mono- und Diglyceride von Speisefettsäuren/E 471; Schmelzsalz: Mononatriumcitrat/E 331, Natrium-phosphat/E 339; Trennmittel: Silicium-dioxid/E 551.

MITTAG

Kartoffelsalat aus dem Supermarkt:

Säuerungsmittel: Zitronensäure/ E 330, Milchsäure/E 270; Verdickungs-mittel: Guarkernmehl/E 412, Johannis-brotkernmehl/E 410, Natriumalginat/ E 401, Xanthan/E 415;

Brühwurst, z. B. Wiener:

Emulgatoren: Mono- und Diglyceride aus Speisefettsäuren; Geschmacksver-stärker Mononatriumglutamat /E 621; Verdickungsmittel: Cellulose/E 460; Stabilisatoren: Orthophosphorsäure/ E 333; Konservierungs- und Umrö-tungsmittel: Nitritpökelsalz/E 250;

Ketchup:

Verdickungsmittel: Xanthan/E 415; Säuerungsmittel: Zitronensäure/ E 330; Süßstoff: Aspartam/E 951; Ge-schmacksverstärker: Natriumglutamat/ E 621;

Rote Grütze:

Farbstoffe: Amaranth/E 123, Chinolin-gelb/E 104, Gelborange S/E 110;

Cola:

u. a. Farbstoff: Ammoniumsulfit-Zuckercouleur/E 150d; Säuerungsmit-tel: Phosphorsäure/E 338.

NACHMITTAG

Gebäck mit Orangenfüllung:

Backtriebmittel: Ammoniumhydro-gencarbonat/E 503 und Natriumhy-drogencarbonat/E 500; Emulgator: Mono- und Diglyceride von Speise-fettsäuren /E 471, Sojalecithin/E 322; Säuerungsmittel: Zitronensäure/E 330, Natriumcitrat/E 331; Stabilisator: Pek-tin/E 440;

Eistee:

Säuerungsmittel: Zitronensäure/E 330, Ascorbinsäure/E 300; Säureregulator:

Natriumcitrate/E 331; Süßungsmittel: Natriumcyclamat/E 952, Saccharin-Natrium/E 954.

ABENDBROT

Geschnittenes Brot:

Emulgator: Mono- und Diglyceride von Speisefettsäuren /E 471; Konservierungsstoff: Sorbinsäure/E 200); Verdickungsmittel: Guarkernmehl/E 412;

Margarine:

Emulgator: Mono- und Diglyceride von Speisefettsäuren /E 471, Lecithin/E 322, Kaliumalginat/E 402; Farbstoff: Carotine/E 160a; Konservierungsstoff: Kaliumsorbat/E 202; Säuerungsmittel: Milchsäure/E 270, Zitronensäure/E 330;

Käseaufschnitt:

Farbstoff: Annatto/E 160b, Carotine/E 160a, Pflanzenkohle/E 153, Titandioxid/E 171; Schmelzsalz: Diphosphate/E 450, Natriumcitrat/E 331;

Wurstaufschnitt:

Antioxidationsmittel: Natirumascorbat/E 301; Konservierungsstoff: Natriumnitrit/E 250; Farbstabilisator: Natriumcitrat/E 331; Geschmacksverstärker: Mononatriumglutamat/E 621; Säuerungsmittel: Zitronensäure/E 330; Säureregulator: Natriumacetat/E 262; Stabilisator: Diphosphate/E 450;

Nascherei, Fruchtgummi:

Farbstoff: Chinolingelb/E 104, Cochenillerot/E 124, Indigotin/E 132; Säuerungsmittel: Zitronensäure/E 330; Überzugsmittel: Bienenwachs/E 901, Carnaubawachs/E 903.

Der Griff zur Fertigkost erfordert kaum Kochkenntnisse und ist praktisch. Das Angebot ist breit gefächert: Fast alles gibt es tiefgefroren, in Dosen, als Instantprodukt, als gekühlte, nasse oder trockene Ware. Die Hälfte aller Fertiggerichte sind Tiefkühlprodukte. Mittlerweile findet jeder Esser etwas nach seinem Geschmack – ganz gleich, ob Nudel- oder Kartoffelgerichte, Exotisches oder Traditionelles, Vegetarisches, Fleisch- oder Fischgerichte, Kuchen und Desserts. Was durch die Verarbeitung wie mehrfaches Erhitzen oder längere Lagerzeiten an Geschmack verloren geht, wird mit zugesetzten Vitaminen und Mineralstoffen aufgestockt, mit Aromastoffen geschönt. Das Ergebnis sind Gerichte mit standardisiertem Einheitsgeschmack, die überdies durch zugesetzte Aromen und Geschmacksverstärker auch noch unnötig den Appetit anregen – teuer erkaufte, potenzielle Dickmacher mit oft geringem ernährungsphysiologischem Wert, deren zugesetzte Substanzen nicht allesamt unbedenklich sind.

Kritisch wird es dann, wenn es um die Gesundheit von Kindern geht. Ein ausgewachsener Organismus ist widerstandsfähiger; ein junger reagiert auf das »Bombardement« mit verschiedenen Substanzen sensibler. Bislang belegt ist, dass bestimmte Zusatzstoffe allergen wirken, in der Diskussion steht auch ein Zusammenhang zwischen Zusatzstoffen und hyperkinetischem Syndrom. Für Letzteres steht ein wissenschaftlicher Beweis allerdings noch aus. Solange Unsicherheit besteht, haben Zusatzstoffe in der Kindernahrung nichts verloren, zumal es genügend Alternativen gibt. Doch die Industrie will Eltern und Großeltern glauben machen, es gäbe nichts Besseres als »Kinderlebensmittel«, jene knallbunten Süßigkeiten, grellen Limos und industriellen Fertigprodukte, von denen die Supermarktregale überquellen. Doch Nahrungsmittel sind von Natur aus nicht übermäßig bunt, und die Lebensdauer ihrer Farben und Aromen ist ebenso zeitlich begrenzt wie Haltbarkeit und Frische. Dass die Industrie vor allem bei »Kinderlebensmitteln« und Süßigkeiten künstlich nachhilft, um den Geschmack der jungen Generation zu treffen, um ihren Erlebnishunger und ihren Abenteuerdrang zu befriedigen und ihre Identitätssuche mit konsumorientierten Idealen verknüpfen zu können, ist keine neue Erkenntnis, schürt aber immer wieder Unbehagen. Viele Kinder nehmen heute an Zusatzstoffen weit mehr auf als der Durchschnitt der Erwachsenen – und als gut für sie wäre. Das »Zusatzstoff-Monitoring« der Europäischen Union 2002, in dem insgesamt 90 Zusatzstoffe untersucht wurden, offenbarte, dass Kinder zwischen drei und sechs Jahren eine Risikogruppe bilden. Die Knirpse schaffen es, bei zehn Zusatzstoffen die für den Erwachsenen festgelegten akzeptablen Tageshöchstmengen zu überschreiten; werden sie einseitig ernährt, steigt deren Zahl auf 14.[79]

Diese zehn Zusatzstoffe sind zum einen Farbstoffe:

- Gelborange S (E 110),
- Cochenille (E 120),
- Grün S (E 142),
- Brillantschwarz BN (E 151),

zum anderen Konservierungsstoffe:

- Sorbate (E 200, E 202, E 203),
- Benzoate (E 210 bis E 213),
- Schwefeldioxid (E 220),
- Sulfite (E 221 bis E 224, E 226 bis E 228),
- Nitrite (E 249, E 250),
- Phosphate (E 338 bis E 341, E 450 bis E 452).[80]

75 Prozent aller Lebensmittel sind industriell hergestellt, darunter ein großer Prozentsatz für Kinder. Das Dortmunder Forschungsinstitut für Kinderernährung hat Kinderprodukte genauer unter die Lupe genommen und fand bei 84 Prozent der getesteten »Kinderlebensmittel« Aromastoffe, hauptsächlich in Süßigkeiten, Milchprodukten und Getränken. Aromastoffe müssen nicht einzeln auf der Zutatenliste aufgeführt werden, auch bestehen für sie keine Höchstmengenempfehlungen wie der ADI-Wert. Andere Zusatzstoffe wie Emulgatoren, Konservierungsstoffe und Farbstoffe fanden die Dortmunder in 73 Prozent aller Produkte. Rund 70 Prozent der getesteten Kindergetränke waren mit Säuerungsmitteln, Farbstoffen oder Emulgatoren versetzt.

Die nach wie vor mangelhafte Deklaration zahlreicher Produkte erschwert es Eltern, deren Kinder unter Allergien oder Pseudoallergien leiden, diejenigen Nahrungsmittel herauszufinden, die diese vertragen. Während bei Allergien schon kleinste Spuren des Allergens ausreichen, um einen Schub auszulösen, verstärken sich bei einer Pseudoallergie die Symptome, je mehr das Kind von der auslösenden Substanz aufnimmt. In beiden Fällen ist es jedoch wichtig, die betreffende Substanz zu kennen – eine Detektivarbeit, die nur ein allergologisch erfahrener Kinderarzt leisten kann. Die Lücken in der Deklaration erschweren ihre Arbeit enorm.

Es sind nicht nur die Zusatzstoffe und Aromen in Fertiggerichten aller Art – jeder kommt täglich mit einer Unmenge an Substanzen in Berührung. Ganz gleich, ob mit Pflege- oder Reinigungsmitteln, am Arbeitsplatz, zu Hause oder im Urlaub, nie zuvor war der Mensch einer größeren Anzahl einzelner Verbindungen ausgesetzt als heute. Eine Voraussage, wie der Einzelne darauf reagiert, ist ebenso wenig möglich wie eine Überprüfung der Wechselwirkungen.

Am meisten wird das Problem Zusatzstoffe wohl im Zusammenhang mit Allergien diskutiert. Ins Visier der Verbraucher sind sie gerückt, als um 1920, mit der Einführung der Cola, immer mehr Menschen unter entsprechenden Symptomen litten.[81] Im Lauf des 20. Jahrhunderts entwickelten sich Allergien und Pseudoallergien zu Volkskrankheiten, besonders betroffen sind Kinder. Seit 2000 ist der Anteil an Kindern mit Asthmasymptomen um 33 Prozent und der Anteil an Jugendlichen um 24 Prozent gestiegen,[82] mittlerweile leidet jedes fünfte Kind unter Neurodermitis. Warum gerade der Nachwuchs in der westlichen Welt so gefährdet ist, soll die ISAAC-Studie (International Study of Asthma and Allergies in Childhood) klären, die seit Mitte der 1990er Jahre läuft und als größte ihrer Art ins Guinness-Buch der Rekorde aufgenommen wurde. Wahrscheinlich ist ein Ursachenkonglomerat: Aus Beobachtungen schlussfolgerten die Forscher, dass Kinder, die auf Bauernhöfen aufwachsen, sich in den ersten Lebensjahren häufig Infekte zuziehen, mit vielen Gleichaltrigen in Kontakt und mit Schmutz in Berührung kommen, wesentlich seltener erkranken. Allein schon eine sechsmonatige Stillzeit oder hypoallergene Anfangsnahrung reduzieren das spätere Allergierisiko um 50 Prozent. Als harmlose Lebensmittel gelten Kartoffeln, Möhren, Erbsen, Bananen, Äpfel, Birnen und Mais; fatal dagegen ist es, einem Kind, das in eine Allergikerfamilie hineingeboren wurde, vor seinem zweiten Lebensjahr allergene Lebensmittel wie Fisch, Eier, Kuhmilch, Sojaprodukte, Südfrüchte oder Nüsse anzubieten. Vorsicht ist auch bei Kinderlebensmitteln geboten. Trotz wachsender Beliebtheit – von 1998 bis 2003 hat sich ihre Anzahl verdreifacht – liefern die stark verarbeiteten Produkte mit einem Zuviel an Fett und Zucker, künstlich zugesetzten Vitaminen und Mineralstoffen eine ganze Reihe von Aromen, Farb- und anderen Zusatzstoffen, bei denen niemand mit Sicherheit einen negativen Effekt auf den kindlichen Organismus ausschließen kann. Die Debatte um Allergien und Pseudo-allergien, toxische Wirkungen bis hin zu Zellveränderungen einfach mit dem Argument vom Tisch zu fegen, alle E-Nummern seien ausreichend untersucht, ist Augenwischerei. Schließlich stehen Langzeittests und Untersuchungen zu möglichen Wechselwirkungen noch aus. Trotz aller Kritik an Gehalt und Preis boomt der Markt für das Essen vom Band. Heute stellt sich nur noch jeder zweite Deutsche an den Herd, um das Essen selbst zuzubereiten – und das auch bloß von Zeit zu Zeit. Längst ist die bequeme Mikrowellenära angebrochen, die »schnelle Welle«, mit der Unternehmen Jahr für Jahr durchschnittlich rund 5 Prozent mehr Umsatz generieren als im Jahr zuvor. »Chilled Food« gilt der Branche als Segment mit dem größten Wachstumspotenzial. Nicht nur Singles und ältere Menschen, auch berufstätige und nichtberufstätige Eltern greifen zu Fertiggerichten, um sich selbst oder ihrer Familie möglichst schnell und bequem eine warme Mahlzeit zu kredenzen.

Zwar wird es eine zusatzstofffreie Großproduktion nicht geben können, ebenso wenig wie ein Zurück zu großmütterlichen Kochge-wohnheiten. Doch man kann einiges tun, um ein Zuviel zu vermeiden: selber kochen schützt. Wer dafür auch noch frische Zutaten ver-wendet, vermeidet von vornherein Risiken, die er nicht abschätzen kann. Unter diesem Aspekt betrachtet, könnte man »E« anstatt mit »essbar« mit »erträglich« übersetzen: Gesunden, die dann und wann zum stark verarbeiteten Lebensmittel greifen, werden die zugesetz-ten Stoffe wahrscheinlich nicht schaden – frei nach dem viel zitierten Satz, den Paracelsus, Begründer der modernen Arzneimittellehre, vor rund 450 Jahren äußerte: »All Ding' sind Gift und nichts ohn' Gift; allein die Dosis macht, dass ein Ding kein Gift ist.«

Ohne Deklaration: Nanopartikel und Nanofood

Frisch entblättert treibt sie Naschkatzen das Wasser im Mund zu-sammen, liegt sie zu warm, hüllt sie sich in unappetitliches Grau.

Der »Fettreif« bei Schokolade ist ein Problem – nicht nur für den Konsumenten. Süßwarenhersteller müssen ihre Produkte oft über einen längeren Zeitraum lagern, auf Temperaturen und deren Schwankungen reagieren Pralinen & Co. aber sehr empfindlich. So sind die Hersteller gezwungen, für definierte Bedingungen zu sorgen, damit der Käufer später ein verführerisches Stück Schleckerei erstehen kann, und die treiben die Kosten in die Höhe. Abhilfe können winzigste Titandioxidpartikel schaffen, die nur mit dem Elektronenmikroskop, nicht einmal mit einem herkömmlichen Mikroskop und erst recht nicht mit bloßem Auge zu erkennen sind. Werden sie auf die Schokoladenoberfläche aufgebracht, schützen sie diese gegen das »Ausblühen« der Fettanteile. Der US-amerikanische Nahrungsmittelkonzern Mars hat seine Nanotech-Innovation kürzlich patentieren lassen.[83] Titandioxidnanopartikel waren bislang vor allem durch ihren Einsatz in Sonnencremes bekannt geworden; dass sie auch Lebensmittel vor äußeren Einflüssen schützen, ist ein Novum.

Neben der Gentechnologie gilt die Nanotechnologie als Schlüsseltechnologie des 21. Jahrhunderts, mutigste Prognosen sagen Nanofood bis 2010 einen 20-Milliarden-Dollar-Markt voraus – von vergleichsweise mageren 2,6 Milliarden im Jahr 2003 über 7 Milliarden für 2006.[84] 1,13 Billionen Euro sollen es für die gesamte Nanotechnologie sein,[85] mit der etwa 4000 Firmen und Forschungseinrichtungen befasst sind. Mehr als 200 Unternehmen weltweit arbeiten derzeit an Nanofood, vor allem in den USA, Japan und China, aber zunehmend auch in Europa. Die Großen der Branche wie HJ Heinz, Nestlé, Hershey Foods, Unilever und Keystone gehören zu den Pionieren[86]; Chemiefirmen wie Degussa, Henkel und Bayer haben sich längst als deren Partner etabliert. Als erster Industriekonzern errichtete Kraft im Jahr 1999 ein Labor für Nanofood – mittlerweile befasst sich das ebenfalls von Kraft ins Leben gerufene Konsortium NanoteK, an dem 15 Universitäten und nationale Forschungseinrichtungen der USA beteiligt sind, mit der Entwicklung von nanotechnologischen Verfahren für die Lebensmittelbranche.[87] Derzeit sind etwa 150 Nanoprodukte auf dem deutschen Markt, davon nur eine Hand voll im Lebensmittelbereich. Meist handelt es sich um

Beschichtungen, die Graffitis an Fassaden oder Schmutz an Fenstern und Pfannen abperlen lassen, die ein Verkratzen von Brillen und Uhrgläsern verhindern oder die das Ansiedeln von Krankheitserregern an Oberflächen unterbinden. Spätestens bis 2015 wird sich die Herstellung von Nahrungs- und Genussgütern durch den Einfluss der Nanotechnologie jedoch grundlegend gewandelt haben; Schätzungen gehen von einer Durchdringung des Produktionsprozesses von 40 Prozent und mehr aus. Die Landwirtschaft, als Rohstofflieferant Nummer eins mit der Lebensmittelindustrie aufs Engste verbunden, bleibt von diesem starken Trend nicht unberührt. Syngenta, BASF, Bayer Cropscience und Monsanto haben längst ein Auge auf die vielversprechende Technologie geworfen. So mancher hält den Einfluss der Nanotechnologie hier für größer als die Mechanisierung oder die grüne Revolution mit Agrarchemikalien und Hochleistungssorten.

Das Risiko für die Unternehmen bestehe deshalb nicht darin, die Nanotechnologie einzuführen, sondern den Zug zu verpassen, behaupten Unternehmensberater. Tatsächlich bedeutet mehr Nano für die Industrie unter anderem, Energie, Wasser und Hilfsstoffe einzusparen und effizientere Methoden anwenden zu können, was letztlich die Kosten senken hilft. Aus Sicht eines Unternehmens sind das wichtige Kriterien, damit es konkurrenzfähig bleibt und seine Marktpräsenz keinen Schaden nimmt. Aus Verbrauchersicht aber wiegt die Ungewissheit schwerer, denn nur allmählich beginnt sich die Wissenschaft für die Auswirkungen der Nanotechnologie zu interessieren, eine Sicherheitsforschung wird erst in Anfängen betrieben. Während ein Sterbenskranker wohl nicht lange zögern würde, ein innovatives nanotechnologisches Medikament einzunehmen, um sein Leben zu retten, stellt sich die Frage, inwieweit ein Gesunder Nanofood wirklich braucht. Beispielsweise weiß niemand so genau, wie der menschliche Organismus auf regelmäßig zugeführte Nanopartikel reagiert, ob sie auf Dauer die Umwelt schädigen oder den Stoffwechsel anderer Lebewesen aus dem Lot bringen können. Klar ist nur, dass Partikel die heikle Eigenschaft besitzen, mit abnehmender Größe immer toxischer zu werden.

Nanofood – was ist das?

»Nano« bezeichnet den milliardsten Teil einer Einheit. Die Nanotechnologie nutzt Strukturen, die in mindestens einer Dimension kleiner als 100 Nanometer sind,[88] also Atome, Moleküle und Teilchen aus Metallen oder Halbleitern. Im Nanokosmos herrschen andere Gesetze als im Makro- und Mikrokosmos; es treten Effekte zutage, die sich technisch auf vielfache Weise nutzen lassen. Zum Beispiel besitzen Nanopartikel eine im Vergleich zu ihrem Volumen geradezu gigantische Oberfläche, was ihre enorme Reaktionsfreudigkeit bestimmt. Es gibt sie in vielerlei Gestalt: als Kristalle, Cluster oder Moleküle, als linienförmige Strukturen wie Nanodrähte, Nanoröhren oder Nanogräben, als Schichtstrukturen, Poren oder Dendrimere, also baumähnliche chemische Verbindungen. Durch kunstvolle Eingriffe in die Welt der Winzlinge lassen sich ganz neue Eigenschaften kreieren, die es so bis dato nicht gab. Die Nanotechnologie zündet ein Feuerwerk möglicher Anwendungen, von der Analytik und Diagnostik über die nanotechnologische Herstellung von Wirkstoffen, einen ortsgenauen Wirkstofftransport durch den Organismus bis hin zu biokompatiblen Materialien oder speziellen Oberflächen. Zugeschnitten auf die Ansprüche der Lebensmittelindustrie, könnte ihr Einsatz umfassen:

- Eine Erhöhung der **Bioverfügbarkeit**. Nanopartikel können aus verschiedenen Materialien mit unterschiedlichen Eigenschaften entwickelt werden wie zum Beispiel gegensätzlichem Dispersionsverhalten. Zusätzlich mit Rezeptoren ausgestattet, gelangen sie genau dorthin, wo der Körper die Substanz benötigt. Beispielsweise liegt die Bioverfügbarkeit von Kalzium aus Milch und Milchprodukten bei rund 30 Prozent, abhängig davon, welche Lebensmittel sonst noch verspeist werden. Das bedeutet, dass 70 Prozent dem Körper nicht zur Verfügung stehen. Besonders interessant auch für Functional Food.
- Optimierte und intelligente **Verpackungen**. Technisch möglich sind Verpackungsmaterialien, die den Zustand der enthaltenen Nahrungsgüter überwachen und vor einer Änderung der äußeren

Bedingungen warnen können, zum Beispiel, wenn die Kühlkette unterbrochen wird.

- Einsatz bei der **Lebensmittelüberwachung**. Biochips und Biosensoren werden eine schnellere und genauere Analyse erlauben und das Zentrum von Qualitätsprozessen bilden.[89] Beispielsweise können sie innerhalb kürzester Zeit Verunreinigungen (Schimmelspuren, Pflanzenschutzmittel, Gifte, Krankheitskeime etc.) oder genetisches Fremdmaterial identifizieren.

- Eine Verbesserung von **Geschmack**, **Konsistenz** und **Optik**. Beispiel Geschmack: Unerwünschte Geschmacksstoffe können mithilfe von Nanopartikeln umhüllt werden, sodass sie beim Verzehr nicht mehr wahrgenommen werden (»Geschmacksmaskierung«). Andere, erwünschte Geschmacksstoffe können so »verpackt« werden, dass sie sich nacheinander oder erst nach einer bestimmten Garmethode entfalten.

Mithilfe der Nanotechnologie wird machbar, was an die irreale Welt der Science-Fiction erinnert. So könnte, falls der Verbraucher das wünscht, in naher Zukunft eine magische Pizza ihren Schwestern im Tiefkühlregal ernsthaft Konkurrenz machen: eine Art Nano-Multi-Geschmack-Pizza, die sich entweder in eine »Margherita«, eine »Prosciutto e funghi« oder eine »Quattro stagioni« verwandeln kann – je nachdem, ob sie in der Mikrowelle bei 400, 800 oder 1 600 Watt erhitzt wird. Möglich wird das durch Nanokapseln, die entsprechende Geschmacks- und Farbstoffe enthalten und die ihre Fracht erst im speziell auf sie zugeschnittenen Temperaturbereich freigeben. Schneller als die »Zauber«-Pizza wird es Milch geben, die sich rot verfärbt, wenn sie verdirbt, und schon heute garantieren nanobeschichtete PET-Bierflaschen eine Haltbarkeit des Gerstensafts von sechs Monaten und mehr. Ebenfalls auf dem Markt ist eine Innovation des Unternehmens OilFresh. Es ersann eine Nanomethode, derer sich Restaurants bedienen, um Burger und Pommes zu frittieren. Nanoskalige Keramik(!)partikel lassen das Frittieröl vom Essen abperlen – die Speise saugt sich nicht mehr mit Fett voll. Zudem heizt die Nanokeramik dem Frittiergut tüchtig ein: Es wird viel schneller gar.

Unaufhaltsam erobert Nano die Supermärkte, die Branche aber frönt der Heimlichkeit. Nanofood ist noch kein Thema für die Öffentlichkeit, und so lärmt die Werbung nicht, wie sonst üblich, und die Versprechungen sind nicht allzu vollmundig. Debattiert wird auf Fachtagungen und brancheninternen Seminaren, Expertengespräche finden meist im engen Kreis auf Messen statt – man ist unter sich. Nach außen stapeln die Unternehmen tief, obwohl der Fantasie kaum Grenzen gesetzt sind. Nanotechnologisch aufgepeppte Produkte werden hypersensibel kommuniziert, ist der Stachel »Genfood« im Fleisch der Konsumenten doch gerade erst dabei, sich zu verkapseln. Dabei sind Parallelen zwischen Gentechnologie und Nanotechnologie nicht zu übersehen: Hier wie dort ist das Anwendungsspektrum breit, sind die Risiken nicht oder nicht ausreichend erforscht. Bei Nanofood kommt noch hinzu, dass es an Deklarations- und Regulationsrichtlinien fehlt. Kein Produkt, das nanotechnologisch aufgepeppt wurde, muss das auf der Verpackung ausweisen. Begriffe wie »Nanotechnologie«, »nanotechnologisch«, »Nanotech« oder einfach nur »nano« wird man nicht finden. Doch selbst wenn es dem Gesetzgeber irgendwann einmal auffallen sollte, dass dem Verbraucher mit der Unterschlagung nicht gedient ist, und er entsprechende Vorschriften beschließt: Wird der Kunde überhaupt verstehen können, was er da liest? Der österreichische VKI-Grafikdienst hatte vor einigen Jahren 1 000 Verbraucher darüber befragt, welche Informationen über ein Lebensmittel sie schätzen und welche nicht. Erschreckenderweise konnten nur die wenigsten Testpersonen mit den Angaben auf der Verpackung etwas anfangen. Nicht einmal die Hälfte (45 Prozent) interpretierte das vermeintlich so banale Mindesthaltbarkeitsdatum richtig, lediglich 26 Prozent deuteten die Zutatenliste korrekt, obwohl insgesamt 93 Prozent den Abdruck der Zutaten für unverzichtbar hielten. Es hat den Anschein, als öffne sich die Schere zwischen technologischem Fortschritt und Wissenszuwachs der Kundschaft immer weiter: Niemand durchschaut mehr, was er isst. So wird er nicht mit dem Kopf entscheiden, welches Produkt er bevorzugt, sondern mit dem Bauch. Ein denkbar schlechter Start für die Nanotechnologie, die auch einige hilfreiche Anwendungen zu bieten hat.

Viele Fragen, kaum Antworten

Es ist schon erschreckend, dass es bis vor wenigen Jahren auf einem Forschungsgebiet, das 12 000 Zitate pro Jahr vorweisen kann, weder Modelle zur Risikobewertung noch toxikologische Studien zu synthetischen Nanomaterialien gab. Seitdem mehren sich die Indizien für die Gefährlichkeit von Nanopartikeln, belegt ein Papier des Instituts für ökologische Wirtschaftsforschung (IÖW) in Berlin.[90] Die Forscher hatten im Auftrag des Bundesministeriums für Bildung und Forschung (BMBF) führende Nanotech-Experten über den Stand der Forschung in Sachen Toxizität befragt, um mögliche Risiken abzuschätzen. Vor allem die extreme Reaktionsfreudigkeit bereitet Forschern Kopfschmerzen. Gelangen die Nanopartikel in den Organismus von Mensch oder Tier, könnten sie, je nach Art des Eindringens, erheblichen Schaden anrichten, weil sie nahezu ungehindert durch den Organismus bis zur Lunge vordringen, hatten Wissenschaftler des Johnson Space Centers der Nasa festgestellt. Dort angekommen, hebeln sie den normalen Schutzmechanismus aus. Menschen, deren Immunsystem geschwächt ist, wie chronisch Kranke, Kinder oder Patienten mit Altersgebrechen, seien besonders gefährdet.

Im Idealfall verfügt das Atemsystem des Menschen über ausgeklügelte Abwehrmechanismen. Dringen Krankheitserreger oder Fremdstoffe in den Organismus ein, aktiviert der Körper bestimmte Immunzellen in den Lungenbläschen, so genannte Alveolar-Makrophagen. Diese setzen dann nicht nur reaktive Sauerstoffatome frei. Sie schicken auch eine ganze Armada an Proteinen und Lipiden ins Gefecht. Diese Botenstoffe stimmen dann weitere Zelltypen auf den Kampf gegen den Eindringling ein.

Aus Tierversuchen mit ultrafeinen Partikeln, wie sie beispielsweise auch bei der Verbrennung von Hausmüll entstehen und ähnliche Dimensionen wie industriell hergestellte Nanoteilchen aufweisen, wissen die Forscher schon seit 2002, was Nanopartikel anrichten können, wenn sie inhaliert werden. Die Immunreaktion der untersuchten Ratten schoss derart heftig über, dass sie gänzlich zum Erliegen kam; das Lungenepithel starb ab. Die erschreckenden Ergebnisse veröffentlichten die Forscher vom Institut für Toxikologie und Genetik des Forschungszentrums Karlsruhe im Fachblatt *Technologiefolgen-abschätzung – Theorie und Praxis*.[91] Ihren Erkenntnissen zufolge kann die Exposition gegenüber höheren Konzentrationen zu einer Verkürzung der Lebenserwartung um bis zu zwei Jahre führen.

Ausgerechnet die Stars am Himmel der neuen Technologie, Nanotubes, die aus zu Röhren geordneten Kohlenstoffatomen bestehen, erweisen sich aus toxikologischer Sicht als überaus problematisch. So starben in einer Testreihe 15 Prozent der Ratten, wenn sie 5 Milligramm Nanotubes je Kilogramm Körpergewicht eingeatmet hatten. Den Tod verursachten die Kohlenstoffkonstruktionen dadurch, dass sie sich verklumpten: Die Tiere erstickten, weil die Nanotubes die Atemwege verstopft hatten. Im Tierexperiment führten auch Fullerene, aus jeweils 60 Kohlenstoffatomen bestehende molekulare »Fußbälle«, zu Hirnschädigungen bei Fischen. Kritiker der Experimente bemängeln, dass es sich um irrsinnig hohe Dosen gehandelt habe, die üblicherweise gar nicht vorkämen.

Dass die trockene Verarbeitung von Nanopartikeln riskant ist, vermuten Nanotechnologen seit langem. Deshalb setzen viele von ihnen, darunter das Leibniz-Institut für Neue Materialien in Saarbrücken (INM), auf Matrizes oder ein Einbetten der Partikel in Flüssigkeiten, die nasschemisch im so genannten Sol-Gel-Verfahren hergestellt werden. Das INM hat inzwischen mehr als 100 Nano-Erfindungen weltweit patentiert, darunter mikrobiozide Oberflächen, um die Bildung von Biofilmen zu verhindern, zum Beispiel in Rohrsystemen von Lebensmittelproduktionsanlagen. Medizinisch nutzbares Vorzeigeprodukt sind magnetisierbare Nanopartikel, die als »sanfte Krebstherapie« bekannt geworden sind.[92]

Das Atmungssystem ist indes nicht die einzige Eintrittspforte für Nanopartikel. Auch über die Haut könnten die Teilchen in den Organismus gelangen, wo sie dann aufgrund ihrer geringen Größe auf keinerlei ernst zu nehmenden Widerstand stoßen. Beiersdorf, Hersteller von Sonnencremes mit nanoskaligem Titandioxid, streitet eine Aufnahme über die Haut allerdings ab. Umfangreiche elektronenmikroskopische Untersuchungen hätten keine Kontamination nachweisen können. Doch ein gehöriger Rest Unsicherheit bleibt, denn der Organismus weist Strukturen auf, über die man noch wenig weiß.

So gibt es so genannte Caveolen, kurze Einstülpungen in die Außenmembran von Zellen, über die Nanopartikel aufgrund ihrer Winzigkeit in die Zelle eindringen könnten. In einem Experiment brachten Wissenschaftler der US-amerikanischen University of Rochester Kohlenstoffteilchen mit einem Durchmesser von 35 Nanometern auf die Nasenschleimhaut von Ratten auf. Am darauf folgenden Tag fanden sie die Partikel in den Gehirnen der Versuchstiere wieder. Offenbar hatten die Enden der Geruchsnerven die Nanos aufgenommen und in den Riechkolben transportiert. Was die Kohlenstoffzwerge im Gehirn der Tiere anrichten können, darüber herrscht Unklarheit.

Nanopartikel stehen außerdem im Verdacht, Krebs zu erzeugen. Davon jedenfalls gehen Forscher des GSF-Forschungszentrums für Umwelt und Gesundheit in Neuherberg bei München aus. Ein Versuch – wiederum mit Ratten – bestätigt diese Annahme. Das darin verwendete Titandioxid löste bei den Nagern nach einer zweijährigen Zwangsverabreichung Lungenkrebs aus. Zwar sei dieses Ergebnis nicht unmittelbar auf den Menschen übertragbar, schränken die Wissenschaftler ein. Dennoch könne niemand davon ausgehen, dass keine Gefahr drohe – weitere Tests seien daher dringend erforderlich.

Bedenken gegen die revolutionäre Technologie reichen Jahre zurück. Als Toxikologen der Universität Rochester im US-Bundesstaat New York bereits 1994 die These präsentiert hatten, dass ultrafeine Teilchen unter 100 Nanometer Durchmesser zu gesundheitlichen Schäden führen können, stießen sie auf rigide Ablehnung, zumindest auf Skepsis. Zusammen mit Kollegen hatte Günter Oberdörster, der seit 30 Jahren die Wirkung kleinster Partikel untersucht, in Rattenversuchen gezeigt, dass diese aus der Lunge in die Leber gelangen können.[93]

Selbst deutsche Politiker wissen um die Problematik. Im November 2003 hatten Forscher des Büros für Technikfolgen-Abschätzung beim Deutschen Bundestag (TAB) den Berliner Parlamentariern den 450 Seiten umfassenden Bericht »Nanotechnologie« vorgelegt »Künstliche Nanostrukturen können durch Emissionen der Nanoindustrie oder durch Entstehung von Nanopartikeln beim alltäglichen Gebrauch in die Umwelt gelangen«, schreiben sie darin, und: Potenzielle Langzeitfolgen seien nicht auszuschließen.

Trotz solcher Warnungen sind Studien zu toxikologischen und gesundheitsrelevanten Auswirkungen hierzulande rar. Während viele Wissenschaftler deren Durchführung anmahnen, fließen staatliche Gelder vorwiegend in eine Richtung: hin zu Projekten mit handfesten medizinischen oder wirtschaftlichen Vermarktungsaussichten. Von insgesamt 57 im offiziellen Förderkatalog des BMBF aufgeführten Projekten zur Nanotechnologie findet sich kein einziges, das explizit die Unwägbarkeiten der Nanopartikel auslotet. »Es gibt momentan keinen Grund zur Panik oder für ein Moratorium«, erklärte dazu Rüdiger Haum vom Institut für ökologische Wirtschaftsforschung (IÖW) in Berlin, der seine Ergebnisse dem BMBF vorgestellt hatte, »zur Besorgnis aber schon.«[94]

In einer von der Allianz Group veröffentlichten Studie[95] geht der Versicherer von einem Einsatz der Nanotechnologie im Food-Bereich spätestens ab 2010 aus: »von Düngern über Zusätze zu Lebensmitteln bis zur Verpackung«. Das Allianz Zentrum für Technik (AZT) bescheinigt der Nanotechnologie ein enormes Potenzial, gibt aber gleichzeitig zu bedenken, dass »für einen in allen Bereichen sicheren Umgang mit Nanopartikeln heute die Voraussetzungen noch fehlen«. Deshalb müssten deren Wirkungen auf Mensch und Umwelt intensiver und in aller Breite erforscht, Risiken identifiziert und in unterschiedlichen Szenarien ihre möglichen Auswirkungen simuliert werden.

Zauberhafte Technologie?

Ungeachtet solcher Bedenken arbeitet die Nahrungsmittelindustrie mit Hochdruck an der Entwicklung neuartiger Nanoprodukte, die Erforschung der Nebenwirkungen gerät ins Hintertreffen. Der Einzug von Nanofood ist daher gar nicht mehr aufzuhalten. Lässt man alle Skrupel fahren und konzentriert sich auf das Potenzial der Nanotechnologie, ist die Geschwindigkeit, mit der neue Wege beschritten werden, wirklich eindrucksvoll. Für die Nanotechnologie trifft zu, was der Technikphilosoph Günther Anders in *Die atomare Drohung* (1981) einmal gesagt hatte: »Wir sind invertierte Utopisten: Während

Utopisten dasjenige, was sie sich vorstellen, nicht herstellen können, können wir uns dasjenige, was wir herstellen, nicht vorstellen.« Beispiele lassen sich einige finden.

Für besonders »vielversprechend« hält die österreichische Chemikerin Liliana De Campo den Einsatz von Monoglyceriden in der Nahrung als Transporter für Aromastoffe, Vitamine und Proteine. Ihre Erkenntnisse lösten in der Fachwelt solchen Beifall aus, dass ihre Dissertation, die sie an der Universität Graz verfasste, 2005 den Forschungspreis des Landes Steiermark für Nanowissenschaften und Nanotechnologien erhielt.[96] Monoglyzeride von Speisefettsäuren sind eine spezielle Art von Fetten, die in der Lebensmittelindustrie seit langem als Emulgatoren zum Einsatz kommen. Sie können zwei nicht mischbare Flüssigkeiten, zum Beispiel Wasser und Öl, miteinander verbinden. In Kombination mit Wasser bilden diese Fette von selbst nanostrukturierte Flüssigkristalle, die De Campo im Rahmen ihrer Arbeit noch weiter zerkleinert hat, um die innere Nanostruktur manipulieren zu können und um herauszufinden, welche neuen Fähigkeiten die veränderten Strukturen aufweisen. Mit Röntgen-Kleinwinkel-Kameras, die an der Abteilung für Physikalische Chemie der Universität Graz für die Nanoforschung optimiert wurden, konnte De Campo beobachten, dass sich die inneren Nanostrukturen, abhängig von bestimmten äußeren Bedingungen, spontan immer gleich bilden. So bewirkt das Aufheizen der Tröpfchen eine Verengung der Wasserkanälchen im Inneren, wodurch eingelagerte Moleküle hinausgedrückt werden können. Umgesetzt in die Praxis wäre es also machbar, durch Erhitzen von Speisen eine kontrollierte Freisetzung bestimmter vorher zugesetzter Stoffe, wie etwa Aromen, Vitamine oder Proteine, zu erreichen – eine für Functional Food äußerst faszinierende Erkenntnis. Dass das Interesse der Industrie an diesem Thema riesig ist, führt ein Beispiel vor Augen. Die israelische Firma NutraLease, ein Start-up-Unternehmen an der Hebrew University of Jerusalem, entwickelte ein spezielles Nanoverfahren, mit dessen Hilfe Sterole (siehe Kapitel »Functional Food«) eingekapselt werden können. Auf diese Weise verpackt und dem Öl Canola Active zugesetzt, gelangen die Pflanzeninhaltsstoffe von der Magensäure unbeschadet dorthin, wo sie die Forscher haben wollen: ins Blut der Konsumenten, wo sie die Resorption von Cholesterin hemmen.

In eine ähnliche Richtung wie die Grazer Dissertation geht eine Studie, die unter anderem mit Geldern des Lebensmittelgiganten Unilever finanziert und im US-Fachblatt *Science* publiziert worden ist. Darin berichtet David Weitz von der Harvard University über die erfolgreiche Entwicklung so genannter Kolloidosome. Die Wortbildung lehnt sich an den Begriff Liposome an, Kapseln aus fettähnlichen Doppelschichten. Kolloidosome sind künstliche Gebilde, deren Durchmesser zehnmal kleiner ist als eine menschliche Zelle. Sie sind wirkstoffdurchlässige Kapseln aus Kolloidteilchen, die, ähnlich dem Grazer Verfahren, mit Zusatzstoffen, Aromen, Wirkstoffen oder sogar lebenden Zellen beladen werden können und diese erst im Zielorgan abgeben. In zehn Jahren schon dürften die ersten auf diese Weise aufgepeppten Nanolebensmittel in den Handel kommen.

Überhaupt investiert Unilever, Markenschöpfer von »Du darfst«, Knorr-Fertiggerichten, Käpt'n Iglos Fischstäbchen, Slim Fast und vielen anderem mehr, eine Menge Geld in innovative Ideen. Das Unternehmen gibt jährlich allein 50 Millionen Euro für die Erforschung und Entwicklung von Eiscreme aus, 40 Prozent verwendet es darauf, sein Langnese-Eis auf die schnell wachsende Gesundheits- und Wellness-Sparte abzustimmen. Gesundheit und Wellness sind derzeit Lieblingsthemen der Verbraucher, und so verwundert es nicht, dass von allen Neueinführungen bei Eissorten in den USA 60 Prozent entsprechend gelauncht wurden.[97] Speiseeis trägt ein Fünftel zu den Gesamtumsätzen der Food-Sparte bei Unilever bei. Der Druck, stets die Nase vorn zu haben, lastet daher schwer – immerhin 2 000 Produkte müssen stets en vogue sein.

Speiseeis ist eines der komplexesten Lebensmittel überhaupt, ein disperses und empfindliches System aus Wasser, Zucker, Milch, manchmal Sahne und Ei mit mannigfachen geschmackgebenden Zutaten, beispielsweise Aromen, Früchten, Vanille oder Kakao, dazu vielerlei Hilfsstoffe, die seine Stabilität, sein Mundgefühl und sein Aussehen optimieren sollen. Nach dem Mischen aller Zutaten wird die Masse unter häufigem und schnellem Aufschlagen, oft unter Zuhilfenahme von Stickstoff, gefroren. Gutes Eis zeigt ein gleichmäßiges Muster kleinster Luftbläschen, größere Eiskristalle dürfen sich nicht bilden. Nur wenn die Kristalle so winzig sind, dass sie sich sofort im Mund auflösen und man sie im Mund nicht spürt, ist das Eis cremig. Vor allem das Fett sorgt für die Stabilität des Eises – besonders feines Speiseeis ist deshalb auch besonders fett. Auf den Fettkügelchen im Eis befinden sich kleine Eiweiß-»Antennen«. Mit diesen »Antennen« dockt das Fett an die Luftblasen an. Es entsteht ein Gerüst, das die empfindlichen Bläschen stabilisiert – das Eis hinterlässt einen cremigen Geschmackseindruck. Technisch gesehen ist Speiseeis ein Schaum, und Schäume sind thermodynamisch instabil. Die Luftbläschen im Eis sind verschieden groß, auch können sie sich verändern. Ein Zeichen für die Mobilität des Eises sind die Eisstacheln, die sich nach einiger Zeit in der Tiefkühltruhe auf der Oberfläche bilden und von denen Konsumenten fälschlicherweise annehmen, sie hätten sich »von außen« entwickelt. Gerade für Speiseeis ist die Nanotechnologie ein Segen. Denkbar wäre, dass nanoskalige Fettersatzstoffe an die Stelle von Fett treten, die nicht nur den Gesamtfettgehalt minimieren, sondern auch noch so konstruiert sind, dass sie die Luftbläschen im Eis auf Dauer stabilisieren – auch bei minus 25 Grad und bei kurzzeitigem Unterbrechen der Kühlkette. Nanometerkleine Transportmoleküle könnten zudem alle möglichen Stoffe freisetzen: vom Aroma über Vitamine bis hin zu maskierten Wellness-Extrakten, die ohne Nanotechnologie einen unliebsamen Fremdgeschmack auf der Zunge hinterließen.

Die Branche träumt bereits von »interaktiven Lebensmitteln«, die sich in Geschmack, Aussehen oder Verträglichkeit dem jeweiligen Kundenwunsch anpassen können. Die Nahrung der Zukunft wird sich von unserem heutigen Essen deutlich unterscheiden, wie der *Nanotech Report 2005* von Forbes/Wolfe voraussagt. Mit ein wenig Fantasie lässt sich ausmalen, was Küche und Keller in einem Jahrzehnt bestimmen könnte: synthetisches Fleisch aus der Petrischale, Dosensuppe, die nach Omas Hausrezept schmeckt, ein Fertiggericht, das auch dann noch sämtliche Vitamine und Mineralstoffe enthält, wenn es eine halbe Stunde auf dem Herd vor sich hin brodelt, ein

Käse, der nicht den strengen Odeur eines Harzer Rollers verströmt, sondern nach frisch gepflückter Minze duftet oder ein Nano-Party-Drink, der je nach Temperatur seine Farbe ändert ...

Kapitel 4

Rohstoffe

Natürlich und gesund, mehr oder weniger

Auf den ersten Blick mag es verwundern, dass wir die Risiken der Rohstoffe im Big Business der Lebensmittelproduktion und die Lücken im Kontrollsystem mit einem von den Medien ad acta gelegten Thema belegen wollen: BSE. Während andere Skandale in den Medien immer wieder aufflackern, nimmt kaum jemand noch davon Notiz, wie das derzeitige System Landwirtschaft es erleichtert, Vorschriften zu BSE sukzessive zu umgehen und zum Zweck eigener Gewinnmaximierung auszublenden. BSE steht exemplarisch für den nachlässigen und teils skrupellosen Umgang mit Rohstoffen, die die Grundlage für die Herstellung von menschlicher Nahrung bilden.

Die durch atypische Prionen verursachte Erkrankung, deren humane Variante (eine neue Variante der Creutzfeldt-Jakob-Krankheit; englisch: Variant Creutzfeldt Jakob Disease, vCJD) ebenfalls zum qualvollen Tod führt, gilt in der Öffentlichkeit längst als kontrollierbar, wenn nicht sogar als besiegt. Gammelfleisch und falsch abgepackte Ware beschäftigten die Verbraucher 2005/06 mehr als eine durch nicht artgerechte Verfütterung von Kadavern und Schlachtresten an Pflanzenfresser hervorgerufene Erkrankung, deren Einzelmechanismen weder für das Rind noch für den Menschen vollständig aufgeklärt sind. Tiermodelle mit Mäusen und Hamstern haben die Erkenntnisse um BSE zwar erheblich erweitert und geben viele Anhaltspunkte – aber keine Gewissheit, wie sich die Erreger in der »Black Box« Mensch oder Wiederkäuer ausbreiten.

Im Unterschied zu anderen Lebensmittelskandalen ist für BSE genau dokumentiert, wie es zu einem Ausbruch kommen konnte, wie

Industrie und Bauernlobby gelogen, die Politik vertuscht und die Verbraucher vertraut haben. Ungeachtet der Zustände aber gilt der Rohstoff deutsches Rindfleisch wieder als »sicher« – ob das wirklich so ist, will das folgende Kapitel beantworten.

Verschlusssache BSE

In den letzten 14 Jahren gelangte das Fleisch Tausender BSE-kranker Tiere unerkannt in französische Geschäfte. Der Fall gilt als Desaster für den Verbraucherschutz und die behördlichen Kontrollen – und hat möglicherweise bereits erste Todesopfer gefordert. Dieses Beispiel zeigt wie kein anderes : Lebensmittelkontrollen sind in der EU im Alltag unzureichend, obwohl es ausgefeilte Überwachungssysteme gibt. Die aber will offensichtlich niemand haben.

»Wir gehen davon aus, dass zwischen 1980 und dem Jahr 2000 insgesamt 301 200 Rinder in Frankreich mit BSE infiziert waren«, resümieren Virginie Supervie und Dominique Costagliola. Die beiden Forscher vom Nationalen Institut für Gesundheitswesen und medizinische Forschung in Paris machten im Jahr 2005 einen neuen, wenn auch bis heute kaum beachteten BSE-Skandal in Frankreich publik. Laut einer im Fachblatt *Veterinary Research* publizierten Studie[1] kamen bis 1996 insgesamt 47 300 infizierte Rinder auf den Tisch der französischen Verbraucher. Besondere Brisanz erhält das Papier, weil es Fehler in der Bekämpfung der tödlich verlaufenden und auf den Menschen übertragbaren Tierseuche aufzeigt. Denn erfasst und publik wurde erst die zweite Infektionswelle; die erste blieb unentdeckt.

Nachdem Anfang der 1980er Jahre in Großbritannien die ersten Fälle der gefährlichen Prionenerkrankung ins Bewusstsein der Öffentlichkeit getreten waren, bemühte sich die französische Regierung vorwiegend um einen Importstopp für infizierte Kühe aus dem Nachbarland. Doch die Kontrolle der eigenen Bestände startete erst Jahre später, nachdem 1991 das erste französische Rind mit BSE-Symptomen bekannt geworden war. Noch im Jahr 1989, fast fünf Jahre nach dem ersten BSE-Fall in Großbritannien, fütterten Landwirte in Frankreich ihre Viehbestände mit britischem Tiermehl – und verseuchten auf diese Weise die Nahrungskette mit Prionen. Auch waren französische Herden bereits in den 1980er Jahren längst mit BSE infiziert. Die Publikation der beiden Forscher überraschte die Regierung in Paris zu einem denkbar ungünstigen Zeitpunkt. Die französischen Behörden mussten den Tod eines 55-jährigen Mannes bekannt geben, der an der Variante der Creutzfeldt-Jakob-Erkrankung (vCJD) gestorben war. Es handelte sich dabei um den bisher siebten vCJD-Todesfall in Frankreich.

Einen Zusammenhang zwischen BSE und vCJD hatten Forscher bereits 1996 festgestellt. In ungewöhnlich scharfer Form kritisierte Costagliola die Behörden der französischen Republik: Man habe »seit einiger Zeit gewusst, dass die offiziellen Statistiken nicht das wahre Ausmaß der Epidemie widerspiegeln«, schrieb der Wissenschaftler. Die Fakten geben ihm Recht: Laut amtlicher Zählung gab es in Frankreich in den vergangenen 14 Jahren lediglich 923 mit BSE infizierte Rinder. Die restlichen 290 000 kommen in dieser Erfassung gar nicht vor. Dabei hätten die Behörden spätestens vor fünf Jahren reagieren können. In einem Bericht des wissenschaftlichen Komitees der EU (SSC), der im Juli 2000 erschien, warnten die Experten schon vor weitaus höheren BSE-Zahlen in Frankreich. Auf Seite fünf des Papiers kommen die Experten zu dem alarmierenden Schluss, dass die Überwachung »kein reales Bild über die Zahl der BSE-Fälle wiedergibt«.

In Deutschland gibt es solche warnenden Stimmen nicht. Im Frühjahr 2004 stellte das Institut für Tierernährung und Diätetik der Universität München eine Risikoanalyse[2] vor, die das bayerische Gesundheitsministerium in Auftrag gegeben hatte. Die Wissenschaftler nannten vor allem Zahlen: Während 2001 125 Tiere positiv auf BSE getestet worden waren, seien es im Jahr 2002 noch 106 und 2003 54 Rinder mit BSE gewesen. Spätestens ab 2013, so lautet die Prognose, würde in Deutschland weniger als ein Fall pro Jahr nachgewiesen werden. Allerdings sei nicht auszuschließen, dass »auch in Bayern ein Eintrag von BSE-Erregern in die Nahrungskette erfolgt sein könnte«[3]. (Übersicht der in Deutschland aufgetretenen BSE-Fälle siehe Tabelle 20).

Tabelle 20: BSE-Fälle in Deutschland

Bundesland	Summe*
Bayern	140
Niedersachsen	68
Baden-Württemberg	46
Schleswig-Holstein	32
Nordrhein-Westfalen	20
Brandenburg	15
Sachsen	15
Rheinland-Pfalz	13
Mecklenburg-Vorpommern	11
Hessen	11
Sachsen-Anhalt	10
Thüringen	9
Saarland	1
gesamt:	391

*Stand: Januar 2006; Summe aller bisherigen Fälle je Bundesland
Quelle: Bundesministerium für Verbraucherschutz, Ernährung und Landwirtschaft (BMVEL)

BSE, »Bovine spongiforme Enzephalopathie«, heißt wörtlich übersetzt etwa »Rinder-Hirnschwamm« und bezieht sich auf die Form des Gehirns, das unter dem Einfluss der Erreger schwammartig durchlöchert wird. BSE gehört zu einer ganzen Formengruppe verwandter Krankheiten, den »übertragbaren, schwammartigen Hirnerkrankungen« oder Transmissiblen spongiformen Enzephalopathien (TSE, siehe Tabelle 21). Die älteste bekannte Form ist die Traberkrankheit bei Schafen, auch Scrapie genannt. Schäfer hatten sie erstmals im 18. Jahrhundert beobachtet. Allein in Großbritannien erkranken jährlich schätzungsweise 10 000 Schafe an Scrapie.

Schon in den 1960er Jahren vermuteten Wissenschaftler, es könne sich bei dem Erreger der TSE-Erkrankungen um abartige Eiweiße handeln. Während übliche Krankheitserreger gegen Desinfektionsmittel wie Äthanol oder Formaldehyd, ionisierende oder ultraviolette Strahlen oder Hitze empfindlich sind, überstehen die Erreger der

TSE-Erkrankungen solche äußeren Einflüsse unbeschadet. Sie sind so widerstandsfähig, dass sie sogar im Boden Jahre überdauern können. Ende 1970 griff der amerikanische Forscher Stanley B. Prusiner die Eiweißidee wieder auf und formulierte daraus 1982 die »Prionentheorie« (Prion abgeleitet von »proteinaceous infectious particles«, auf Deutsch etwa »eiweißartige ansteckende Teilchen«), wofür er 1997 den Nobelpreis für Medizin erhielt. Bei den abartigen Prionen handelt es sich um spezielle Eiweiße, die sich von den normalen körpereigenen durch eine andere Struktur unterscheiden: Ihre Abfolge von Aminosäuren ist abweichend, dadurch sind sie anders gefaltet. Die normalen körpereigenen Prionen werden mit PrP(c) bezeichnet, die krankmachenden mit PrP(sc). Pathogene Prionen veranlassen normale Prionen, sich ebenfalls umzufalten. Die Mechanismen der Infektiosität der PrP(sc) sind bis heute weitgehend ungeklärt. Übertragen wird die Krankheit durch infiziertes Tiermehl und »Milchaustauscher« bei Kälbern. Der Mensch kann sich über den Verzehr von Risikomaterial wie Knochen, Hirn- und Lymphgewebe oder Rückenmark anstecken und erkrankt an einer neuen Variante der Creutzfeld-Jakob-Krankheit (vCJK). Nach Einschätzung der Weltgesundheitsorganisation (WHO) sind Fleisch und Milch unbedenklich.

Dem derzeitigen Kenntnisstand nach hat BSE eine Inkubationszeit von drei bis sieben Jahren; die Angaben darüber variieren stark. Der Verlauf der Krankheit ist kurz und heftig: Erkrankte Tiere sterben nach drei bis sechs Monaten. Allerdings treten offensichtliche BSE-Symptome erst in einem Alter auf, das Rinder normalerweise gar nicht erreichen – sie werden vorher geschlachtet, Mastbullen zum Beispiel nach 14 bis 20 Monaten, Hochleistungsmilchkühe dagegen erst nach vier bis fünf Jahren. Die Krankheit beginnt unspektakulär und schleichend: Obwohl die Fresslust lange erhalten bleibt, magern die Tiere ab und geben immer weniger Milch, sie erschrecken sich übermäßig bei Berührung, durch unvermittelte Geräusche oder plötzliches Licht, blicken ängstlich, knirschen mit den Zähnen, zittern und schlagen aus. Später verstärken sich die Verhaltensänderungen, und es kommen Bewegungsstörungen wie Straucheln und Stolpern hinzu. Auch beim Menschen degeneriert das Gehirn, bis die meisten Körperfunktionen verloren gehen. Die Inkubationszeit beim Menschen liegt bei durchschnittlich 13 Jahren; zwischen Ausbruch der Krankheit und Tod liegen etwa 14 Monate. Die vCJK ist nicht therapierbar und nicht heilbar.

Tabelle 21: TSE-Formen im Überblick

Wirt	Krankheit	bekannt seit
Mensch	– Kuru	1900
	– Klassische Creutzfeld-Jakob-Krankheit	1920
	– Gerstmann-Sträussler-Scheinker	1926
	– Fatale familiäre Insomnie	1992
	– Variante Creutzfeld-Jakob-Krankheit	1996
Rind	– Bovine spongiforme Enzephalopathie (BSE)	1985
Schaf, Ziege	– Traberkrankheit (Scrapie)	1730
Mufflon	– Bovine spongiforme Enzephalopathie (BSE)	2005
Nerz	– Transmissible spongiforme Mink-Enzephalopathie des Nerzes	1947
Hirschartige, z. B. Wapiti	– Chronic Wasting Disease	1967
Wiederkäuer in Zoos, z. B. Kudu, Zedu, Bison, Antilopen	– Bovine spongiforme Enzephalopathie (BSE)	1986
Katze, Gepard, Puma	– Feline spongiforme Enzephalopathie	1990

Quelle: Bundesamt für Veterinärwesen (BVET)

Die Europäische Union hat eine Reihe von Sicherheitsvorkehrungen getroffen, um die Seuche einzudämmen. So ist vorgeschrieben:

- dass Risikomaterial von Rindern nicht verwendet werden darf – bei über 12 Monate alten Rindern sind das der Schädel einschließlich Gehirn und Augen sowie Mandeln, Rückenmark mit Wirbelsäule und Nervenknoten der Rückenmarksnerven (Spinalganglien). Der gesamte Darm aller Rinder, gleich welchen Alters, ist als Risikomaterial eingestuft. Es darf nicht in die Nahrungskette gelangen und wird eingeäschert;
- dass Schlachttiere, die ein Lebensalter von 30 Monaten erreicht haben, obligatorisch auf BSE getestet werden;

- dass alle Rinder, die verendet sind oder wegen Krankheit getötet werden mussten, untersucht werden;
- dass im Falle eines positiven BSE-Befundes sämtliche Kohortentiere zu töten sind und das Fleisch entsorgt werden muss;
- dass Tiermehl nicht mehr an Tiere verfüttert werden darf, die selbst Lebensmittel liefern.

Deutschland war noch einen Schritt weiter gegangen und hatte im nationalen Alleingang das Untersuchungsalter von Rindern von 30 auf 24 Monate herabgesetzt. Außerdem verbot es tierische Fette in Milchaustauschern, der »künstlichen Milch«, die als Ersatznahrung für Kälber verwendet wird.

Futtermittel: Tiermehl und Tierfett als Risiko

Allein bei der Schlachtung, Zerlegung und Fleischverarbeitung fallen in Deutschland jedes Jahr mehr als 2 Millionen Tonnen Schlachtnebenprodukte an. Hinzu kommen rund 400 000 Tonnen an Tierkörpern: wegen Krankheit getötete oder verendete Tiere aus der Heimtierhaltung, aus Zoos und Zirkussen, aber auch Wildtiere. Dieses »Material« ist die Basis für Tiermehl. Um es herzustellen, werden die Kadaver in den Tierkörperbeseitigungsanlagen zunächst in Stücke gesägt, dann gemahlen und anschließend im Drucksterilisationsverfahren gekocht. Drucksterilisation (vorgeschrieben seit 1. April 1997) bedeutet eine 20-minütige Wärmebehandlung bei mindestens 133 Grad Celsius unter 3 Bar Druck. Die Partikel dürfen nicht größer sein als 5 Zentimeter, um eine gleichmäßige Wärme- und Druckeinwirkung gewährleisten zu können. Ob dieser Vorgang korrekt eingehalten wird, liegt in der Eigenverantwortung der Betriebe. Nach dem Kochen folgt das Trocknen. Tiermehl ist bei Landwirten als preiswerter Eiweißlieferant geschätzt. Weil Eiweiß die Milchleistung steigert und den Muskelaufbau vorantreibt, war Tiermehl lange Zeit Bestandteil von »Kraftfutter«, auch für das Rind als reinen Pflanzenfresser. Bis die BSE-Krise Deutschland erreichte, wurden im Land etwa 390 000 Tonnen Tiermehl pro Jahr verfüttert – das sind

2,6 Millionen Lkw-Ladungen. Noch heute wird Tiermehl in Heimtierfutter für Katzen und Hunde verarbeitet. Inzwischen gelten europaweit drei gesetzlich festgelegte Risikokategorien von Tiermehlen. Kategorie 1 steht für besonders riskantes Material, die Kategorien 2 und 3 für weniger gefährliche Produkte. Zwar darf inzwischen keine der drei Kategorien an Lebensmittel liefernde Tiere verfüttert werden. Doch dürfen Landwirte Material der Kategorie 3 als Dünger auf ihren Feldern ausbringen. 170 000 Tonnen Tiermehle wurden allein im Jahr 2003 als Düngemittel an Landwirte abgegeben. Entgegen den seit März 2003 geltenden gesetzlichen Vorschriften wird dieses Tiermehl weder eingefärbt noch durch Zusatz von Farb-, Geruchs- oder Bitterstoffen vergällt.[4] Eine Prüfung, ob der Bauer seine Kartoffeln damit düngt oder das Verfütterungsverbot unterläuft, erfolgt kaum, denn weder gibt es eine amtliche Verwendungskontrolle, noch ist ein »Verbringungsnachweis« vorgeschrieben. Daher kann niemand sicher ausschließen, dass das Tiermehl nicht doch statt auf dem Acker im Futtertrog landet. Zumindest die Versuchung dürfte groß sein, sind Futtermittel doch der größte Kostenfaktor in der Nutztierhaltung. Tiermehle sind im Eiweißgehalt mit Futtersoja vergleichbar, kosten aber nur ein Zehntel. Zwar muss der Rinderhalter hohe Strafen fürchten. Doch dafür müsste er auf frischer Tat ertappt werden: beim Verfüttern des Tiermehls.

Tierischen Abfällen entstammt auch das Tierfett, das in Milchaustauschern für Kälber Verwendung findet. Milchaustauscher haben gegenüber Kuhmilch den wirtschaftlichen Vorteil, dass sie billiger sind: Das Kalb erhält die Ersatznahrung, während die Milch verkauft werden kann. Auch sind Eiweiß-, Fett- und Mineralstoffgehalt stets gleich und unterliegen nicht den natürlichen Schwankungen der Kuhmilch. Milchaustauscher können bis zu 20 Prozent tierische Fette enthalten. Nachdem feststand, dass sich einige Rinder bereits im Kälberalter mit BSE infiziert hatten, gerieten die Milchaustauscher in den Fokus der BSE-Ermittler. Dass Rinderhalter das Tiermehl illegal unter die flüssige Kälbernahrung mischten, hielten sie unter anderem deshalb für ausgeschlossen, weil Tiermehl schwer löslich ist und sich am Boden absetzen würde. So stießen sie auf den Fettanteil im Milchaustauscher, der in Deutschland auf zweierlei Weise gewonnen wurde. Zum einen entstand er während der Tiermehlproduktion als so genanntes Extraktionsfett unter den vorgeschriebenen Bedingungen der Drucksterilisation, die, falls exakt ausgeführt, recht sicher pathogene Prionen vernichtet. Ein anderer Weg war die Entsorgung von Knochen, die beim Auslösen des Fleisches übrig blieben, oder auch von zu viel Fett, das der Tierkörper lieferte. Diese Reste unterlagen nicht der Vorschrift zur Drucksterilisation. Die Vorstellung, dass prionenverseuchte Milchaustauscher Kälber angesteckt haben könnten, beunruhigte im Juli 2002 die Fachwelt. Die Befürchtung wurde laut, dass praktisch jedes Rind, das nicht in einer Mutterkuhhaltung aufgewachsen war und während seiner Jugendzeit Milchaustauscher bekommen hatte, infiziert sein könnte.[5] Unterstützt wurde diese These durch Fütterungsversuche: Vier Monate alte Kälber hatten mit der Nahrung sehr hohe Mengen an BSE-Erregern aufgenommen – nach sechs Monaten waren diese schließlich im Gehirn angekommen. Bis dahin hatten Forscher und Politiker stets versichert, dass sogar Produkte eines BSE-infizierten Kalbes keine Gesundheitsgefahr für den Konsumenten bergen, weil die Prionenkonzentration viel zu gering wäre: Das gesamte Kalb (inklusive Risikomaterial) galt als unbedenklich. Die Bundesregierung hielt die neuen Erkenntnisse für so alarmierend, dass sie umgehend den Einsatz tierischer Fette in Milchaustauschern verbot – zu Recht, wie sich später herausstellte: Schon Zukaufkraftfutter erhöht das BSE-Risiko um 9,7 Prozent, Milchaustauscher treiben es um 15,8 Prozent in die Höhe. EU-weit stieß die deutsche Entscheidung auf wenig Zustimmung. Seitdem dürfen die Bauern in unseren Nachbarländern weiterhin die aus tierischen Abfällen gewonnenen Tierfette legal verfüttern – die deutschen Landwirte sind an heimisches Recht gebunden.

BSE-Tests: Für Verbraucher nutzlos?

Schlachtvieh muss in der Europäischen Union dann auf BSE untersucht werden, wenn es älter ist als 30 oder, in Deutschland, älter als 24 Monate. Die bislang gängigsten in der EU angewandten Tests sind der Prionics Check, der Platelia BSE-Test und das Enfer Test System (siehe Kasten »BSE-Tests«). Bis 2004 waren EU-weit fünf Testverfahren zugelassen. In Deutschland werden bisher vor allem die der Prionics und der Platelia-Test verwendet. Die amtliche Zulassung nach dem deutschen Tierseuchengesetz vergibt das nationale Referenzzentrum für BSE-Diagnostik am Friedrich-Löffler-Institut, vormals Bundesforschungsanstalt für Viruskrankheiten der Tiere, Tübingen. Bisherige Tests können nur am toten Tier durchgeführt werden: Nach der Schlachtung wird eine Probe des Gehirns oder des Rückenmarks entnommen und im Labor auf Prionen getestet. Sie können PrP(sc) etwa sechs Monate vor dem Ausbruch der ersten klinischen Symptome nachweisen. Für die Untersuchung anderer Körperbestandteile wie Muskelfleisch, Milch oder Blut sind sie aber ungeeignet. Auch kann keiner der beschriebenen Tests BSE im Früh- oder mittleren Stadium der Infektion erkennen – eine Gewähr für BSE-freies Fleisch bieten sie daher nicht. Zwar sind die Erreger nach bisherigen Erkenntnissen vor allem auf Gehirn und Rückenmark konzentriert, doch können sie sich beim Schlachten verteilen. Durch Sägen und Fleischerwerkzeuge gelangen Körperflüssigkeiten und infiziertes Gewebe auch auf andere Rinderteile. Selbst ein Übergreifen auf ursprünglich BSE-freie Fleischstücke ist nicht ausgeschlossen. Auch Muskelfleisch enthält eine geringe Menge pathogener Prionen. 2005 konnten Forscher nachweisen, dass sich bei Prionenerkrankungen massiv PrP(sc) in allen inneren Organen ansammeln und nicht nur in den Risikoregionen wie Lymphknoten und Milz. Auch in Leber, Niere und Bauchspeicheldrüse fanden sie solche Ansammlungen, wenn diese gerade einen Entzündungsprozess durchmachten[6] – sie galten bis dahin als prionfreies Gewebe und hatten keinerlei Augenmerk auf sich gezogen.

Ein Großteil des Rindfleischs kommt ohnehin ungetestet auf den Markt, weil die meisten Schlachttiere jünger als die für Tests vorgeschriebenen 30 beziehungsweise 24 Monate sind. Die nicht getesteten Jungbullen, welche nicht älter als 14 bis 20 Monate sind, müssen laut Gesetz gar nicht routinemäßig untersucht werden. Und

BSE-Tests

1. Prionics Check

Dieser Test ist ein Produkt der Schweizer Firma Prionics und spürt die Erreger innerhalb von sieben Stunden im Hirn- und Rückenmark infizierter Tiere auf. Grundlage ist der »Western Blot«, ein Verfahren, bei dem die Proteine unter Einfluss eines elektrischen Feldes aufgetrennt und auf eine Membran übertragen werden, wo sie ein typisches Muster bilden. Dort erfolgt dann über eine so genannte Immunodetektion der Nachweis. Der Prionics Check ist für ein Massen-Screening ausgelegt und ist der weltweit am meisten verwendete Test.

2. Platelia BSE von Bio-Rad

Platelia BSE wurde von der französischen Firma Bio-Rad entwickelt. Das Testergebnis liegt nach 24 Stunden vor. Der Test läuft mithilfe synthetisch hergestellter Antikörper ab. Diese monoklonalen Antikörper sind spezielle Eiweiße, die bestimmte Strukturen erkennen und sich daran festheften, im Falle von BSE »erkennen« sie ein spezielles Fragment des pathogenen Prions. Um die Reaktion zwischen Antikörper und BSE-Fragment nachzuweisen, wird ein ELISA-Reader angewendet (ELISA = enzyme linked immuno sorbent assay), ähnlich wie er auch in der AIDS-Diagnostik zum Einsatz kommt.

3. Enfer Test System

Das Produkt der irischen Firma Enfer Scientific, Newbridge/Kildare, ist der schnellste der vorgestellten Tests. Er zeigt das Ergebnis bereits nach zwei Stunden an. Er ist wie der Platelia ein ELISA-Test, mit dem Unterschied, dass er statt monoklonaler Antikörper ein spezielles Antiserum nutzt, ein Blutserum also, das Antikörper enthält.

selbst wenn sie es würden – die Tests können pathogene Prionen erst in höheren Konzentrationen nachweisen, also erst wenige Monate, bevor die Krankheit ausbricht. Die Inkubationszeit beträgt jedoch mehrere Jahre. Daher garantieren negative Tests auch bei jüngeren Tieren nicht für BSE-Freiheit. Ein Blick auf die Statistik zeigt, dass die meisten positiv getesteten Rinder ausgediente Milchkühe und damit erheblich älter waren. Das könnte auch eine Erklärung dafür sein, warum Bayern die innerdeutsche BSE-Liste als Spitzenreiter anführt: Mehr Milchkühe stehen nirgends sonst in der Republik. Daher ist auch das Argument, 20 Prozent aller in Deutschland durchgeführten BSE-Tests seien sinnlos, im Grunde richtig. Und: Schließlich ist jedes fünfte Tier, das in Deutschland auf BSE getestet wird, jünger als 24 Monate.[7]

BSE-Tests haben vor allem einen epidemiologischen Nutzen. Indem sie helfen, infizierte Tiere zu erkennen, lassen sich Erkenntnisse über die Verbreitung von BSE und Veränderungen in der Entwicklung der Krankheit über einen längeren Zeitraum gewinnen. Obwohl die Tests bei jüngeren Rindern gar nicht funktionieren, dringt der Handel darauf, sie durchzuführen, um den Absatz von Rindfleisch zu forcieren – der Verbraucher wird wissentlich getäuscht. Politikern dürfte das Problem bekannt sein, doch auch sie fürchten, dass ein Teststopp den Rindfleischmarkt erneut erschüttern würde. Die wirtschaftlichen Einbußen würden die Ausgaben für die Tests um ein Vielfaches übersteigen. Beispielsweise hat das Land Baden-Württemberg im Jahr 2001 umgerechnet 19,7 Millionen Euro für BSE-Tests ausgegeben. In der gesamten Bundesrepublik wurden damals rund 427 000 unter 24 Monate alte Rinder und 740 000 unter 30 Monate alte Rinder getestet; der Preis pro Test belief sich je nach Bundesland zwischen 12 Euro (Schleswig-Holstein) und 76 Euro (Berlin), durchschnittlich kostete ein Test 35 Euro – ohne die Kosten für Probenahme und den Transport.[8] Demgegenüber nimmt sich die Dimension des Wirtschaftsfaktors Rindfleisch ganz anders aus. Im Gegensatz zu anderen europäischen Ländern werden in Deutschland 50 Prozent der betrieblichen Erträge in der Landwirtschaft aus der Tierproduktion und nur 30 Prozent aus der Pflanzenproduktion erwirtschaftet; der Rest sind Direktzahlungen, Beihilfen, Flächen-,

Stilllegungs- und Tierprämien. Der Selbstversorgungsgrad Deutschlands mit Rind- und Kalbfleisch liegt derzeit bei etwa 130 Prozent. Deutschland nimmt eine Spitzenstellung in der Ausfuhr von Lebensmitteln ein – für Italien steht es als Rindfleischexporteur sogar an erster Stelle. 85 000 Tonnen deutsches Rindfleisch, frisch oder tiefgefroren, im Warenwert von umgerechnet knapp 310 Millionen Euro führen die Italiener Jahr für Jahr ein. Vorbehalte gegen Rindfleisch wollen sich Politik und Wirtschaft schon aus diesem Grund nicht leisten. Dass die »gleich bleibend hohe Anzahl von BSE-Fällen«[9] (siehe Tabelle 22) vielversprechende Außenhandelspartner wie die Volksrepublik China abschreckt, ist schon hart genug: Während Deutschland im Jahr 2002 noch Rindfleisch in einem Wert von 124 000 Euro ins Reich der Mitte ausführte, sank dieser Wert 2004 auf 10 000 Euro. Immerhin ist China der größte Fleischmarkt Ostasiens. Die Bundesregierung sei mit Nachdruck darum bemüht, in bi- und multilateralen Verhandlungen Einfuhrhemmnisse für deutsches Fleisch in die wichtigsten Märkte Ostasiens zu beseitigen und damit die Rahmenbedingungen für den Export zu verbessern, heißt es in einer Pressemitteilung des Bundestages 2005[10]. Ein Teststopp würde nicht nur die Skepsis deutscher Konsumenten schüren, sondern auch potenzieller Außenhandelspartner.

Dass die Tests nach wie vor BSE-infizierte Rinder ausfindig machen, mag beunruhigen, weil die Seuche nicht aus der Welt geschafft ist. Andererseits sollte es keinen Anlass zur Panik geben: In den 1990er Jahren landete dieses Fleisch noch im Supermarkt und damit auf den Tellern der Konsumenten. Seit im Jahr 2000 die Verwendung von Separatorenfleisch vom Rind verboten ist, sind auch Hamburger und Salami sicherer geworden. Separatorenfleisch ist Restfleisch, das keine typischen Fleischstrukturen mehr aufweist und in Wurstfabriken mittels aufwändiger und sehr teurer Maschinen von den Knochen entfernt wird. Es ist prädestiniert für eine Kontamination mit Risikomaterial: Würden die grob ausgelösten Knochen eines BSE-Rindes in die Verarbeitung gelangen, könnte niemand ausschließen, dass das Mark über Schmierinfektion auf anderes Fleisch gelangt und BSE-Erreger überträgt. Separatorenfleisch vom Rind fand sich vor allem in Fast-Food-Produkten und Wurst.

Tabelle 22: BSE-Fälle in Deutschland nach Jahr und Bundesland
(Stand: November 2005)

Bundesland	2000	2001	2002	2003	2004	1.1.–2.11.2005
Baden-Württemberg	0	12	11	9	6	5
Bayern	5	59	27	21	21	7
Berlin	0	0	0	0	0	0
Brandenburg	0	3	4	3	3	3
Bremen	0	0	0	0	0	0
Hamburg	0	0	0	0	0	0
Hessen	0	3	2	2	2	2
Mecklenburg-Vorpommern	0	2	4	0	3	1
Niedersachsen	1	17	27	7	14	2
Nordrhein-Westfalen	0	2	2	4	8	2
Rheinland-Pfalz	0	4	6	0	2	1
Saarland	0	1	0	0	0	0
Sachsen	0	4	4	3	2	2
Sachsen-Anhalt	0	4	4	1	1	0
Schleswig-Holstein	1	12	14	1	1	3
Thüringen	0	2	1	3	2	0

Quelle: Bayerisches Staatsministerium für Umwelt, Gesundheit und Verbraucher-schutz

Einen Test, der eine BSE-Diagnostik am lebenden Rind ermöglicht, stellten Forscher vom Tierärztlichen Institut der Universität Göttingen im Jahr 2005 vor. Die Ergebnisse des Bluttests zur Früherkennung des Rinderwahnsinns legen den Schluss nahe, dass die Anzahl gefährdeter Tiere höher sein könnte als bisher angenommen.[11] Der Test erkennt bestimmte DNA-Fragmente, die nach einer Infektion befallener Zellen freigesetzt werden und im Blut zirkulieren. Diese gelten als Hinweis auf eine mögliche spätere BSE-Erkrankung. Mit der neuen Methode könnten frühzeitig BSE-Risikorinder in der Herde identifiziert werden, ohne die zu untersuchenden Rinder töten zu müssen.

Die Wissenschaftler hatten rund 1 000 Tiere ihrem Test unterzogen. 135 Rinder stammten aus Risikoherden, in denen bereits BSE aufgetreten war. Das bedrückende Ergebnis: Bei vier bereits an BSE erkrankten Rindern konnten die DNA-Fragmente zuverlässig nachgewiesen werden – aber auch bei 65 Prozent der gesamten Herde. Von diesen Tieren litt noch keines an BSE-Symptomen. In der gesunden Kontrollgruppe trat die Veränderung im Blut nur bei rund 0,5 Prozent der Rinder auf. Die meisten Rinder waren unter zwei Jahren alt. Kollegen betrachten die Ergebnisse allerdings mit Skepsis, zumal die Studienresultate zuerst in Publikumsmedien und nicht in Fachblättern, wo sie sich der Beurteilung durch andere Experten hätten stellen müssen, veröffentlicht wurden – ein eher unübliches Verfahren. Das Friedrich-Loeffler-Institut mit Hauptsitz auf der Insel Riems warnte in seiner Stellungnahme[12] »vor übertriebenen Erwartungen« an die neue Methode:

»Selbst wenn angenommen wird, dass die derzeit eingesetzten BSE-Schnelltests infizierte Tiere zu Beginn der Inkubationszeit nicht erkennen können, geben epidemiologische Beobachtungen beispielsweise von Milchviehherden, in denen die Tiere teilweise deutlich länger als zwei Jahre gehalten werden, keinerlei Hinweise darauf, dass der Anteil der infizierten Tiere einer Kohorte einen Wert von 65 Prozent erreichen würde. Von den 379 bisher in Deutschland festgestellten BSE-Fällen wurde die Krankheit bis jetzt immer nur bei höchstens einem weiteren Tier der gleichen Kohorte nachgewiesen, und auch das war bislang lediglich in 10 Kohorten der Fall. Eine dritte BSE-Erkrankung in einer Kohorte wurde in Deutschland bisher nicht nachgewiesen.«

In der Debatte um flächendeckende Tests wird oft übersehen, dass das Labor zwar hilfreiche technische Methoden liefern kann, im Grunde aber meist bestätigt, was Tierhalter schon ahnen. Im Idealfall füttern, putzen und melken sie die Tiere, können Vergleiche zwischen ihnen anstellen, kennen Reaktionen und körperliche Fitness und begleiten sie oft von der Geburt bis zum Abtransport in den Schlachthof. Von dieser Überlegung ausgehend hat der Schweizer Forscher Ueli Braun vom Tierspital Zürich einen Test entwickelt, der so unkonventionell wie preiswert ist. Er stützt sich vor allem auf die Beobachtungsgabe und das Einfühlungsvermögen der Rinderhalter und bedarf kaum anderer »Instrumente« als der eigenen Hände.[13] BSE beginnt nämlich keineswegs spektakulär, sondern schleichend. Obwohl die Fresslust lange erhalten bleibt, geht die Milchleistung zurück und die Kühe magern langsam ab. In diesem Stadium können einfachste Untersuchungen klären, ob solche unspezifischen Zeichen auf eine BSE-Infektion zurückzuführen sind oder nicht.

Am deutlichsten zeigen sich BSE-Symptome dann, wenn die Ruhe im Stall durch äußere Einflüsse gestört wird. Das können Vögel, andere Personen oder das Rascheln von Blättern sein. BSE-Kühe blicken ängstlich, zucken zusammen, knirschen mit den Zähnen, lecken das Maul, zittern oder schlagen aus. Zunächst berührt der Tierhalter das betreffende Rind an Kopf und Hals. Schlägt es mit den Hörnern und rümpft die Nase, kann er das als Hinweis für eine Infektion werten. Die Lärmempfindlichkeit wird überprüft, indem er unvermittelt in die Hände klatscht, woraufhin das BSE-Rind erschrickt, niederstürzt oder an der Kette reißt. Reagiert es auf plötzliches Licht, zum Beispiel von einer Taschenlampe oder einem Blitzlicht, ähnlich, verdichten sich die Beweise. Als gestörtes Verhalten gilt auch, wenn das Rind plötzlich springt, sich weigert, weiterzugehen, einknickt oder beim Berühren der Hinterbeine ausschlägt. Ein Verdacht auf BSE ist schon dann gerechtfertigt, wenn die Kuh auf einen oder mehrere dieser Reize absonderlich reagiert, schreibt das Schweizerische Amt für Veterinärwesen. BSE ist meldepflichtig.

An diesem Punkt scheidet sich die Spreu vom Weizen: Verantwortungsvolle Tierhalter melden den Verdacht, skrupellose drücken beide Augen zu und überlassen die Kuh dem Viehhändler – sie entsorgen das Tier über die Konsumkette. Dass dies keineswegs die Ausnahme zu sein scheint, zeigen Erfahrungen im Schlachthof: Rund ein Drittel aller mit dem BSE-Test untersuchten Kühe hatte vorher typische und ausgeprägte Krankheitszeichen gezeigt, auch das zweite Drittel hatte Symptome, wenn auch weniger deutlich. Nur beim letzten Drittel ließen sich keine typischen Zeichen feststellen – dass die Tiere aber abmagerten und weniger Milch gaben, hatten die Tierhalter immer bemerkt.[14] Dass mancher Rinderhalter

ökonomische Zwänge zum Anlass nimmt, seine Schuldgefühle über
Bord zu werfen, das Rind schlachten und das Fleisch verwerten zu
lassen, scheint auch bei anderen Tierkrankheiten nicht unüblich zu
sein. So schreibt die Universität München auf ihrer Internetseite
über Paratuberkulose[15]: »Es ist sinnvoll, ein verdächtiges Rind nach
Möglichkeit zu isolieren, bis die Untersuchungsergebnisse verfügbar
sind. Im Zweifelsfall ist es ratsam, das Tier zu schlachten, falls noch
ein Schlachterlös zu erwarten ist [...].« Mit anderen Worten: Tiere,
die offensichtlich nicht gesund sind, werden wissentlich der menschlichen Ernährung zugeführt.

Das Problem mit der Kennzeichnung

Die Grundvoraussetzung, um eine Seuche erforschen oder sogar bekämpfen zu können, ist zu wissen, woher die Erreger stammen. Bis
Mitte der 1990er Jahre war es fast unmöglich, das herauszufinden,
weil niemand nachvollziehen konnte, woher ein Rind stammte. Erst
mit der BSE-Krise traten die zweifelhaften Wege im internationalen Rindfleischverkehr zutage – ebenso wie das Nachdenken der
Verbraucher darüber wuchs, dass Rinder als reine Pflanzenfresser
jahrzehntelang mit Tiermehl gefüttert worden waren. Geburten,
Zugänge, Schlachtungen, Verkauf oder Verenden – Lebensweg und
Herkunft der Rinder waren nur schwer nachvollziehbar, zentrale
Informationen existierten nicht. Die 1995 eingeführte gelbe Plas-
tikohrmarke, die jedes Rind tragen musste, erwies sich als ebenso
unzureichend wie die Begleitpapiere, in die sein Besitzer von Hand
die jeweiligen Stammdaten einzutragen hatte. Stattdessen sind seit
1998 zwei identische Ohrmarken Pflicht, ebenso hat der Rinder-
pass, der für jedes Tier von seiner Geburt an bis zu seinem Tod geführt werden muss, das Begleitpapier abgelöst. Seit 1999 sind alle
Rinder in Deutschland erfasst und in einer zentralen Datenbank registriert. Diese Datenbank ist Teil des »Herkunftssicherungs- und
Informationssystems für Tiere (HIT)«, gepflegt vom Bayerischen
Staatsministerium für Ernährung, Landwirtschaft und Forsten
in München. Die Länder unterhalten HIT-Regionalstellen. Jeder

Rinderhalter (ausgenommen sind nur Transporteure) muss die HIT informieren – egal wie lange er für die Rinder verantwortlich ist:

- Der Landwirt meldet Geburt, Abgabe oder Ankauf, Verendung oder Hausschlachtung.
- Der Schlachtbetrieb meldet den Zugang und die Schlachtung.
- Der Händler meldet den Ankauf und Verkauf des Rindes.
- Die Betreiber von Märkten, Sammelstellen und Ausstellungen melden den Zugang und den Abgang der aufgetriebenen beziehungsweise vermarkteten Rinder.

Nach dem Schlachten erhält jedes Tier eine Schlachtnummer, die zusammen mit der elektronisch lesbaren Ohrmarkennummer in den Zentralcomputer eingespeist wird. Dann werden die Rinderhälften mit einem Etikett versehen, auf dem sich neben der Schlachtnummer auch der Zulassungsstempel des Schlachthofes befindet. Im Zerlegebetrieb werden die Rinderhälften eines Schlachtbetriebes zunächst zu größeren Chargen zusammengestellt und anschließend in Teilstücke wie Filet, Schulter oder Hüfte zerteilt. Bevor sie in den Handel gelangen, bekommen die Chargen Nummern und werden etikettiert. Auf dem Etikett ist ersichtlich, aus welchem Zerlegebetrieb die Rinderhälften stammen.

Hält man sich vor Augen, dass es in Deutschland rund 13 Millionen Rinder gibt, kann man sich den administrativen Aufwand vorstellen, den Kennzeichnung und (Rück-)Verfolgung mithilfe von Ohrmarken verursachen. Nicht umsonst gilt die Ohrmarkenpraxis als wartungsintensiv und betrugsanfällig. Schätzungsweise 10 Prozent der Marken gehen verloren, meist, weil die Tiere an Gestrüpp, an der Stalleinrichtung oder zwischen den Gitterstäben der Futterraufen hängen bleiben. Allein in Niedersachsen bestellten Züchter 2003 rund 497 000 Ersatzohrmarken für Rinder. Es ist bekannt, dass die »schwarzen Schafe« unter den Rinderhaltern die Schlupflöcher im System sehr genau kennen und sie auch auszunutzen wissen.

Derzeit arbeiten Unternehmen intensiv an Alternativen zu dieser Kennzeichnung. Schon seit den 1970er Jahren sind Trans-

ponder bekannt, die entweder als Pansenboli, Injektate oder als
so genannte RIFD-Technologie (= Radio Frequency Identification
Systems) eingesetzt werden: Pansenboli als Keramikzylinder, die
mittels Sonde in den Pansen des Rindes eingebracht werden, Injektate in Form von Glaszylindern, die unter die Haut oder in den
Muskel appliziert werden, und elektronische Ohrmarken, die aufgrund ihres geringen Gewichts und ihrer kleinen Ausmaße gut vor
Ausreißen geschützt sind. Für alle drei Arten gibt es verschiedene
Ausführungen von Lesegeräten. Allerdings haben die Methoden
auch Nachteile. Kälber vertragen Pansenboli nicht immer, auch
sind die Transponder empfindlich gegenüber elektromagnetischen
Einflüssen. Biometrische Verfahren als dritte Alternative machen
sich unverwechselbare physiologische Eigenschaften der Tiere
zunutze wie die Erbsubstanz DNA, die Beschaffenheit der Iris
oder das Gefäßmuster der Netzhaut. Beispielsweise ist Letztere
bereits bei der Geburt angelegt und bleibt ein Leben lang stabil.
Ein Scan »liest« sozusagen von den Augen ab, um welche Kuh es
sich handelt. Entwickelt wurde dieser Scan von der US-amerikanischen Firma Optibrand, die Technik liefert die deutsche Kontron
Embedded Modules GmbH. Im Gegensatz dazu verändert sich die
Iris gerade bei Kälbern noch, auch können Krankheiten die Iris
im Laufe des Lebens verändern. Dagegen sind DNA-Tests, wie der
von Medigenomix und Eurofins Scientific entwickelte, sehr sicher.
Sind übliche DNA-Verfahren in der Regel verhältnismäßig teuer
und langwierig, arbeitet das Eurofin TAG® System günstiger und
effektiver, da es auf dem Vergleich von DNA-Profilen von Stichproben mit Rückstellproben basiert.

BSE: Missbrauch und Schlamperei seit Jahren

Im März 2002 erhielt das Bundesministerium für Verbraucherschutz, Ernährung und Landwirtschaft (BMVEL) erstmals einen
Hinweis auf mögliche Unregelmäßigkeiten: Ein bayerischer Vieh-
handelsunternehmer hatte sich direkt an das Ministerium gewandt,
weil ihm Verstöße gegen die Viehverkehrsverordnung im Zuständig-

keitsbereich des Veterinäramtes Meppen aufgefallen waren. Daraufhin informierte das BMVEL das zuständige niedersächsische Landwirtschaftsministerium per E-Mail. Ende April 2002 berichteten die Niedersachsen dem Bundesministerium, dass der Staatsanwalt gegen den betreffenden Landwirt ermittele und dass dessen gesamter Tierbestand gesperrt worden sei. (Angeklagt wurden schließlich sechs Rinderhalter im Emsland; einer ist inzwischen zu einer Haftstrafe verurteilt worden.) Wenige Monate später folgten weitere E-Mails und Schreiben an das BMVEL und an das Abgeordnetenbüro der damaligen Bundesministerin Renate Künast; schließlich schickte der Viehhändler auch Artikel aus der *Osnabrücker Zeitung,* eine Ablichtung zweier Rinderpässe und Listen über nachbestellte Ohrmarken. Jetzt wurde das BMVEL aktiv. Es hakte beim Leiter des Koordinierungsausschusses der Länder für die Datenbank in München nach und wurde fündig: Einige Betriebe hatten übermäßig viele Ersatzohrmarken oder Ersatzpässe für Rinder nachbestellt. Um dieser rechtswidrigen Unsitte einen Riegel vorzuschieben, hatte der Leiter des Koordinierungsausschusses nach eigenen Angaben »die Möglichkeit zur Online-Bestellung [...] deutlich verschärft«[16]. Seit 2004 spürt in Bayern nun ein Spezialistenteam möglichen Missbrauchsfällen in der zentralen Rinderdatenbank nach; zunächst einmal durchforstete es die vergangenen zwei Jahre, allerdings nur im Freistaat.

Auch ein erster Abgleich zur BSE-Test-Datenbank, die Bestandteil der HIT-Datenbank ist, war wenig beruhigend ausgefallen. Es hatte sich herausgestellt, dass es erhebliche Differenzen zwischen der Zahl BSE-testpflichtiger Rinder und der tatsächlich getesteter Rinder gab. Offensichtlich waren BSE-Tests unter den Tisch gefallen. Insgesamt waren 0,6 Prozent der knapp drei Millionen BSE-Tests, das sind rund 10 000 Fälle, unklar. Das Gros beruhte nach Aussage der Behörden auf Eingabefehlern wie zum Beispiel Adressangaben der Tiereigentümer oder Zahlendrehern bei den Ohrmarkennummern und Rinderpassnummern. Ungewohnt energisch verlangte das Verbraucherschutzministerium »eine generalstabsmäßige Aufklärung«[17] und räumte den Bundesländern eine Frist bis Januar 2004 ein, um die nicht geklärten Einzelfälle zu überprüfen und Rapport zu erstatten.

Bis September 2003 waren 611 Tiere, die älter als 24 Monate waren, ohne den zwingend vorgeschriebenen Pflichttest auf BSE geschlachtet und vermarktet worden:

- im Saarland 25 Rinder. Diese wurden über einen Hofladen verkauft.
- in Mecklenburg-Vorpommern sechs Rinder, vermarktet über eine kleinere Metzgerei.
- in Bremen vier Rinder, die jüngeren Rindern (für die keine Pflicht zum Test besteht) zugeordnet worden waren.
- in Baden-Württemberg 180 Rinder, darunter 20 »Schwarzschlachtungen« (keine Vorabinformation der Behörden über die geplante Schlachtung, meist keine Anwesenheit eines Tierarztes, deshalb auch keine Lebenduntersuchung, keine Fleischhygieneuntersuchung, keine BSE-Tests).
- in Nordrhein-Westfalen 50 Rinder, darunter zwei »Schwarzschlachtungen«.

Weil noch eine ganze Reihe von Daten aus den verschiedenen Landkreisen fehlte, ging das Bundesverbraucherministerium davon aus, dass die aufgedeckten nicht die einzigen Fälle nichtgetesteter Rinder waren und erwog sogar Rückrufaktionen. Schon 2002 waren etwa 2 300 Tonnen Rindfleisch in Bayern zurückgeordert worden, nachdem sich herausgestellt hatte, dass ein nicht zugelassenes Labor der Firma Milan im fränkischen Westheim Schlachtrinder auf BSE getestet hatte.

Dass es in Deutschland zu »schwerwiegenden Mängeln bei Aufsicht und Kontrollen« zur Rückverfolgbarkeit von Rindfleisch gekommen war, hat zu Beginn des Jahres 2004 die Generaldirektion Gesundheit und Verbraucherschutz der Europäischen Kommission bei einem Inspektionsbesuch festgestellt. In ihrem Bericht[18] schreibt sie dazu:

»Die Rückverfolgbarkeit von Rindfleisch und Rindfleischerzeugnissen vom Einzelhändler bis zum landwirtschaftlichen Betrieb konnte in den meisten Fällen nicht garantiert werden, und zwar hauptsächlich aufgrund des Fehlens von Warenbegleitpapieren bzw. der Verwendung nicht korrekter Warenbegleitpapiere sowie aufgrund des Fehlens eines umfassenden Registrierungssystems in den Betrieben. Des Weiteren wurde festgestellt, dass die Kontrollen der Rinderhaltungsbetriebe nicht in Übereinstimmung mit der Verordnung (EG) Nr. 2630/97 [...] durchgeführt wurden und dass mit dem System zur Registrierung der landwirtschaftlichen Betriebe und zur Kennzeichnung der Tiere nicht in allen Fällen für die umfassenden Informationen gesorgt wurde, die erforderlich sind, um die Tierverbringung vom Schlachthof bis zum Ursprungsbetrieb zurückzuverfolgen.«

Außerdem stellte die Kommission »Unzulänglichkeiten [...] bei der obligatorischen und der freiwilligen Etikettierung« fest und bemängelte die hohe Zahl verloren gegangener Ohrmarken. Es steht nicht gut um die Verlässlichkeit herkömmlicher Rückverfolgungssysteme, die sich auf Papierdokumentationen und manuelle Eingaben stützen, denn wer kann schon beurteilen, ob es sich bei einem entdeckten Fehler um ein Versehen oder Absicht handelt. Dabei ist eine gesicherte Herkunft auch Jahre nach der letzten BSE-Krise eines der Hauptentscheidungskriterien für den Rindfleischkauf. Die Beispiele zeigen: Alle Vorsorgemaßnahmen nutzen nichts, wenn sie nicht konsequent ausgeführt werden.

Wie weit Theorie und Praxis in der Seuchenbekämpfung auseinander klaffen, machen Verstöße besonders deutlich. In der heißesten Phase der BSE-Krise wurden, an Recht und Gesetz vorbei, mehrere Tausend Tonnen britisches Rindfleisch nach Europa importiert. Publik geworden ist 1997 der Fall eines Hamburger Fleischhändlers, der zumindest über ein halbes Jahr lang trotz Embargo 616 Tonnen Rindfleisch aus Großbritannien nach Deutschland eingeführt und zum Teil weiterverkauft hatte. 4 Tonnen davon wurden zu etwa 11 000 Labskauskonserven verarbeitet, von denen ein Teil in Mecklenburg-Vorpommern von den Behörden beschlagnahmt wurde; rund 400 Kilogramm wurden in Frankfurter Gaststätten verzehrt, 10 Tonnen in Nordrhein-Westfalen zu Wurst verarbeitet, weitere rund 39 Tonnen waren für den Handel in Coburg und Kulmbach bestimmt. Den mit 440 Tonnen größten Teil wollte der Fleischhändler nach Osteuropa exportieren. Weil die EU Rindfleischexporte aus ihren Mitgliedsstaaten in Drittländer kräftig mit Subventionen unterstützt, hätte dem Händler ein lukratives Geschäft gewinkt. Er hätte das britische Fleisch vor dem Export nur umdeklarieren müssen.

Noch augenscheinlicher wird die Brisanz beim Thema Tiermehl. Zwar hatte Deutschland bereits 1989 die Einfuhr von britischem Tiermehl verboten – trotzdem wurden bis 1995 jährlich bis zu 100 Tonnen importiert. Die Zeitschrift *nature* bezifferte die nach Europa gelieferte Gesamtmenge des riskanten Materials gar auf 70 000 Tonnen zwischen 1988 und 1990. Und die offizielle britische Handelsstatistik weist allein für 1995 den Export von 22,7 Tonnen »feiner und grober Mehle und Pellets von Fleisch und Fleischschlachtabfällen und Fettgrieben« nach Deutschland aus. Nach dem ausufernden Rinderwahnsinn hatte London zwar im eigenen Land Tiermehl im Futter für Wiederkäuer verboten, aber der Tiermehlexport war von 13 228 Tonnen auf 32 220 Tonnen in die Höhe geschnellt.[19] 1997 kommentierte der damalige Stellvertretende Vorsitzende des Agrarausschusses im Europaparlament, Friedrich-Wilhelm Graefe zu Baringdorf, nachdem er sich vor Ort ein Bild gemacht hatte: »Die Grenzkontrollen in Großbritannien zum Embargo sind ein Witz.« Wenige Monate später befasste sich auch eine offizielle Kommission mit dem BSE-Desaster. Sie beschrieb in 16 Bänden, wie Politiker und Beamte kritische Wissenschaftler unter Druck setzten, Warnungen ignorierten und Gefahren schönredeten.[20]

Tiermehl verschwindet – Rindfleisch taucht auf: Verbrauchervereinigungen und Behörden stoßen immer wieder auf Betrügereien. So hatte die Nichtregierungsorganisation foodwatch, die sich dem Schutz des Konsumenten verschrieben hat, trotz intensiver Nachforschungen den Verbleib von mehr als 124 000 Tonnen Tiermehl für das Jahr 2003 nicht klären können.[21] Weil nur die Schlachthöfe und die Entsorgungsbetriebe wissen, wie viele tierische Abfälle wirklich anfallen, sind auch die offiziellen Stellen ahnungslos. Foodwatch hält sogar »eine Umdeklarierung von Schlachtabfällen zu Rohstoffen der Lebensmittelindustrie auch in größerem Maße« für vorstellbar. Durchaus realistisch erscheint die Annahme, das

Tiermehl könnte unerlaubterweise Futtermitteln beigemischt worden sein. Immerhin gehören von den 2,5 Millionen Tonnen an Schlachtabfällen, die Jahr für Jahr anfallen, rund 1 Million zur Kategorie 3. Obwohl weniger riskant als die Kategorien 1 und 2, dürfen auch sie nicht in die Nahrungskette gelangen. Nur: Sie werden als Tiermehldünger, Kleintierfutter und technische Fette frei gehandelt – bieten also viel Spielraum für kriminelle Kreativität und skrupellose Geschäftemacher. Griebenmehle beispielsweise, wie sie beim Ausschmelzen von Fetten entstehen, kommen in vielen Convenience-Gerichten vor. Sie geben der Kruste von Schweinebraten oder dem Aroma von Fertigsuppen den letzten Pfiff. Foodwatch zufolge ist eine Unterscheidung von Griebenmehlen, die für Lebensmittel zugelassen sind, und denen für Futtermittel nicht möglich. Wem solche Argumente überzogen scheinen, der ziehe die amtlichen Statistiken zurate. Dort kann man herauslesen, wie verschlungen die Wege des Tiermehls in Europa sind – und wie groß das Bermudadreieck, in dem es verloren geht. Während die dänischen Exportzahlen für 2003 insgesamt 79 000 Tonnen Tiermehl für Deutschland ausweisen, führt die deutsche Statistik lediglich 2 000 Importtonnen dänischen Tiermehls auf.

Das Dilemma ist hausgemacht. Bundesweit arbeiten 2 500 Lebensmittelkontrolleure – allein in Nordrhein-Westfalen kommen 290 Kontrolleure auf 190 000 Betriebe. Bei dieser ungleichen Konstellation könnten selbst Argusaugen kaum etwas ausrichten. Im Gegensatz zur Milchwirtschaft, wo vor allem firmeneigene Kontrolleure aus Großmolkereien die Produktion von Milch in den einzelnen Höfen überwachen, ist die Fleischwirtschaft sehr viel unübersichtlicher: Ein Betrieb sorgt für Kälbernachwuchs, ein zweiter mästet sie, ein dritter schlachtet sie und zerlegt das Fleisch. Noch bis in die 1970er Jahre hinein hatte jede größere Gemeinde ihren eigenen Schlachthof, der hauptsächlich von den Bauern aus der Umgebung beliefert wurde. Als die EU immer strengere Hygienevorschriften erließ, warfen die Kommunen das Handtuch: Ihnen fehlten Rücklagen, um ihre Schlachthöfe nachzurüsten. Dies war die Stunde der Investoren. Mit erheblicher steuerlicher Förderung ausgestattet, bauten sie große Schlachthöfe und Zerlegebetriebe, deren Kapazitäten so hoch waren, dass sie mit der Belieferung durch heimische Bauern nicht mehr ausgelastet waren – sie orderten Schlachtvieh aus anderen Regionen und Ländern. Seitdem werden die Tiere quer durch Europa transportiert, in unterschiedlichen Betrieben zerlegt, gelagert und weiterverarbeitet. Neben dem enormen Preisdruck in der Branche ist es gerade diese Unübersichtlichkeit, die eine Überwachung erschwert und dazu verführt, die Vorschriften zu umgehen. Geradezu ironisch mag es daher anmuten, dass die Selbstkontrolle der Betriebe in Deutschland groß geschrieben wird – schon deshalb, weil es den Behörden an personellen und finanziellen Kapazitäten fehlt. Darüber hinaus ist Deutschlands Föderalismus Gift für den Verbraucherschutz. Während die Fleisch- und Futtermittelindustrie längst international agiert, setzt die deutsche Lebensmittelkontrolle auf veraltete regionale Strukturen. Die »Kleinstaaterei« mit Zuständigkeitsgerangel und unterschiedlichen Standards macht strenge Kontrollen unmöglich, spielt aber denjenigen zu, die behördliche Trägheit, politisches Desinteresse und Verwaltungsdenken für sich auszunutzen wissen. Außerdem »menschelt« es gewaltig zwischen Kontrolleuren und Kontrollierten.

Hohe Politik und die Macht des Geldes

Noch im Jahr 2000 hatte die damalige bayerische Gesundheitsministerin Barbara Stamm (CSU) den Freistaat für BSE-frei erklärt, doch schon am 17. Dezember 2000 wurde sie eines besseren belehrt. Dem ersten amtlich bestätigten BSE-Fall folgten weitere, bundesweit. Überall im Land mussten Behörden positiv getestete Rinder melden. Die BSE-Krise hatte ihren Anfang genommen. Viele Lokal- und Bundespolitiker hatten sich bis dahin blind, taub und unwissend gestellt – in der vagen Hoffnung, der Kelch möge an Deutschland und seinen Landwirten vorübergehen. Die *Süddeutsche Zeitung* hat in ihrer Ausgabe vom 9. Januar 2001 das Versagen am Beispiel Bayerns dokumentiert:

15.8.1990   Der bayerische Grünen-MdB Hias Kreuzeder fordert im Bundestag ein vollständiges Verfütterungsverbot für Tiermehl und ein BSE-Forschungspro-
gramm. ABGELEHNT.

14.6.1994   Im bayerischen Landtag fordert die SPD ein Pro-
duktionsverbot für Tiermehl. ABGELEHNT.

2.2.1995   Im bayerischen Landtag fordert die SPD ein Verfütterungsverbot für Tiermehl. ABGELEHNT.

7.2.1995   Im bayerischen Landtag fordern die Grünen unter
anderem ein Importverbot von britischem Tiermehl. ABGELEHNT.

16.4.1995   Das bayerische Gesundheitsministerium beruhigt:
Tiermehl werde in Bayern amtstierärztlich kontrolliert.

4.7.1996   Im bayerischen Landtag fordert die SPD ein Verfütterungsverbot für Tiermehl. ABGELEHNT.

19.2.1997   Im bayerischen Landtag fordern Grüne und SPD ein
Verfütterungsverbot von Tiermehl. ABGELEHNT.

3.4.1997   Im bayerischen Landtag fordern die Grünen eine
Überwachung der Rinderbestände nach Schweizer
Vorbild. ABGELEHNT.

3.5.1997   Die bayerische Tierärztekammer bietet Aufklärung
über BSE an. Der Bayerische Bauernverband lehnt
ab: In Deutschland gäbe es kein BSE.

4.3.1999   Gesundheitsministerin Barbara Stamm, CSU, kritisiert die BSE-Schnelltests in Nordrhein-Westfalen.

20.5.1999   Im bayerischen Landtag fordern die Grünen BSE-
Schnelltests. ABGELEHNT.

20.10.1999   Im bayerischen Landtag fordert die SPD BSE-
Schnelltests. ABGELEHNT.

9.11.2000   Im bayerischen Landtag bekräftigt Gesundheitsministerin Stamm, Bayern sei BSE-frei.

22.12.2000   Der bayerische Landwirtschaftsminister Josef
Miller, CSU, sagt, er wisse schon seit 1995, dass
Tierfutter verunreinigt sei.

Noch im Jahr 2000 hatte Deutschland die Pläne der EU-Kommission, breit angelegte BSE-Tests vorzuschreiben, abgelehnt. Im vertraulich tagenden Veterinärausschuss der EU hatte sich der deutsche Vertreter vehement gegen obligatorische Tests an Alttieren ausgesprochen. Sein Argument: Deutschland sei wegen seiner strengen Sicherheitsregeln ohnehin BSE-frei[22] – ein Argument, das Hardlinerin Stamm nicht müde wurde zu wiederholen. Im Juni desselben Jahres hatte sie sich beim damaligen Bundeslandwirtschaftsminister Karl-Heinz Funke (SPD) gegen eine Verschärfung der Auflagen bei der Entsorgung von Hochrisikomaterial eingesetzt. Später musste sie einräumen, dass sie den Brief auf Druck von Bauernpräsident Gerd Sonnleitner verfasst hatte.[23]

Zu viel stand auf dem Spiel, um den Kritikern Glauben zu schenken und im Sinne des Verbraucherschutzes aktiv zu werden: Es war zu befürchten, dass das Land im ohnehin schwierigen EU-Markt für Milch und Rindfleisch an Terrain einbüßt, schließlich hatte es bislang einen sehr guten Stand in der EU. Damals erwirtschaftete Deutschland einen Außenhandelsüberschuss (Exporte minus Importe von Rindfleisch) von 306 000 Tonnen Rindfleisch und stand nach Irland, Österreich und Belgien/Luxemburg an vierter Stelle der Union; es exportierte 339 000 Tonnen Rind- und Kalbfleisch in die EU, weitere 64 000 Tonnen nach Russland, je 7 000 Tonnen nach Ägypten und in den Iran sowie 1 000 Tonnen nach Nordkorea. Angst vor einer Seuche würde die Märkte noch mehr destabilisieren, die Preise drücken und die Gewinne in der Landwirtschaft schmälern, befürchteten Politiker wie Lobbyisten.

2005 wurden in Deutschland knapp 13 Millionen Rinder gehalten, davon vier Millionen Milchkühe. Der Rückgang hat in erster Linie wirtschaftliche Gründe: Die Milchleistung der Kühe steigt permanent, und es sind immer weniger Kühe notwendig, um die gleiche Milchmenge zu produzieren. Auch die Zahl der Schlachtungen[24] ist laut Statistischem Bundesamt zurückgegangen, zwischen 5 Prozent bei Kälbern und rund 11 Prozent bei erwachsenen Tieren. Von extremen wirtschaftlichen Einbußen kann dennoch keine Rede sein. Zum einen hatte nicht BSE den Rückwärtstrend beim Konsum von Rindfleisch ausgelöst. Schon zuvor war der Pro-Kopf-Verbrauch von 20 Kilogramm Ende der 1960er Jahre über etwa 14 Kilogramm in den 1980er Jahren bis auf knapp 11 Kilogramm im Jahr 2000 gefallen. Und obwohl der Rindfleischverbrauch durch BSE ab 2000 um 25 bis 30 Prozent gesunken war, war die Nachfrage kaum ein Jahr später wieder auf 80 Prozent des Vorabniveaus gestiegen. Am deutlichsten traf die Angst vor BSE die »reinen« Rindermastbetriebe. Während andere Mastbetriebe, die zusätzlich Geflügel- oder Schweinemast unterhielten, die Verluste durch die teils stark gestiegenen Preise bei anderen Fleischarten ausgleichen und sich sogar über zusätzliche Gewinne freuen konnten, mussten die Rindermäster einen Gewinnrückgang von 7,5 Prozent hinnehmen.[25] Allerdings waren die Zusammenhänge vielschichtiger, als es das Wehgeschrei der Lobbyverbände Glauben machen wollte, zudem gab es Kompensationsmöglichkeiten. Einerseits stiegen 2002 trotz BSE zum Beispiel die Preise für Rindfleisch an der Ladentheke, wovon die Erzeuger aufgrund fehlgeleiteter Agrar- und Ernährungspolitik kaum profitierten (siehe dazu auch Kapitel »Die Strategien der Giganten in der Lebensmittelbranche«). Andererseits sorgten die Regierungen und die EU für umfangreiche Ausgleichszahlungen.

Beispiel Baden-Württemberg:[26]

»1. Finanzierung von BSE-Tests. Im Rahmen der Maßnahme werden die Kosten der BSE-Tests vom Staat übernommen [...].

2. Ausgleich für Schlachtbetriebe, wenn ein Tier positiv auf BSE getestet wurde. [...]. Schlachtbetriebe, die derartige Tiere angekauft haben, erhalten einen Ausgleich in Höhe des tatsächlichen Werts der Tiere [...]. Die Beihilfeintensität beträgt 100 Prozent.

3. Ausgleich für landwirtschaftliche Betriebe, in denen ein BSE-Fall vorgekommen ist. [...] Daher wird ein Ausgleich für den Wert der unschädlich beseitigten Tiere, den Einkommensausfall und die in der Zeit bis zur Wiederaufstockung zusätzlich anfallenden Kosten gewährt [...]. Die Beihilfeintensität beträgt 100 Prozent.«

Rindermäster, deren gesamter Bestand nach einem positiven BSE-Befund gekeult worden war, konnten dank der Mittel aus dem Tierseuchenfonds eine neue Zucht aufbauen. Und die EU kaufte Rindfleisch in Massen auf, um die Wettbewerbsfähigkeit europäischer Landwirte nicht zu gefährden. Allein zwischen Dezember 2000 und November

2001 übernahm die EU 277603 Tonnen Jungbullen- und Ochsen-
fleisch und zwischen April und November 2001 125423 Tonnen
Schlachtfleisch von Rindern über 30 Monaten. Noch zum Jahres-
ende 2002 betrug der Rindfleischberg der EU 169624 Tonnen.

In der Zwischenzeit hat sich der Weltrindfleischmarkt erholt. Im
Wirtschaftsjahr 2004/05 wurden EU-weit rund 292000 Tonnen
Rindfleisch in Drittländer exportiert; Hauptabnehmer war die Russi-
sche Föderation. Im EU-Vergleich stehen in Deutschland nach Frank-
reich (und noch vor Großbritannien) die meisten Rinder, erzeugt
Deutschland nach Frankreich und vor Italien mit rund 1,3 Millionen
Tonnen Schlachtgewicht das meiste Rindfleisch.

Fast vergessen sind 27-jährige von Demenz und Krampfanfällen
gequälte Todeskandidaten, fast vergessen ist auch die Warnung, BSE
vorschnell zu den Akten zu legen. Weil sich die apokalyptischen Pro-
phezeiungen Zehntausender von vCJD-Fällen[27] bis heute nicht be-
wahrheitet haben, rütteln Industrie, einige Wissenschaftler, Lobbyisten und Politiker heftig an den Vorsorgemaßnahmen von Staat und
EU – und das, obwohl die Fälle an BSE-erkrankten Rindern tatsächlich zurückzugehen scheinen, seitdem die strengen Vorschriften von
obligatorischen Tests über ein generelles Tiermehlverbot bis hin zur
Beseitigung von Risikomaterial greifen. Otto Christian Straub, Präsident der Landestierärztekammer Baden-Württemberg, Träger des
Bundesverdienstkreuzes Erster Klasse von 2002 und Lehrbeauftrag-
ter an der Universität Hohenheim, veröffentlichte in der *Tierärztlichen Umschau* 60/2005 einen streitbaren Text, der nicht nur die
derzeitige BSE-Politik, sondern auch führende deutsche Forschungseinrichtungen aufs Schärfste kritisiert und der stellvertretend für die
mit immer mehr Nachdruck wiederholte Forderung steht, die Zügel
in puncto BSE zu lockern. In der Zusammenfassung heißt es:[28]

»Erzeuger tierischer Produkte, verarbeitende und Futtermittelindustrie,
Schlachtbetriebe und Tierärzte leiden unter dem Zwang von Maßnahmen, für die keine Rechtfertigung mehr besteht. Die Verluste durch unverständliche Maßnahmen und Verordnungen, die wissenschaftlich nicht
vertretbar sind, haben unvorstellbare Größen mit bisherigen Kosten von
92 Milliarden Euro erreicht.«

Straub fährt daher mit folgenden Forderungen fort:

»Die Vernichtung von wertvollen aus tierischem Rohmaterial gewonnenen Rohstoffen [...] und die Nebenproduktverordnung mit drei Kategorien sollte unverzüglich gestoppt und das Untersuchungsalter für Schlachtrinder auf wenigstens 42 Monate angehoben werden. Von der Verwertung als Lebensmittel sind vorläufig nach positivem BSE-Prionenbefund nur noch Gehirn, Rückenmark und Augen auszuschließen, denn auch bei noch zu erwartenden positiven Nachweisen ist der Erreger längst nicht mehr am Aufnahmeort, dem Illeum. Das Fütterungsverbot für Tiermehl und von tierischen Fetten ist aufzuheben [...] Köpfe und Milzen von Schafen und Ziegen dürfen von gesund geschlachteten Tieren nicht gemaßregelt werden. [...]«

Und weiter:

»Frei werdende finanzielle Mittel können insbesondere für die Salmonellen-, Bovine-Virusdiarrhoe- und Paratuberkulosebekämpfung eingesetzt werden.«

Zu Zeiten immer dürftigerer öffentlicher Mittel ist ein unerbittlicher Verteilungskampf unter den Wissenschaftlern entbrannt: Wenn Geld einer Stelle zugute kommt, fehlt es an einer anderen. Im Gegensatz zu BSE, das durch eine widernatürliche Fütterung verursacht wird und für den Menschen eine tödliche Bedrohung darstellt, sind Paratuberkulose, eine bakterielle Erkrankung, und Bovine Virusdiarrhoe, ein virusbedingter Durchfall, weder auf artfremde Nahrung zurückzuführen noch auf den Konsumenten übertragbar, bedrohen wohl aber ganze Bestände und sind daher von enormer wirtschaftlicher Bedeutung. Salmonellen in Lebensmitteln sind zwar auch für den Esser gefährlich – im Gegensatz zu den extrem widerstandsfähigen Prionen können sie aber durch Küchenhygiene und ausreichendes Erhitzen unschädlich gemacht werden.

Langsamer, aber stetig will die Fleischmehlindustrie zum Ziel kommen. Grundsätzlich will auch sie die tierischen Proteine, die bis heute mit dem Tiermehl durch die Schlote von Heizkraftwerken rauchen, wieder im Futter wissen, meidet aber dreiste Forderungen und legt eher zurückhaltend einen »überwachbaren« Einsatz nahe.

Den Anfang soll Kategorie 3 machen, Tiermehl, das unter anderem aus Blut, Darmfett, den Geschlechtsorganen, der Speiseröhre oder der mit Fett behafteten Haut gewonnen wird. Auf EU-Ebene wird neuerdings auch vorgeschlagen, Fischmehl wieder zur Verfütterung an Rinder zuzulassen. In beiden Fällen könnte dann niemand mehr auseinander halten, welches Tiermehl wirklich in den Trögen landet. Außerdem besteht die Gefahr, dass auch Fische an einer TSE-Form erkranken. Entdeckt wurde das bislang nicht – vor allem, weil Fische mit Störungen im zentralen Nervensystem sehr schnell Raubfischen oder Artgenossen zum Opfer fallen. Einzelne verendete Tiere werden nicht untersucht, und klinisch auffällige Beobachtungen bei Einzeltieren sind bei der heutigen Massenhaltung de facto nicht möglich. Besonders schwer ist der Nachweis von TSE bei Knochenfischen, zu denen der Lachs ebenso gehört wie die meisten anderen in europäischen Zuchten genutzten Fischarten: Die Tiere könnten mehrere Kopien des Gens für Prionproteine besitzen. Diese unterscheiden sich in einer Sequenz, die aber entscheidend ist für die Fähigkeit, sich in die infektiöse Form des Prions zu falten. Wissenschaftler der Ludwig-Maximilians-Universität München hatten in Zusammenarbeit mit Forschern des Robert-Koch-Instituts Berlin das Gen für ein Prionprotein beim Lachs entschlüsselt.[29]

Immer wieder betonen die Verfechter der Theorie die Eignung von Tiermehl unter bestimmten Bedingungen als Futtermittel für Wiederkäuer, dessen Wert, die ökologischen Vorteile einer Verfütterung und die Verschwendung, die mit der bisherige Entsorgung verbunden wäre. Dass die EU dem Druck nachgibt, ist nur eine Frage der Zeit. Wahrscheinlich werden Schweine und Geflügel die ersten Nutztierarten sein, die wieder Tiermehl fressen.

Noch schwerer als bei Tiermehl ist der deutsche Stand beim nationalen Verbot von Tierfett. Die Lobby wirft der Bundespolitik eine Benachteiligung der deutschen Futtermittelwirtschaft vor, denn außer in Deutschland darf tierisches Fett zum Beispiel Milchaustauschern überall in Europa legal beigemischt werden – trotz des festgestellten hohen BSE-Risikos. Noch bleibt die Regierung hart. Die Haltung der Futtermittelindustrie ist indes nur allzu durchsichtig. Statt sich auf EU-Ebene für ein allgemeines Verbot tierischer Fette und für ein Handelsverbot für unvergällte Tiermehle als angeblichen Dünger einzusetzen, um internationale Wettbewerbsverzerrungen zu vermeiden, kämpft sie um eine Aufhebung der Vorsorgemaßnahmen. Ihr Ziel ist klar: Das lukrative Geschäft mit Verarbeitungsresten und Kadavern lockt zu stark, ein Verbot hemmt Umsatzwachstum und Gewinn. Die schwelende Auseinandersetzung in Deutschland legt die Vermutung nahe, dass die Politiker hierzulande durch das BSE-Desaster um ihren Ruf beim Volk bangen und sich entsprechend unnachgiebig zeigen. Anders in den Niederlanden. Dort sahen sich im zeitigen Frühjahr 2005 Futtermittelindustrie und Viehwirtschaft schweren Vorwürfen ausgesetzt. Einem vertraulichen Untersuchungsbericht der Landespolizei und des Umweltministeriums zufolge werden gesundheitsgefährdende Abfallstoffe in großem Maßstab über den Futtertrog entsorgt. Die Verflechtung ist so eng und das Ausmaß so enorm, dass Grund besteht, um die Integrität von Politik und Verwaltung zu fürchten. Für die Regierung besonders unangenehm war der Umstand, dass die von staatlichen Stellen durchgeführte Analyse bereits seit eineinhalb Jahren in den Schubladen des Justizministeriums schlummerte.[30] Der Bericht wurde später im niederländischen Parlament diskutiert. Sowohl der Justiz- als auch der Agrarminister erklärten, dass die Angelegenheit völlig irrelevant und von Tierfutter zu keiner Zeit irgendeine Gefahr für die menschliche Gesundheit ausgegangen sei. Sie lehnten den Antrag einiger Parlamentarier ab, weitere Untersuchungen folgen zu lassen.

Wie stark der Einfluss der Industrie auf politische Entscheidungen ist, lässt sich weniger an den Versprechungen und Beteuerungen messen als an deren praktischer Umsetzung und der Halbwertzeit von Vorsorgemaßnahmen. Obwohl bekannt ist, dass sich die pathogenen Prionen zu 95 Prozent auf Gehirn und Rückenmark des Rindes konzentrieren, wird die EU in den kommenden Monaten wieder Rindfleisch am Knochen, das so genannte T-Bone-Steak oder die italienische Bistecca fiorentina zulassen (Stand: Januar 2006). Sie schlägt vor, das Alter, von dem an bei Schlachttieren das Entfernen der Wirbelsäule vorgeschrieben ist, von 12 auf 24 Monate anzuheben, beruft sich dabei auf die Erfolge der BSE-Bekämpfung und beteuert

das »weiterhin hohe Verbraucherschutzniveau«[31]. So manchen Grill-
freund freut die Entscheidung,[32] kann er doch jetzt wieder ganz offiziell im Supermarkt kaufen, was er zuvor trotz Verbots beim Metzger
oder Bauern um die Ecke erstehen konnte oder sich sogar aus Frankreich besorgte.

T-Bone-Steaks entstehen durch eine spezielle Zerlegung des Rindes, wobei ein Stück des Wirbelkörpers inklusive Rückenmark mit
dem Fleisch verbunden bleibt. Seit Oktober 2000 stand die Wirbelsäule in der Liste der Risikomaterialien, von denen nach bisherigem
Wissen die größte Gefahr einer Übertragung von BSE ausgeht. Im
April 2005 veröffentlichte die Europäische Behörde für Lebensmittelsicherheit schließlich eine Stellungnahme, in der sie die An-
hebung der Altersgrenze für die Entfernung der Wirbelsäule auf
30 Monate befürwortete. Offensichtlich hält sie sich an die Ergebnisse der BSE-Schnelltests: BSE wurde bei älteren Tieren festgestellt,
nicht bei jüngeren. Wie weiter oben beschrieben, sind die derzeitigen
Tests aber gar nicht in der Lage, Prionen während der Inkubationszeit nachzuweisen, sondern frühestens sechs Monate vor Ausbruch
der Krankheit. Es liegen also keine gesicherten wissenschaftlichen
Erkenntnisse vor, ab welchem Zeitpunkt innerhalb der durchschnitt-
lichen Inkubationszeit von fünf Jahren infizierte Tiere garantiert erkannt werden können. Proben mit negativem Testergebnis können
demzufolge nicht dafür bürgen, dass die Tiere wirklich frei von BSE
sind, weil die Menge der Erreger unter der Nachweisgrenze der Tests
liegen kann. 60 Prozent der in Deutschland geschlachteten Rinder
sind jünger als drei Jahre und fallen damit durchs Raster. Bis das
Europäische Parlament über die Altersgrenze beim Rind als Lieferant
für das T-Bone-Steak entscheidet, hat die Kommission 24 Monate als
praxisgerechte Altersgrenze vorgeschlagen, um den Verbraucher in
Sicherheit zu wiegen. Sollte sie einen rückläufigen BSE-Trend feststellen, will sie die Grenze noch einmal nach oben korrigieren. Beweg-
grund ist wieder einmal ein wirtschaftlicher: Die neue Altersgrenze
wird sich positiv auf die Wettbewerbsfähigkeit der Landwirte und
der Fleischindustrie auswirken, und sie wird die Menge des in der EU
anfallenden Risikomaterials verringern, das ansonsten teuer entsorgt
werden müsste.

Über Schuld und Unschuld des Verbrauchers

Wirtschaftsvertreter wie Lobbyisten suchen die Schuld für die BSE-Krise gern beim Verbraucher: Wenn dieser bereit wäre, für hochwertiges Fleisch tiefer in die Tasche zu greifen, würden die Erzeuger auch entsprechend produzieren, wollen sie glauben machen. Im Umkehrschluss heißt das nichts anderes, als dass der Verbraucher bekommt, was er verdient. Dabei ist die Macht des Käufers begrenzt. Natürlich kann er nur noch Bioware in seinen Korb legen, um sicherzugehen, dass er Qualität auf den Tisch bringt. Biologisch wirtschaftende Bauern arbeiten nach dem Kreislaufprinzip, konventionelle dagegen suchen den Massenertrag innerhalb kürzester Zeit. Doch der zur Schnäppchenhatz geschulte Kunde greift nach wie vor gerne zur Billigware, bei der er die Qualitätsunterschiede allerdings nicht abwägen kann. Seine Macht endet, wenn er an der Fleischtheke des Supermarkts in Erfahrung bringen will, woher das Stück Lende stammt und wie das Schwein großgezogen wurde, oder wenn er auf der Verpackung seiner Lieblingspizza Herkunft und Qualität der Salami zu ergründen sucht. Selbst die vielfältigen Gütesiegel konventioneller Landwirtschaft wie Prima-Rind, Regiostar oder QS geben kaum Anhaltspunkte (siehe Kapitel »Ausblick«). Eine bundesweite Arbeitsgruppe der Verbraucherzentralen wollte 2005 in einer Umfrage klären, ob Fleisch über die gesetzlichen Vorgaben hinaus geprüft wird, ob die Tiere aus der Region stammen, wie artgerecht die Haltung ist oder ob das Futter ohne Gentechnik auskam – doch jede vierte der angesprochenen Firmen, darunter die Aldi-Marke Bauernglück, die Rewe-Marke Erlenhof und die Tengelmann-Marke Birkenhof, verweigerte sich.[33]

Die einfache Rechnung »niedrige Ausgaben – hoher Gewinn« geht für Handel und Ernährungsindustrie seit Jahren auf. Schuld an BSE sind weniger preisverwöhnte Verbraucher oder einzelne »kriminelle Elemente«, als vielmehr diejenigen, die im großen Maßstab billiges Fleisch im Sinne von Kostensenkung ordern und massiven Druck auf die Erzeuger ausüben. Die Preise sind so stark gefallen, dass die meisten landwirtschaftlichen Betriebe ohne die Beihilfen von EU und Staat gar nicht überleben könnten. Schon seit Jahrzehnten können sie über den Verkauf ihrer Produkte keine Gewinne mehr erzielen, die ihre Existenz sichern. Wer glaubt, Fleisch werde direkt vom Erzeuger an den Metzger oder den Supermarkt geliefert, sitzt einem Irrglauben auf. 90 Prozent des Fleisches werden über Viehhändler an Schlachthöfe geliefert – Tendenz steigend. Die Schlachthöfe wiederum verkaufen überwiegend an den Großhandel, an Einzelhandelsketten wie Aldi, Rewe oder Tengelmann sowie an die Fleisch verarbeitende Industrie. Bis vor wenigen Jahren fielen die Erzeugerpreise, also die Preise, die der Landwirt erhält, kontinuierlich. Erst 2004 konnten sie sich erholen und im Vergleich zu 2003 sogar zulegen. Obwohl sich die Wirtschaftlichkeit der Rindermast damit deutlich verbessert hat, reicht die erzielte Bruttomarge aber immer noch nicht aus, um alle Produktionskosten decken zu können.[34]

Fleisch billig zu produzieren, heißt für den Erzeuger: sparen, sparen, sparen. Weil die Futterkosten das Gros der Gesamtkosten ausmachen, wird zuerst bei hochwertigen – und damit teuren – Zutaten fürs Futter gegeizt. Rascher Zuwachs an Muskelmasse innerhalb kürzester Zeit, maximale Lege- und Milchleistung erfordern moderne Futtermittel, die eine Vielzahl von verschiedenen Substanzen enthalten müssen. Spurenelemente und Mineralstoffe versorgen das Tier mit Nährstoffen, Aromen und Geschmacksverstärker fördern seinen Appetit, und synthetische Farbstoffe machen dem Menschen den Umgang mit dem Futtermittel angenehmer. Nach wie vor werden im Futter für die konventionelle Geflügelhaltung Wirkstoffe gegen einzellige Darmparasiten, so genannte Kokzidiostatika, beigemischt, und noch bis Ende 2005 war der Zusatz von vier verschiedenen Antibiotika zum Futter erlaubt. Die Organisation foodwatch hat in ihrem Futtermittelbericht *Lug und Trog*[35] dokumentiert, wie perfide die Zusammenhänge sind und wie die politisch geduldeten Machenschaften von Raiffeisen- und Bauernverband, Handel und Nahrungsindustrie kontinuierlich die Gesundheit der Verbraucher gefährden – und ihn unmündig halten. Wer beispielsweise aus ideologischen Gründen Gentechnik in seiner Nahrung ablehnt, kann nicht sicher sein, dass die Lebensmittel in seinem Einkaufswagen auch wirklich gentechnikfrei produziert wurden. Zwar besteht eine Kennzeichnungspflicht für gentechnisch veränderte Zutaten in Endprodukten ebenso wie seit April 2004 für Futter (siehe Kapitel »Gentechnik und Genfood«). So weiß der Landwirt wohl, was er verfüttert, doch der Verbraucher weiß nicht, dass Milch, Eier und Fleisch von Tieren stammen, die mit Gensoja ernährt wurden. So hatte Greenpeace im Jahr 2004 bei Stichproben entdeckt, dass Vertragsbauern von Müllermilch Gensoja verfüttern. Der Einsatz der genmanipulierten Bohne lohnt, weil sie im Einkauf etwas günstiger ist als ihr Pendant mit unverändertem Erbgut. Die Unternehmensgruppe Müller nimmt nach Nordmilch eG und Humana Milchunion eG in der deutschen Molkereibranche mit einem Umsatz von 1,8 Milliarden Euro den dritten Platz ein. Bezieht man nur Milchprodukte ohne Butter und Käse in die Betrachtung ein, ist Müller mit einem Anteil von 18 Prozent sogar Marktführer. Müllermilch findet sich auch in Handelsmarken von Penny und Minimal (beide Rewe), Plus (Tengelmann), Aldi und Lidl. Alles Genmilch … oder was?

Die Kennzeichnungslücke lässt dem Verbraucher keine Wahl – er wird praktisch gezwungen, Gentechnologie in seinem Essen zu akzeptieren und die europaweite Agrargentechnik zu unterstützen. Eine Chance, den Markt in seinem Interesse über Angebot und Nachfrage zu regeln, hat er nicht.

Belastetes Tierfutter – belastete Nahrung

Futtermittel stehen am Anfang unserer Nahrungskette mit tierischen Produkten. Ihre Zusammensetzung hat unmittelbaren Einfluss auf die Qualität der Lebensmittel, die daraus hergestellt werden. Sind Futtermittel belastet, sind auch Milch, Eier und Fleisch belastet. Ein Beispiel hierfür sind Dioxine und chemische Abkömmlinge des Biphenyls, so genannte Polychlorierte Biphenyle (PCB). Dioxine sind eine Gruppe chlorierter organischer und langlebiger Substanzen, die nicht nur toxisch für Mensch und Umwelt sind, sondern auch im Verdacht stehen, Krebs auszulösen. Weil sie fettlöslich sind, reichern sie sich im Fettgewebe an – die Belastung steigt mit dem Lebensalter. Über 90 Prozent der Dioxinbelastung des Menschen gehen laut foodwatch auf Lebensmittel zurück. Sogar die EU-Kommission gesteht ein, dass die Dioxingrenzwerte bei Lebensmitteln eigentlich so streng sein müssten, dass ein Großteil des Lebensmittelangebots aus dem Verkehr gezogen werden müsste, um die Dioxinlast der Bevölkerung auf ein vertretbares Maß zu senken. PCBs werden seit 1929 industriell hergestellt und finden unter anderem in Transformatoren, elektrischen Kondensatoren, als Weichmacher in Anstrichen, in Dichtungsmassen und Kunststoffen wie Kabelumwandlungen Anwendung. Sie wirken ähnlich Dioxinen äußerst giftig, führen zu fetalen Missbildungen, zu Feminisierungen männlicher Tiere und werden ebenfalls als krebserregend diskutiert. Immer wieder stießen Kontrolleure in den vergangenen Jahren auf entsprechend verunreinigte Futtermittel – zu verantworten hatten das die Importeure, die minderwertige, belastete pflanzliche Öle einführten, inländische Einzelfutterhersteller, die Futtermittelrohstoffe schlampig und fahrlässig trockneten und damit zuließen, dass Abgase des Brennmaterials das Futter durchströmten, und der Handel mit untauglichen Abfällen aus der Lebensmittelindustrie. In vielen Fällen war das Futter bereits gefressen, als das Gift entdeckt wurde. Fazit der Verbraucherschutzorganisation foodwatch[36]:

- Der Eintrag von gefährlichen Giftstoffen wie Dioxinen und PCB ins Futter ist erfolgt, um geringste Cent-Beträge einzusparen.
- Der Gifteintrag könnte mit vertretbarem Aufwand vermieden und die menschliche Dioxinbelastung damit drastisch gesenkt werden.
- Trotz jahrelanger Kenntnis seitens der Kontrollbehörden, Ministerien und Politiker auf nationaler und europäischer Ebene werden diese Gefahrenquellen nicht konsequent ausgetrocknet.
- Für PCB gibt es, im Unterschied zu Dioxinen, bis heute keine gesetzlichen Höchstwerte in Futtermitteln. Es gibt lediglich »Richtwerte« für Behörden. Dies führt in der Praxis häufig zur Verdünnung mittels Vermischung mit unbelasteten Futtermittelkomponenten.
- Die Dioxin-Höchstwerte für Einzelfuttermittel sind so hoch angesetzt, dass sie der faktischen Dioxinbelastung des jeweiligen Futtermittels Rechnung tragen. Beispielsweise ist der Höchstwert für Fischöl achtmal so hoch wie der Höchstwert für andere Einzelfuttermittel, weil Fisch durch die Verschmutzung der Meere besonders hoch belastet ist.

- Bekanntermaßen riskante Herstellungsprozesse oder unsichere Beschaffungsquellen leisten einer quasi-legalen Kontamination von Futtermitteln Vorschub. So zum Beispiel der Einsatz von dioxinhaltigem Kaolin-Ton, die offene Feuertrocknung von Grünfutter mit belasteten Brennstoffen oder der Import von häufig mit PCB belasteten pflanzlichen Ölen.
- Die für die Futtermittelüberwachung zuständigen Länder lassen ihre Kontrolleure systematisch an den falschen Stellen suchen. Statt sich auf die gefährlichen Eintrittspfade und Einzelfuttermittel zu konzentrieren, werden Proben in fertigen Mischfuttermitteln genommen.
- Ein Großteil der Kontrollen dient allein den wirtschaftlichen Interessen von Futter- und Landwirtschaft. So haben Untersuchungen des Wasser- oder Energiegehalts bei den Kontrollen häufig Vorrang.
- Eigenbetriebliche Kontrollen finden nur stichprobenweise statt.

Dass der Verbraucher sich auf sein Recht und geltende Gesetze berufen könne, ist ein Trugschluss. Praxisfern und in einzelnen Abschnitten zu den übergeordneten Regelungszielen widersprüchlich, schützen sie nur ungenügend und ermöglichen eine legale wie illegale Kontamination tierischer und menschlicher Lebensmittel. Die Haftungs- und Sanktionsrisiken für die Verursacher sind wenig abschreckend. Ein Vergleich zwischen Umweltrecht einerseits sowie Futter- und Lebensmittelrecht andererseits führt den Abgrund zwischen Anspruch und Wirklichkeit vor Augen:

»Benutzt jemand unerlaubt ein Gewässer für seinen betrieblich genutzten Garten, droht ein maximales Bußgeld von 50 000 Euro. Die Gefährdung von hochschwangeren Frauen mit nitrofen-verseuchten Putenschnitzeln, die zu Missbildungen beim ungeborenen Kind führen kann, wird mit einem maximalen Bußgeld von 25 000 Euro belegt.«[37]

Angesichts solcher Fakten erübrigt sich die Frage nach dem Einfluss des Verbrauchers. Er hat kaum Rechte; kein Unternehmen ist verpflichtet, ihn wahrheitsgemäß zu informieren. Darüber hinaus dürfte der Nachweis eines kausalen Zusammenhangs zwischen einem erlittenen Schaden und dem Verzehr eines Lebensmittels kaum zu führen sein, schon weil es sich oft um Langzeitwirkungen handelt, er nicht die finanziellen Mittel und den langen Atem besitzt, über Jahre hinweg Prozesse zu führen.

Qualitativ hochwertige Futtermittel sind teurer, aber auch sicherer. Es mutet zynisch an, dass Industrie, Handel, Bauernverbände und Politiker den Verbraucher an den Pranger stellen, um zu rechtfertigen, dass bei der Nutztiernahrung massiv gespart, manipuliert und geschludert wird. Sie verschweigen, dass es beim Einkauf von Rohware um Bruchteile von Prozenten geht – und um die feilschen die Beteiligten unerbittlich, um das eigene Betriebsergebnis aufzubessern. Foodwatch rechnet vor:

»Ein Kilogramm konventionelles Schweinefleisch kostet ab Erzeuger 1,40 Euro. Der Futtermittelanteil kann bis zu zwei Drittel betragen, also 93 Cent. Eine drastische Erhöhung um 20 Prozent hätte Futtermittelkosten von 1,12 Euro zur Folge, also 19 Cent mehr. An der Fleischtheke kostet ein Kilogramm Schweinefleisch etwa 8,50 Euro. Denn außer den Produktionskosten ergeben Transport-, Schlacht-, Verarbeitungs- und Vertriebskosten den Gesamtpreis. Mit guten Futtermitteln würde das Kilogramm Schweinefleisch an der Theke jetzt 8,70 kosten – ein Mehrpreis von lediglich 20 Cent oder 2,5 Prozent.«[38]

Lebensmittelskandale wie auch BSE sind hausgemacht. Immer wieder begehen gewählte Volksvertreter dieselben Fehler: Erst wird gekungelt, mangelhaft kontrolliert, verschwiegen, nicht durchschaut, verharmlost und, wenn eine Eruption des Problems nicht mehr zu verheimlichen ist, (finanzielle) Schadensbegrenzung betrieben – die eigentlichen Ursachen zu bekämpfen, steht kaum zur Debatte. Agrarlobbyisten, ein Filz aus Agrarindustrie, der Führungsspitze des deutschen Bauernverbandes und Teilen des Landwirtschaftsministeriums, besitzen traditionell einen starken Einfluss auf politische Entscheidungen. Über Jahrzehnte hinweg wurden Landwirtschaftsminister aus den eigenen Reihen rekrutiert: Josef Ertl (FDP), bis 1983 Bundeslandwirtschaftsminister, hatte seinen Schwiegervater Wilhelm Niklas (CSU), der selbst Landwirt war, um dessen Amt beerbt; sein Nachfolger Ignaz Kiechle (CSU), bis 1993 Bundeslandwirtschaftsminister, war als geprüfter Landwirtschaftsgehilfe als landwirtschaftlicher Lehrmeister tätig und hatte zehn Jahre lang den elterlichen Hof geleitet; Jochen Borchert (CDU), bis 1998 Bundeslandwirtschaftsminister, absolvierte ebenfalls eine landwirtschaftliche Lehre und übernahm den elterlichen Pachtbetrieb, schließlich Karl-Heinz Funke (SPD), bis 2002 Bundeslandwirtschaftsminister und für seine markigen Sprüche gegenüber Kritikern bekannt, bewirtschaftete seit 1983 den elterlichen Hof. In besonders sensiblen Bereichen wie Gremien, Beraterstellen, Ausschüssen und Runden Tischen wissen Lobbyisten ihre Vertreter wirksam zu positionieren. Nicht Vorsorge oder Verbraucherschutz, sondern die Umsetzung der eigenen Umsatzziele und die zukünftige Absatzentwicklung haben oberste Priorität. Da verwundert es nicht, dass der neue deutsche Bundeslandwirtschaftsminister Horst Seehofer (CSU) gesundheits- und umweltverträgliche Wirtschaftsformen wie die Biolandwirtschaft nicht länger »bevorzugen«, stattdessen aber die grüne Gentechnik fördern will – obwohl deutsche Verbraucher diese seit Jahren ablehnen. Während sich aufgrund dieser Skepsis Landwirte in vielen Gemeinden bereits zusammengeschlossen haben und einen freiwilligen Verzicht auf Gentechnik in ihrer Region erklärten, um Vertrauen beim Kunden zu schaffen, lobte der Generalsekretär des Deutschen Bauernverbandes, Helmut Born, die unerwartete Änderung der Marschrichtung: »Wir Landwirte fühlen uns von Horst Seehofer wieder ernster genommen.«[39] Seehofer bekennt sich damit ganz offen zu rein wirtschaftlichem Kalkül: Statt der Verantwortung des Staates gegenüber seinen Bürgern und den berechtigten Zweifeln am Sinn und an der ökologischen Verträglichkeit genmanipulierter Nutzpflanzen Rechnung zu tragen und die Ablehnung der Verbraucher zu akzeptieren, schwingt sich Seehofer entgegen allen ethischen Bedenken zum Anwalt einer umstrittenen Technologie auf, die einzig dazu dient, die Gewinne von Agrarmultis wie Monsanto, Bayer, Syngenta und DuPont zu mehren (siehe dazu Abschnitt »Gentechnik und Genfood«), die Biolandwirtschaft als ernst zu nehmende Konkurrentin zu konventionellen Wirtschaftsformen auszuschalten und die so oft versprochene Agrarwende ad absurdum zu führen. Die Politik scheint aus BSE & Co. nichts gelernt zu haben.

Gentechnik und Genfood

Das Lebensmittelbusiness kann ein Kriegsschauplatz sein. Kaum ein anderes Gebiet führt das derart deutlich vor Augen wie Genfood. Seit Jahren fechten Befürworter wie Gegner den Kampf um Akzeptanz oder Ablehnung gleichermaßen erbittert aus. Die über gentechnologische Verfahren kreierten Nahrungsmittel, die in ihren Ausgangsstoffen so nicht von der Natur vorgesehen sind, stellen für die eine Seite eine unzumutbare Gefahr für Umwelt und Gesundheit dar: Sich selbstständig machende neuartige genetische Konstellationen bedrohen das menschliche Leben oder das anderer Organismen, indem sie deren Erbsubstanz verändern; das empfindliche Gleichgewicht von Ökosystemen gerät aus den Fugen, die gesamte Biosphäre ist dem schutzlos ausgeliefert. Für die andere Seite garantiert die »grüne Gentechnologie« die Produktion hochwertiger Rohstoffe aus Pflanzen, die vom Samen bis zur Ernte mit wenig Pestiziden und Mineraldünger auskommen und die gleichmäßige hohe Erträge und Züchtungsfortschritte innerhalb kürzester Zeit liefern, die mit konventionellen Methoden viele Jahre benötigen würden. Von Optimisten wird sie sogar zur Schlüsseltechnologie des 21. Jahrhunderts hochstilisiert – zur Waffe gegen Hunger und Überbevölkerung.

Als James Watson und Francis Crick im Jahr 1962 den Nobelpreis für Medizin erhielten, weil sie die Molekularstruktur der Erbsubstanz DNA entdeckt hatten, begann nicht nur eine neue Ära der Biochemie. Es war auch die Geburtsstunde der Gentechnologie. Sie erlaubt es dem Menschen, das Erbgut von Pflanzen oder Tieren gezielt zu verändern. Durch den künstlichen Eingriff in die molekularen Bausteine der DNA lassen sich – mit mehr oder weniger Erfolg – »Eigenschaften nach Maß« kreieren. Man unterscheidet drei große Bereiche der Gentechnik:

Die »grüne Gentechnik« umfasst technische Verfahren der Pflanzenzüchtung, die Nutzung gentechnisch veränderter Pflanzen in der Landwirtschaft und im Lebensmittelsektor.

Bei der »roten Gentechnik« geht es um die Anwendung gentechnischer Methoden in der Medizin zur Entwicklung diagnostischer und therapeutischer Verfahren sowie zur Herstellung von Arzneimitteln.

Die »graue Gentechnik« steht ganz im Zeichen der Industrie. Mithilfe genetisch veränderter Mikroorganismen entstehen Enzyme und Feinchemikalien für industrielle Anwendungen.

Ihren Anfang nahm die kontrovers und stark emotional gefärbte Debatte über die Gentechnik mit einem der ersten gentechnischen Experimente, durchgeführt vom amerikanischen Biochemiker und späteren Nobelpreisträger für Chemie Paul Berg. Berg war es Anfang der 1970er Jahre gelungen, die Erbsubstanz Desoxyribonukleinsäure (DNS) mithilfe von Enzymen in Teile zu zerschneiden. Solche Bruchstücke sind die Basis für eine erfolgreiche Genübertragung. Wenig später koppelte Berg zwei Kopien eines tumorinduzierenden Virus, des SV 40, zu einem gemeinsamen Molekül. Doch Berg beließ es nicht bei der Forschung im Elfenbeinturm der Wissenschaft. Gemeinsam mit Fachkollegen rief er zu einer Konferenz in Asilomar auf, um die möglichen Folgen solcher Experimente zu diskutieren und Maßnahmen zu benennen, die geeignet sind, potenzielle Gefahren schon während der Versuche erkennen und eingrenzen zu können. Das veröffentlichte Memorandum gilt als Ursprung der folgenden Auseinandersetzungen.

Das Prinzip der Gentechnik lässt sich in einfachen Worten beschreiben. Ziel ist es, einzelne Gene im Erbgut aufzufinden und zu isolieren, denen bestimmte Eigenschaften zugeordnet werden können. Sind sie gefunden, wird versucht, sie auf einen anderen Organismus zu übertragen. Im Fokus der Forscher stehen agronomische Eigenschaften von Nutzpflanzen. Gentechnische Veränderungen können die Widerstandskraft gegen Insekten, Fadenwürmer, Bakterien, Pilze, Viren und gegenüber Unkrautvernichtungsmitteln erhöhen. Zu den wichtigsten Zielen gehören die Erzeugung einer Insektenresistenz, einer Herbizidresistenz, einer Virusresistenz und einer Pilzresistenz (siehe Tabelle 23). Zwei Beispiele aus der Praxis:

Insektenresistenz Bt-Mais der Firma Syngenta enthält das Gen eines Bodenbakteriums. Das Bodenbakterium *Bacillus thuringiensis* produziert ein Eiweiß, das den Maiszünsler, dessen Raupe ein gefürchteter Maisschädling ist, abwehrt. Mithilfe gentechnologischer Methoden ist es gelungen, das Gen, das die Produktion dieses

Tabelle 23: EU-weit zugelassene gentechnisch veränderte Pflanzensorten

Produkt	Hersteller	Eigenschaft	Zulassung
Soja			
SojabohneGTS 40/3/2	Monsanto	Herbizidresistenz (Round up)	seit 1996 als Lebens- und Futtermittel zugelassen
Raps			
Raps: Topas 19/2	Agrevo, heute Bayer Crop Science	Herbizidresistenz	seit 1998 als Lebens- und Futtermittel zugelassen
Raps: MSI; RFI	Plant Genetic Systems, heute Bayer Crop Science	Herbizidresistenz	seit 1997 als Lebens- und Futtermittel zugelassen, in Frankreich nicht zugelassen.
Raps: MSI;RF2	Plant Genetic Systems, heute Bayer Crop Science	Herbizidresistenz	seit 1997 als Lebens- und Futtermittel zugelassen, in Frankreich nicht zugelassen
Raps: GT73	Monsanto	Herbizidresistenz	31. August 2005
Mais			
Mais: Bt 176	Ciba-Geigy, heute Syngenta	Insektenresistenz Herbizidresistenz	seit 1997 freie Vermarktung EU-weit
Mais: Mon 810	Monsanto	Insektenresistenz	seit 1989 freie Vermarktung EU-weit
Mais:T25	AgrEvo, heute Bayer Crop Science	Herbizidresistenz	seit 1998 freie Vermarktung EU-weit
Mais: Bt II	Sandoz, heute Syngenta	Insektenresistenz	seit 1998 als Lebensmittelrohstoff und Futtermittel zugelassen
Mais: Bt II	Sandoz, heute Syngenta	Insektenresistenz	seit 2004 Verwendung als Maiskolben und Süßmais

Eiweißes anstößt, in das Genom von Mais einzubauen. Der Bt-Mais ist in der Lage, eigenständig während aller Wachstumsstadien in Blättern, Fasern und Stängeln das Anti-Maiszünsler-Eiweiß zu produzieren.

Herbizidresistenz Herbizide wie »Roundup« (Hersteller: Monsanto) oder »Liberty« (Hersteller: Bayer) besitzen ein sehr breites

Wirkspektrum gegen Wildpflanzen. Die enthaltenen Substanzen sind chemisch mit Stoffen verwandt, die von Bodenmikroorganismen gebildet werden. Sie töten nicht nur Ackerkratzdistel, Quecke, Ampfer, Ackerwinde & Co., sondern auch die Kulturpflanzen selbst. Beispielsweise blockiert der Wirkstoff von Roundup einen für die Pflanzen lebenswichtigen Stoffwechselweg, indem es ein einzelnes Enzym, das EPSPS, in seiner Arbeit hemmt. Werden Pflanzen mit diesem Herbizid behandelt, sterben sie ab – eben auch Nutzpflanzen wie Sojabohnen. Genetiker entdeckten nun im Bodenbakterium *Agrobacterium ssp. Stamm CP4* ein Toleranzgen gegen das Totalherbizid. Um die Kulturpflanze vor dem Gift zu schützen, übertrugen sie dieses Gen in das Erbgut von Sojabohnen, die als Roundup-Ready-Soja erstmals 1994 in den USA, schließlich in Argentinien, Kanada und Mexiko und 1996 auch in Europa und Japan für den Import und zur Verarbeitung zugelassen wurden.

Die Gentechnik hat in den vergangenen 20 Jahren enorm zum Verständnis grundlegender Mechanismen der Vererbung beigetragen. Heute wissen die Forscher viel über die Expression von Genen, das Verändern von Erbgut und Selektionskriterien, auch unter dem Gesichtspunkt von Evolutionsstrategien und Züchtung. Sie kennen sowohl einzelne Moleküle als auch Makromoleküle, jene Molekülaggregate aus bis zu mehreren Tausend Bausteinen, Bestandteile also, aus denen jeder Organismus besteht. Die Forscher können schon einzelne Seiten im Buch des Lebens lesen, können viele Wechselwirkungen von Substanzen und Stoffwechselvorgänge im Detail unterscheiden. Beflügelt von solch exponentiellem Wissenszuwachs erkannte die Industrie das enorme Potenzial, das in den Genen steckt. »Pflanzen sind wunderbar zur Reproduktion geeignet«, bedauerte 1976 der Chef der Agroabteilung beim US-Chemiekonzern Monsanto, Richard Mahoney, »aber ihre Effizienz als Nahrungsmittelversorger ist kümmerlich.«[41] Dass dieses Problem dank gentechnologischer Methoden nicht nur fassbar, sondern auch lösbar ist, zeigten die kommenden Jahre. Die Industrie fungierte als Geburtshelfer der wohl diffizilsten Art, Lebensmittel herzustellen, mit dem Ziel, ihre hochfliegenden Umsatzträume zu verwirklichen.

China war das erste Land der Welt, das Anfang der 1990er Jahre mit virusresistentem Tabak transgene Pflanzen auf den Markt brachte. Später folgte das wohl berühmteste Lebensmittel mit verändertem Erbgut, die Anti-Matsch-Tomate »Flavr Savr« (übersetzt: »Geschmackserhalter«) der US-Firma Calgene. Eigentlich hat die Natur vorgesehen, dass Tomaten reifen und faulen, damit sie ihre Samen freisetzen und so für Nachkommen zu sorgen. Dazu produziert die Pflanze Enzyme, unter anderem Polygalacturonase (PG), die die Zellwände der Frucht auflösen, sodass sie erst welk wird, wenig später matschig. Doch so Unappetitliches schreckt die Kundschaft. Deshalb werden Tomaten vorzugsweise unreif geerntet, gewachst, mit Ethylen begast und erst dann zum Verkauf angeboten. Was dem Auge wohltut, enttäuscht aber schon beim ersten Biss: Solche Tomaten schmecken fade und wässrig; das typische Aroma bleibt auf der Strecke, der Esser greift beim nächsten Mal lieber zu Paprika oder Salat. Gentechnologen fanden einen Weg aus der Misere und erreichten, dass die Tomaten länger am Strauch hängen dürfen und trotzdem nicht so schnell verderben, indem sie das Gen ausschalteten, das normalerweise die Synthese von Polygalacturonase in Gang setzt. Dafür brachten sie eine Negativkopie des Gens, ein so genanntes Antisense-Molekül, in das Erbgut von Tomaten ein, sodass die Produktion von Polygalacturonase nicht mehr stattfinden konnte. Einziger Wermutstropfen: Am Verfall sind außer diesem Enzym noch andere beteiligt, sodass auch »Flavr Savr« keine ewige Jugend vergönnt ist. Die legendäre Frucht wurde 1994 von der amerikanischen Lebensmittel- und Arzneimittelbehörde Food and Drug Administration (FDA) zugelassen und wurde, nicht gerade im Sinn des Herstellers, zum Inbegriff des negativ geprägten Begriffs »Genfood«. Wenige Jahre nach der Anti-Matsch-Tomate gelangten in den USA auch transgener Mais, Sojabohnen, Kartoffeln, Raps, Kürbis und Baumwolle auf den Markt. Bis Ende 2000 wurden weltweit über 50 Zulassungen für gentechnisch veränderte Pflanzen oder deren Produkte zu kommerziellen Nutzung ausgesprochen, neben den bereits genannten auch für veränderte Sorten von Radicchio, Melonen, Papayas, Zuckerrüben und Reis.

Grüne Gentechnologie – viel Risiko bei wenig Nutzen?

Niemand kann bestreiten, dass es keinen absoluten Schutz gegen eine Verbreitung von manipuliertem Genmaterial gibt. Doch was kann passieren? Schon weil es praktisch unmöglich ist, bei der Ernte oder während der anschließenden Bodenbearbeitung sämtliche Pflanzenteile einer gentechnisch veränderten Kultur zu entfernen, beschäftigt diese unbequeme Frage seit langem Fachwelt, Verbraucher und Umweltschützer. Denn stets verbleiben Pflanzenreste, Wurzeln, abgestorbene Teile oder Samen mit teils intakter genetischer Information in der Erde oder auf dem Ackerboden. Für sämtliche der folgenden Beispiele lassen sich wissenschaftliche Belege finden:

- Pollen oder Samen werden durch Wind, Wildtiere, Insekten, Spaziergänger, landwirtschaftliche Maschinen etc. verbreitet. Über den Pollen können genetische Informationen gentechnisch veränderter Pflanzen auf andere Arten übertragen werden; es könnten Bastarde mit bislang unbekannten Eigenschaften entstehen (Beispiel: Unkräuter mit Herbizidresistenz).
- Samen gentechnisch veränderter Pflanzen können in labile Ökosysteme eingeschleppt werden, dort auskeimen und irreversible Schäden anrichten.
- Auch die Übertragung von Genen aus abgestorbenem Pflanzenmaterial ist denkbar. Sie könnten in andere Pflanzen eingebaut und schließlich weitervererbt werden. Außerdem könnten pflanzliche Gene auf Mikroorganismen übergehen.

Seriöse Forschungseinrichtungen, darunter viele Universitäten auf der ganzen Welt, entwickelten Laborversuche, in denen die Auswirkungen getestet werden. Einige dieser Studien verdienen aufgrund ihrer Brisanz besondere Erwähnung.

Risikoforschung: Der Flügelschlag der Schmetterlinge

Im Jahr 1999 spielten Monarchfalter *(Danaus plexippus)* in einer Publikation des britischen Fachblatts *Nature*, das neben anderen Arbeiten berühmter Wissenschaftler schon jene von Charles Darwin veröffentlicht hatte, die Hauptrolle. Die Wissenschaftler an der Cornell University hatten herausgefunden, dass Raupen des Monarchfalters, nachdem sie den Pollen von Bt-Mais gefressen hatten, starben.[42] Zwar warnte das Team um John Losey in der *Nature*-Veröffentlichung vor übereilten Reaktionen: »Inwieweit der Bt-Mais für frei lebende Monarchen und andere Schmetterlinge eine Gefahr darstellt, muss noch untersucht werden.« Doch allein der Fakt, dass der genveränderte Mais – entgegen den Beteuerungen der Hersteller – auch einer anderen Insektenart als dem Maiszünsler schadete, genügte, das Vertrauen in die Glaubwürdigkeit der Lebensmittelproduzenten und die grüne Gentechnik insgesamt zu erschüttern. Das Sterben der Schmetterlinge unter Laborbedingungen diente Umweltschützern und Gegnern der grünen Gentechnik als PR-Steilvorlage. Verbraucher, mit Detailwissen ohnehin nicht sonderlich vertraut, reagierten entsprechend emotional und bekundeten ihre Abscheu. Als Schmetterlinge verkleidete Umweltschützer besetzten in Siegerlaune Gentech-Felder. Gentechnisch veränderte Nahrungspflanzen, so schien es, hatten ausgespielt. Weil die Kontrahenten den Kampf vorwiegend medial führten, schreckten sie vor nichts zurück. So wanderte der damalige Direktor von Greenpeace Großbritannien, Oberhausmitglied Lord Melchett, wegen der Besetzung eines Maisfeldes medienwirksam hinter Gitter. Erst nach Zahlung einer Kaution erlangte der ehemalige Staatssekretär die Freiheit zurück. Der Lord hatte im Sommer 1999 mit 27 Aktivisten in der Nähe von Norwich ein 2,4 Hektar großes Versuchsfeld mit gentechnisch verändertem Mais zerstört.

Nach den ersten Bewilligungen für gentechnisch veränderte Sojabohnen und Mais im Jahr 1996 nahm der Druck auf die EU kontinuierlich zu. Die Länder wehrten sich dagegen, dass sich kein Mitgliedsstaat gegen eine Bewilligung gentechnisch veränderter Nutzpflanzen sperren konnte. Der wachsende Unmut führte schließlich dazu, dass 1998 die Mehrheit der EU-Länder das Bewilligungsverfahren blockierte, damit keine weiteren gentechnisch veränderten Pflanzen mehr zugelassen werden konnten – ein bis dahin einzigartiges De-facto-Moratorium. Es folgte die vollständige Überarbeitung der Richtlinien, die den Umgang mit solchen Organismen in der Europäischen Union regeln. In der Zeit zwischen 1998 und 2004 legte die EU weitere Zulassungsanträge auf Eis. Vor allem die USA als größter Produzent und Exporteur gentechnisch veränderter Agrarprodukte forderten immer wieder ein rasches Ende des De-facto-Moratoriums und leiteten deshalb im Jahr 2003 mit Unterstützung von Argentinien und Kanada vor der Welthandelsorganisation (WTO) ein Streitschlichtungsverfahren gegen die Europäische Kommission ein.

Nahezu zeitgleich lieferten Wissenschaftler weitere Hinweise für mögliche Risiken der grünen Gentechnologie. So stellten britische Wissenschaftler fest, dass einige gentechnisch veränderte Pflanzen das Gleichgewicht von Wildpflanzen durcheinander bringen und das Leben der von ihnen abhängigen Insekten beeinträchtigen. Auf den untersuchten Feldern mit genetisch verändertem Winterraps hatten die Forscher fast zwei Drittel weniger Schmetterlinge und nur halb so viele Bienen wie auf konventionell bewirtschafteten Äckern gezählt, weil nach dem Spritzen lediglich der herbizidresistente Raps übrig geblieben war, alle anderen Pflanzen dagegen gingen ein. Diese aber bilden die Nahrungsgrundlage für alle möglichen Arten von Insekten. Die Ergebnisse sind das Resultat einer dreijährigen Studie, die die britische Regierung in Auftrag gegeben hatte; das Fachblatt *Proceedings of the Royal Society* berichtete schließlich darüber.

Dass auch Säugetiere in Mitleidenschaft gezogen werden könnten, versucht die Umweltschutzorganisation Greenpeace, die zu den härtesten Gegnern der grünen Gentechnik zählt, immer wieder zu beweisen. Besonders spektakulär war die Meldung, auf einem Bauernhof in Wölfersheim, Hessen, seien zwölf Kühe verendet, nachdem sie mit Bt-Mais gefüttert worden waren. Greenpeace zufolge hatten die Tiere zwischen 1997 und 2001 gentechnisch veränderten Mais (Bt 176) der Firma Syngenta gefressen. Der Konzern stritt erwartungsgemäß einen Zusammenhang zwischen der fraglichen Fütterung und dem Tod der Tiere ab. Auch eine weitere Veröffentlichung aus dem Jahr 2004 sorgte für Wirbel. Greenpeace hatte einen Untersuchungsbericht des Forschungszentrums für Milch und Lebensmittel in Weihenstephan/Bayern vorgelegt, aus dem hervorging, dass Teile der Erbsubstanz von Roundup-Ready-Soja sowie von

Mais Bt 176 in Milchproben auftauchten, entweder direkt über das Gentech-Futter oder den eingeatmeten Staub, der beim Aufwirbeln des Futters entstanden war.[43] Bis dahin hatte man angenommen, dass der tierische Organismus gentechnisch veränderte Pflanzenteile oder Bruchstücke gänzlich abbauen kann und nichts davon in Fleisch oder Milch übergeht. Weil bei den Sojagenen »nur relativ kurze Gen-Abschnitte aufgespürt worden waren und nicht die längeren Gen-Abschnitte« auftauchten, gingen die Greenpeace-Leute vom Worst-Case-Szenario aus: Die Gene müssten aus verdautem Futter stammen. Für diese These spricht, dass bei einer der beiden Proben die Gene nicht gleichmäßig in der Milch verteilt waren. Sie traten nur in Milchzellen und in den fetten Anteilen der Milch auf. Die Pflanzengene können auf folgende Weise in die Milch gelangen: Leukozyten, die für die Immunabwehr zuständigen weißen Blutkörperchen, fangen die Gene im Blut ab und transportieren sie ein Stück weit durch den Körper. Bei der Kuh ist bekannt, dass Leukozyten auch aktiv in das Euter einwandern können, vor allem dann, wenn sie dort Entzündungen bekämpfen müssen. Offensichtlich schleusen sie dabei auch die fremden Gene Huckepack in das Euter und damit direkt in die Milch ein – ebenso wie Gene aus Pflanzen, in deren Erbgut der Mensch nicht eingegriffen hatte. Dass eine Kontamination offenbar nicht ausgeschlossen werden kann, ist aus Verbrauchersicht fatal. Denn nach der EU-Verordnung für gentechnisch veränderte Lebensmittel besteht keine Kennzeichnungspflicht für tierische Produkte. Das heißt im Klartext: Wer als Landwirt seine Kühe mit Gentech-Futter mästet, braucht die Milch nicht als gentechnisch verändert zu deklarieren, und der Käufer hat keine Wahlmöglichkeit mehr.

Eine weitere Studie, die sich mit den Folgen des Konsums von Gentech-Mais befasste, heizte im Jahr 2005 die Gemüter auf. Um Mais gegen den Westlichen Maiswurzelbohrer zu schützen, entwickelte der US-Konzern Monsanto die Maissorte MON 863. Das darin eingebaute Gen produziert ein Gift gegen Raupen[44] – und verträgt das ebenfalls von Monsanto vertriebene Herbizid Roundup. Verschiedene Behörden attestierten dem Genprodukt indes Unbedenklichkeit. Sowohl das Robert-Koch-Institut in Berlin als auch der wissenschaftliche Ausschuss bei der Europäischen Behörde für Lebensmittelsicherheit (EFSA, European Food Safety Authority) waren der Meinung, MON 863 sei unbedenklich. Zugelassen für den europäischen Markt ist die Sorte jedoch bislang nicht. Ein entsprechender Kommissionsvorschlag fand keine Mehrheit, es kam allerdings auch kein verbindliches Nein zustande. Deutschland stimmte zwar für die Zulassung von MON 863, gab aber zu Protokoll, dass die Bundesregierung weitere Untersuchungen zur Gesundheitsverträglichkeit für erforderlich hält; Belgien schloss sich dem an.

MON 863 war in die Kritik geraten, weil sich Monsanto geweigert hatte, den Zulassungsbehörden den Genmais betreffende Unterlagen über einen Fütterungsversuch zur Verfügung zu stellen. Monsanto selbst hatte die umstrittene Studie durchgeführt. Der Test mit 400 Ratten sollte die Unbedenklichkeit von MON 863 bestätigen. Ein Teil der Nager, die 90 Tage lang mit MON 863 gefüttert worden waren, zeigten Veränderungen im Blutbild und an den Nieren, die im Vergleich zu den Kontrolltieren, die konventionelles Futter erhielten, durchschnittlich um 7 Prozent kleiner waren und Zeichen von Entzündungen aufwiesen – ein Hinweis darauf, dass das Immunsystem in Mitleidenschaft gezogen war. Monsanto zufolge bewegten sich die Ergebnisse innerhalb der üblichen Streubreite; angeblich lieferten sie keinen Grund, MON 863 zu verteufeln. Die Veröffentlichung der Untersuchung[45] war erst wenige Tage vor der EU-Ratstagung per Gerichtsentscheid erzwungen worden. In letzter Instanz hatte das Oberverwaltungsgericht Münster im Juni 2005 eine Entscheidung des Kölner Gerichts bestätigt. Bis dahin hatte sich Monsanto geweigert, das gesamte, rund 1 000 Seiten umfassende Dossier vorzulegen – mit der Begründung, es handele sich um Unternehmensinterna. Für die Öffentlichkeit hatte Monsanto nur eine Zusammenfassung der Fütterungsversuche zugänglich gemacht. Greenpeace verlangte jedoch Einsicht in die vollständige Studie, was die Richter unterstützten. Ihrer Auffassung nach nehme das Gentechnik-Gesetz die »Beurteilung der vorhersagbaren Wirkungen, insbesondere der schädlichen Auswirkungen auf menschliche Gesundheit und Umwelt« vom Geheimnisschutz aus.

Unterdessen rückte das Expertengremium der Europäischen Behörde für Lebensmittelsicherheit (EFSA) nicht von seinem vormali-

gen Standpunkt ab, der Verzehr von Mais MON 863 sei nicht gesundheitsschädlich. Auch das Bundesamt für Verbraucherschutz und
Lebensmittelsicherheit (BVL) als zuständige deutsche Behörde hatte
eine Zulassung empfohlen. Belastbare Anhaltspunkte, die gegen den
Einsatz als Futtermittel und in der industriellen Produktion sprechen, konnten die Fachbehörden nicht ausmachen. Am 13. Januar
2006 war es soweit: Trotz tausender Protestmails durch besorgte EU-
Bürger ließ die EU-Kommission Monsantos Gentechmais MON 863
als Nahrungsmittel zu.

Belege dafür, dass Fremdgene aus gentechnisch veränderten Fut-
terpflanzen im Organismus von Versuchstieren wieder auftauchten,
gibt es nicht nur bei Rindern und Ratten, sondern auch bei Mäusen, Schweinen und Geflügel. Bereits 1994 hatten Forscher Mäusen
Genfutter verabreicht und festgestellt, dass die Gene in Magen und
Darm nicht vollständig abgebaut wurden, sondern sich noch im Kot
und sogar im Blut der Tiere nachweisen ließen. Bei weiteren Untersuchungen zeigte sich, dass die fremden Gene über das Blut in Leber
und Milz der Tiere wanderten.[46] Dass es einen Gensprung von Bt-
Mais auf Hähnchen nachweisen konnte, brachte ein deutsches Team,
bestehend aus Forschern der Bundesanstalt für Fleischforschung in
Kulmbach, des Instituts für Tierernährung in Braunschweig und des
Instituts für Ernährungswissenschaften der Universität Jena nicht
aus der Fassung.[47] Sie hatten das Federvieh während der 32 Tage
seines kurzen Lebens ausschließlich mit Bt-Körnern gefüttert und
nach der Schlachtung Gewebeproben von Niere, Milz, Leber, Schen-
kel- und Brustmuskelfleisch untersucht. Dabei fanden sie in allen
Tieren typische Sequenzen der Mais-DNS, allerdings nicht aus den
veränderten Genen des Bt-Maises. Dennoch sind die Wissenschaftler
sicher, dass dies nur an der Art der Untersuchungsmethode lag: »Wir
können davon ausgehen, dass auch Fragmente aus diesen Genen in
die verzehrbaren Fleischbestandteile des Broilers gelangen«, meint
Gerhard Jahreis, einer der beteiligten Wissenschaftler. Grund zur
Panik bestehe trotzdem nicht, denn der menschliche Organismus ver-
füge »über fantastische Entsorgungssysteme für diese Fremd-DNS«.
Von den täglich über die Nahrung aufgenommenen 100 bis 1 000
Mikrogramm fremder Erbsubstanz werde ein Teil direkt wieder

ausgeschieden oder binnen kurzer Frist im Darm in seine Hauptbestandteile Purin, Pyrimidin, Phosphat und Zucker aufgetrennt und anschließend verstoffwechselt. Nur wer sich ausschließlich von Drüsensekreten, etwa reiner Milch, und konzentrierten Nährstoffen, wie Zuckerwürfeln oder Kartoffelstärke, ernähren würde, esse keine Fremd-DNS. Es sei Ironie des Schicksals, dass als überaus gesund geltende Kost wie zum Beispiel Getreidekeime besonders reich an Erbgut sei.

»Für die Experten sind die Ergebnisse noch kein Beweis für die Gefährlichkeit, aber zumindest ein Hinweis und eine Mahnung, den Mais eingehender zu prüfen. Doch MON 863 ist von der europäischen Gesundheitsbehörde für unbedenklich erklärt worden und wartet darauf, angebaut zu werden«, warnte – bis 2005 unvorstellbar – sogar eine gesetzliche Krankenkasse ihre Versicherten. Ungewohnt direkt sprach die Securvita in ihrer Broschüre *Grüne Gentechnik – Risiko ohne Nutzen* die Problematik an und resümierte: »Die Risiken sind schwer vorherzusagen, gerade wenn es um solche geht, die erst nach Jahren eintreten können.«[48]

Auf potenzielle Risiken gentechnisch veränderter Erbsen mussten australische Forscher im November 2005 hinweisen – nachdem sie über zehn Jahre lang Tierversuche damit durchgeführt hatten. Thomas J. Higgins, Vizechef der staatlichen australischen Forschungsorganisation CSIRO (Commonwealth Scientific and Industrial Research Organisation) hatte den Auftrag, Erbsen zu züchten, die resistent gegen den Erbsenkäfer *Bruchus pisorum* sind. Die Forscher hatten den Erbsen ein Bohnengen eingepflanzt, das einen Hemmstoff für das Enzym Alpha-Amylase herstellt. Dieser Hemmstoff führt dazu, dass die Larven der Erbsenkäfer keine Stärke mehr verdauen können. Bei den Mäusen rief die Fütterung mit den gentechnisch veränderten Erbsen eine heftige allergische Reaktion hervor, die vor allem die Lungenfunktion einschränkte. Der Versuch musste aus Sicherheitsgründen abgebrochen werden. Gegenüber dem Sender ABC mutmaßte Higgins, dass die Reaktionen der Mäuse »etwas widerspiegeln, was auch bei Menschen passieren könnte«[49]. Inwieweit die Gene in das Erbgut der Mäuse integriert werden und ob diese überhaupt biologisch aktiv werden, ist unterdessen völlig unklar.

Fest aber steht, dass Bedenken nicht unbegründet sind, Wechselwirkungen und Gentransfer über die Nahrungsaufnahme nicht ausgeschlossen werden können.[50]

Allergiegefahr durch transgene Pflanzen?

Zu den häufigsten Einwänden zählt die Angst vor möglichen Allergien. Viele Allergiker befürchten, dass sich durch neue Gene vordem
harmlose Lebensmittel plötzlich zu Gesundheitsrisiken auswachsen
könnten. Obwohl solche Sorgen nicht unbegründet sind, ist ein Pau-
schalverdacht nicht angemessen, denn Allergien sind nicht zwingend
etwas Gentechnikspezifisches.

Eine Allergie ist eine überschießende Reaktion des Immunsystems
gegenüber bestimmten körperfremden Substanzen; »überschießend«
deshalb, weil die Körperabwehr auf Fremdstoffe anspricht, die – anders als Krankheitskeime – eigentlich gar keine Gefahr darstellen.
Prinzipiell kann jeder Stoff eine Allergie auslösen, etwa 20 000 Allergene sind mittlerweile bekannt. Meist handelt es sich um Eiweiße
tierischer oder pflanzlicher Herkunft, auf die ein Allergiker reagiert.
Die bekanntesten sind Proteine aus Fisch, Eiern, Milch, Nüssen,
Milben oder Pollen. In Europa leiden zwischen 5 und 8 Prozent der
Kinder und bis zu 2 Prozent der Erwachsenen unter einer Allergie.

Beim ersten Kontakt des Immunsystems mit dem Allergen geschieht zunächst nichts weiter, als dass es Antikörper (Immunglobu-
line des Typs IgE) gegen dieses Allergen bildet. Beim zweiten Kontakt
gelangen die Antikörper über Blut oder Lymphe in das Gewebe. Die
Antikörper suchen sich so genannte Mastzellen in den Organen des
Lymphsystems, in der Schleimhaut von Mund, Nase und Augen, in
den Atemwegen und im Darm. Die Mastzellen tragen auf ihrer Oberfläche zahlreiche Bindungsstellen für Antikörper. Gelingt es einem
Allergen wie zum Beispiel einem Pollenkorn, über zwei Antikörper,
die auf verschiedenen Mastzellen sitzen, eine Brücke zu schlagen, ist
das das Signal für die Mastzellen, ihre gespeicherten Substanzen frei-
zugeben. Diese Substanzen (zum Beispiel Histamin) sind für die allergische Reaktion verantwortlich.

Wenn nun ein fremdes Gen in das Erbgut einer Pflanze einge-schleust wird, dann sorgt es dafür, dass die Pflanzenzellen ein neues Eiweiß bilden. Ob das neue Protein ein Allergieauslöser sein kann, ist nicht sicher, doch die Gefahr besteht. Für gentechnisch veränderte Pflanzen gibt es ein von der WHO erarbeitetes Protokoll für eine intensive Allergenitätsprüfung, sowohl für die betreffenden Pflanzen als auch für deren Pollen. Solche Vorschriften existieren übrigens nicht bei herkömmlichen Lebensmitteln. Bei der Bewertung der potenziellen Allergenität analysieren die Forscher drei Faktoren: Zum Ersten untersuchen sie den Spenderorganismus als Quelle des Fremdgens, zum Zweiten vergleichen sie das neue Eiweiß mit bekannten Allergenen und zum Dritten testen sie die Immunglobulin(IgE)-Reaktionsfähigkeit mit Seren von Allergikern. Laut der Kommission Grüne Gentechnik der Union der Deutschen Akademien der Wissenschaften Berlin ist »das Allergenitäts-Risiko bei genetisch veränderten Organismen deutlich geringer einzuschätzen als bei Produkten einer konventionellen Züchtung«[51]. Allerdings: Selbst solche Tests können nicht sämtliche Risikofaktoren identifizieren. Zum Beispiel besitzt ein einzelnes Allergen viele kleine Bereiche, und gegen all diese kann das Immunsystem Antikörper bilden. Manche dieser kleinen Bereiche[52] werden in solchen Tests nicht mit erfasst.

Noch 1992 standen den Forschern weniger potente Tests zur Verfügung. Damals konstatierte die US-amerikanische Zulassungsbehörde Food and Drug Administration (FDA), dass im Moment keine Methode bekannt sei, die es ermögliche, vorherzusagen oder festzustellen, inwieweit neue Proteine in Nahrungsmitteln das Potenzial besitzen, Allergien auszulösen. Drei Jahre später gelangte das Umweltbundesamt zum gleichen Ergebnis,[53] und auch der Lebensmittelkonzern Nestlé schrieb in einem Kommentar für das Fachblatt *New England Journal of Medicine*, »dass es keine zuverlässigen Methoden gibt, das Allergiepotenzial eines neuen nahrungsmittelfremden Proteins im Vorhinein abzuschätzen«[54].

Wie verhängnisvoll die Unkenntnis über das allergene Potenzial von genveränderten Pflanzen sein kann, hatte sich 1996 gezeigt. Damals hatte die Züchtungsfirma Pioneer Hi-Bred ein Paranussprotein in Sojabohnen eingepflanzt mit dem Ziel, die Sojabohne zu befähigen, Methionin zu bilden. Methionin ist eine essenzielle Aminosäure, für die menschliche und tierische Ernährung also sehr wichtig. Die transgene Sojabohne sollte als Tierfutter verwendet werden, um das Zufüttern von Methionin einsparen zu können. Weil die Paranuss als Auslöser von Allergien bekannt ist, hatte die amerikanische Food and Drug Administration (FDA) auf entsprechenden Tests bestanden. Pioneer Hi-Bred fügte sich, die Ergebnisse waren alarmierend. Bei Hauttests entwickelten die nusssensitiven Probanden sogar noch bei starken Verdünnungen der Sojapflanzenextrakte deutliche Reaktionen. Bluttests bestätigten das hochallergene Potenzial der Pflanze. Das war auch der Grund dafür, dass die Forscher darauf verzichteten, die Versuchspersonen auch noch von der Sojabohne kosten zu lassen. »Das würde ein Risiko für diese Menschen bedeuten. Die meisten von ihnen entwickeln lebensbedrohliche Symptome, wenn sie versehentlich Paranüsse essen«, heißt es im Abschlussbericht.[55] Pioneer verzichtete daraufhin auf eine Markteinführung.

Für gentechnisch veränderte Lebensmittel, bei denen die Allergenität unbekannt ist und auch keine Seren sensibilisierter Patienten vorliegen, wäre eine solche Überprüfung wesentlich aufwändiger. Normalerweise sind nämlich bekannte Eiweiße die Auslöser einer Allergie. Sobald aber Fremdgene in eine Pflanze eingepflanzt werden, können neue, bislang unbekannte Proteine entstehen. Bei Eiweißen, die als Allergieauslöser bekannt sind, gibt es gewisse Testmöglichkeiten. Anders sieht es aus, wenn die Eiweiße bisher nicht zu unserem Nahrungsmittelrepertoire gehörten.[56] Allerdings: Nicht jede gentechnisch veränderte Pflanze besitzt ein Fremdgen; bei manchen wird ein Gen, das eine unerwünschte Eigenschaft kodiert, »abgeschaltet«. Ein Beispiel hierfür ist die Anti-Matsch-Tomate, die mittlerweile wieder vom Markt verschwunden ist, aus geschmacklichen Gründen, wie es zur Begründung hieß. Neue Allergene können dagegen auch in exotischen Früchten stecken, mit Neuzüchtungen in die Regale kommen oder durch innovative Verarbeitungsverfahren entstehen. Mithilfe der Gentechnik kann das Allergierisiko andererseits sogar gesenkt werden, indem die Synthese der Hauptallergene in den entsprechenden Organismen unterbunden wird. Erste bescheidene Erfolge gibt es bei Reis, der Durchbruch lässt bisher aber auf sich warten.

Die Frage, ob Gentechnik prinzipiell das Allergierisiko erhöht, ist daher mit Nein zu beantworten. Was bleibt, ist das unerforschte Risiko.

Problem Antibiotikaresistenz

Antibiotika sind ein Segen für die Menschheit. Sie bekämpfen die Erreger von Lungenentzündungen, Tuberkulose, Diphtherie und Scharlach, helfen gegen bakterielle Hirnhautentzündungen, Harnwegsinfekte und Abszesse. Seit mehr als 50 Jahren retten die verschiedenen Wirkstoffe das Leben von Menschen und Tieren, indem sie Krankheitskeime hemmen oder töten, ohne den behandelten Organismus wesentlich zu beeinträchtigen. Doch in den letzten Jahren beobachten Mediziner mit wachsendem Grauen eine zunehmende Ausbreitung resistenter Keime, die auf eine Antibiotikumbehandlung nicht mehr ansprechen. Die Resistenzentwicklung hat derart dramatische Ausmaße angenommen, dass manche Fachleute einen Rückfall in die Zeit ohne wirksame Antibiotika befürchten. Dass die pharmazeutische Industrie nicht mehr genug neue Antibiotika nachliefern kann, gegen die die Keime noch nicht resistent sind, trägt nicht gerade zur allgemeinen Beruhigung bei.

Resistenzen entstehen schleichend und haben mehrere Ursachen. Einer der Hauptgründe liegt in der mangelnden Disziplin von Kranken: Sobald sich ihre Symptome bessern, verzichten sie auf eine weitere Einnahme, obwohl der Arzt sie ausdrücklich darauf hingewiesen hat, die Packung zu Ende zu nehmen. Auch eine insgesamt zu geringe Dosis in der Humanmedizin und der massenhafte, häufig sogar prophylaktische Einsatz in der Landwirtschaft kann das Entstehen resistenter Stämme fördern.

Daneben gibt es eine geringe, aber immerhin denkbare Wahrscheinlichkeit dafür, dass sich Antibiotikaresistenzgene transgener Nahrungspflanzen auf menschliche Darmbakterien übertragen. Mag dieses Faktum beim Thema Resistenzen auch kaum ins Gewicht fallen, so kann niemand mit absoluter Sicherheit ausschließen, dass oral aufgenommene, therapeutische Antibiotika nicht mehr wirken, wenn sie der Patient kurz vor oder nach einer Mahlzeit mit transgenen Pflanzen einnimmt.

Zusammen mit den Genen, die der Nutzpflanze eine neue Eigenschaft verleihen sollen, bringen die Wissenschaftler nämlich auch Resistenzgene gegen Antibiotika in das Erbgut ein. Resistenzgene erfüllen dabei einen ähnlichen Zweck wie die Marke im Ohr einer Kuh: Sie dienen der bequemen Identifizierung und erfüllen sonst keinen besonderen Zweck. Die Markergene enthalten den Bauplan für ein Enzym, das für die Resistenz gegen Antibiotika verantwortlich ist. Tropfen die Forscher beispielsweise den Saft einer gentechnisch veränderten Pflanze auf einen antibiotikahaltigen Nährboden, können sie alsbald erkennen, ob der Gentransfer geklappt hat oder nicht – denn nur die Zellen, die das Resistenzgen tragen, wachsen in der Petrischale. Zwar kennen die Forscher keine direkten Gentransfermechanismen, die eine effiziente Übertragung der Resistenzgene aus den Pflanzen in die Darmmikroflora des Menschen ermöglichen. Diese sind jedoch auch noch nicht experimentell ausgeschlossen worden.

Aufgrund der anhaltenden Diskussionen hatte die britische Lebensmittelbehörde Food Standards Agency (FSA) im Jahr 2002 erste Ergebnisse mehrerer Studien veröffentlicht, die sie in Auftrag gegeben hatte. Darunter befand sich eine Untersuchung, durchgeführt an der Universität Newcastle, die tatsächlich Hinweise darauf gefunden hatte, dass Darmbakterien Pflanzen-DNS aufgenommen hatten. Nur: Jene Tests erfolgten nicht am intakten Verdauungssystem Gesunder, sondern bei Patienten mit einem künstlichen Darmausgang. Die Wissenschaftler hatten die Pflanzen-DNS aus einer Masse isoliert, die aus einer Phase des Verdauungsvorgangs stammt – quasi in einem Zwischenstadium, nicht im »Endprodukt Stuhl«. Die FSA gab sich gelassen, da die Wissenschaftler im Stuhl gesunder Probanden in keinem einzigen Fall Pflanzen-DNS nachweisen konnten.

Wenn auch die Untersuchungen die Zweifel der Genfood-Gegner zu bestätigen scheinen, eindeutige Antworten lieferten sie nicht. So ist nach wie vor nicht geklärt, ob die integrierten Gene auch biologisch aktiv werden können (was zu wissen äußerst wichtig ist, denn

nicht jedes Gen »arbeitet« automatisch, sobald es vorhanden ist). Solange Unsicherheit besteht, raten Fachleute von einer Verwendung
von Antibiotikaresistenzgenen ab. Unter anderem rät die Zentrale
Kommission für Biologische Sicherheit beim Robert-Koch-Institut
zum prinzipiellen Verzicht. Derzeit arbeiten mehrere Forschungseinrichtungen und Firmen intensiv daran, Antibiotikamarker durch
Stoffwechselmarker zu ersetzen.

Über den extrem komplizierten Mechanismus zwischen Fremdge-
nen und eigenem Erbgut ist so gut wie nichts bekannt. Wissenschaftler am Deutschen Krebsforschungszentrum (DKFZ) Heidelberg
warnten bereits Ende der 1990er Jahre vor dem, was bei einem Ein-
bau geschehen kann: Bar jeder Kontrolle seien die an die Fremdgene
gebundenen »Steuereinheiten«, so genannte Promotoren, durchaus
in der Lage, auch im Erbgut des Menschen Abschnitte zu aktivie-
ren, die normalerweise inaktiv bleiben.[57] Gentechnisch veränderte
Erbsubstanz »hat das Potenzial, nach dem Verzehr von transgenen
Nahrungsmitteln Zellen zu infizieren«, resümiert beispielsweise die
Biochemikerin Mae-Wan Ho, die als wissenschaftliche Beraterin für
Genetic Engineering und Biotechnologie bei der UNO und beim Europäischen Parlament arbeitete und: »Sie könnte krank machenden
Viren zur Regeneration verhelfen, oder sie könnte sich in das Zell-
genom einfügen – mit gefährlichen oder tödlichen Konsequenzen ein-
schließlich Krebs.«[58]

Während in der Pharmaforschung jedes Medikament von der
Entwicklung bis zur Markteinführung ein fest definiertes Testsys-
tem verschiedener klinischer Phasen durchlaufen muss, an dessen
Ende die Erprobung der Wirkstoffe am Patienten steht, fehlen in
der Nahrungsmittelbranche derartige Standards. Kein gentechnisch
verändertes Lebensmittel muss sich je den hohen Ansprüchen einer
pharmakologischen Prüfung unterziehen: Untersuchungen zur Verträglichkeit und zu Langzeitwirkungen bei Genfood nach dem De-
sign der klinischen Studien gibt es nicht; Firmen halten aus Furcht
vor Negativschlagzeilen Hinweise auf Nachteiliges zurück, falls sie
dergleichen während ihrer unternehmensinternen Forschungen entdeckt haben sollten.

Genfood auf dem Vormarsch

Ungeachtet aller Unklarheiten und offenen Fragen gelangen indes
gentechnisch veränderte Nahrungsmittel legal, illegal, gekennzeichnet oder einfach nur versehentlich auf den Markt. Der Einzug von
Genfood vollzieht sich langsam, aber stetig – kaum ein Produkt, das
davon ausgenommen ist.

Im Sommer 2005 kam es zum Eklat um einen Babybrei. Das Thüringer Landesamt für Lebensmittelsicherheit und Verbraucherschutz
hatte in zwei Proben Humana-Milchbrei »deutlich erhöhte Grenzwerte von Gen-Soja«[59] festgestellt. Das thüringische Gesundheitsministerium in Erfurt zögerte aufgrund der Brisanz und in Anbetracht
dessen, dass es sich bei den Betroffenen um Kleinkinder handelte,
nicht, die Verbraucher zu informieren. Dem Ministerium zufolge
waren die Untersuchungen wissenschaftlich korrekt mit den üblichen
Analysemethoden durchgeführt worden. Nahezu parallel zur Veröffentlichung des Ministeriums widersprach die im nordrhein-west-
fälischen Herford ansässige Humana den Vorwürfen. Das wiederum
veranlasste das Thüringer Ministerium darauf hinzuweisen, dass der
Hersteller offenbar gegen die Kennzeichnungspflicht verstoßen habe,
schränkte jedoch ein, von einer akuten Gesundheitsgefahr sei nicht
auszugehen. Humana konterte mit einem Dementi, verbreitet über
den bundesweit tätigen Presseservice ots, zudem drohte das Unternehmen rechtliche Schritte gegen die beteiligten Ämter und Behörden
des Freistaates Thüringen an.

Das vor allem medial geführte Scharmützel führt das Dilemma
vor Augen: Glaubt man der Behörde, sickern Genschnipsel bis in den
äußerst sensiblen Bereich der Lebensmittelproduktion, in die Kindernahrung – niemand wird dann ernsthaft behaupten können, dass die
grüne Gentechnologie vor sich hindümpelt. Im Jahr 2004 überschritt
die weltweite Anbaufläche mit transgenen Sorten die 70-Millionen-
Hektar-Grenze. Die Fläche entspricht mehr als dem Sechsfachen der
Ackerfläche Deutschlands. Nahezu zwei Drittel dieses Anbaus ent-
fallen auf die USA, Argentinien bringt es auf 25 Prozent. Kanada
und China gehören ebenfalls zu den absoluten Vorreitern im Anbau
transgener Pflanzen. Australien erzeugt heute mehr als die Hälfte

seiner Baumwolle aus Gentech-Sorten, in den USA machen gentechnisch veränderte und herbizidtolerante Sojabohnen und insektenresistente Baumwollsorten mehr als drei Viertel der Anbauflächen aus. Zurückhaltenden Schätzungen zufolge sind mindestens 70 Prozent aller Lebensmittel bereits mit Gentechnik in Berührung gekommen (siehe Tabelle 24).

Tabelle 24: Lebensmittel, die bei ihrer Herstellung (auch indirekt) mit Gentechnik in Berührung gekommen sind

Lebensmittel	Berührung mit Gentechnik durch
Speiseöl, Margarine, Mayonnaise, Suppen, Fertiggerichte, Tiefkühlkost, Fleischersatz, Wurstwaren, Backwaren, Ersatzmilchprodukte, Kakao- und Milchgetränke, Sojasoße, Schokoladenüberzüge, Babynahrung	Gentechnisch veränderte Sojapflanzen und Folgeprodukte wie z. B. Sojaöl, Lecithin, Sojamehl, Sojaprotein
Speiseöl, Margarine, Backfette	Rapsöl aus gentechnisch verändertem Raps
Maisstärke, Maisgrieß, Maiskeimöl	gentechnisch veränderter Mais
Fruchtsäfte, Erfrischungsgetränke, Marmeladen, Importbiere, Liköre, Whisky, Süßwaren, Brüh- und Rohwurst, Babynahrung, Speiseeis, Ketchup	Zucker aus Maisstärke, der mithilfe von Enzymen aus genetisch veränderten Organismen (GVO) gewonnen wird
Käse	Labersatz Chymosin aus GVO
Brot, Brötchen	mehlverbesserndes Enzym Xylanase aus GVO
Fertiggerichte	Geschmacksverstärker Glutamat aus GVO
Süßstoffe	gewonnen aus GVO

Quelle: nach DLG-Mitteilungen 4/1997[60]

Genehmigung hin oder her – nicht wenige Bauern scheren sich mittlerweile kaum noch um die Vorgaben der EU und bauen Gentech-Pflanzen an. Auf diese Weise gelangen die veränderten pflanzlichen Rohstoffe selbst dann in unsere Nahrung, wenn nicht einmal die Politik das will.

Französische Landwirte etwa weiteten im Jahr 2005 den Anbau
von gentechnisch verändertem Mais »heimlich von 17,5 Hektar auf
mehr als 1 000 Hektar« aus, wie die Deutsche Presse-Agentur (dpa)
die französische Zeitung *Le Figaro* zitierte.[61] Vor allem Landwirte im
Südwesten des Landes hätten genverändertes Saatgut aus Spanien importiert und ausgesät. Die Ernten sollten als Futtermais nach Spanien
zurückfließen, hieß es weiter. Geradezu abstrus die Erklärung für
das Verhalten der Landwirte: Weil Frankreich trotz Ermahnungen
aus Brüssel die EU-Richtlinien zu Genmais von 2001 nicht umgesetzt habe, sei alles legal, so der *Figaro*. Lebensmittelexperten der EU
dürfte die Lektüre gründlich den Magen verdorben haben, denn das
Ausmaß des Anbaus von Genmais zu kommerziellen Zwecken war
bis zu diesem Bericht nicht bekannt. Hinzu kommt eine weitere Finesse. Weil der betreffende Genmais in Spanien zugelassen ist, wird
sein Einsatz nach EU-Recht automatisch ein halbes Jahr später für
alle EU-Staaten legal. Spanien ist bisher mit 80000 Hektar das einzige Land Europas, das Genmais in großem Stil anbaut. In den USA
sind es 47,6 Millionen Hektar, in Argentinien 16,2 Millionen und in
China 3,7 Millionen Hektar.

Gentechnik ist aus dem »Lebensweg« eines Nahrungsmittels vom
Rohstoff auf den Teller nicht mehr wegzudenken – ohne dass sie
der Verbraucher erkennen kann. »Gentechnisch erzeugte oder veränderte Enzyme, Aromen, Extraktionsmittel und Zusatzstoffe sind
grundsätzlich von Bestimmungen der Verordnung ausgenommen
und können frei und ungekennzeichnet vermarktet werden«, schreibt
die Europaabgeordnete Hiltrud Breyer (Grüne) in »Novel-Food-Verordnung – Schlupfloch für Gentech-Lebensmittel«[62]. Zwar gibt es
seit dem 18. April 2004 eine EU-weit geltende Verordnung[63], die die
Kennzeichnung aller gentechnisch veränderter Lebensmittel und Futtermittel vorsieht. Das Regelwerk löst die im Jahr 1997 verabschiedete Novel-Food-Verordnung ab – und ist zumindest bei der Kennzeichnungspflicht eindeutig.

Die Verordnung 1829/2003 gilt für Lebensmittel, Zutaten, Zusatzstoffe und Aromen – wenn sie gentechnisch veränderte Organismen (GVO) enthalten. Ein Joghurt mit gentechnisch veränderten
Milchsäurebakterien ist also kennzeichnungspflichtig. Auch wenn

die Produkte aus gentechnisch veränderten Organismen stammen oder daraus hergestellt sind, darf die Kennzeichnung nicht fehlen. Produkte wie Maisstärke, Sojaöl, Sojalecithin oder Zucker sind nach dieser Regelung zu erkennen, sobald Gentech-Pflanzen die Grundlage lieferten. Deklariert werden muss auch, wenn die Lebensmittel mit gentechnisch veränderten Mikroorganismen hergestellt wurden – und diese Organismen noch vorhanden sind. Würze aus Gentech-Hefe ist hierfür das klassische Beispiel. Doch die als Sieg für den Verbraucherschutz gefeierte Regelung birgt bei näherem Betrachten erhebliche Schwachstellen. Denn die rigide Kennzeichnungspflicht klammert Lebensmittel wie Fleisch, Milch oder Eier von Tieren, die gentechnisch veränderte Futtermitteln erhalten haben, aus, ebenso wie daraus verarbeitete Nahrungsgüter, beispielsweise Wurst. Ausgerechnet die *Lebensmittel Zeitung*, immerhin wichtigstes Medium der Branche, klärte ihre Leser im LZ-Net auf: »Tierische Lebensmittel sind von der Verordnung zur Kennzeichnung von GVO-veränderten Produkten ausgenommen. Ob Schweine, Rinder und Hühner, die Fleisch und Eier für die Lebensmittelindustrie liefern, mit GVO-Soja bis zur Schlachtreife gemästet wurden, erfährt der Verbraucher nach dem Willen der EU-Verordnung nicht. Gerade bei Tierfutter blieben aber viele Hersteller, die tierische Rohstoffe wie Eier oder Milch verarbeiten, gegenüber Greenpeace eine Verzichtserklärung schuldig.«[64] Die Umweltschutzorganisation hatte zuvor durch anhaltenden Druck in der Öffentlichkeit mit großem Erfolg die großen Lebensmittelhandelsketten dazu gebracht, auf Genfood zu verzichten – mehr oder minder freiwillig. Allerdings entpuppt sich die Aktion auf beiden Seiten nur als Zeichen guten Willens, der wenig am Vorstoß der Gentech-Nahrung ändert. Wer wirklich gentechnikfrei essen möchte, dem fällt die Auswahl zunehmend schwerer.

Gentech ist nahezu überall

Längst hat die Gentechnik Einzug in die Lebensmittelverarbeitung gehalten: Rohstoffe, Zusatzstoffe, Aromen oder Verarbeitungshilfsstoffe aus gentechnisch veränderten Nutzpflanzen wie Soja, Mais und Raps sind die Regel, nicht die Ausnahme.

Beispiele hierfür gibt es viele. Etwa das Chymosin, das wohl wichtigste Enzym zur Käseherstellung. Während die Substanz noch vor wenigen Generationen ausschließlich aus dem Kälberlab gewonnen wurde, dienen heute Bakterien und gentechnisch veränderte Hefezellen als Chymosinfabrik. Auch Amylasen, Stärke abbauende Enzyme, Proteasen, die Eiweiß abbauenden Biokatalysatoren, oder Lipasen, die als Fett spaltende Enzyme eine Rolle spielen, entstehen durch den Einsatz von gentechnisch veränderten Mikroorganismen (siehe Tabelle 25). Konsumenten, die ihrem Körper vermeintlich besonders Gutes gönnen wollen und Produkte mit Vitaminzusätzen bevorzugen, nutzen – quasi durch die Hintertür und indirekt – die Gentechnik, denn mit deren Hilfe werden auch viele Vitamine hergestellt. Dazu gehören die Vitamine A (Beta-Carotin als Vorstufe) und C (Ascorbinsäure) ebenso wie Vitamin E (Alpha-Tocopherol).

Tabelle 25: Gentechnisch hergestellte Enzyme und ihre Anwendungsbereiche

Enzyme aus GVO	Anwendungsbereich
a-Amylase	Bäckerei, Brauerei, Brennerei, Stärkeverarbeitung
Chymosin	Molkerei, Käseherstellung
Lipase	Fett- und Ölverarbeitung, Aromen
Proteasen	Bäckerei, Brauerei, Brennerei, Molkerei, Fleisch-, Fisch-, Stärke-, Gemüseverarbeitung
Xylanase	Bäckerei, Stärkeverarbeitung
Pektinase	Wein-, Fruchtsaftherstellung

Quelle: E. Banu: Biotechnologie und Gentechnik im Bereich Lebensmittel, 8/1997[65]

Die Liste für unser tägliches Genfood ist lang. Soja mit verändertem Erbgut etwa kann in mehr als 20 000 Lebensmitteln auftauchen. Nicht nur Sojaeiweiß, Sojamehl, Sojaschrot oder Sojaflocken können, wie die Bezeichnungen nahe legen, transgene Soja enthalten, sondern auch pflanzliche Öle, Lecithin, E 322, Mono- und Diglyceride. Weil es sich dabei um Grundstoffe für weitere Lebensmittel handelt, gesellen sich, dem bekannten Schneeballeffekt gleich, immer mehr Nahrungsmittel hinzu: Margarinen, Salatdressings, Soßen, Suppen, Fertiggerichte, Fleischersatzprodukte, Chips und Knabberartikel, Toastbrot, Brot, Kekse, Backmischungen, Schokolade und Süßwaren, Milchmischgetränke, Diät- und Sportlerprodukte.

Stärkeprodukte können gentechnisch veränderten Mais enthalten; damit gehören auch Pudding-, Suppen-, Soßenpulver und backfertige Mehle, aber auch Cornflakes, Tacos, Tortilla-Chips oder Erdnussflips zur großen Familie der Gentech-Nahrung. Die Zutatenliste allerdings hüllt sich über solche Zusammenhänge in Schweigen. Letztlich dient Mais auch noch als Grundlage für die Herstellung von Süßungsmitteln, wo er Brotaufstrichen und Getränken Lieblichkeit verleiht. Selbst da, wo einzelne Zuckerarten deklariert werden, kann genveränderter Mais als Rohstoff ein Glied in der Produktionskette bilden: Traubenzucker, Glucosesirup, Dextrose oder Maltisirup (ein Zuckeraustauschstoff) beispielsweise. Schließlich dient Mais auch der Herstellung von Zusatzstoffen, wie etwa Ascorbinsäure, Zitronensäure, Glutaminsäure oder Zuckercouleur.

Aus diesem Blickwinkel betrachtet erscheint die Etablierung von Genfood in einem ganz anderen Licht. Die Zeiten, in denen einzelne Früchte – etwa die Flavr-Savr-Tomate – einen Aufschrei in der Bevölkerung auslösten, sind lange vorbei. Es sind die Rohstoffe der Lebensmittelindustrie, die aus Gentech-Saatgut sprießen und es auf diesem Weg letztlich doch schaffen, die Regale, Küchen und schließlich Mägen zu erobern. Grund zu Panik oder Beifall besteht wohl trotzdem nicht. Nur wäre der Ehrlichkeit gedient, wenn Politiker den Mut hätten, das Thema auf den Tisch zu bringen und allzu frechen Behauptungen der Industrie die Stirn zu bieten. Aufklärung täte dringend Not, um die verhärteten Fronten aufzubrechen und Wissen, nicht Orientierungslosigkeit zu forcieren. Das Schweigen der Branche schadet erfahrungsgemäß mehr als es nutzt – ein Vertrauensverlust reißt tiefe Wunden, die schlecht verheilen. Weite Teile der Erbsubstanz von Mensch, Tier und Pflanze sind noch wissenschaftliche Terra incognita, zu wenige Fragen über Langzeitfolgen und komplexe Abläufe auf molekularer Ebene sind beantwortet. Der propagierte enorme Nutzen für den Verbraucher will sich nicht so recht zeigen. Bis jetzt profitieren vor allem die Unternehmen vom heimlichen Boom der Genspeisen.

Rosige Aussichten: Das globale Gentech-Geschäft mit unserer Nahrung

Betrachtet man die Zahlen, erscheint der Markt für gentechnisch veränderte Pflanzen eher marginal. Die internationale Studie »Global status of transgenic crops«[66] schätzte im Jahr 1997 den Gesamtumsatz von gentechnisch veränderten Nutzpflanzen im Vergleich zu den Pharmaprodukten, die mittels Biotechnologie hergestellt werden, als relativ bescheiden ein. Dem Papier zufolge betrugen die Einnahmen bei gentechnisch veränderten Pflanzen 1996 rund 436 Millionen Euro. Biotechnologisch hergestellte Medikamente hingegen machten im gleichen Beobachtungszeitraum 6,9 Milliarden Euro aus. Auch der Vergleich zum gesamten Saatgutmarkt (20,3 Milliarden Euro) legte den Schluss nahe: Mit Gentech-Mais & Co. lässt sich nur wenig verdienen.

Doch der Schein trügt. Denn die prognostizierten Wachstumsraten lassen selbst die selbstbewusste Pharmabranche vor Neid erblassen. Demnach wird der Markt für transgene Pflanzen bis 2010 von 0,44 auf über 16,7 Milliarden Euro angestiegen sein – ein Sprung auf schwindelerregende 3795 Prozent in nur 14 Jahren. Obwohl sich die Begeisterung über Genfood bis jetzt in Grenzen hält, forcieren die großen Saatgutproduzenten sowohl anstehende Zulassungen als auch die massive Markteinführung ihrer Produkte. Als besonders attraktiv dürfte den Giganten nicht nur das exorbitante Wachstum des Marktes erscheinen. Auch die geringe Zahl der Big Player gibt den Akteuren Anlass genug, in Goldgräberstimmung zu verfallen. Nur sechs multinationale Großfirmen kontrollieren 98 Prozent des Marktes für gentechnisch veränderte Pflanzen: Syngenta, Bayer Aventis, Monsanto, DuPonz, BASF und Dow. Transgenes Saatgut befindet sich sogar zu 91 Prozent in einer Hand: Monsanto gilt auf diesem Gebiet als unangefochtener Marktführer.

Hinzu kommt die geografische Monopolstellung der Großen – in Afrika beispielsweise beherrschen nur drei Konzerne den gesamten formellen Saatgutmarkt.[67]

Tabelle 26: Geschätztes Marktvolumen für transgene Pflanzen weltweit[68]

Jahr	Marktvolumen in Milliarden Euro
1996	0,44
2000	2,5
2005	5
2010	16,7

BIO: gesetzlich gentechnikfrei

Die EU-Verordnung (EG) Nr. 1804/1999 verbietet den Einsatz der Gentechnik im Biolandbau. Ausgenommen sind lediglich Tierarzneimittel. Mit dem Vorstoß der großen Saatgutproduzenten gelangen immer mehr BIO-Produkte in die Regale des Handels – weil sich viele Verbraucher nach ursprünglichen Lebensmitteln sehnen.

In einer Analyse kommen auch Experten des österreichischen Bundesministeriums für Gesundheit, Soziale Sicherheit und Generationen zu einem klaren Fazit: »Für die nächsten Jahre wird seitens der Agro-Biotech-Industrie bei gentechnisch veränderten Pflanzen mit enormen Zuwachsraten gerechnet, nicht zuletzt aufgrund der jüngsten Entwicklungen in den USA und des erwarteten verstärkten Einsatzes der Gentechnik in der Europäischen Union.«[69] Noch gedeihen die manipulierten Samen vorwiegend in Nordamerika, weil dort nach Ansicht des Ministeriums ein »vergleichsweise liberaler Umgang mit Gentechnik in der Politik« gepflegt wird.

Transgene Pflanzen verheißen außerdem eine massive Kostensenkung für die Hersteller. Normalerweise ist eine Menge Geld nötig, um ein neues, konventionelles Pflanzenschutzmittel oder ein innovatives Insektizid herzustellen. »Von der Synthese eines Wirkstoffs bis zu seiner Markteinführung vergehen neun bis zehn Jahre. Derzeit müssten durchschnittlich 200 Millionen Euro investiert werden, um ein neues Pflanzenschutzmittel in wichtigen Kulturen und Ländern zur Zulassung zu bringen, und das sind 30 Prozent mehr als noch 1995«, heißt es dazu im Branchenblatt *Agra-Europe*.[70] Laut Industrieverband Agrar (IVA) haben immer umfassendere Umweltprüfungen den Kostenschub ausgelöst. Aber auch die Prozedur an sich ist enorm aufwändig. Bis zu 140000 Verbindungen müssen die Industrieforscher synthetisieren und testen, um am Ende einen einzigen Wirkstoff in Händen zu halten.

Der Einsatz gentechnisch veränderter Sorten macht die Entwicklung immer neuer Pflanzen- und Insektenschutzmittel überflüssig. Zwar sind die Akzeptanzprobleme, die es zu bewältigen gilt, groß. Doch wenn eine Gentech-Sorte erst einmal auf dem Feld steht, sprudeln die Gewinne. Rund 3 Milliarden Euro betrug der weltweite Umsatz mit gentechnisch verändertem Saatgut allein im Jahr 2002. Er lag damit um 10 Prozent über jenem des Vorjahreszeitraumes.[71]

Eine zweite Strategie besteht darin, gleichzeitig transgene Pflanze und Pflanzenschutzmittel zur Verfügung zu stellen, wie es der amerikanische Agrarmulti Monsanto tut. Er verkauft nicht nur das Herbizid Roundup, sondern beliefert den Kunden auch gleich mit dem dagegen resistenten Saatgut. Enger kann ein Landwirt wohl kaum an einen Konzern gebunden werden. Ein doppelt gutes Geschäft, falls nach ein paar Jahren nicht weniger, sondern mehr Spritzmittel notwendig werden, weil die Unkräuter gegen das Gift resistent geworden sind. Der Agrarwissenschaftler Charles Benbrook hat das für die USA zeigen können, nachdem dort Genmais und Gensoja zum Standardbewuchs landwirtschaftlicher Monokulturlandschaften wurde.[72]

UBA: Landwirtschaft kann auf grüne Gentechnik verzichten

Die grüne Gentechnik verspricht Erlösung von allen Geißeln moderner Landwirtschaft und Ernährung. »Maßgeschmiedet« soll der Schlüssel sein, der die Tore in eine satte und gesunde Zukunft der

Menschheit öffnet. Doch die Landwirtschaft könne auf transgene Pflanzen gut verzichten, hält das Umweltbundesamt (UBA) in der Studie *Alternativen zu gentechnisch veränderten Pflanzen*[73] dagegen.

Das UBA hatte die Unkrautbekämpfung bei Raps, den Insektenbefall bei Mais, den Befall der Zuckerrübe durch das Rhizomaniavirus, Kartoffeln mit veränderter Stärkezusammensetzung sowie den Mehltaubefall bei Weinreben untersucht. Ziel war es, in diesen fünf Fallbeispielen gentechnische Lösungsansätze den Möglichkeiten konventioneller und ökologischer Landwirtschaft gegenüberzustellen. Im Mittelpunkt der Analyse standen sowohl die technische Machbarkeit als auch die Marktchancen der drei recht konträren Alternativen.

Das Fazit fiel überraschend aus. Es gebe in jedem der fünf Fälle bereits Lösungen ohne Einsatz von Gentechnik, die technisch machbar, ökologisch sinnvoll und zum Teil auch ökonomisch konkurrenzfähig seien. So existieren erfolgreiche konventionelle Neuzüchtungen wie virusresistente Zuckerrübensorten oder Weinreben, die weniger anfällig für Pilzkrankheiten sind. Nur bei der Kartoffel mit veränderter Stärkezusammensetzung ist noch viel Züchtungsarbeit zu leisten. Zwar scheint hier der gentechnische Ansatz zunächst die einfachere Lösung zu sein. Die bisherigen Erfahrungen mit dem Anbau gentechnisch veränderter Pflanzen zeigen jedoch, dass dadurch neue Probleme entstehen können – so das Auftreten resistenter Unkräuter oder die Schädigung von Nützlingen.

Trotz möglicherweise ökonomisch vielversprechender gentechnisch veränderter Pflanzen dürfe die Förderung und Weiterentwicklung von Alternativen nicht vernachlässigt werden, rät deshalb das UBA. Welche Lösungen – mit oder ohne Gentechnik – sich bei den Landwirten letztendlich durchsetzen werden, hängt nicht nur von der technischen Machbarkeit und der Umweltverträglichkeit, sondern auch von den ökonomischen Rahmenbedingungen wie staatlichen Fördermaßnahmen und nicht zuletzt vom Zuspruch des Verbrauchers ab.

Wie die Bürger europäischer Staaten zu gentechnisch veränderter Nahrung stehen, wollten Sozialwissenschaftler vom Zentrum für

Umfragen, Methoden und Analysen (ZUMA) Mannheim gemeinsam mit Forschern der Aristoteles-Universität in Thessaloniki in
ihrem Projekt »Einstellungen gegenüber gentechnisch veränderten
Lebensmitteln in der EU« wissen und analysierten die Eurobarome-
terdaten von 1999 bis 2002 sowie die Zahlen des European Social
Survey 2002.[74] In Sachen Genfood ist die europäische Bevölkerung
geteilter Meinung. Während die Griechen die größten Vorbehalte
und die Spanier die geringsten gegenüber gentechnisch veränderter
Nahrung äußern, scheint die Mauer bleibende Spuren in den Köpfen von Ost- und Westdeutschen hinterlassen zu haben: Die Ost-
deutschen stehen den Kreationen modernistischer Nahrung weniger
skeptisch gegenüber als die Westdeutschen. Die Analysen zeigen,
dass nicht das Einkommen über die Meinungsbildung entscheidet,
sondern kulturelle und wertespezifische Unterschiede die Ursache
dafür sind, und zwar europaweit. Die Studie vermutet, dass sich an
den länderspezifischen Einstellungen auch in naher Zukunft wenig
ändern wird. Dass Europäer beim Thema Genfood irgendwann einmal an einem Strang ziehen werden, bleibt wohl Illusion. Für die
Branche ist das eine eher positive Nachricht, denn so lange es keine
EU-weite Ablehnung für Genfood gibt, steigen die Chancen für die
Vermarktung transgener Pflanzen in einem beliebigen Mitgliedsstaat.

Pestizide

Fragt man jemanden, was er unter »Pestizid« versteht, antwortet er
vermutlich einfach: Gift. Tatsächlich vereint der Begriff eine Vielzahl
bioaktiver Substanzen, die gegen Schaderreger wirken – sie sollen
entweder Viren, Bakterien oder Pilze zerstören, das Wachstum uner-
wünschter oder lästiger Pflanzen und Tiere verhindern oder zumindest
eindämmen. Die deutsche Bezeichnung »Pflanzenschutzmittel« klingt
wesentlich freundlicher und beschreibt keinen anderen Zweck als den,
die vom Menschen angebauten Nutzpflanzen vor Krankheiten und Befall zu bewahren. Pestizide beugen Ernteausfällen vor und sorgen für

eine kontinuierliche Versorgung der Industrie mit Rohstoffen und der Bevölkerung mit Grundnahrungsmitteln – ohne sie ist keine auf Discountpreise ausgerichtete landwirtschaftliche Großproduktion möglich. Die intensive Landwirtschaft mit ihren Agrarmonokulturen giert geradezu nach einem Plus an Düngung und Pflanzenschutzmitteln.

Allein 1997 wurden in Deutschland etwa 35 000 Tonnen Pestizide in der Landwirtschaft, in der Umwelt oder direkt am Körper von Lebewesen eingesetzt. Hierzulande sind derzeit rund 250 Wirkstoffe in 1 900 Präparaten zugelassen; europaweit sind es etwa 800 Wirkstoffe in 20 000 Präparaten. Schon aufgrund dieser enormen Menge kommen Pestizide mittlerweile ubiquitär vor. Die wichtigsten Gruppen an Pestiziden sind mit rund 60 Prozent die gegen andere Pflanzen gerichteten Herbizide, mit 25 Prozent die gegen Pilze eingesetzten Fungizide sowie die gegen Insekten verwendeten Insektizide. Je nach Wirkstoff kann die Anwendungsmenge zwischen einigen Gramm bis mehreren Kilogramm pro Hektar liegen. Durch die Verbesserung der Präparate hat sich diese Menge Anfang der 1990er Jahre zwar verringert. Dennoch ist der Verbrauch an Pflanzenschutzmitteln beispielsweise von 1990 bis zum Jahr 2000 um über 2 800 Tonnen gestiegen.

Tabelle 27: Verbrauch an Pflanzenschutzmitteln in Deutschland

Pflanzenschutzmittel (in t Wirkstoffe)	1970	1980	1990	2000	2004
Herbizide	10661	20857	16957	16610	15923
Fungizide	6331	6549	10809	9641	8176
Insektizide, Akarizide, Synergisten	1521	2341	1525	6111	7328
Sonstige	956	3183	3679	3232	3704
Insgesamt	19469	32930	33146	35594	35131

Quelle: Statistisches Jahrbuch über Ernährung, Landwirtschaft und Forsten, Statistisches Bundesamt, Wiesbaden, BMELV, Ref. 519

Weil Pestizide helfen, billige Lebensmittel zu produzieren, bremsen sie auch die Inflation, denn Konsumausgaben und Tarifabschlüsse bleiben niedrig. Doch der Preis dafür ist hoch: Letztlich zahlt der Verbraucher durch die Hintertür die Mehrausgaben beispielsweise für die Wasseraufbereitung. Neben Nitrat, das durch Überdüngung ins Wasser gelangt, bedrohen Pestizide die Wasserqualität und sind teils in Mengen zu finden, die über den Grenzwerten liegen. Für die Veröffentlichung

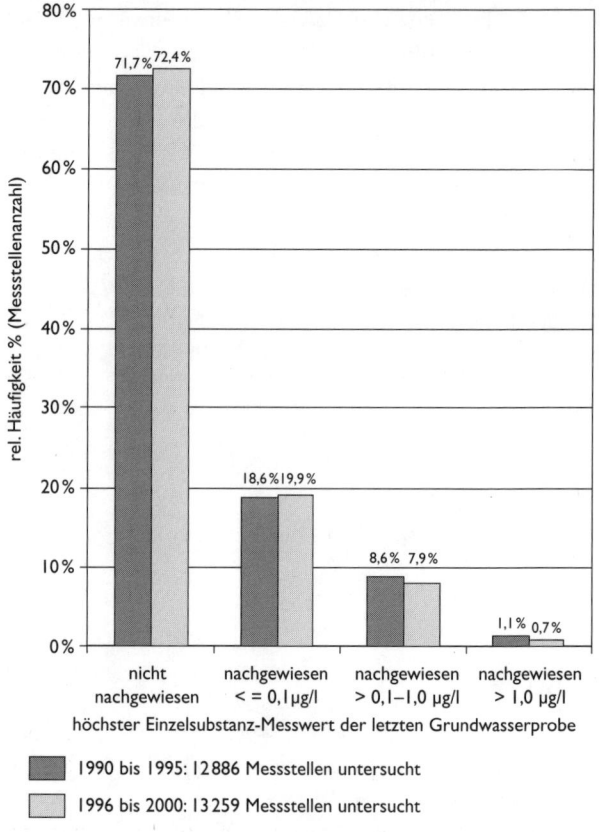

Abbildung 3: Pestizidfunde im Grundwasser

Quelle: Pestizid-Aktions-Netzwerk e.V. (PAN Germany)[75]

der Grundwasserüberwachung ist das Umweltbundesamt (UBA) zuständig. Es stützt sich dabei auf Daten der Länderarbeitsgemeinschaft Wasser (LAWA), die wiederum ihre Informationen von den staatlichen Untersuchungsanstalten der Bundesländer und der Wasserversorger erhält. Trinkwasser wird zu 74 Prozent aus Grundwasser gewonnen. Für Trinkwasser gelten gesetzlich festgelegte Grenzwerte: Für die Einzelsubstanz liegen sie bei 0,1 Mikrogramm je Liter, für die Summe aller Pestizidrückstände bei 0,5 Mikrogramm je Liter. Laut Grundwasserbericht der Bundesländer sind rund 30 Prozent des Grundwassers in Deutschland mit Pestiziden oder ihren Abbauprodukten verunreinigt. Dass sich an dieser Zahl im Laufe der Jahre kaum etwas ändert (siehe Abbildung 3), hat einen Grund: Pestizide sind im Grundwasser lange Zeit nicht abbaubar. Viele der dort nachgewiesenen Pestizide sind gar nicht mehr zugelassen. Von den Pestiziden gehen Gefahren für die Gesundheit aus – sowohl in der Produktion als auch in der Anwendung in der Landwirtschaft und in Form von Rückständen in Lebensmitteln –, sodass ihr Nutzen auch im ökonomischen Sinn infrage gestellt werden kann: Pestizide sind nicht nur unvollständig aus dem Grundwasser entfernbar, die Aufbereitung kostet die Steuerzahler pro Kubikmeter Trinkwasser rund 75 Cent – also 150 Millionen Euro pro Jahr. Trinkwasser ist durch keinen anderen Stoff ersetzbar. In der Lebensmittelproduktion wird es nicht nur zur Herstellung und Verarbeitung von Nahrungsgütern, sondern auch zur Reinigung der dazu benötigten Gegenstände verwendet.

Friedliches Oligopol der Produzenten

Der Markt für Pflanzenschutzmittel ist schwer zu durchschauen. Einerseits konzentriert sich das Gros an Einfluss und Innovation in den Händen einer relativ geringen Zahl international agierender Giganten wie Bayer Crop Science, Syngenta, BASF oder Dow Agro Sc. (siehe Tabelle 28) Andererseits gehen die etablierten Konzerne davon aus, dass keiner der derzeitigen Wettbewerber mit vertretbarem Aufwand vom Markt verdrängt werden kann. Sie schaffen es, neuen Konkurrenten den Zutritt zu verweigern, indem sie zum

Beispiel strategische Allianzen schmieden, miteinander kooperieren oder, ein Trend der vergangenen Jahre, mit Firmen der Saatgutbranche oder der Biotechnologie zusammenarbeiten – die Verflechtungen jedenfalls sind vielfältig. Für Newcomer sind solche Marktbarrieren kaum überwindbar.

Tabelle 28: Marktanteile führender Pflanzenschutzunternehmen

Unternehmen	Umsatz 2004 in Mio. US-Dollar
Bayer Crop Science	7000
Syngenta	6030
BASF	4166
Dow Agro Sc.	3143
Monsanto	2864
DuPont	2210
Summe	25413
Weltmarkt gesamt	32200

Quelle: Industrieverband Agrar

Einem Bericht der Industrievereinigung Agrar (IVA) zufolge ist der Weltpflanzenschutzmarkt im Jahr 2004 erstmals wieder signifikant gewachsen, was vor allem den Zuwächsen in Lateinamerika und Europa zu verdanken ist, und zwar auf 32,2 Milliarden Euro. Das sind stolze 13 Prozent mehr als 2003. Europa hat auf dem Weltpflanzenschutzmarkt eine besondere Stellung inne: Mit 6,6 Milliarden Euro ist es die umsatzstärkste Kraft. In Deutschland selbst wurden 2004 rund 85000 Tonnen Pflanzenschutzmittelwirkstoffe größtenteils für den Export hergestellt. Gleichzeitig importiert Deutschland Wirkstoffe ausländischer Produktionsstandorte. Der Nettoinlandsumsatz, der das Geschäft zwischen Herstellern und Großhändlern beschreibt, lag für die 37 Mitglieder des Industrieverbandes Agrar im gleichen Jahr bei 1,068 Milliarden Euro.

Die lauernde Gefahr

Die Warnung aus Rom war unmissverständlich. Pestizidgiftmüll, so das Fazit der Ernährungs- und Landwirtschaftsorganisation der Vereinten Nationen (Food and Agriculture Organization, FAO), bedroht in Osteuropa, Afrika, Asien sowie im Mittleren Osten Mensch und Umwelt. Der FAO zufolge lagern in der Ukraine rund 19 500 Tonnen an ungenutzten, oft hochgiftigen Schädlingsbekämpfungsmitteln, in Mazedonien rund 10 000 Tonnen, in Polen 15 000 und in Moldawien etwa 6 600 Tonnen. Als nicht weniger alarmierend erweist sich der Blick nach Asien. Ermitteln konnte die FAO dort 6 000 Tonnen, geht aber davon aus, dass in China noch weitaus höhere Bestände zu finden wären – falls das Land seine Tore für die Fachleute öffnen würde. Auch im Mittleren Osten und in Lateinamerika, wo insgesamt etwa 10 000 Tonnen vor sich hin rotten, oder in Afrika, das mit weiteren rund 50 000 Tonnen aufwartet, ist die Lage ähnlich prekär. Weil die Beseitigung einer einzigen Tonne rund 3 500 Dollar kostet, wachsen die Berge an Pestizidmüll ständig statt zu schrumpfen.[76] Wo Pestizide in solchen Mengen lagern, bleiben auch Lebensmittel nicht unbelastet. Der globale Handel tut ein Übriges – vieles, was wir konsumieren, stammt aus solchen Gegenden.

Das Pestizidproblem ist ebenso hausgemacht wie international. Europa macht da keine Ausnahme. So hat der europäische Binnenmarkt sicher das Angebot vervielfacht, allerdings kommen mit der Vielfalt auch die Tücken. Manche Rückstände in Lebensmitteln dürften nämlich laut deutschem Recht überhaupt nicht darin auftauchen. Würde nicht die Gesundheit des Verbrauchers auf dem Spiel stehen, wäre diese Wirtschaftsposse sicher einen Lacher wert. So aber löst sie nur Kopfschütteln und Bestürzung aus: Firmen dürfen zwar in Deutschland bestimmte Wirkstoffe produzieren, auch wenn sie hierzulande nicht als Pestizide zugelassen sind – wohl aber bei unseren Nachbarn. Daher wird exportiert, was nicht in deutschen Gewächshäusern und auf deutschen Äckern ausgebracht werden darf, landet dort auf den Kulturen und wird, appetitlich versteckt hinter roten Backen und in knackigen Blättern, wieder nach Deutschland zurückgeführt. Streng genommen verstoßen solche rückstandsbelasteten Produkte gegen deutsches Recht. Weil Behörden aber keine unmittelbare Gesundheitsgefährdung feststellen können und die im Herkunftsland erlaubte Höchstmenge eingehalten wurde, wird das Produkt nicht vom Markt genommen. Der Grund ist ein rein wirtschaftlicher: Europäische Landwirte würden sonst gegenüber den deutschen benachteiligt, lautet die offizielle Begründung für dieses Wegschauen. In der Amtssprache heißt das »gegenseitige Anerkennung«. Das Procedere ist üblich – und vom Gesetz ausdrücklich gedeckt. Daher kann beispielsweise ein Spanier, der sein Gemüse mit einem in Deutschland hergestellten, aber für die Anwendung im eigenen Land nicht zugelassenen Pflanzenschutzmittel spritzt, beim Bundesamt für Verbraucherschutz und Lebensmittelsicherheit (BVL) eine Ausnahmegenehmigung beantragen. Entdeckt das Bundesinstitut für Risikobewertung (BfR) keine Gesundheitsgefährdung, erlaubt das BVL die Einfuhr nach spanischem Reglement. Auf diese Weise zwingen andere Länder Deutschland ihre Rückstandsmengen auf – und diese sind meist höher als die deutschen.

Seit Jahren ringt die EU um eine einheitliche Regelung. Die Festlegung EU-weit einheitlicher – und verbindlicher – Rückstandshöchstmengen könnte künftig einen Rahmen bilden, an dem sich sowohl Anwender als auch Überwachungsinstitutionen orientieren könnten. Im Januar 2005 hatte der Rat der Europäischen Gemeinschaft die Europäische Verordnung zur endgültigen Harmonisierung verabschiedet und im März im Europäischen Amtsblatt verkündet. Demnach sollen sämtliche Höchstmengen nach einem einheitlichen Verfahren festgelegt werden, nachdem sie auf gesundheitliche Unbedenklichkeit überprüft wurden. Transparenz und für alle EU-Staaten gleichermaßen geltende und, was das Wichtigste ist, EU-weit einheitliche Rückstandshöchstmengen sind sinnvoll und zeitgemäß. Ob sie aber in erster Linie das Verbraucherwohl im Auge haben, sei dahingestellt. Schließlich war auch das deutsche Lebensmittelrecht eines der strengsten der Welt – bis im Zuge der EU der hohe Anspruch den wirtschaftlichen Interessen der Mitgliedsstaaten geopfert wurde. Aus deutscher Sicht bedeutet eine Harmonisierung, bestehende strengere Regelungen »aufzuweichen« – ein Kompromiss, bei dem zweifellos das Niveau sinken wird. Dass diese Sorge nicht unbegründet ist, zeigt schon die Umsetzung der 1991 von der EU erlassenen »Richtlinie über das Inverkehrbringen von Pflanzenschutzmitteln«, das 1998 mit dem Pflanzenschutzgesetz in nationales Recht umgewandelt wurde. Anhand gemeinschaftlich erarbeiteter Grundsätze und Kriterien für den Einsatz von Pflanzenschutzmitteln entscheidet zwar bislang noch immer der einzelne Mitgliedsstaat. Aber diese sind – trotz gegenteiliger Beteuerungen des Bundesministeriums für Ernährung, Landwirtschaft und Verbraucherschutz (BMELV) – weniger hart. Das belegen Zahlen: Nach Umsetzung der Richtlinie zwischen 1999 und 2003 sind zwar 385-mal Höchstmengen gesenkt, jedoch auch 739-mal Grenzwerte erhöht worden. Seit 2001 wurden bei insgesamt 126 Pestizidwirkstoffen die für pflanzliche Lebensmittel geltenden Grenzwerte angehoben, hat Greenpeace festgestellt. 33 dieser Spritzmittel gelten als hochgefährlich. Zwei Beispiele:

- **Methomyl** Der Grenzwert des von der Weltgesundheitsorganisation (WHO) als »höchst gefährlich« eingestuften Insektizids wurde in Mandarinen und Zitronen um das 20fache, in Tomaten und Pflaumen um das 10fache erhöht. Es wirkt wie ein Hormon.
- **Dimethoat** wird vom internationalen Pestizid-Aktions-Netzwerk als »besonders schädlich für Mensch und Umwelt« beurteilt. Der Grenzwert in Kirschen wurde um das 20fache, der in Frühlingszwiebeln um das 40fache angehoben. Es kann die Entwicklung des Fötus stören und steht im Verdacht, Krebs auszulösen.[77]

Umwelt- und Verbraucherverbände befürchten, dass eine Positivliste, wie sie von der EU geplant ist, gefährliche Wirkstoffe wieder salonfähig machen könnte, darunter Fenthion oder Azinphosmethyl. Ein Handel mit diesen Stoffen wäre dann ganz legal möglich. Der Druck der Industrie ist so enorm, dass sich die EU-Parlamentarier wahrscheinlich sogar beugen werden, die extrem toxischen Organophosphate aufzunehmen. Sicher, der illegale Handel mit bislang verbotenen Pestiziden blüht. In den beiden Studien »Pflanzenschutzpolitik in Deutschland« und »Giftspritze außer Kontrolle« konnte der Naturschutzbund Deutschland (NABU) zeigen, dass deutsche Landwirte vielfach gegen gesetzliche Regelungen verstoßen. Sie bestellen regelmäßig verbotene Pestizide übers Internet, darunter Atrazin, E 605 und Lindan. Im Obstanbaugebiet »Altes Land« wurden permanent nicht zugelassene Präparate eingesetzt. Eine interne Rückstandsanalyse des Lebensmitteluntersuchungsamtes Oldenburg wies nach, dass bei der Hälfte der 124 Proben Spritzmittelreste nachgewiesen wurden.

Pestizide im Essen bergen ein akutes Gesundheitsrisiko. Sie wirken toxisch auf den Organismus, können die Zellteilung stören, das Erbgut verändern, die Krebsentstehung vorantreiben, das Immunsystem schädigen, Allergien auslösen. Tierstudien haben einen Zusammenhang zwischen Pestizidbelastung und Fortpflanzungsstörungen belegt. Auch für den Menschen gibt es entsprechende Hinweise. Beispielsweise fanden Wissenschaftler des US-amerikanischen National Institute of Environmental Health Sciences (NIEHS) im Urin von Männern mit verringerter Spermienzahl und -qualität erhöhte Mengen der Pestizide Alachlor, Atrazin und Diazinon, bei manchen von ihnen auch 2,4-D und Metolachlor. Bekannt ist auch, dass hormonell wirkende Substanzen bereits in geringsten Konzentrationen fatale Auswirkungen haben können – besonders bei Föten. Seit vielen Jahren beobachten Forscher solche Effekte in der Tierwelt. Missbildungen, Unfruchtbarkeit, Veränderungen im Gehirn und damit verbundene Verhaltensauffälligkeiten können die Folge sein. Während vor allem Landwirte als Anwender akut gefährdet sind, senkt sich über den Köpfen der Verbraucher das Damoklesschwert Stück für Stück tiefer. Pestizide wirken langsam und zeitversetzt. Über die Nahrung und das Trinkwasser nimmt der Mensch täglich kleinste Mengen auf – Grenzwerte, die übrigens eher selten überschritten werden, sollen ihn in Sicherheit wiegen. Tabelle 29 listet beispielhaft einige in Deutschland zugelassene Pestizide auf, die im Verdacht stehen, hormonell wirksam zu sein, und die zu den 100 am häufigsten angewandten Pflanzenschutzmitteln gehören.

Auch Gemüse aus deutschen Landen ist nicht immer frei bedenklicher Pestizidmengen, belegte eine 2005 im Auftrag von Greenpeace-EinkaufsNetz durchgeführte Untersuchung. 112 Proben waren belastet.[78] In 27 Proben fanden die Tester Wirkstoffe, die vom zuständigen Bundesamt für Verbraucherschutz und Lebensmittelsicherheit (BVL)

Tabelle 29: Rückstandsbefunde einiger in Deutschland zugelassener
Pestizide

Wirkstoffe	Anwendung	Rückstandsbefunde 1997–2001		
		PL	OG	GW*
Carbendazim	Fungizid	x		
Chlorpyrifos	Insektizid	x		
Cypermethrin	Insektizid	x		
2,4-D	Herbizid			x
Dimethoat	Insektizid	x	x	x
Fenarimol	Fungizid			
Imazalil	Fungizid, Beizmittel			
Iprodion	Fungizid, Beizmittel			
Lambda-Cyhalothrin	Insektizid	x		
Myclobutanil	Fungizid			
Vinclozolin	Fungizid	x		x

Quelle: Umweltstiftung World Wildlife Fund (WWF): Gefahren durch hormonell
wirksame Pestizide und Biozide, 2002/eigene Recherchen
* PL=pflanzliche Lebensmittel, OG=Oberflächengewässer, GW=Grundwasser

gar nicht oder nicht für die betroffene Gemüseart zugelassen waren.
Die Folgen sind fatal. Denn die nachgewiesenen Spritzmittel können
Krebs auslösen, die Fortpflanzung beeinträchtigen oder sind schäd-
lich für das Hormon- oder Nervensystem.

Gekauft wurde die Ware im September 2005 bei führenden Supermarktketten in Berlin, Dresden, Dortmund, Frankfurt, Hamburg, Mannheim, München und Stuttgart, um anschließend auf 300
Pestizide geprüft zu werden. Das Resultat war schockierend. Sieben der insgesamt 35 nachgewiesenen chemischen Spritzmittel sind
hierzulande in der Landwirtschaft grundsätzlich verboten: Dietho-
fencarb, Endosulfan, Methomyl, Cypermethrin, Vinclozolin, Pyri-
proxyfen und Procymidon. Einige weitere Wirkstoffe sind nur für
andere Kulturpflanzen zugelassen, nicht aber für jenes Gemüse, in
dem es gefunden wurde. Allerdings können die Bundesländer ihre
Anwendung in Ausnahmefällen genehmigen. Greenpeace konnte für
sechs Proben, auf denen Hersteller und Anbauland genannt waren,
überprüfen, ob solche Genehmigungen vorlagen, und präsentierte
auch hier Alarmierendes: Für vier dieser Proben lag keine Ausnah-

megenehmigung der Länder vor. »In diesen Fällen wurden eindeutig illegale Pestizide eingesetzt«, monierten daher die Umweltschützer.

Für die Proben ohne Herstellerangabe forderte Greenpeace die verkaufenden Supermarktketten und Lebensmittelüberwachungsbehörden auf, die nach EU-Recht vorgeschriebene Rückverfolgung zum Hersteller vorzunehmen und diese offen zu legen. Die Ergebnisse der Greenpeace-Aktion lösten einen Sturm der Entrüstung aus und zwangen einzelne Handelsketten, Lücken im Kontrollsystem zuzugeben.

Dabei hätte man Zeit gehabt, solche Mängel zu beheben. Denn schon im Juli 2004 hatte Greenpeace illegale Pestizide in Obst und Gemüse gefunden.[79] Vor allem Tafeltrauben, die aus dem Angebot der sieben größten deutschen Supermarktketten Aldi, Edeka, Metro, Lidl, Rewe, Spar und Tengelmann stammten, waren betroffen: Nur eine der 23 Traubenproben aus konventionellem Anbau war frei von Spritzmittelresten. Bei 35 Prozent der Proben wurden die gesetzlichen Grenzwerte für Pestizide erreicht oder sogar bis zum 14fachen überschritten. Im Vorjahr hatte die Überschreitungsquote bei Traubentests noch bei 25 Prozent gelegen. Zudem fanden sich in den meisten Trauben »gesundheitlich besonders bedenkliche Giftcocktails mit bis zu acht Pestiziden gleichzeitig«, wie die Umweltschutzorganisation mitteilte. Weil der Verkauf solch belasteter Ware gegen das Lebensmittelgesetz verstößt, erstattete Greenpeace Anzeige gegen Aldi, Metro und Tengelmann. »Trauben gehören heute zu den am stärksten mit giftigen Pestiziden belasteten Früchten«, erklärte Manfred Krautter,[80] Chemieexperte von Greenpeace. Obwohl inzwischen der Verkauf von einem Drittel der Trauben aus den Mittelmeerländern gesetzwidrig ist, werde von den Handelsketten und der Lebensmittelüberwachung nichts dagegen unternommen.

Vieles spricht dafür, dass die Politik das Problem aussitzen wollte, ohne etwas dagegen zu tun. Im Juli 2004 hatte Greenpeace das Bundesverbraucherschutzministerium aufgefordert, gegen die zunehmende Pestizidbelastung in Obst und Gemüse einzuschreiten und Maßnahmen einzuleiten. »Doch bisher blieb das Künast-Ministerium jede Antwort schuldig«, schrieb Greenpeace im Jahr 2004. Ebenfalls im Juli 2004 hatte Greenpeace bei Paprika einen deutlichen Anstieg der Grenzwertübersteigerungen gegenüber dem Vorjahr festgestellt. Tatsächlich bestätigte auch die EU-Kommission, dass sich der Anteil der Pestizidgrenzwertüberschreitungen in pflanzlichen Lebensmitteln von 3 Prozent im Jahr 1996 auf 5,5 Prozent im Jahr 2002 fast verdoppelt hat.[81]

Als schließlich weitere Messungen ebenso dramatisch ausfielen wie in den vorangegangenen Jahren, sahen sich die Landesbehörden und Staatsanwaltschaften in der Pflicht, Ermittlungen und verbesserte Überwachungen zumindest anzukündigen. Auch der Deutsche Bauernverband kritisierte die Verstöße, und der Industrieverband Agrar (IVA) erklärte, 2006 nicht zugelassene Pestizide vorübergehend zurückzunehmen.

Wirklich viel passiert ist seitdem jedoch nicht. »All die Ankündigungen und Empörungsrufe der Bauern- und Industrievertreter blieben bislang ohne Konsequenzen. Unser Test zeigt, dass der Einsatz illegaler Pestizide in Deutschland weit verbreitet ist. Die Gemüsebauern stehen den Obstbauern beim Spritzen verbotener Mittel in nichts nach. Diesem Treiben muss der neue Landwirtschaftsminister Seehofer gemeinsam mit den Agrarministern der Länder rigoros ein Ende setzen«, forderte Krautter im Spätherbst 2005.[82]

Für Verbraucher sind solche Kämpfe wenig hilfreich, solange sich am System der Überwachung nichts ändert. Kaum jemand ist sich bewusst, was alles in Salat & Co. steckt. So war selbst Greenpeace im Jahr 2002 unbekannt, welche Pestizide die besonders gefährlichen Chemikalien Nonylphenol (NP) oder Nonylphenolethoxylate (NPE) enthielten. Weil sich das Bundesamt für Verbraucherschutz und Lebensmittelsicherheit (BVL) weigerte, eine Liste der infrage kommenden Pestizide vorzulegen, verklagte Greenpeace das Amt vor dem Verwaltungsgericht in Köln.[83] Greenpeace vermutete, dass durch den Einsatz dieser Spritzmittel das giftige Nonylphenol in zahlreiche Lebensmittel gelangt. Nonylphenol ist das Abbauprodukt von NPE. NPE wiederum ist in der Lage, das menschliche Immunsystem zu schädigen, das Hormonsystem zu stören und sich in der Muttermilch anzureichern. Es ist schwer abbaubar.

Den Fall als Scharmützel zwischen Umweltschützern und staatlichen Stellen abzutun, widerspricht der Vernunft: Im April 2002 war

Nonylphenol bei Rückstandsuntersuchungen erstmals tatsächlich in Lebensmitteln und in der Muttermilch nachgewiesen worden. Die chemische Industrie produziert weltweit 700 000 Tonnen dieser Substanz, 6 Prozent werden in Pestiziden eingesetzt. Allein in Deutschland gelangen auf diese Weise jährlich 500 Tonnen NPE auf Obst, Gemüse und Getreidepflanzen.

Die Auseinandersetzung um einzelne Substanzen lenkt den Blick vom Ganzen auf das Beispiel. Zu Unrecht, denn der Mensch von heute lebt in einer Umwelt, die sich von der seiner Vorfahren vehement unterscheidet: Nie zuvor war er mehr Allergenen und toxisch wirkenden Stoffen in Reinigungsmitteln, Kosmetika, Pflanzenschutzmitteln, Nahrungsgütern und Medikamenten ausgesetzt, nie zuvor war seine Lebenswelt mehr von Globalisierung und Industrialisierung geprägt, die seinen Organismus mit immer neuen Substanzen in immer neuer Kombination konfrontieren. So stellt sich mittlerweile die entscheidende Frage nach der Dosis, die das Gift macht. Welchen Einfluss Mehrfachrückstände in Lebensmitteln auf die Gesundheit haben, welche Wechselwirkungen auftreten können, welche Mechanismen zur Erkrankung führen oder sie verhindern – das alles ist größtenteils ungeklärt. Zwar zieht das BfR für einige wenige Wirkstoffgruppen so genannte Summenhöchstwerte heran, zum Beispiel für bestimmte Insektizide und Fungizide, die ähnlich wirken. Jedoch werden die meisten Stoffe nach wie vor nur einzeln bewertet. Grundlage für die gesundheitliche Beurteilung sind aus Studien abgeleitete Kennzahlen für die Langzeitaufnahme sowie die akute Giftigkeit des Wirkstoffs. In der Regel liegen zwar zwischen den festgelegten Höchstmengen und den Konzentrationen, die im Tierversuch giftig wirkten, zwei- bis dreistellige Sicherheitsspannen. Doch weil Daten zu den Verzehrgewohnheiten der Verbraucher kaum vorliegen, ist eine abschließende Beurteilung schwierig. Jeder Mensch isst eben anders. Letztlich kann kein Grenzwert garantieren, dass es nicht zu Kombinationswirkungen kommen kann: Pestizidrückstände, Zusatzstoffe und Tierarzneimittel – sie alle sind in modernen Nahrungsmitteln enthalten und mischen sich zu einem gefährlichen Cocktail.

Wer sicher essen will, kauft Bio. Im Gegensatz zum konventionellen Landbau, der geprägt ist vom Einsatz chemisch-synthetischer

Düngemittel, von Pestizid- und (prophylaktischem) Antibiotikaeinsatz sowie von Massentierhaltung und starker Mechanisierung, verzichtet der ökologisch wirtschaftende Bauer auf Kunstdünger und synthetische Pflanzenschutzmittel, verpflichtet sich zu artgerechter Tierhaltung und zum Wirtschaften in geschlossenen Stoffkreisläufen. Vor 1991 waren die Begriffe »Bio«, »Öko« oder auch »ökologisch hergestellt« nicht gesetzlich geschützt, und so gelangten auch Produkte in die Supermarktregale, die außer der werbeträchtigen Bezeichnung mit den tatsächlichen Bioprodukten der Anbauverbände Demeter, Bioland oder Ecoland nichts gemein hatten. Zuerst beschränkte sich die EU-Bioverordnung 1092/91 nur auf pflanzliche Erzeugnisse; Regelungen über Fleisch und Fleischprodukte enthielt sie nicht. So war zwar der »aus biologischem Anbau« stammende Salatkopf tatsächlich »Bio«, nicht aber die »Öko-Wurst« aus dem Supermarkt. Dem ist seit In-Kraft-Treten der Ergänzung für die EU-Bioverordnung im August 2000 nicht mehr so. Jetzt ist alles »Bio«, wo »Bio« draufsteht. Allerdings mühen sich nach wie vor Trittbrettfahrer, auf den Bio-Zug aufzuspringen. Nicht gesetzlich geschützte Angaben wie »kontrolliert«, »nachhaltig«, »integriert«, »umweltverträglich« oder »natürlich gut« können den Verbraucher in die Irre führen und ihm vorgaukeln, es handele sich hierbei um ein qualitativ hochwertiges Bioprodukt.

Acrylamid – ein Zubereitungsproblem

Im Sommer 2002 sprach niemand mehr von BSE – Acrylamid war jetzt das beherrschende Thema. Ein schwedisches Gutachterteam hatte die Substanz, die bis dahin eigentlich nur als Ausgangsstoff in der Kunststoffherstellung bekannt war, in Lebensmitteln entdeckt. Eigentlich konnte sich kaum jemand erklären, wie sie dort hineingeraten sein könnte, und Vertreter der Lebensmittelindustrie geißelten die Forschungsmethoden der Schweden sogar als unseriös. Doch bald verhallten die Unkenrufe, denn es stellte sich heraus, dass Acrylamid nicht durch widrige Umstände in das Lebensmittel kommen kann, sondern sich erst während des Backens, Frittierens, Grillens oder Bratens stärkehaltiger Produkte bildet. Soweit heute bekannt ist, entsteht Acrylamid aus dem Eiweißbaustein Asparagin in Gegenwart bestimmter Zuckerarten wie Traubenzucker (Glucose) oder Fruchtzucker (Fructose), besonders aus Getreide und Kartoffeln. In manchen Kartoffelsorten macht der Anteil des Eiweißbausteins Asparagin 40 Prozent aus.

Studien versuchen zu klären, von welchen Faktoren die Bildung von Acrylamid abhängig ist. Offensichtlich entscheiden Temperatur und Zeit über den Gehalt an Acrylamid im Lebensmittel. So zeigte sich, dass der Prozess bei rund 120 Grad beginnt und mit steigender Temperatur weiter fortschreitet. Je länger und je heißer also beispielsweise Pommes frittiert werden, desto höher liegt erwartungsgemäß ihr Acrylamidgehalt. Für Freunde der braunen Kruste ist das keine gute Nachricht. Denn je dunkler Pommes & Co. sind, desto belasteter sind sie.

Die Zahlen über die Menge an Acrylamid in den verschiedenen Lebensmitteln variieren von Messung zu Messung. Tabelle 30 veranschaulicht die Größenordnung. Als Spitzenreiter gelten nach wie vor Kartoffelchips und Lebkuchen. Sie überschreiten den vom Bundesamt für Verbraucherschutz und Lebensmittelsicherheit (BVL) als kritische Grenze betrachteten Wert von 1 000 Mikrogramm pro Kilogramm Lebensmittel oft um ein Vielfaches. Warum ausgerechnet Lebkuchen so stark belastet sind, ist noch nicht ganz geklärt. Vermutlich liegt das am Honig, der von Natur aus viel Fruchtzucker und Traubenzucker enthält – und diese Zuckerarten sind an der Acrylamidbildung während des Backens maßgeblich beteiligt.

Erstaunlich ist, dass Wasser die Acrylamidbildung zu blockieren scheint. Daher weist Gekochtes, Gegartes oder Gedünstetes nur wenig des krebserregenden Stoffes auf. Sogar die Wahl des Backtriebmittels für Plätzchen und Lebkuchen beeinflusst den Gehalt erheblich. Während Hirschhornsalz mit seinen hohen Anteilen an Ammoniumhydrogenkarbonat zu hohen Werten führt, sorgt Backpulver, das aus Kalziumkarbonat besteht, für niedrige. Für andere Zutaten gilt Ähnliches – den Grund dafür kennt man noch nicht.

Die Bestimmung des Acrylamidgehalts in Lebensmitteln führen spezialisierte Laboratorien durch. Derzeit ist der Nachweis ab einem

Tabelle 30: Gehalt an Acrylamid einiger ausgewählter Lebensmittel

Lebensmittel	Gehalt (gerundet)	gefundene Höchstwerte
	(Mikrogramm je Kilogramm)	
Kartoffelchips	750	4215
Kaffeeersatz	620	
Cracker	380	1600
Lebkuchen	350	6141
Röstzwiebeln	350	
Butterkekse	300	1090
Kaffeepulver	280	
Pommes frites	250	3920
Salzstangen	250	
Popcorn	250	
Cornflakes	170	
Knäckebrot	170	2840

Quellen: u.a. zusammengestellt aus Veröffentlichungen des Landesamtes für Gesundheit und Lebensmittelsicherhit (LGL) Bayern, Schweizerisches Bundesamt für Gesundheit, Bundesforschungsanstalt für Ernährung und Lebensmittel (BFEL)

Gehalt von 10 bis 30 Mikrogramm pro Kilogramm möglich. Ab einem Wert von 50 Mikrogramm pro Kilogramm kann der Acrylamidgehalt sicher quantifiziert werden.

Acrylamid ist eine reaktionsfreudige Substanz – aus Gesundheitssicht eine verhängnisvolle Eigenschaft. Denn es bildet im Körper eine Reihe von Verbindungen, die teils im Urin, teils im Blut zu finden sind. In der Leber wird Acrylamid zu Glycidamid umgebaut; beide Stoffe lagern sich an den roten Blutfarbstoff Hämoglobin an. Die hierbei entstehende stabile Verbindung, das so genannte Addukt, gibt über die Belastung des Organismus mit dem Gift Auskunft und kann mittels Gaschromatographie und Massenspektrometrie nachgewiesen werden. Neben seiner Reaktionsfreudigkeit spielt die Resorptionsfähigkeit eine entscheidende Rolle. Acrylamid wird gut vom Körper aufgenommen, schnell und gleichmäßig im Organismus verteilt. Acrylamid und sein Abbauprodukt Glycidamid verändern und schädigen das Erbgut. In Tierversuchen rief Acrylamid vererbbare Schäden an Chromosomen der Körper- und Keimzellen hervor. In verschiedenen Organen der Versuchstiere löste Acrylamid die Bildung bösartiger Tumore aus. Das sind auch die Gründe, warum der Stoff in die Kategorie 2 der krebserzeugenden Substanzen eingestuft wurde. Laut Definition handelt es sich hierbei um solche Substanzen, von denen angenommen wird, dass sie einen nennenswerten Beitrag zum Krebsrisiko beim Menschen leisten. Fachleute sind sich nicht einig, wie hoch sie das von Acrylamid ausgehende Krebsrisiko beziffern sollen. Ursache sind verschiedene Berechnungsmodelle. Die Weltgesundheitsorganisation (WHO) geht davon aus, dass pro einer Million Einwohner 700 Menschen mehr an Krebs erkranken; das US-amerikanische Umweltbundesamt (EPA) rechnet mit 4500 zusätzlichen Fällen.

Im »Umweltgutachten 2004«[84] stellte der Sachverständigenrat für Umweltfragen (SRU) als wissenschaftliches Beratungsgremium der Bundesregierung fest:

»Nach dem momentanen Kenntnisstand muss davon ausgegangen werden, dass das Krebsrisiko für die allgemeine Bevölkerung durch die tägliche Aufnahme von Acrylamid mit der Nahrung außerhalb des tolerierbaren Bereichs liegt. Derzeit rechnet man in Deutschland mit etwa 10000 (von 335000 insgesamt) Krebsneuerkrankungen pro Jahr, die dadurch verursacht werden. [...] deshalb ist es notwendig, [...] das Risiko für jeden Einzelnen so weit wie möglich zu minimieren.«

Neben seiner Karzinogenität kann Acrylamid noch andere Schäden anrichten. In Tierversuchen beeinträchtigte die Substanz die Fruchtbarkeit, in hohen Dosen von 0,5 Milligramm je Kilogramm Körpergewicht und Tag schädigt es die Nerven. Schätzungen gehen davon aus, dass die durchschnittliche Belastung der Bevölkerung bei rund 0,3 bis 0,8 Mikrogramm je Kilogramm Körpergewicht und Tag liegt – damit also um den Faktor 1000 niedriger. Allerdings sind Kinder und Jugendliche, die verhältnismäßig viel Pommes und Chips konsumieren, erheblich mehr gefährdet. Bei ihnen verringert sich dieser »Sicherheitsabstand« schnell auf den Faktor 10.

Trotz der vielen Hinweise über die toxischen Eigenschaften der Verbindung bleibt eine ganze Reihe wichtiger Fragen offen. So lässt sich aufgrund der vielen Einflussfaktoren nach wie vor nicht genau vorhersagen, wie viel Acrylamid unter welchen technologischen Bedingungen im Lebensmittel gebildet wird. Weil eine abschließende Risikobewertung so schwierig ist, können sich Behörden nicht dazu durchringen, einen Grenzwert festzulegen. Für Deutschland hatte das ehemalige Bundesinstitut für gesundheitlichen Verbraucherschutz und Veterinärmedizin (BgVV) einen »Aktionswert« von 1 000 Mikrogramm pro Kilogramm Lebensmittel empfohlen. Dieser Aktionswert wird derzeit durch produktgruppenspezifische Signalwerte ergänzt, die das Bundesamt für Verbraucherschutz und Lebensmittelsicherheit (BVL) regelmäßig aktuellen Erkenntnissen anpasst (siehe Tabelle 31). Trinkwasser darf maximal 0,1 Mikrogramm pro Liter Acrylamid enthalten. Für Körperpflegemittel, die nicht abgewaschen werden, ist ein Wert von 0,1 Milligramm pro Kilogramm vorgegeben; für andere Kosmetika ist ein Wert von 0,5 Milligramm pro Kilogramm vorgeschrieben.

Tabelle 31: Signalwerte für Lebensmittel

Lebensmittel	Signalwert (Mikrogramm pro Kilogramm)
Feine Backwaren aus Mürbeteig	575
Frühstücksflocken	200
Kaffee, geröstet	370
Kartoffelchips	1 000
Knäckebrot	610
Pommes frites, zubereitet	570
Kartoffelpulver, zubereitet	1 000
Lebkuchen und lebkuchenhaltige Gebäcke	1 000
Spekulatius	710
Kinderkekse	360
Diabetikerdauerbackwaren	1 000
Kaffeeextrakt	1 000
Kaffeeersatz	1 000

Quelle: ALLUM, das Informationsangebot für Allergie, Umwelt und Gesundheit[85]

Vorbeugend hatte die Bundesregierung ein »dynamisches Minimierungskonzept« beschlossen, das die stufenweise Absenkung der Acrylamidgehalte vorsieht. Seit dem 27. August 2002 sammelt das BVL Analyseergebnisse vorwiegend aus der Lebensmittelüberwachung der Länder. Bislang hat es rund 10 000 Untersuchungsergebnisse zusammengetragen (Stand: 21.10.2005). Diese Daten werden zu Warengruppen klassifiziert und aus ihnen diejenigen Produkte herausgefiltert, die zu den 10 Prozent der am höchsten belasteten Lebensmittel gehören. Die Bundesländer werden auf die in ihrem Zuständigkeitsbereich ansässigen Hersteller hingewiesen, deren Produkte zu den besonders belasteten Lebensmitteln gehören. Die Überwachungsbehörden nehmen Kontakt mit den Herstellern auf.

Knapp ein Jahr nach der schwedischen Publikation wurde auch die Europäische Kommission aktiv und veröffentlichte im Internet eine neue Forschungsdatendank zur Acrylamidbelastung von Lebensmitteln[86], um festzustellen, wie sich die Acrylamidkonzentrationen in Lebensmitteln senken lassen. Die Datenbank wurde in enger Zusammenarbeit mit der Europäischen Behörde für Lebensmittelsicherheit erarbeitet und stellt EU-Forschungsarbeiten zum Thema Acrylamid zusammen.

David Byrne, EU-Kommissar für Gesundheit und Verbraucherschutz, unterstrich bei der Eröffnung der Datenbank die Bedeutung der Forschungsbemühungen: »Wir müssen die Problematik der Acrylamidbelastung von Lebensmitteln aufmerksam untersuchen, um die potenzielle Bedrohung der Verbrauchergesundheit und den möglichen Handlungsbedarf einschätzen zu können. Es ist wichtig, dass alle Wissenschaftler einen Überblick über die laufenden Forschungsarbeiten gewinnen.«[87]

Was jedoch am meisten interessiert, bleibt in dergleichen Konzepten außen vor: Die Frage nach dem Zusammenhang zwischen der Aufnahme von Acrylamid und der effektiven inneren Dosis. Es reicht eben nicht aus, Menschen nach ihren Verzehrgewohnheiten zu befragen, um daraus die individuelle Belastung abzuleiten.

Wird in einem Lebensmittel ein krebserregender Stoff entdeckt, den der Produzent illegal verwendet hat, gilt die Regel: ex und hopp, aus dem Sortiment nehmen und vernichten. Gegen die Schuldigen ermittelt der Staatsanwalt. Was aber, wenn sich problematische Substanzen, wie eben Acrylamid, erst während des Herstellungsprozesses bilden? Dann bleibt das Produkt im Regal – auch wenn es besorgniserregend hohe Gehalte aufweist. Schließlich ist es nicht verboten, Pommes, Chips oder Lebkuchen bei hohen Temperaturen herzustellen. Doch ein legal enthaltener krebserregender Stoff ist nicht minder gefährlich als ein illegal enthaltener.

Eigentlich müsste der Acrylamidgehalt in Lebensmitteln von Jahr zu Jahr sinken. Das jedenfalls haben Bund, Länder und Lebensmittelindustrie vor vier Jahren vereinbart. Das ist bislang nicht geschehen. Ein Problem sind die hohen Margen, mit denen die Lebensmittelindustrie arbeitet. Kleinbetriebe mit viel Handarbeit, die zum Beispiel wenige Tonnen Kartoffeln pro Tag verarbeiten, sind die seltene Ausnahme. Die Regel sind Unternehmen, deren Verarbeitungskapazität bei bis zu 800 Tonnen Kartoffeln pro Tag liegt. Das ist die Crux der Großproduktion: Bei einer solch enormen Menge ist es schlichtweg nicht möglich, auf asparaginarme Sorten zurückzugreifen – die womöglich nicht einmal den technologischen Ansprüchen der Weiterverarbeitung entsprechen. Schließlich eignet sich nicht jede Sorte für jedes Endprodukt, die Unterscheidung zwischen fest- und weichkochenden Kartoffeln, die jeder Hobbykoch kennt, ist nur ein Aspekt unter vielen.

Die Lebensmittelindustrie könnte die Acrylamidgehalte auch durch eine Feinjustierung der Verfahrensschritte beim Backen und Frittieren vermindern. Das erfordert nicht nur Fingerspitzengefühl, sondern auch die Bereitschaft des Unternehmens, mit einem Plus an Aufwand und Zeit an der richtigen Temperaturführung zu feilen – eine Kostenfrage. Außerdem geht jede Korrektur des Herstellungsprozesses mit einer Veränderung der sensorischen Eigenschaften des Endproduktes einher – ein sehr sensibler und aus Marketingsicht nicht akzeptabler Minuspunkt in Sachen Acrylamidprophylaxe. Darum enthalten gerade Markenprodukte nach wie vor relativ hohe Mengen an Acrylamid, während No-Name-Lebensmittel weniger belastet sind als noch vor vier Jahren. Die Leader der Branche wollen einfach nicht riskieren, dass der vom gewohnten Gusto abweichende Geschmack ihre Kundschaft verprellt.

Bisphenol A – Basissubstanz mit Gefahrenpotenzial

Seit 40 Jahren ist Bisphenol A (BPA) aus der Industrieproduktion nicht mehr wegzudenken. Mit einem jährlichen Verbrauch von 640000 Tonnen allein in den Ländern der Europäischen Union ist BPA eine der wichtigsten und meistproduzierten Chemikalien überhaupt. Man findet es nicht nur in Zahnfüllungen und Thermopapier, sondern auch in CDs, Klebstoffen, Haushaltsgegenständen oder Plastikteilen im Auto. Nahrungsmittel- und Getränkedosen werden in der Regel innen mit einem BPA-haltigen Epoxidharz überzogen, auch transparente Babyplastikflaschen enthalten den Stoff.

Bisphenol A ist nicht unumstritten, seine hormonelle Aktivität ist seit langem bekannt. In der Umwelt besitzt es eine östrogene Wirkung. Bis heute sind über 100 Publikationen in Peer-reviewed Journals erschienen, die sich mit den Auswirkungen von BPA befassen, darunter solche, die BPA für die Entstehung von Prostatakrebs zumindest im Tierversuch verantwortlich machen. Dieses kanzerogene Potenzial bestätigten folgende Untersuchungen:

- US-Endokrinologen konnten nachweisen, dass BPA bei Mäusen ein vermehrtes Wachstum der Prostata auslösen kann. Im Fachblatt *Proceedings of the National Academy of Sciences* berichtete Frederick vom Saal von der Universität von Missouri in Columbia im Mai 2005, dass solche Veränderungen die Krebsentstehung begünstigen könnten.[88]
- Das Team um Ana Soto von der Tufts University in Boston belegte, dass eine Exposition mit BPA bei weiblichen Mäusen eine vierfach vermehrte Ausbildung von Endknospen (»end buds«) in den Milchgängen auslöst. Diese gelten beim Menschen als möglicher Ausgangspunkt von Brustkrebs. Die Studie erschien 2005 im Fachblatt *Endocrinology*.[89] Besonders prekär: Sotos Beobachtungen erfolgten bei BPA-Konzentrationen von lediglich 25 Nanogramm pro Kilogramm Körpergewicht – was weniger als 1 Prozent der US-Grenzwerte entsprach.

Dass es auch in kleinsten Konzentrationen innerhalb weniger Minuten schädigend wirkt, war lange Zeit nicht bekannt. Die im Fachblatt *Endocrinology* im Dezember 2005 publizierten Ergebnisse[90] eines Forscherteams um Scott Belcher vom University of Cincinnati College of Medicine könnten massive Auswirkungen auf den europäischen Verbraucherschutz haben. Denn Belcher, Professor für Pharmakologie und Zell-Biophysik, konnte in der seit Jahren andauernden wissenschaftlichen Diskussion um die toxischen Auswirkungen von BPA erstmals im Tierversuch zeigen, dass die Substanz vor allem in »überraschend niedrigen Dosierungen« auf die Hirnentwicklung wirkt.[91] Offensichtlich blockiert die vom Menschen über die Nahrung aufgenommene Chemikalie die Aktivität des körpereigenen Hormons Östrogen, welches für die Entwicklung bestimmter Hirnregionen unerlässlich ist.

Um das zu belegen, musste Belcher auf Ratten als Versuchstiere zurückgreifen. Nachdem er die Tiere narkotisiert hatte, spritzte er ihnen über einen Zeitraum von sechs Minuten eine hochverdünnte BPA-Lösung in jenen Teil des Gehirns, der bisher als unempfindlich gegenüber BPA galt: in die Hirnrinde, den so genannten zerebralen Cortex.

Belcher zufolge setzt die Gefährdung des Menschen bereits vor der Geburt ein, weil BPA die Embryonalentwicklung des Gehirns stört. Um das herauszufinden, hatten die Pharmakologen das Fötenwachstum bei den Ratten verfolgt und die Tiere nach Ablauf bestimmter Fristen seziert. Weil auch junge Ratten als besonders gute Tiermodelle gelten, konnte Belcher daraus Rückschlüsse auf die Entwicklung des menschlichen Fötus ziehen und die Zeit vom Beginn des letzten Schwangerschaftsdrittels bis zu den ersten Lebensjahren nachvollziehen. »Es besteht Grund zur Sorge«, warnte Belcher gegenüber *Spiegel Online.*[92]

Tatsächlich ist der neurotoxische Effekt, den BPA auf das hormonelle System ausübt, wohl weitaus größer als bislang angenommen. Um welche Größenordnungen es sich handelt, verdeutlicht ein Vergleich. Die von Belcher ausgemachte toxische Dosis entspricht in etwa der Menge eines Fünftel Würfelzuckers, der in einem Stausee mit einem Fassungsvermögen von 2,7 Milliarden Liter Wasser aufgelöst wäre.

Das in Berlin ansässige Bundesinstitut für Risikobewertung (BfR) hatte sich schon im Jahr 2003 mit BPA befasst und unmissverständlich bewertet: »Die Ergebnisse der Studien geben Anlass zur Besorgnis, da sie auf ein mögliches erbgut- und fortpflanzungsgefährdendes Potential von BPA hindeuten«, heißt es dazu in einer am 17. April 2003 veröffentlichten Stellungnahme des BfR, und: »Überraschend ist, dass der Effekt auf die Chromosomenanordnung schon bei einer außerordentlich niedrigen Dosierung (0,02 Milligramm pro Kilogramm Körpergewicht) gefunden wurde.«[93]

Trotz derartiger Forschungsergebnisse und Bedenken auf nationaler Ebene allein in Deutschland kam der Wissenschaftliche Lebensmittelausschuss der Europäischen Union (SCF) vor drei Jahren zu ganz anderen Ergebnissen und stufte BPA als nicht erbgutschädigend ein. Das für den europäischen Verbraucherschutz zuständige Direktorat C der Europäischen Kommission attestierte im April 2002, dass keine Beweise für eine Kanzerogenität oder für das erbgutschädigende Potenzial der Substanz vorlägen. Dennoch empfahl das Gremium, die zulässige Aufnahme bei Lebensmitteln um den Faktor 5 von 3 000 auf 600 Mikrogramm BPA pro Kilogramm Nahrungsmittel zu senken. Dabei handelt es sich um jene BPA-Menge, die aus den Kunststoffverpackungen in die Nahrung gelangen darf.

Nach Angaben des BfR nimmt ein erwachsener Mensch pro Tag etwa 0,48 Mikrogramm pro Kilogramm Körpergewicht auf. Bei Kindern beträgt die Menge sogar 1,6 Mikrogramm. Das ist mehr als 695-mal so viel wie jene Menge, die Belchers Team jetzt im Tierversuch als hirnschädigend ausmachte. Das verwundert nicht, schließlich sind viele als Kinderprodukte deklarierte Lebensmittel in entsprechenden Verpackungen erhältlich.

Dass bisher noch keine Behörde auf die Effekte in kleinsten Dosierungen aufmerksam wurde, ist für Axel Allera vom Institut für klinische Biochemie an der Universität Bonn nicht verwunderlich: »Man hat sich schlichtweg mit den Wirkungen bei hohen Konzentrationen befasst«, sagte uns der Endokrinologe im Gespräch für *Spiegel Online*.[94] Den so genannten Low-Dose-Impact indes, den Einfluss kleinster Mengen von Chemikalien auf den Organismus, habe man über Jahrzehnte hinweg vernachlässigt – gerade bei BPA.

Strahlende Aussichten

Den 20. September 2000 haben viele Lebensmittelüberwacher noch heute gut in Erinnerung. Es war der Tag, an dem gleich zwei EU-Richtlinien in Kraft traten, um die Bestrahlung von Lebensmitteln europaweit zu regeln. Nur drei Monate später, im Dezember 2000, war das Brüsseler Werk in Deutschland Gesetz[95]: Danach dürfen lediglich bestrahlte Kräuter und Gewürze in den Handel gelangen; alles, was Gamma-, Röntgen- oder Elektronenstrahlung ausgesetzt wurde, muss deutlich gekennzeichnet sein.

Doch weil in einigen Ländern der EU neben Kräutern und Gewürzen auch Obst oder Gemüse mit ionisierenden Strahlen behandelt werden darf, ist die eine oder andere Erdbeere im Supermarktregal auf diese Weise präpariert, ohne dass es jemand auf Anhieb bemerken würde. Der Vorteil für den Handel liegt auf der Hand: Radioaktive Bestrahlung kann das Reifen von Erdbeeren oder Südfrüchten verzögern, Cognac hingegen altert unter ionisierendem Beschuss schneller. Kartoffeln und Zwiebeln keimen weniger aus. Schließlich dienen Bestrahlungen auch dazu, Keime in Lebensmitteln abzutöten. So wird aus Lebensmitteln, die wegen ihrer übermäßigen Bakterienfracht nicht für den menschlichen Verzehr geeignet sind, umgehend essbare Ware: »So wurde 1987 ein Fall bekannt, wo dänische Händler mikrobiell verseuchte Muscheln und Garnelen zur Bestrahlung in die Niederlande exportierten, um sie anschließend wieder zurück in Dänemark auf den heimischen Märkten zu verkaufen«, konstatierte das Umweltinstitut München e.V.[96]

Für Unternehmen liegen die Vorteile ionisierender Strahlen auf der Hand. Sie bringen einen umsatzsteigernden Zeitgewinn, lassen weitere Transportwege und eine deutlich längere Lagerung zu. Außerdem verbessern sie bestimmte technologische Eigenschaften. Beispielsweise erhöht sich die Saftausbeute deutlich, nachdem die Früchte oder Gemüse bestrahlt wurden.

Für Konsumenten bedeutet Bestrahlung indes nicht unbedingt ein Gewinn an Lebensmittelqualität: Was der Verbraucher eher nicht sehen, riechen oder schmecken kann, sind die Nachteile. Weil die Bestrahlung Enzyme unschädlich macht, die normalerweise zum

Verderb des Lebensmittels führen würden, gaukeln sie Frische vor. Auch sind einige Vitamine sehr strahlenempfindlich, so dass der Vitamingehalt durch die Bestrahlung oft dem eines gekochten Produkts entspricht. Auch können die für die Herz-Kreislauf-Prophylaxe wichtigen ungesättigten Fettsäuren durch Bestrahlung leiden, geben die Verbraucherzentralen zu bedenken. Besonders unappetitlich ist wohl, dass die Methode dazu dienen kann, Hygienemängel bei der Produktion auf einfachste Weise aus der Welt zu schaffen.

Die Folgen des Konsums bestrahlter Lebensmittel sind nicht ausreichend erforscht. Zwar weisen bestrahlte Lebensmittel nach bisherigem Stand der Forschung kein direktes Strahlungsrisiko für die Verbraucher auf, sie sind also nicht radioaktiv. Doch wichtige Fragen bleiben nach wie vor ungeklärt. Jede Bestrahlung kann nämlich neben den ausgewählten Zielkeimen auch andere Substanzen verändern – die Bildung von krebserregenden freien Radikalen kann nicht ausgeschlossen werden. Selbst so genannte Radiotoxine, Gifte also, die erst nach der Bestrahlung entstehen, werden als Nebeneffekt der Behandlung für möglich gehalten.

Die Weltgesundheitsorganisation (WHO) wiederum hält eine Dosis bis zu 10 Kilogray (kGy, Gray ist die SI-Einheit für die durch ionisierende Strahlung verursachte Energiedosis und beschreibt die pro Masse absorbierte Energie) für unbedenklich – andere Forscher sehen die gesundheitliche Unbedenklichkeit als nicht erwiesen an. So gut wie nicht erforscht sind auch die Langzeitwirkungen beim Verzehr von bestrahlten Lebensmitteln.

Kapitel 5

Die gesellschaftlichen Folgen des Lebensmittelgeschäfts

Wir essen uns krank, und die Lebensmittelindustrie liefert den Stoff, der uns süchtig macht. Allein in Deutschland kostet die Behandlung ernährungsbedingter Krankheiten mittlerweile 71 Milliarden Euro. Überall in der westlichen Welt entwickelt sich Fettleibigkeit zum (un-) heimlichen Killer: In ganz Westeuropa sterben pro Jahr 200000 Menschen an ihren Folgen; 2005 hat sie in den USA erstmals das Rauchen als Todesursache überrundet. Spätestens in 40 Jahren wird in Deutschland jeder zweite Erwachsene adipös sein – wie eine alternde Gesellschaft dieses wirtschaftliche und soziale Problem bewältigen soll, dazu wagen nur die Unerschrockenen Prognosen.

Die Lebensmittelindustrie weist indes alle Schuld von sich. Allein der Verbraucher lege über seine Kaufentscheidung fest, ob er sein Dasein als krankheitsgefährdeter Dicker fristen oder als gesundheitsbewusster Athlet genießen will. Wenn den Konsumenten auch eine Mitschuld an der Misere trifft, ihm allein die Schuld zu geben, widerspricht der Realität. Subtile Werbekampagnen sind nur ein Beispiel von vielen für die Manipulationsmöglichkeiten des guten Geschmacks. Die Industrie hat kein Interesse daran, dass der Mensch prinzipiell weniger und vor allem gesünder isst. 2004 hatte die Weltgesundheitsorganisation (WHO) den Report »Lebensmittelstandardisierung zur Bekämpfung der chronischen Krankheiten« über die Zunahme der globalen Fettsucht zurückgehalten – nach Auffassung der britischen Zeitung *Media-Guardian* auf Druck der US-amerikanischen Lebensmittelindustrie. Der Report, im Vergleich zu den bisher üblichen, eher »zahnlosen«, kritisiere erstmals deutlich die Lebensmittelindustrie, kommentierte damals Bruce Silverglade vom Washingtoner US-Center for Science in the Public Interest. Dass Tatsachen über die derzeitigen, erschreckenden Ernährungsgewohnheiten der Industrievölker ans Licht der Öffentlichkeit gelangen, würde das Portfolio der Branche attackieren.

Schwergewichtige Schäden für die Volkswirtschaft

Die Strategien der Lebensmittelindustrie generieren ein neues Konsumverhalten bei Verbrauchern: Im Glauben, sich Gutes zu tun, essen viele Menschen das, was Marketingstrategen als gesund verkaufen – weil die Produkte satte Gewinne in die Kassen der Unternehmen spülen. Die Folgen des ungebremsten Nahrungsmittelkonsums sind erheblich und belasten mittlerweile die Volkswirtschaften. Herzinfarkt und Schlaganfall, Stoffwechselstörungen, darunter vor allem Diabetes, orthopädische Probleme bis hin zu Arthrose, Depressionen und nicht zuletzt Krebs, vor allem Dickdarmkrebs, zählen zu den Folgeerscheinungen. Mittlerweile verursacht ein Millionenheer an Übergewichtigen immense Kosten für die Gesundheitssysteme und trägt zudem zu massiven Produktionsausfällen in der Wirtschaft bei. Während beispielsweise Gewerkschaften und Arbeitgeber des öffentlichen Dienstes in Deutschland Anfang 2006 erbittert über Arbeitszeitverlängerungen von 12 bis 14 Minuten am Tag stritten, gingen in industrialisierten Ländern wie Großbritannien jährlich mehr als 18 Millionen Arbeitsstunden verloren, weil übergewichtige Menschen als Arbeitskräfte ausfielen. Zu den rein wirtschaftlichen Aspekten kommen gesundheitliche und psychische Folgen des allgegenwärtigen Übergewichts.

Nach Schätzungen der Weltgesundheitsorganisation (WHO) sind 300 Millionen Menschen bereits heute fettsüchtig. Hinzu kommen über 700 Millionen, die einen Body-Mass-Index zwischen 25 und 29,9 haben – und daher übergewichtig sind. Als übergewichtig gilt laut WHO, wer einen BMI von mehr als 25 besitzt, als adipös, wer einen BMI von 30 und darüber hat. Während die Zahlen, je nach Statistik, leicht voneinander abweichen, herrscht in der Fachwelt über eine Größe Einigkeit: Jeder dritte Erwachsene in den Industrienationen ist zu dick. Allein in den USA leben mehr als 150 Millionen Übergewichtige, hierzulande bringt nahezu die Hälfte der Bevölkerung zu viel Pfunde auf die Waage. Vergleichbare Zahlen lieferten Fachleute auf der 16. Jahrestagung der Deutschen Adipositas-Gesellschaft im Oktober 2000. Die repräsentative Befragung von 55 000 Menschen im Alter über 18 Jahren hatte gezeigt, wie schwer das Problem schon damals wog: 14,4 Prozent der Menschen hatten einen BMI von über 30 – und waren somit krankhaft übergewichtig.[1]

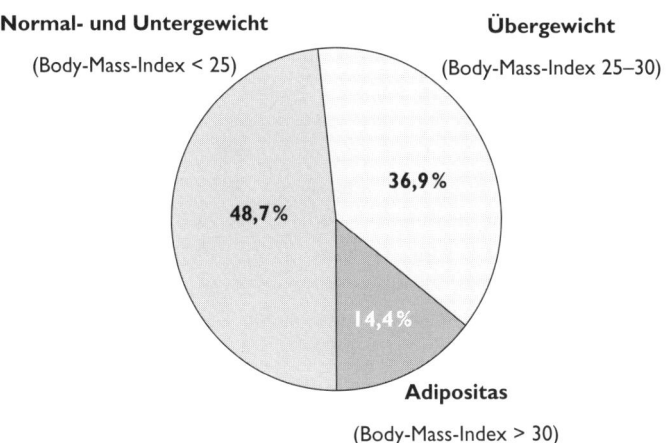

Normal- und Untergewicht
(Body-Mass-Index < 25)

Übergewicht
(Body-Mass-Index 25–30)

36,9 %

48,7 %

14,4 %

Adipositas
(Body-Mass-Index > 30)

Abbildung 4: Die Deutschen werden immer dicker
Quelle: Netdoktor.de[2]

Doch Fettleibigkeit betrifft nicht nur Erwachsene. 20 bis 30 Prozent aller Schulkinder stopfen Süßigkeiten, zuckerhaltige Getränke oder Chips in sich hinein – und rücken auf diese Weise ebenfalls in die Kategorie der Schwergewichte auf. Das Image vom pausbäckigen, mit Fast Food voll gestopften US-Teen mit XXL-Format ist längst auf Westeuropa übertragbar. In der Schweiz gelten bereits 16,6 Prozent aller Jungen und 19,1 Prozent der Mädchen als zu dick. Der Anteil der adipösen, also schwer übergewichtigen Kinder liegt bei rund 4 Prozent, was einer Verdoppelung der Zahl gegenüber den 1960er

Jahren entspricht.[3] Dicke Kinder sind auch in Deutschland ein Produkt des wachsenden Wohlstands – schätzungsweise 3,5 Millionen sind es mittlerweile. Längst vermuten Experten eine globale Epidemie.

»Diese Befunde zur Prävalenz sind besorgniserregend, da adipöse Kinder eine Risikogruppe darstellen, die mit hoher Wahrscheinlichkeit zu adipösen Erwachsenen mit den assoziierten somatischen und psychischen Krankheitsfolgen heranwächst«, stellt sogar das Lebensmittelchemische Institut der Deutschen Süßwarenindustrie in Köln konsterniert fest.[4] Im Klartext: Ein zu dickes Kind wird mit hoher Wahrscheinlichkeit zum übergewichtigen Erwachsenen heranwachsen. Längst haben adipöse Kinder und Jugendliche Krankheiten, die bislang für über 60-Jährige typisch waren. Wissenschaftler um den Kinderarzt Martin Wabitsch von der Universitätsklinik Ulm diagnostizierten bei 30 Prozent von 520 zu dicker Mädchen und Jungen eine Fettleber. Bei einem Drittel fanden sie das »Metabolische Syndrom«, eine Kombination aus Bluthochdruck, Fettstoffwechselstörungen und Insulinresistenz. Knie, Hüftgelenke und Füße hatten unter der Körpermasse Defekte davongetragen. Gallensteine hatten 2 Prozent des Nachwuchses, 1 Prozent litt an »Altersdiabetes«, Diabetes Typ 2. Nicht alle kommen mit ihren Pfunden zurecht. Eine Untersuchung des Marburger Kinderpsychiaters Johannes Hebebrand belegte die Unsicherheit, die solche Kinder in die Isolation treiben: 40 Prozent der fettleibigen Kinder und Jugendlichen hat mit Angststörungen zu kämpfen, 43 Prozent mit Depressionen. An Selbstmord denken einige.

Dicksein hat nicht nur etwas mit falschen Essgewohnheiten zu tun. Stereotype Verhaltensweisen wie stundenlanges Sitzen auf dem Bürostuhl oder vor dem Fernseher hinterlassen ihre Spuren. So hat, wer fünf Stunden am Tag sitzend verbringt, ein 8,3fach höheres Adipositas-Risiko.[5] Auch genetische und physiologische Faktoren spielen eine Rolle. Vor allem das krankhafte, nicht nachlassende Hungergefühl ist oft die Folge falsch programmierter Muster im Gehirn. Während nämlich der Magen unserem Denkorgan irgendwann signalisiert, dass er genug Nahrung aufgenommen hat, funktioniert bei übergewichtigen Menschen dieser Regelkreislauf nicht mehr.

Essen auf Essen ist die Folge. Zudem entdeckten Wissenschaftler neben einem so genannten Leptin-Gen gleich eine ganze Reihe weiterer Erbfragmente in der menschlichen DNA, die für die Regulierung des Körpergewichts zuständig sind. Mittlerweile sind etwa 200 Gene bekannt, die die Entwicklung des Übergewichts begünstigen. Wer einen dicken Elternteil hat, besitzt ein höheres Risiko, ebenfalls Pfunde zuzulegen. 40 Prozent beträgt das Risiko bei einem Elternteil, 80 Prozent bei beiden. Nur: Dicksein ist kein Schicksal. Problematisch wird die Veranlagung erst, wenn Bewegungsmangel und Fehlernährung hinzukommen.

Die Industrie tut ein Übriges, den Trend zu stützen. Perfektes Marketing mit einem präzise ausgearbeiteten Werbefeldzug macht möglich, dass viele Verbraucher glauben, was sie sehen und hören. Zudem sind Lebensmittel in den Industrienationen ständig verfügbar und billig zu haben – maßgebliche Kriterien für eine Rundumversorgung. Wen der Appetit plagt, kann selbst um zwei Uhr nachts an Tankstellen oder Kiosken Knabbereien und Snacks kaufen. Die preisgünstigen Waren animieren zum ungebremsten Konsum; was übrig bleibt, landet im Müll.

Weil sich die Pfunde spätestens auf der Waage nicht mehr verleugnen lassen, verspricht die Branche Abhilfe ohne Verzicht. »Light« und »fettarm« sprechen diejenigen an, die bislang kaum Gedanken an die Zusammensetzung ihrer Nahrung verschwendeten. Wo vor allem viel Bewegung und weniger Essen helfen würden, locken die appetitlichen Offerten mit Schlemmen ohne Verzicht. Kumuliert führt der Konsum solcher Waren kaum zu einer geringeren Kalorienzufuhr, beruhigt aber das Gewissen. Das lässt sich die Branche gut bezahlen: Light-Produkte & Co. sind erheblich teurer als die von Natur aus energiearmen Lebensmittel wie Obst, Gemüse oder ungesüßte Milchprodukte.

Für die Volkswirtschaft sind die Auswirkungen bitter. Allein die Kosten von Adipositas belaufen sich in Deutschland auf über 530 Millionen Euro pro Jahr. Berücksichtigt man deren Begleiterkrankungen, erhöht sich die Zahl auf mehr als 5 Milliarden Euro, errechneten Fachleute des GSF-Institutes für Gesundheitsökonomie und Management im Gesundheitswesen (IGM)[6] im Rahmen des

KORA-Projektes, dessen Ergebnisse auf der Jahrestagung der Deutschen Gesellschaft für Kardiologie 2005 in Mannheim vorgestellt wurden. Schon früher war krankhaftes Übergewicht ein Thema für die Forscher. 1998 hatte das Berliner Robert-Koch-Institut die Daten des Bundes-Gesundheitssurveys ausgewertet und festgestellt, das Adipositas mit einer erhöhten Inanspruchnahme von Allgemeinärzten einhergeht. Dicke Menschen müssen nicht nur häufiger zum Arzt oder ins Krankenhaus. Sie benötigen aufgrund der schweren Erkrankungen auch teurere Therapien, die sich überdies häufig über mehrere Jahre erstrecken. Unter adipösen Patienten ist der Anteil derjenigen, die Krankenhausaufenthalte absolvieren müssen, mit 9,9 Prozent pro Jahr doppelt so hoch, und der Anteil von Menschen mit relativ starker Inanspruchnahme stationärer Leistungen mit 8,6 Prozent mehr als viermal so hoch wie bei Normalgewichtigen. Auch der Blick in die Statistik der Allgemeinarztbesuche zeigt, dass stark übergewichtige Menschen nahezu dreimal so oft den Arzt aufsuchen müssen wie Normalgewichtige (10 Prozent versus 3,6 Prozent).

Fettleibige Menschen verursachen im stationären Bereich eine regelrechte Kostenexplosion: Sie verbrauchen im Mittel 1 630 Euro pro Jahr, während alle anderen Gruppen deutlich unter 600 Euro bleiben. Auch in Bezug auf Arztbesuche ist eine ähnliche Entwicklung zu beobachten. Hinzu kommen Arbeitsausfälle, die infolge von Übergewicht auftreten; Schätzungen zufolge machen sie ungefähr 50 Prozent der gesamten volkswirtschaftlichen Belastung aus – also rund 2,5 Milliarden Euro pro Jahr.

Wie sehr Übergewicht die Ökonomie belasten kann, wollte das Schweizer Bundesamt für Gesundheit (BAG) herausfinden. Die dazu erstellte Studie[7] gilt unter Fachleuten als Meilenstein: Sie berechnet die durch Übergewicht und Adipositas hervorgerufenen direkten Kosten, etwa den Verbrauch von Ressourcen zur Behandlung der Krankheit. Zudem analysiert die Studie die indirekten Kosten, zu denen der Produktivitätsverlust wegen Arbeitsabwesenheit, Invalidität oder vorzeitigem Tod gehören. Als Grundlage dienten Daten aus der Gesundheitsbefragung 2002 sowie die Preisstatistiken des Jahres 2001. Die Ergebnisse sind alarmierend.

Rund 3,2 Milliarden Schweizer Franken betragen demnach die jährlichen Kosten allein in der Schweiz. Als besonders teuer erweist sich allerdings nicht die Adipositas selbst. Sie verursacht 43 Millionen Franken oder 1,6 Prozent der Gesamtkosten. Vielmehr sind die Folgeerkrankungen, die Übergewicht nach sich zieht, entscheidend. Allein Fettleibigkeit erhöht das Risiko für insgesamt 18 schwere Folgeerkrankungen. Der Anteil an adipositasresultierendem Diabetes Typ 2 und anderen mit krankhaftem Übergewicht häufig assoziierten Leiden wie koronare Herzerkrankungen, Hypertonie oder Depression, macht 93 Prozent aus.

Rund die Hälfte dieser Gesamtkosten ordneten die Experten nach Auswertung der Daten der medizinischen Betreuung und Therapie zu. Bis zu 1,6 Milliarden Franken bezahlte das Schweizer Gesundheitssystem, weil Übergewicht und Fettleibigkeit dominieren. Bezogen auf die Gesamtausgaben des Schweizer Gesundheitssystems sind das rund 3,5 Prozent. Wem diese Zahl niedrig erscheint, darf sie auf Deutschland übertragen: Rund 8 Milliarden Euro zahlen die Kassen der gesetzlichen Krankenversicherung (GKV) für die Behandlung der Folgeerkrankungen, die übergewichtige Menschen haben. Eine Kehrtwende ist nicht in Sicht.

Deutschland und die Schweiz sind keine Einzelfälle, denn die global verfügbare Massenware »Essen« schafft in vielen Teilen der Welt ähnliche Probleme. Die wirtschaftlichen Auswirkungen der Fettleibigkeit belaufen sich durchschnittlich auf 2 bis 7 Prozent der gesamten Gesundheitsausgaben. In Frankreich betragen sie rund 2 Prozent,[8] und in Großbritannien beläuft sich der jährliche finanzielle Aufwand, den der National Health Service (NHS) bestreitet, auf eine halbe bis 2 Milliarden Pfund. Fettleibigkeit und Übergewicht verursachen dort jährlich rund 18 Millionen Krankheitstage, umgerechnet 40000 Arbeitsjahre gehen der britischen Wirtschaft verloren, 30000 Übergewichtige sterben. In den USA rechnen Mediziner gar mit 400000 Toten.[9] Wer zu dick ist, hat eine im Vergleich zu Normalgewichtigen um neun Jahre verkürzte Lebenserwartung.[10]

Verengte Blutgefäße, drohende Milliardenklagen

Wer es nicht schafft, der Spirale aus Appetit, Problembewältigung und Essen zu entgehen, setzt seine Gesundheit aufs Spiel. Übergewichtige oder adipöse Jugendliche beispielsweise riskieren im Gegensatz zu normalgewichtigen Gleichaltrigen die Entwicklung einer gefährlichen Arteriosklerose, die potenziell tödlich verlaufende Krankheiten wie Herzinfarkte, Schlaganfälle oder Thrombosen auslösen kann. Das belegen Daten aus den Niederlanden, wo staatliche ärztliche Untersuchungen für alle schulpflichtigen Kinder obligatorisch sind. Auf diese Weise war es Medizinern möglich, eine einzigartige Studie durchzuführen. Mithilfe eines speziellen Ultraschalls ermittelten sie die Dicke der mittleren Gefäßinnenhaut der Halsschlagader bei Schulkindern, um den so genannten CIMT-Wert (Carotid intima-media thickness) bestimmen zu können. Diese Größe ist aus medizinischer Sicht besonders wichtig, denn sie gibt an, wie hoch das Risiko für einen Herzinfarkt oder für andere Herzerkrankungen ist. Eine verdickte Gefäßinnenhaut gilt als Indiz für das Auftreten von Todesfällen durch Herz-Kreislauf-Krankheiten bei Menschen mittleren Alters und bei Senioren. Auch junge Menschen und Kinder, deren Gefäßinnenwände einen hohen CIMT-Wert aufweisen, leben gefährlich – das Risiko einer kardiovaskulären Attacke ist besonders hoch.

Zu alarmierenden Schlussfolgerungen gelangten die Forscher erst, nachdem sie die CIMT-Werte mit den ebenfalls aufgezeichneten Körpergewichten und daraus resultierenden BMI-Werten verglichen. Im Ergebnis zeigte sich nämlich, dass ein erhöhter BMI im Jugendalter zu einer Verdickung der Gefäßinnenhaut der Halsschlagader führt. Um durchschnittlich 2,3 Mikrometer nimmt diese Verdickung nach innen zu – entsprechend weniger Raum hat das Blut, um durch die lebenserhaltende Pipeline zu rauschen. Noch höher fiel diese Verengung bei jenen Teilnehmern aus, die auch als Erwachsene übergewichtig blieben. »Nur normalgewichtige Kinder werden zu gesunden und glücklichen Erwachsenen«, kommentierte die Gesellschaft für Ernährungsmedizin und Diätetik in Aachen die Studie.

Dass die Arterien von übergewichtigen Kindern durch eine falsche

Ernährung und das damit verbundene Übergewicht akut gefährdet sind, fanden auch Forscher der Chinese University of Hong Kong heraus. Erschreckend war ihre Erkenntnis, dass Blutgefäße adipöser Kinder jenen von Rauchern mittleren Alters gleichen – oder sich sogar in einem weitaus schlechteren Zustand befinden. Wer als Kind solche Voraussetzungen für sein weiteres Leben mitbringt, hat ein fünfmal höheres Herzinfarktrisiko als jemand, dessen BMI akzeptabel ist. Die 2004 im Fachblatt *Circulation* veröffentlichte Arbeit des Wissenschaftlers Kam Woo[11] hatte 54 übergewichtige Jungen und 28 korpulente Mädchen mit einem Durchschnittsalter von 9,9 Jahren untersucht.

Die von der Lebensmittelbranche forcierte Vermarktung von Süßigkeiten und der ungebremste Nahrungskonsum bereits im Kindesalter haben ein Nachspiel – spätestens im Erwachsenenalter. Weil jedoch Menschen, die mit 55 den ersten Herzinfarkt erleiden, kaum eine Chance haben zu belegen, dass sie in der Kindheit den Verlockungen der Lebensmittelindustrie erlagen, wiegen sich die Hersteller in Sicherheit.

Allerdings regt sich bei den Verbrauchern mittlerweile Widerstand. In den USA rollt derzeit eine neue Klagewelle gegen jene Lebensmittelmultis, die Fast Food und ungesunde Lebensmittel über Jahrzehnte hinweg ohne Hinweis auf die Risiken auf den Markt gebracht hatten. Was einst den Tabakkonzernen widerfuhr, droht nun möglicherweise auch den Giganten der Nahrungsgüterindustrie: Klagen und Schadenersatzzahlungen in Milliardenhöhe (siehe auch Kapitel »Functional Food«, letzter Abschnitt).

MTS – das Bierbauch-Syndrom

Das erste Alarmsignal, dass die Energiebilanz aus dem Ruder läuft, ist der wachsende Leibesumfang. Als unattraktiv und störend empfinden wir den Speck um die Hüften, doch er ist weit mehr. Mittlerweile haben ihn Wissenschaftler zum Forschungsobjekt erkoren: Die Dicke des »Bierbauchs«, so hat sich herausgestellt, steht im engen

Zusammenhang mit bestimmten Krankheiten. Ein Drittel der Bevölkerung ist »stammbetont« übergewichtig, wie es fachlich korrekt heißt – bei Männern prägt sich die typische Apfelform heraus, Frauenkörper werden stark birnenförmig. Die gefährliche Wechselbeziehung zwischen Bauchspeck und Krankheiten hatte als einer der ersten der französische Arzt Jean Vague in den 1940er Jahren beschrieben. Er erkannte, dass sich das Vollbild des Wohlstandssyndroms, das auch Metabolisches Syndrom genannt wird, langsam, aber stetig entwickelt. Erst im Laufe der Zeit entstehen ein behandlungsbedürftiger Typ-2-Diabetes, Bluthochdruck und Fettstoffwechselstörungen.

Fettgewebe speichert nicht nur Energie; im Fettgewebe werden auch bestimmte Botenstoffe gebildet, die auf die Arbeitsweise anderer Organsysteme wie Gehirn, Muskeln und Gefäße Einfluss nehmen. Es ist also in der Lage, Signale zu senden – mit teils erheblichem Schaden für die Gesundheit. So werden in der Fettschicht der Bauchhöhle unter anderem Immunobotenstoffe produziert, die chronische Entzündungen hervorrufen und so die Entstehung von Arteriosklerose fördern. Zudem verliert das Hormon Insulin seine Wirksamkeit, was den Zuckerhaushalt durcheinander bringt. Dadurch steigt für Betroffene das Risiko, zuckerkrank zu werden. Problematisch auch, dass der Körper bei zu viel Bauchfett weniger Adiponektin bildet, das beim Gesunden die Insulinwirkung steigert und Entzündungen hemmt.

Was den Esser wohl am meisten interessieren wird, sind die »Grenzwerte«, die Mediziner erarbeitet haben. So gilt ein Bauchumfang von mehr als 94 Zentimetern bei Männern und mehr als 80 Zentimetern bei Frauen als kritisch. Wer ein Metabolisches Syndrom (MTS) entwickelt, hängt von bestimmten Faktoren ab. An erster Stelle stehen schlechte Ernährungsgewohnheiten und mangelnde Bewegung, erst dann folgen genetische Faktoren. Auch Viren als Mitverursacher werden diskutiert. Vor allem so genannte Transfette, künstliche Fettsäuren, die bei der industriellen Härtung von Pflanzenölen entstehen, rückten in letzter Zeit ins Visier der Ernährungsforscher. Denn die Substanzen führen zu deutlich mehr Fettanlagerungen am Bauch als bisher angenommen. Als Besorgnis erregend gilt dabei die Tatsache, dass Transfette in vielen Nahrungsmitteln wie etwa Margarine, Fast

Food und Fertigessen vorkommen können. Dänemark hat Transfette in Nahrungsmitteln verboten, in den USA besteht eine Kennzeichnungspflicht, in der EU ist bislang weder das eine noch das andere der Fall.

Wie eine im Juni 2006 auf einer Tagung der Amerikanischen Diabetes-Gesellschaft in Washington vorgestellte Studie demonstrierte, liegt die Gefahr der Transfette in einer besonderen Eigenschaft: Selbst wenn die aufgenommene Kalorienmenge gering ist, lagert der Körper in Anwesenheit der Substanz verstärkt Fett an. Diesen Effekt belegten Forscher um Kylie Kavanagh von der der Wake-Forest-Universität in Winston-Salem. Sie fütterten eine Gruppe Affen mit der typischen Fertigkost der westlichen Länder. Dabei stammten nur 8 Prozent der gesamten Kalorienmenge von Transfetten – was jedoch ausreichte, um die Tiere nach sechs Jahren rund 7 Prozent schwerer werden zu lassen. Aus medizinischer Sicht problematisch ist die Tatsache, dass der Organismus die gesamte Zusatzmasse um den Bauch herum anlagert – und gerade dort gilt Fettgewebe als besonders gefährlich.[12]

Es steht jedenfalls fest: Ein dicker Bauch verkürzt das Leben.[13] »Heutzutage leiden mehr Menschen am Metabolischen Syndrom als an Hunger«, sagt Professor Harald Klein, Sprecher der Deutschen Gesellschaft für Endokrinologie: »Man kann davon ausgehen, dass infolge des Metabolischen Syndroms bereits mehr Menschen sterben als an Krebs.«

Forschern des in Berlin-Buch ansässigen Max-Delbrück-Centrums für Molekulare Medizin (MDC) zufolge ist entscheidend, an welchen Stellen der Körper das überschüssige Fett anlagert. Gefährlich scheinen dabei vor allem jene Fettdepots um Bauch und Taille zu sein. Was früher mit »Embonpoint« umschrieben und als Zeichen des Wohlstands angesehen wurde, bezeichnen Mediziner mittlerweile als abdominale Adipositas – und verweisen auf die Gefahren, die runde Taillen bergen: Menschen mit dieser Form des Übergewichts sind besonders gefährdet, frühzeitig an den schweren Folgeerscheinungen der Adipositas zu erkranken.

Vor Jahren schon hatten Forscher festgestellt, dass Fettzellen eine Vielzahl von Substanzen produzieren, die direkt das Herz-Kreislauf-

System und die Nieren schädigen. Dabei entdeckten sie, dass vor allem die Fettzellen des Bauchgewebes besonders stoffwechselaktiv und deshalb besonders gefährlich sind. Sie produzieren Hormone und Botenstoffe (Adipokine), die in großem Maße zur Entstehung von Bluthochdruck und Stoffwechselstörungen wie Diabetes Typ 2 und erhöhten Blutfettwerten beitragen. Neue wissenschaftliche Untersuchungsergebnisse zeigen nun, dass vor allem abdominale Fettzellen Hormone und Botenstoffe produzieren, die an der Entstehung von Krankheiten des Metabolischen Syndroms beteiligt sind.

Der von vielen Ärzten und Patienten bislang als Indikator verwendete Body-Mass-Index (BMI), der sich aus dem Körpergewicht in Kilogramm dividiert durch das Quadrat der Körpergröße in Metern errechnet, besagt aber nichts über die eigentliche Fettverteilung im Organismus. Er gibt lediglich an, ob jemand zu dick ist – bezogen auf seine Körpergröße. Der wichtige Aspekt der Fettverteilung bleibt unberücksichtigt. Trotzdem hat sich der BMI als Richtwert etabliert. Um das persönliche Risiko eines Patienten abzuschätzen, reicht er allerdings nicht aus. Deshalb sollten Mediziner in Zukunft neben dem BMI auf die Fettverteilung achten, empfiehlt das MDC.

Demenz auf Kochrezept

Verschiedene wissenschaftliche Untersuchungen belegen, dass Essen nicht nur dick, sondern auch dumm macht.

Tatsächlich sind die Auswirkungen der Fettleibigkeit auf das Gehirn beängstigend. So steigt das Demenzrisiko bei etwa 45-Jährigen, die zu dick sind, um bis zu 74 Prozent. Fettleibige Frauen (BMI > 30) haben sogar ein um 200 Prozent höheres Demenzrisiko als Normalgewichtige.[14] Geronto-Epidemiologen der »Kaiser Permanente Northern California MEdical Group«, einer Krankenkasse, hatten die Daten von mehr als 10 000 Menschen ausgewertet, die sich zwischen 1964 und 1973 (damals im mittleren Lebensalter) einer freiwilligen Gesundheitsuntersuchung unterzogen hatten; aufgetretene Demenzen wurden zwischen 1994 und 2000 diagnostiziert. Im Fachblatt *British Medica Journal* schilderte die Studienleiterin, Rachel Whimer, wie sich Fettleibigkeit auf die geistige Leistungsfähigkeit auswirkte. Offensichtlich ist neben dem Gewicht und dem BMI auch der Körperumfang ein potenzieller Demenzauslöser. Diejenigen, die die dicksten Leiber hatten, litten zu 70 Prozent mehr unter Demenz als ihre schlanken Altersgenossen.

Zu ähnlichen Resultaten gelangten schwedische Forscher am Sahlgrenska University Hospital in Göteborg.[15] Sie wiesen den Verlust an Gehirngewebe bei Fettleibigen nach. Die schwedische Studie[16] verdient besondere Anerkennung, weil sie über einen Zeitraum von 24 Jahren lief – und auf diese Weise einen sehr detaillierten Einblick in die Lebensgewohnheiten der Probanden erlaubte. Diese machten in regelmäßigen Abständen über eigens dazu entwickelte Fragebögen Angaben zu ihrem Lebensstil und ihrem Gesundheitszustand. Zudem ließen sich die Teilnehmerinnen in festen Abständen ärztlich untersuchen. Am Ende der Beobachtungsphase führten die Mediziner Computertomografien durch. Die Kombination aller Daten ergab: Alle Frauen mit einem 1,5fachen BMI litten an einem messbaren Gewebsschwund des Schläfenlappens. Die Studie belegte erstmals, dass sich diese atrophische Veränderung um bis zu 16 Prozent erhöht, wenn der BMI um eine Einheit steigt.

Über die Gründe für den Hirnverfall besteht weitgehend Einigkeit. Übergewicht löst eine ganze Lawine von zerstörerischen Prozessen im Körper aus, von denen die Erhöhung des Blutdrucks aufgrund immer enger werdender Arterien vermutlich der wichtigste ist. Die dadurch eintretende, nachhaltige Schädigung des Gefäßsystems vernichtet letzten Endes auch das Gewebe im Gehirn. Der Tod der Nervenzellen wiederum senkt die geistige Leistungsfähigkeit.

Doch nicht nur Ältere trifft der Teufelskreis von Prasserei und Torheit. Die gezielte Steuerung des Konsumverhaltens führt schon bei jüngeren Essern zu einem verminderten IQ. Dass die »Intelligenzkurve« der westlichen Welt nicht mehr, wie in den zurückliegenden Jahrzehnten üblich, stetig wächst, belegen IQ-Tests aus Skandinavien. So verzeichnet Norwegen bei den Rekruten seit geraumer Zeit einen Rückgang der gemessenen IQ-Werte – im Jahr 2002 waren die Nachfahren der Wikinger wieder auf das Level von 1976 zurückgefallen. An der Glaubwürdigkeit der Erhebung zu zweifeln besteht wenig Grund: Insgesamt wurden nahezu eine Million Wehrpflichtige auf ihren IQ getestet.[17]

In Dänemark registrieren Psychologen eine ähnliche Entwicklung, wie Thomas Teasdale von der Universität Kopenhagen berichtete. Dort sind die Menschen in Sachen geistiger Fitness wieder auf dem Niveau von 1990 angelangt.[18]

Kapitel 6

Ausblick: Erst informieren, dann kaufen

Schmausen und genießen möchte jeder, mündig essen auch. Doch die ungeheure Fülle in den Supermarktregalen erschwert den Überblick, und so entscheidet meist der Preis über den Erstkauf und der Geschmack, ob das Produkt ein weiteres Mal auf den Tisch kommt. Qualitäts- und Gütesiegel sollen den Verbraucher zwar bei der Hand nehmen, ihm bei seiner Entscheidung behilflich sein – in Wirklichkeit aber verwirren sie ihn noch mehr. Doch es lohnt, die wichtigsten einmal genauer unter die Lupe zu nehmen.

Vom Siegel-Segen

Kein Mensch will Lebensmittel, die sein Wohlbefinden mindern oder sogar seine Gesundheit in Gefahr bringen. Lebensmittel sollen schmecken, günstig und sicher sein. Siegel versprechen genau das: Qualität aus der Region, auf die man sich verlassen kann. Siegel suggerieren Schutz, ähnlich wie die großen, altbekannten Herstellermarken Qualität und die Handelsmarken preisgünstiges Einkaufen verheißen. Sie alle dienen dem Absatz, wogegen im Grunde nichts einzuwenden ist – solange der Verbraucher nicht für dumm verkauft wird. Im Prinzip darf jeder Hersteller und jedes Handelsunternehmen seinen Produkten eigene Zeichen geben. Dieses Recht hat eine Flut an Siegeln hervorgebracht, in der sich der potenzielle Käufer freischwimmen muss, um tatsächlich auch zu bekommen, was oft nur vollmundig versprochen wird.

Unter den Lebensmittelsiegeln gibt es

- **Gütezeichen** Sie heben die Qualität/den Geschmack des Produktes hervor. Zum Beispiel das CMA-Gütezeichen »Markenqualität aus deutschen Landen« (das laut Urteil des Europäischen Gerichtshofes von 2002 in Zukunft für andere europäische Länder geöffnet werden muss[1]), »Qualitätsfleisch aus Bayern« oder »Neckar Obst«.

- **Herkunftszeichen** Sie betonen die »Wiege« eines bestimmten Produkts oder verweisen auf eine regionale, nationale oder lokale Rezeptur. Beispiele: »Lüneburger Heidschnucke« oder »Altenburger Ziegenkäse«.

- **Prüfzeichen** Sie geben Hinweise auf regelmäßige Kontrollen über die gesamte Produktionskette vom Anbau über die Verarbeitung bis hin zum Handel. Beispiele sind das Bio-Siegel oder das QS-Siegel.

Obwohl die EU entsprechende Vorschriften aufgestellt hat, fällt häufig selbst Fachleuten eine Unterscheidung zwischen geschützten und nicht geschützten Zeichen schwer. Während beispielsweise die Bezeichnung »Bad Pyrmonter« eindeutig einer Region zuzuordnen ist und das Mineralwasser stets die gleiche Zusammensetzung aufweist, verwischen Bezeichnungen wie »Warsteiner« oder »Dresdner Butterstollen« geografische Herkunftsangaben mit privaten Marken. Nur den Regionalfan unter den Konsumenten verwirrt und verunsichert diese Willkür nicht, denn Herkunftszeichen bedienen den Lokalpatriotismus; sie setzen auf einen Vertrauensbonus, den Produkte aus der Region tatsächlich haben. Der Verbraucher ist weniger misstrauisch, wenn er den seit Generationen etablierten mittelständischen Betrieb kennt, den Landwirt, den Metzger, den Bäcker, den Brauer, den Winzer um die Ecke. Auch wenn er nicht die einzelnen Herstellungsschritte überschauen kann, hält er die Produktion für rechtschaffen, haben viele Umfragen ergeben. Die Entscheidung für oder gegen ein Produkt wird oft aus dem Bauch heraus getroffen – und da haben einheimische Angebote vor allem bei eher konservativen Konsumenten, insbesondere der älteren Generation, Vorrang.

Eine bessere Orientierung bieten jene Zeichen, die bestimmte Verbände, Vereine oder der Staat an die Hersteller vergeben. Ihnen liegen in der Regel überprüfbare Kriterien zugrunde, die sich entweder auf den Genusswert eines Lebensmittels, auf die Herkunft oder den Produktionsprozess beziehen.

RAL: Geschmack – und gut

In Deutschland hat sich das Deutsche Institut für Gütesicherung und Kennzeichnung, besser bekannt unter seiner Abkürzung RAL, das 1925 als Reichsausschuss für Lieferbedingungen gegründet wurde, der Überwachung und Vergabe von Gütezeichen verschrieben. Das RAL ist der Dachverband von derzeit rund 140 so genannten Gütegemeinschaften: eingetragene Vereine, in denen sich Unternehmen aus bestimmten Produkt- oder Dienstleistungsbereichen zusammengeschlossen haben. Es gibt Gütegemeinschaften für Wein, für Fisch oder auch für Diät- und Vollkostprodukte. Die Verfahrenskosten einer Anerkennung durch das RAL betragen derzeit 5 450 Euro, hinzu kommen Mitgliedsbeiträge und Beiträge für die Öffentlichkeitsarbeit. Das Anerkennungsverfahren dauert rund zehn Wochen. In dieser Zeit befragt das RAL tangierte Fachkreise wie den Handel, Ministerien, Verbraucherverbände, Prüfanstalten und Industrie. Derzeit führt das RAL etwa 170 anerkannte Zeichen in seinem Katalog, darunter neun für Lebensmittel.

Bei der Vergabe der Gütesiegel kommt dem Genusswert die größte Bedeutung zu, nicht anderen Kriterien wie der Art der Herstellung, der Fütterung oder ernährungsphysiologischen Aspekten. Dieser Genusswert wird in sensorischen Tests und Laboranalysen geprüft, ausgeführt von der Deutschen Landwirtschaftsgemeinschaft (DLG), die neben der Centralen Marketing-Gesellschaft der Agrarwirtschaft (CMA) ebenfalls eine große RAL-Gütegemeinschaft für Lebensmittel darstellt. Anhand bestimmter Eigenschaften, zum Beispiel Geschmacksstabilität oder Konsistenz, vergibt die DLG Punkte. Je nachdem, welche Punktzahl das Produkt erreicht, erhält es den Bronzenen, Silbernen oder Goldenen DLG-Preis, wie die Gütezeichen der DLG heißen.

Das RAL vergibt auch Herkunftszeichen. Im Gegensatz zu Güte-

Tabelle 32: RAL-Kennzeichen für Lebensmittel

Agrarerzeugnisse aus Deutschen Landen, CMA	Gütesicherung der gleichbleibenden Qualität von Agrarerzeugnissen
Gütezeichen für Bier	Anforderungen an Bier (untergäriges Bier, obergäriges Bier, Bier mit Flaschengärung und Diabetikerbier) in Behältnissen
Deutsche Landwirtschaftliche Markenware	Markenbutter, Markenkäse. Dieses Zeichen wird als einziges nicht vom RAL, sondern vom Staat vergeben. Grundlage sind gesetzliche Verordnungen (z. B. Butterverordnung: »Deutsche Markenbutter«).
Gütezeichen für Diät und Vollkost	Speisen- und Beratungsangebote in Sachen gesundheitsbewusster Ernährung zu Diät und Vollkost in Kliniken, Kurhäusern, Senioreneinrichtungen, Sanatorien, Hotels, Gaststätten und verwandten Betrieben
DLG-Punkt	Landwirtschaftliche Betriebsmittel in den Bereichen: Kraftfutter, Mineralfutter (Mischfuttermittel), Euterpflegemittel, landwirtschaftliche Reinigungs- und Desinfektionsmittel, Stalldesinfektionsmittel, Silierhilfsmittel und Düngekalk
Wein, Badischer	Herstellung von Badischen Qualitätsweinen
Weinsiegel, Deutsches, Halbtrocken (grün)	Abgefüllte Qualitätsweine und Qualitätsweine mit Prädikat Halbtrocken (grün)
Weinsiegel, Deutsches, Lieblich, (rot)	Abgefüllte Qualitätsweine und Qualitätsweine mit Prädikat Lieblich (rot)
Weinsiegel, Deutsches, Trocken (gelb)	Abgefüllte Qualitätsweine und Qualitätsweine mit Prädikat Trocken (gelb)

zeichen sind diese aber nicht rechtlich geschützt. Lebensmittelspezialitäten wie »Lübecker Marzipan« oder »Rügenwalder Teewurst« dürfen dann das »Herkunfts-Gewähr-Zeichen« der RAL tragen. Zuvor hat die RAL festgelegt, wer das Produkt nach welchen Qualitätskriterien wo herstellen und mit welcher Bezeichnung anbieten darf. Die Kennzeichnung ist allerdings keine Gewähr dafür, dass es auch in einer bestimmten Region hergestellt wurde – der Hersteller muss lediglich Mitglied des Verbandes sein, der die Bezeichnung hat schützen lassen.

QS: Verbraucherschutz mit Lücken

QS – diese Initialen stehen für »Qualität und Sicherheit«. Das QS-System, im Jahr eins nach dem BSE-Desaster 2001 ins Leben gerufen, basiert auf freiwilliger Selbstkontrolle der angeschlossenen Firmen und soll für die Qualität und Sicherheit der Lebensmittelproduktion über alle Stufen hinweg bürgen. Schließlich hatte BSE die Schwachstellen der Fleischerzeugung drastisch vor Augen geführt: Die Nachlässigkeiten in der Futtermittelherstellung wurden in den nachfolgenden Produktionsstufen nicht entdeckt und führten so zur Verbreitung der Rinderkrankheit. Um das Vertrauen der Verbraucher zurückzugewinnen, wollte die Branche ein System der Kontrolle und Dokumentation etablieren, das Fehler frühzeitig sichtbar und Probleme beherrschbar machen sollte. Anfangs wurde das QS-System nur für Fleisch und Fleischprodukte von Rind, Kalb, Schwein und Geflügel kreiert, seit 2004 auch auf andere Produktbereiche wie Obst, Gemüse und Kartoffeln ausgedehnt.

Unter dem Dach der QS Qualität und Sicherheit GmbH versammeln sich derzeit (Anfang 2006) über 70 000 in- und ausländische Betriebe aus sechs Gesellschaftern:

- der Deutsche Raiffeisenverband e. V. für die Futtermittelwirtschaft,
- der Deutsche Bauernverband e. V. für die Landwirtschaft,
- der Verband der Fleischwirtschaft e. V. für die Schlachtung und Zerlegung,
- der Bundesverband der Deutschen Fleischwarenindustrie e. V. für die Fleischwarenindustrie,
- die Handelsvereinigung für Marktwirtschaft e. V. für den Lebensmitteleinzelhandel sowie
- die Centrale Marketing-Gesellschaft der deutschen Agrarwirtschaft mbH (CMA) für die Zeichennutzung und Kommunikation.

In den ersten Jahren täuschte das QS-Siegel mehr Sicherheit vor, als es gewähren konnte. Üblich war, dass Betriebe mit dem Prüfsiegel werben konnten, ohne überprüft worden zu sein – es genügte, wenn nur

10 Prozent der den Verbänden und Gemeinschaften angeschlossenen Firmen überprüft worden waren. Die restlichen 90 Prozent durften ihren Produkten das QS-Siegel quasi unbesehen aufdrucken – bis 2004. Die Kontrolle selbst fand nur alle drei Jahre statt. Im März 2004 schließlich kam es zu einer Panne, die so gar nicht ins Konzept vom Vertrauensbonus für deutsches Qualitätsfleisch passte: Die QS-Geschäftsführung musste einräumen, dass in vier Bundesländern auf acht Schlachthöfen mit QS-Zulassung Tiere entgegen den gesetzlichen Vorschriften nicht auf BSE getestet worden waren.[2]

Ein Fortschritt gegenüber der herkömmlichen Praxis und Betrieben, die dem QS-System nicht angeschlossen sind, besteht in der Dokumentation aller Arbeitsschritte, sodass der »Lebensweg« eines Produkts nachvollzogen werden kann. Landwirte oder Unternehmensleiter, die interessiert sind, ihre Erzeugnisse zertifizieren zu lassen, melden sich über so genannte »Bündler« bei der QS GmbH an. »Bündler« sind zentrale landwirtschaftliche Organisationen wie Erzeugergemeinschaften oder Bauernverbände. Diese übernehmen neben der Anmeldung auch die Organisation der Kontrolle. Der Antragsteller muss sich verpflichten, nach den Leitfäden zu arbeiten, die das QS-System für jede Produktionsstufe vorschreibt. Deren Anforderungen entsprechen weitgehend den gesetzlichen Vorschriften und gehen nur in den folgenden Punkten über die Mindeststandards hinaus:

- Verbot von Antiobiotika als Leistungsförderer in der Mast (erst ab 2004 gültig),
- Positivliste der Futterinhaltsstoffe,
- Verpflichtung zur Nennung eines Vertragstierarztes.[3]

Der Bundesverband der Verbraucherinitiative e. V. lobt die umfassende Dokumentation des QS-Systems, weil dadurch Warenströme transparent werden. Das ermöglicht, im Schadensfall den Weg verunreinigter Produkte schnell ermitteln zu können. Punktgenaue Rückrufaktionen gesundheitsgefährdender Produkte sind dann realisierbar. Auch dass die Futtermittelbranche eingebunden ist, halten Verbraucherschützer für sinnvoll. Schließlich wurden Lebensmittelskandale in der Vergangenheit meist durch verunreinigte Futtermittel verursacht. So sind die Rohstofflieferanten beispielsweise verpflichtet, auch die Herstellungsverfahren zu dokumentieren. Das erleichtert ein Erkennen riskanter Methoden.

Augenscheinliche Schwächen des Systems schönt die Branche mit dem Schlagwort »Qualität und Sicherheit« (Wal-Mart). Wohl wird dokumentiert – aber geändert wird am Prinzip der industriemäßigen Pflanzen- und Tierproduktion nichts. Das QS-System adelt die übliche Massenproduktion mit all ihren Mängeln.

Nur ein Beispiel aus der Tierhaltung: Nach wie vor werden rund 85 Prozent der Hühner in Drahtkäfigen gehalten. Die Drahtkäfige haben eine Grundfläche von 40 x 45 Zentimeter. Durchschnittlich ist eine Legehenne bei angelegten Flügeln knapp 50 Zentimeter lang und 15 Zentimeter breit. Wenn sie steht, nimmt sie den wenigsten Platz ein; der Bedarf wird mit rund 430 Quadratzentimetern bemessen. Einem Tier bleibt damit weniger als die Fläche eines DIN-A4-Blattes zum Leben. Die Verteilung der Hennen in einem solchen Käfig ist so gedacht, dass sich drei Hennen zugleich vorne aufhalten können, die vierte quer hinter diesen im rückwärtigen Teil. Meist befinden sich fünf Hennen in einem Käfig, bisweilen auch acht. Damit die Eier in die Auffangrinne rollen, ist der Käfigboden nach vorne geneigt. Die Neigung wird dadurch erreicht, dass sich die Käfighöhe von mindestens 40 Zentimeter im vorderen Bereich auf hinten 35 Zentimeter verjüngt. Weil eine durchschnittlich große Henne 38 Zentimeter misst, kann sie also nur im vorderen Bereich des Käfigs aufrecht stehen. Hennen, die in Käfigen untergebracht sind, sind an sämtlichen natürlichen Verhaltensweisen wie Sandbaden, Strecken, Flügelschlagen oder der Eiablage an geschützter Stelle gehindert. Zusätzlich regelt ein künstlicher Tag-Nacht-Rhythmus die Eierproduktion. Gegen Ende ihrer Legezeit muss eine Henne immer längere Helligkeitsphasen ertragen – von rund 15 bis zu 23 Stunden am Stück. Nach EU-Recht ist diese tierquälerische Haltung noch bis 2012 erlaubt. Das Bundesverfassungsgericht hatte die Batteriehaltung 1999 als nicht vereinbar mit dem Tierschutzgesetz beurteilt. Die Legehennenhaltungsverordnung, die daraufhin 2002 in Kraft trat und einen Ausstieg aus der Käfighaltung bis 2007 vorsah, war ständiger Kritikpunkt der Agrarlobby. Niedersachsen und Mecklenburg-Vorpommern, Bundesländer mit einem immensen Anteil an Käfighaltung, stellten 2003 Gegenanträge, hatten aber keinen Erfolg. Derzeit (2006) nutzt Landwirtschaftsminister Till Backhaus (SPD) den Ausbruch der Geflügelpest, um den Streit neu zu entfachen. Er wetterte gegen die frühere Bundesverbraucherschutzministerin Renate Künast (Grüne). Aufgrund ihrer »ideologisch verbrämten« Vorbehalte gegen die Käfighaltung hätte sie verhindert, dass »art- und tierschutzgerechte Käfige« entwickelt würden.[4]

Hühner in Drahtkäfigen, Schweine, die, auf engstem Raum zusammengepfercht und ohne Einstreu vegetierend, sich auf Betonspaltenböden Wunden zuziehen, oder aus Gründen der Futterersparnis im Halbdunkel gehaltene Kühe, die regelmäßig künstlich befruchtet werden, um Kälber und Milch zu produzieren – die Negativbeispiele aus der konventionellen Landwirtschaft würden den Rahmen dieses Buches sprengen. In Deutschland gibt es etwa 140 Millionen Tiere in Massentierhaltung, davon rund 54 Millionen Hühner, 40 Millionen Schweine, die übrigen sind Rinder und Kälber, Puten, Enten und Gänse. Schnitzel, Steak und Keule wachsen eben nicht auf Bäumen, sondern stammen von Lebewesen, deren Ansprüche jeder verantwortungsvolle Tierhalter anerkennt und entsprechend umsetzt.

Ebenso wenig wie über Haltungsbedingungen macht das QS-Siegel Aussagen über die Verwendung von Gentechnik oder über Aspekte des Umweltschutzes. Auch ist nirgends festgeschrieben, dass das System nicht hinter den heutigen Stand zurückfallen darf. Bei der Ausarbeitung der Kriterien für das QS-Siegel hatten Verbraucherverbände nie ein Wort mitzureden, sondern nur Interessenvertreter der Wirtschaft. QS ist ein lobenswerter erster Schritt in die richtige Richtung – an den Wurzeln packt das System die Probleme nicht.

Lebensmittel-TÜV

Vom Auto über die Bohrmaschine bis hin zur Partner-Vermittlung: Das TÜV-Siegel schmückt mittlerweile alle erdenklichen Produkte und Dienstleistungen. Im Fokus der Überprüfung stehen Technik und Eignung für den vorgesehenen Einsatz, keine andere Produkteigenschaft. Beispielsweise prüft der TÜV mithilfe chemischer Untersuchungen, ob ein neu entwickeltes Haushaltsgerät für den Kontakt mit Lebensmitteln geeignet ist. Grundlage der Beurteilung sind Gesetze, in diesem Fall das Lebensmittelbedarfsgegenständegesetz (LFBG), die Niederspannungsrichtlinie und das Gerätesicherheitsgesetz. Für Elite-Partner, die erste Online-Partnervermittlung mit TÜV-Siegel, testete der TÜV mit seinem s@fershopping-Konzept die Sicherheit im Umgang mit Kundendaten, nicht qualitative Aspekte.

Seit einigen Jahren werden auch Lebensmittel vom TÜV geprüft. Das Vertrauen in das TÜV-Siegel dürfte hoch sein, immerhin gibt es den Technischen Überwachungsverein seit 130 Jahren. Obwohl von Unternehmern als unabhängiger Verein gegründet, agierte der TÜV de facto in einem geschützten Markt und mit Mitarbeitern, die beamtengleich besoldet wurden. Die Prüfer genossen einen hervorragenden Ruf, waren bei ihren Klienten aber als unerbittliche Nörgler verrufen. TÜV-Prüfer nervten Produzenten mit Sicherheitsvorschriften und Auflagen und ließen, wenn es hart auf hart kam, neu entwickelte Geräte eben nicht zu. Mit dem maroden Staatshaushalt und der einsetzenden Privatisierungswelle änderte sich die Stellung des TÜV schlagartig: Die neu gegründeten TÜV-Unternehmen mussten nun Gewinne erwirtschaften, Klienten wurden zu Kunden, von denen das Betriebsergebnis abhing. Der Markt rief, und der TÜV antwortete.

Zusammen mit der Technischen Universität München gründete der TÜV Süddeutschland die Firma Vitacert GmbH, die das Prüfzeichen »Lebensmittel TÜV geprüft« vergibt. Sie wirbt als neutrale Überwachungsstelle, die nach sichtbaren und sachkundigen Kontrollen für Klarheit und Transparenz in den Lebensmittelregalen sorgen will. Tatsächlich handelt es sich um ein Label mit überprüf- und nachweisbaren Merkmalen. Grundlage sind gesetzliche Vorgaben wie Lebensmittelhygieneverordnung, EU-Zertifizierungen oder DIN-Vorschriften. Die Dienstleistung unterstützt damit das Prinzip der »gläsernen Produktion« von Nahrungsmitteln im Sinne einer Prävention. Speziell in einem Punkt gehen die TÜV-Prüfkriterien über die gesetzlichen Maßgaben hinaus: Vitacert führte für Rindfleisch den genetischen Fingerabdruck ein, bei dem von allen Tieren DNA-Rückstellproben im Geburts- oder Mastbetrieb genommen und in einer Datenbank gelagert werden. Von der Produktion bis zur Fleischtheke werden Stichproben genommen und gegen Rückstellproben auf ihre Identität hin geprüft, wodurch alle gesammelten Daten abgeglichen werden und alle Einzeltiere auch nach der Schlachtung und Zerlegung identifiziert werden können. Auch sind Leistungsförderer und Hormone in der Aufzucht der Tiere verboten.

Da verwundert es nicht, dass die Initiative von Vitacert massive Kritik vor allem bei der Konkurrenz erntete. Der Bundesfachausschuss »Lebensmittel und Bedarfsgegenstände« des Deutschen Verbandes Unabhängiger Prüflaboratorien (VUP), dem immerhin 75 Prozent der in Deutschland niedergelassenen, akkreditierten und staatlich anerkannten privaten Lebensmittellabors angehören, bezeichnete das TÜV-Siegel als reine Marketingmaßnahme und unnötiges weiteres administratives Element – und hat nicht ganz Unrecht. Obwohl es in einigen Prüfkriterien über gesetzliche Vorschriften und über die Prüfkriterien des QS-Siegels hinausgeht, profitiert es in erster Linie von seinem hohen Bekanntheitsgrad. Auch der TÜV, wie er heute besteht, untersucht im Auftrag eines Herstellers, der für diese Leistungen bezahlt.

Herkunftssiegel mit Vertrauensbonus

Zwei Herkunftszeichen sind unter Mitsprache staatlicher Stellen entstanden: »Rindfleisch aus Rheinland-Pfalz« ist das eine, »Hergestellt und geprüft in Schleswig-Holstein« das andere; sie sollen an dieser Stelle nur exemplarisch für die anderen Label stehen, die fast jedes Bundesland ins Leben gerufen hat, um die Vermarktung von Produkten aus der eigenen Region voranzutreiben. Die Prüfkriterien der Länderzeichen unterscheiden sich wie die der privatwirtschaftlichen voneinander: Hinter den Herkunftsangaben können sehr unterschiedliche Qualitätskonzepte stehen, was das Chaos perfekt macht. Verbraucher können den Label-Dschungel schon längst nicht mehr durchdringen. Bislang gibt es nämlich keine allgemein anerkannten räumlichen Grenzen oder Richtlinien für regionale Produkte. Meist betonen sie nur die Herkunft und legen weniger Wert auf Qualität, die über gesetzliche Vorschriften hinausgeht. Eine Ausnahme bilden die beiden hier vorgestellten Herkunftszeichen, die aufgrund ihrer verschärften Kontrollkriterien von Verbraucherverbänden empfohlen werden.

»Rindfleisch aus Rheinland-Pfalz« ist eine Entwicklung der Landwirtschaftskammer Rheinland-Pfalz in Abstimmung mit dem Ministerium für Wirtschaft, Verkehr, Landwirtschaft und Weinbau und der Verbraucherzentrale Rheinland-Pfalz und kennzeichnet Rindfleisch, das im Land erzeugt und verarbeitet wurde. Auch bei diesem Label steht die Transparenz des Produktionsprozesses im Mittelpunkt. Neben den jährlichen Kontrollen überprüfen staatlich anerkannte Kontrolleure 3 bis 5 Prozent der teilnehmenden Betriebe, ausgewählt nach dem Zufallsprinzip, teils stichprobenartig und unangemeldet. Ein Kriterienkatalog bildet hierfür die Grundlage. Auch dieses Zeichen geht über das QS-System hinaus. Beispielsweise müssen die Tiere artgerecht gehalten werden, Massentierhaltung ist nicht erlaubt. Zudem ist vorgeschrieben, dass das verwendete Futter vorwiegend aus eigener Erzeugung stammen muss und nur Futtermittel, die in einer festgelegten Positivliste aufgeführt sind, verwendet werden dürfen; die Verwendung von Leistungsförderern ist untersagt. Um missbräuchliches Umdeklarieren zu verhindern, dürfen Verkaufsstellen nur Rindfleisch mit dem Prüfsiegel führen. Für das Siegel spricht außerdem, dass es von verschiedenen Interessengruppen kreiert wurde und daher eine relative Ausgewogenheit zwischen wirtschaftlichen und Verbraucherinteressen verspricht – ähnlich dem Label »Hergestellt und geprüft in Schleswig-Holstein«, das Lebensmittel aus konventioneller und ökologischer Landwirtschaft unter einen Hut zu bringen versucht. Träger und Geber des Zeichens ist die Landwirtschaftskammer Schleswig-Holstein. Das Besondere ist das »Qualitätstor-Konzept« entlang der gesamten Prozesskette. Qualitätstore sind Schnittstellen, an denen Produkte eine Erzeugungs- oder Verarbeitungsstufe verlassen. Sie dürfen erst in die nächste Stufe übernommen werden, wenn sie alle vorgeschriebenen Qualitätskriterien erfüllt haben. »Hergestellt und geprüft in Schleswig-Holstein« setzt auf die Förderung regionaler Wirtschaftskreisläufe.

Durch kurze Transport- und Vermarktungswege trägt es zu einer umweltschonenden Erzeugung landwirtschaftlicher Produkte bei.[5]

Bio: Auf der sicheren Seite

Keines der beschriebenen Zeichen reicht an die Qualitätsstandards der ökologischen Landwirtschaft heran. Hierfür gibt es ein eigenes Zeichen. In Deutschland hat eine Allianz aus Verbraucherministerium, Handel und Verbänden 2001 ein staatliches Bio-Siegel beschlossen. Markenrechtlich abgesichert, kann es von allen Erzeugern, Verarbeitern und dem Handel zur Kennzeichnung von Lebensmitteln genutzt werden, die nach der EU-Öko-Verordnung produziert wurden. Auch darf das Bio-Siegel mit regionalen und anderen Herkunftsangaben kombiniert werden.

Die Kriterien für das Bio-Siegel richten sich nach den Anforderungen der EU-Öko-Verordnung. Wer es verwendet, muss nachweisen, dass 95 Prozent der verarbeiteten Produkte aus dem ökologischen Landbau stammen. Produkte, die in der Phase der Umstellung eines Betriebes auf biologische Landwirtschaft hergestellt wurden, dürfen nicht mit dem Bio-Siegel gekennzeichnet werden.

Die EU-Öko-Verordnung[6] schreibt unter anderem vor:

- Verzicht auf chemisch-synthetische Pflanzenschutzmittel,
- Verzicht auf leicht lösliche mineralische Düngemittel,
- Verpflichtung zu artgerechter Tierhaltung,
- Verbot von Antibiotika in Futtermitteln,
- abwechslungsreiche Fruchtfolge,
- Verbot gentechnisch veränderter Organismen,
- Verbot der Bestrahlung von Öko-Produkten.

Der Staat überwacht die Einhaltung der EU-Öko-Verordnung über staatlich zugelassene Kontrolleure, die den Betrieben regelmäßig Besuche abstatten – auch unangemeldet. Die Kontrollen schließen alle Erzeugungs- und Verarbeitungsstufen bis hin zur Verpackung und Kennzeichnung lückenlos ein. Jeder Betriebsleiter ist verpflichtet, über seine Warenein- und -ausgänge exakt Buch zu führen und den

Kontrolleuren sämtliche Unterlagen zur Einsicht vorzulegen. Die Prüfer kontrollieren den gesamten Betrieb und stellen fest, ob auch wirklich nur die erlaubten Mittel und Zutaten verwendet werden. Haben sie Bedenken, nehmen sie Stichproben und lassen diese in Labors untersuchen. Seit In-Kraft-Treten der EU-Öko-Verordnung ist es für den Verbraucher einfacher geworden, Bioprodukte von anderen zu unterscheiden. Heute ist tatsächlich Bio drin, wo Bio draufsteht.

Nur wenigen Herstellern hat die EU Übergangsfristen eingeräumt, um die Bezeichnung »Bio« auf ihren Produkten zu streichen: Zum Beispiel ist der von Onken vertriebene »Bioghurt« kein ökologisches Produkt. Onken und die anderen Unternehmen haben für den Abverkauf der Bestände noch bis Juni 2006 Zeit, müssen aber bereits heute auf der Verpackung deutlich machen, dass es sich um ein konventionelles Produkt handelt.

Noch strenger als die EU sind die Verbandsrichtlinien der Landwirte, die schon vor der europaweiten Verordnung ökologisch wirtschafteten (Vergleich siehe Tabelle 33). Zum Beispiel versorgen Bioland- und Demeter-Bauern ihr Vieh mit 100-prozentigem Bio-Futter und importieren kein Billigfutter aus Entwicklungsländern. Ökologische Landwirtschaft hat eine lange Tradition. Im Lauf der Geschichte haben sich eine ganze Reihe entsprechender Bauernverbände zusammengefunden, die sich aber in den Grundlagen der Wirtschaftsweise und in ihrem Ziel, Pflanzen- und Tierproduktion als geschlossene Stoffkreisläufe miteinander zu verbinden, Ressourcen und Umwelt zu schonen, nur unwesentlich unterscheiden.

Konventionell wirtschaftende Unternehmen haben schnell erkannt, dass der Verbraucher Erzeugnissen aus ökologischer Landwirtschaft vertraut – und sie versuchen, auf den Zug aufzuspringen. Immer wieder sind Trittbrettprodukte mit Slogans wie »kontrolliert integriert« ausgezeichnet. Wenn es auch anders scheint: Solche Auslobungen haben mit ökologischem Landbau nichts zu tun. Der Schachzug der Marketingstrategen ist ebenso raffiniert wie fadenscheinig, denn ohne Kontrolle kann keine Landwirtschaft funktionieren – weder die ökologische, noch die industriemäßige. Der Begriff suggeriert eine Nähe, die es nicht gibt.

Tabelle 33: Unterschiede zwischen der EU-Öko-Verordnung und den Richtlinien der Anbauverbände

Kriterium	Richtlinien der Anbauverbände (z. B. Bioland und Demeter)	EU-Öko-Verordnung
Bewirtschaftungsform	Gesamtbetriebsumstellung, ausschließlich ökologische Bewirtschaftung aller Betriebszweige	Teilumstellung möglich, ökologische und konventionelle Bewirtschaftung in einem Betrieb erlaubt*
konventionelle Futtermittelkomponenten	nur wenige Ausnahmen zugelassen	vorgeschrieben ist die Verwendung von ökologischen Futtermitteln, mit einer Übergangsfrist bis Ende August 2005 sind auch bestimmte konventionelle Futtermittel zugelassen
Anteil des Futters vom eigenen Hof	über 50 % muss vom eigenen Betrieb stammen	Futtermittel »sollten möglichst« vom eigenen Hof stammen
Begrenzung der Anzahl an Tieren	140 Hennen, 280 Hähnchen, 10 Mastschweine pro Hektar und Jahr	230 Hennen, 580 Hähnchen, 14 Mastschweine pro Hektar und Jahr
Saatgut	chemisch gebeiztes Saatgut grundsätzlich verboten	unter bestimmten Umständen zugelassen
Düngung mit Gülle	konventionelle Gülle verboten	konventionelle Gülle zugelassen
Begrenzung der Stickstoffdüngung	Limit des Zukaufs: 40 Kilogramm je Hektar und Jahr; der Gesamtumsatz beim Gemüseanbau ist auf 110 Kilogramm begrenzt	Mist, Gülle, Jauche sind auf 170 Kilogramm Stickstoff pro Hektar limitiert; ansonsten gibt es keine ausdrückliche Begrenzung
Kennzeichnung von Lebensmitteln	»Bio« bedeutet, dass 95 Prozent der Zutaten aus ökologischem Anbau stammen	»Bio« darf verwendet werden, wenn 70 Prozent der Zutaten ökologischer Herkunft sind*

* Dies gilt nicht für die Verwendung des Bio-Siegels.
Quelle: Frankfurter Rundschau vom 22. Januar 2002

Vorsicht ist daher geboten, selbst wenn, wie das Beispiel Capri-Sonne zeigt, große Namen ins Spiel kommen:

»Die neue Capri-Sonne trägt das bekannte und begehrte Qualitätssiegel von INSTITUT FRESENIUS. Dieses Siegel bestätigt: Capri-Sonne verwendet Früchte aus kontrolliert integriertem Anbau. Damit ist der Anbau besonders umweltschonend und nachhaltig. Die Verbraucher können durch das Qualitätssiegel sicher sein, ein hochwertiges Erfrischungsgetränk zu kaufen. Die Qualität von Capri-Sonne wird regelmäßig kontrolliert. Die Qualitätsanforderungen von INSTITUT FRESENIUS liegen dabei über den gesetzlichen Vorgaben.«[7]

Begriffe wie »kontrolliert«, »integrierter Vertragsanbau« oder »umweltgerecht produziert« sind nicht gesetzlich geschützt und können den Verbraucher täuschen. Ein Blick auf den »Kontrollbogen Integrierter Obstbau/Gemüsebau 2005«[8] der Landwirtschaftskammer Nordrhein-Westfalen verdeutlicht, welche im Vergleich zu ökologischem Obstbau minimalen Anforderungen hierfür erfüllt sein müssen. Unter anderem ist dort anzukreuzen:

- Dosiereinrichtungen für Pflanzenschutzmittel und Schutzkleidung vorhanden,
- ordnungsgemäße Lagerung der Pflanzenschutzmittel,
- vorhandener Pflanzenschutz-Sachkundenachweis der Anwender,
- bedarfsgerechte Stickstoffdüngung,
- Bodenuntersuchung auf ph-Wert, Phosphat, Kali, Magnesium,
- vollständige Aufzeichnungen aller durchgeführten Pflanzenschutzmaßnahmen,
- Teilnahme an zwei Fortbildungsveranstaltungen,
- Bezug mindestens einer Fachzeitschrift …

Um den Pflanzenschutz zu optimieren, muss der Obstbauer von den nachfolgend aufgeführten Punkten nur drei je Anbaubereich nachweisen, zum Beispiel beim Beerenobst:[9]

Solche Forderungen sind ein Anfang, gehen aber nicht weit genug – noch dazu, wenn nur wenige und nicht alle erfüllt sein müssen. Es handelt sich um eine in Maßen verbesserte konventionelle Form der Landwirtschaft und ist damit keineswegs »besonders um-

Tabelle 34: Anforderungen für »integrierten Obstbau«

Anforderungen	Kommentar
1. Verwendung krankheitstoleranter bzw. resistenter Sorten.	Schon weil der Obstbauer aus Kostengründen bestrebt ist, so wenig Spritzmittel wie möglich einzusetzen, wählt er seit eh und je möglichst robuste Sorten.
2. Mechanische oder thermische Unkrautbekämpfung, Einsatz von Mulchmaterial (Stroh, Folien, Rinde).	Mulchen ist mit Mehrkosten verbunden und kam daher in der Vergangenheit kaum zum Einsatz.
3. Untersuchung auf bodenbürtige Krankheitserreger (Nematoden, Verticillum ...) vor Neuanpflanzung.	sinnvolle Maßnahme zur Eigenkontrolle
4. Wechsel der Anbaufläche.	Eine selbstverständliche Bewirtschaftungsmethode, um Krankheitserreger, die sich an Pflanzenmaterial über lange Zeiträume halten können, sowie »Bodenmüdigkeit« zu bekämpfen.
5. Vermeiden von staunassen Standorten.	Eigentlich selbstverständlich, um Schäden an Pflanzen von vornherein zu verhindern und Ernteverluste zu umgehen.
6. Verjüngen mehrjähriger starker Bestände.	wie 5.
7. Tropfbewässerung.	effektive Maßnahme zur Wasserersparnis
8. Förderung von Nützlingen durch Hecken, Steinhaufen oder Sitzstangen.	Flurbereinigung und übertriebenes Ordnungsempfinden haben natürliche Lebensräume zerstört. Hilft, Pflanzenschutzmittel und Arbeitskraft zu sparen.
9. Einsatz von Überwachungsgeräten, z. B. Weißtafeln, Lupe u. a.	Für den Profi eigentlich selbstverständlich, um eine Übersicht über Schädlinge zu erhalten.

Quelle: Spalte 1: Landwirtschaftskammer NRW[10], Spalte 2: Marita Vollborn/Vlad Georgescu

weltschonend und nachhaltig«, wie der Hersteller von Capri-Sonne, die Deutschen SiSi-Werke, verspricht. Capri-Sonne ist ein überaus erfolgreiches Produkt, wird in 18 Ländern der Erde produziert, hat 1992 die Marktführerschaft in Europa erreicht und war unter den alkoholfreien Erfrischungsgetränken 1994 die Nummer eins in den USA. Dass das renommierte Institut Fresenius einmal pro Jahr »die Einhaltung des Anbaus« kontrolliert, sagt nichts über die Art der Kontrolle aus, denn das Institut hat sich auf produktanalytische Untersuchungen spezialisiert, ist aber keine staatlich anerkannte Institution zur Beurteilung spezieller Anbaumethoden. Zudem lässt sich über den ernährungsphysiologischen Wert des Softdrinks streiten. Ein Trinkpäckchen Capri-Sonne Safari Fruits (200 Milliliter) enthält acht Stück Würfelzucker[11] und lediglich 12 Prozent Fruchtsaft, der Rest ist mit Aromen und Vitaminen aufgepepptes Wasser.

Über die Macht der Verbraucher

Ein Lebensmittel ist weit mehr als ein Konglomerat aus Kohlenhydraten, Eiweißen oder Fetten. Sich für oder gegen ein bestimmtes Produkt zu entscheiden, bedeutet auch, es in seiner Gesamtheit zu akzeptieren oder abzulehnen: die Bedingungen, unter denen seine Rohstoffe produziert wurden, die Verpackung, in der es steckt, die Gewinnspannen, die Erzeuger und Verkäufer generieren, die Transportwege, die es absolviert hat ... Lebensmittel sollen nicht nur gesundheitlich, sondern auch ethisch-moralisch unbedenklich sein, sie sollen die Umwelt möglichst wenig belasten, Ressourcen schonen, eine Übervorteilung Einzelner nicht zulassen, Nutztieren ein artgerechtes Dasein ermöglichen und vieles andere mehr. Doch bislang ist es nicht einmal möglich, umfassende Informationen über solche Produkte zu bekommen, welche zum Beispiel aufgrund ihres Gehalts an Schadstoffen nachweislich nicht für den Verzehr geeignet sind. Behörden und Unternehmen sind nicht zur Auskunft verpflichtet, die Namen der beanstandeten Erzeugnisse oder deren Hersteller bleiben geheime Verschlusssache. In Deutschland gibt es kein Gesetz, das

das Informationsrecht des Bürgers gegenüber der Lebensmittelüberwachung regelt.

Ein zentrales Informationsdefizit besteht vor allem darin, dass der Verbraucher die Qualität eines Produktes kaum ins Verhältnis zu seinem Preis setzen und mit anderen vergleichen kann. Faktoren wie die Marktmacht des Herstellers, Produktionsprozesse oder Werbeaufwand, die über den Endverbraucherpreis mitentscheiden, kann er nicht abschätzen. Häufig ist nicht einmal der Geschmack ein verlässliches Kriterium, lässt er sich doch durch vielerlei produktionstechnische Raffinessen und Tricks bei der Rezeptur manipulieren – ebenso wie Textur, Geruch oder Farbe. Niemand kann seinen Sinnen mehr trauen, und Transparenz liegt nicht im Interesse der Lebensmittelindustrie. Kein Filet erzählt, dass das Schwein, von dem es stammt, auf 0,7 Quadratmeter ohne Einstreu vegetieren musste, und keine Tasse Kaffee, dass zwar die großen Kaffeeröster vom Verkauf der braunen Bohnen profitieren, Kleinbauernfamilien in Entwicklungsländern dagegen kaum menschenwürdig leben können. Einen Marktmechanismus, der solche Kriterien zu einem Wettbewerbsvorteil für »gute« Produzenten ummünzt, existiert nicht. Noch lohnt es sich für Erzeuger und Handel, zu vertuschen und zu beschönigen.

Nichtsdestotrotz können Verbraucher einiges bewegen. Über die simple Formel »Kauf oder Nichtkauf« haben sie die Macht, über die Marktpräsenz eines Produkts zu richten und letztendlich zu entscheiden, welchen Erfolg ein Unternehmenskonzept hat. Einige Fortschritte belegen diesen Trend, der vielleicht in eine nie gekannte »Demokratie der Esser« mündet.

FAIR gehandelt

Auf Kosten anderer gut zu leben, will vielen Konsumenten nicht mehr so recht schmecken. Kaffee, Tee und Kakao aus Entwicklungsländern sind ein fester Bestandteil des westlichen Lebensmittelsortiments – und sie sind billig zu haben. Die Bedingungen, unter denen sie produziert werden, waren lange Zeit tabu; kaum jemand fragte

danach, wie die Erzeugerfamilien in Afrika, Asien und Lateinamerika über den nächsten Monat kamen. Das änderte sich 1969, als im
niederländischen Breukelen der erste Weltladen seine Pforten öffnete.
Derzeit arbeiten europaweit etwa 2 500 Weltläden; in Deutschland
sind es rund 800.

Die Initiatoren mussten allerdings einen langen Atem haben. Anfangs waren es die oft belächelten »Alternativen«, die in solchen Läden
einzukaufen pflegten. Doch die Idee, der Preis für eine Ware müsse
vor allem denen zugute kommen, die sie herstellen, fand immer mehr
Anhänger. Erst in den 1990er Jahren erreichte sie den Konsumenten
von nebenan. Mit der Gründung von TransFair in Deutschland wird
das Ziel vom Kopf auf die Füße gestellt; umfangreiche Werbe- und
Informationsmaßnahmen starten Die Gemeinschaftsorganisation
aus Unicef, »Brot für die Welt« und anderen Wohltätigkeitsorgani-
sationen, ist Träger des europäischen, gleichnamigen Siegels, das nur
an solche Produkte vergeben wird, die fair gehandelt werden.

Üblicherweise haben Erzeuger aus den Entwicklungsländern kaum
eine Chance, Zugang zu den westlichen Märkten zu finden, was teils
an der wirtschaftlichen und sozialen Unterentwicklung ihres Heimat-
landes, aber auch am Weltwirtschaftssystem selbst liegt. Die Preise
ihrer Produkte bestimmen die Erzeuger nicht selbst, sondern werden
an der Börse ausgehandelt – zum Beispiel für Zucker oder Kaffee. Der
Erlös reicht den Bauern meist nicht einmal, um ihren Lebensunterhalt
zu decken. Von steigenden Weltmarktpreisen profitieren in erster Linie
die Händler. Weil die Bauern in den Entwicklungsländern größtenteils
für den Export produzieren, sind sie von Zwischenhändlern, die die Erzeugnisse abnehmen und ihnen dafür geringe Erlöse zahlen, abhängig.
Fairer Handel will das ändern. Produkte werden direkt bei Genossen-
schaften und Geschäften, die von Bauern und Handwerkern selbst ver-
waltet werden, gekauft, auch werden höhere Preise als die üblichen,
über deren Verwendung die Produzenten selbst entscheiden können,
gezahlt. In der Regel verwenden die Bauern das Geld für die Ausbildung
ihrer Kinder, für die Verbesserung der Produktionsmethoden oder die
Umstellung auf ökologischen Anbau.[12] Der Anteil an Bioprodukten an
den fair gehandelten Waren beträgt mittlerweile 65 Prozent.

Seit 2002 kennzeichnet ein europaweit einheitliches Siegel Fair-

Trade-Produkte. Der Markt dafür wächst zwar langsam, aber stetig. Einer Emnid-Umfrage zufolge kaufen 5,4 Prozent der befragten Deutschen TransFair-Erzeugnisse; mehr als ein Drittel der Bevölkerung hält das Konzept für unterstützenswert. In rund 24 000 Supermärkten und Lebensmittelabteilungen der Warenhäuser sind unter anderem Bananen, Kakao, Tee, Honig, Wein, Reis oder Orangensaft zu finden, die großen Handelsunternehmen wie Metro (mit real, extra, Kaufhof), Rewe (mit Globus, HL, Minimal, Stüssgen, Toom), Edeka, Spar, Karstadt, tegut, Famila und Kaiser's Tengelmann gehören dazu. Immerhin jedes hundertste Kaffeepaket, das heute in Deutschland verkauft wird, trägt das FairTrade-Logo. Das ethische Engagement kommt auch in größeren Gemeinschaften an: Mittlerweile schenken auch Kantinen, Hotels, Behörden und Firmen die faire Bohne aus.

Bio auf dem Vormarsch

Einst als Hirngespinst radikaler Ökos abgetan, avancierte das professionelle Geschäft mit Bioware zum attraktiven Marktsegment. Noch 2001 musste der Bund für Umwelt und Naturschutz Deutschland (BUND) enttäuscht feststellen, dass von der Agrarwende trotz EU-Bioverordnung nichts zu spüren war: Konventionelle Supermärkte listeten gerade einmal 1 bis 2 Prozent Bioware oder, in Zahlen ausgedrückt, 200 von 20 000 Artikeln waren Ökoprodukte. Die vom BUND in Auftrag gegebene Analyse stützte sich auf Fragebögen, die an 23 Handelsunternehmen geschickt wurden. Geantwortet hatten nur elf, darunter Metro, Rewe, Edeka und Karstadt. Bei Aldi, Plus oder Lidl war die Anfrage gleich im Papierkorb gelandet.

Das Desinteresse von gestern ist einer Beachtung gewichen, die wohl kaum jemand für möglich gehalten hätte. Obwohl auch solche Handelsketten, die nachweislich Ökoprodukte und FAIR gehandelte Ware führen, auch 2005 nicht auf eine Anfrage geantwortet hatten – diesmal vom Öko Institut e.V. gestellt – hat Bio mittlerweile einen festen Platz im Sortiment erobert. Dieser Untersuchung zufolge führen Globus, Kaufmarkt, SB-Warenhaus, Maxus und tegut in *allen* Sortimentsbereichen neben konventionellen Waren auch Bioprodukte. In *vielen* Sortimentsbereichen trifft das unter anderem bei Extra, Famila (Nordwest), Kaiser's Tengelmann, Real, Minimal, Rewe, Toom und Markant (Nordwest) zu. Biowaren sind salon- und damit massentauglich geworden.

Seit etwa zwei Jahren bewegt sich die Branche aus der Nische heraus. Schon auf der Grünen Woche in Berlin vor zwei Jahren zählten Biolebensmittel zu den Top-Ten-Themen. Viele wollen nachziehen. So bieten neuerdings auch der zu Edeka gehörende Discounter Netto Schels (»Bio bewusst genießen«) und Norma (»Bio-Sonne«) Waren aus der ökologischen Landwirtschaft an, Edeka selbst will seinen Bio-Bereich weiter ausbauen und bei Plus ging in einigen Filialen wegen der starken Nachfrage zeitweise sogar das BioBio-Hackfleisch aus. Die Macht der Verbraucher setzte zudem eine Art Kettenreaktion in Gang, wie die *Lebensmittel Zeitung* bemerkt: »Die zunehmende Beachtung von Bioprodukten im Discount bringt nach Meinung von Branchenkennern auch die Vollsortimenter unter Zugzwang.«[13]

Dem Boom vorausgegangen waren harte Akzeptanzkämpfe um die grüne Gentechnik, einige Lebensmittelskandale und ein daraus folgender Vertrauensverlust in die bestehenden Kontrollsysteme. Die Enthaltung vieler Käufer traf die Unternehmen dort, wo sie es am meisten spürten, nämlich beim Umsatz. Dabei lässt sich mit Bio gutes Geld verdienen; außerdem frischt die grüne Welle das eigene Image auf. Die weit verbreitete Meinung »Wer billig kaufen will, geht zu Lidl, wer gesundes Essen will, kauft woanders«[14] ist damit passé. Seine Reihe »Bioness« umfasst derzeit 40 Produkte (Stand: April 2006); seit Juni 2006 werden auch FAIR gehandelte Produkte angeboten. Für den Konsumenten hat die steigende Nachfrage einen entscheidenden Vorteil: Die Preise sinken. Wer heute Biomilch kauft, braucht kaum mehr als für das konventionelle Alpenpendant zu bezahlen – hat aber die Garantie, dass die Kühe im Biobetrieb ohne Gentech gefüttert und artgerecht gehalten werden.

Zur gleichen Zeit arbeitete auch Aldi »an einem umfassenden Bio-Konzept«, wie die *Lebensmittel Zeitung* konstatierte, und: »Jetzt forcieren mit Lidl und Aldi erstmals die Großen der Discountszene das Geschäft mit Bio-Produkten, die jetzt jeweils auch unter einer kategorieübergreifenden Dachmarke verkauft werden sollen. Als Profilierungssortiment, das zudem Imagegewinn verspricht, scheinen sich Bio-Produkte jetzt fest zu etablieren.«[15]

Mittlerweile stellte auch der Deutsche Bauernverband (DBV) in Berlin fest, dass der Markt für Bioerzeugnisse weiterhin wachsen wird. Allein 2005 stiegen die Umsätze im Vergleich zum Vorjahreszeitraum um rund 15 Prozent – als Motor fungierten der klassische Lebensmitteleinzelhandel und die Discounter. Wer sich dem Wunsch der Kunden nach ökologisch und sozial verträglichen Produkten fügt, hat nichts zu verlieren, im Gegenteil: Verglichen mit Standardprodukten ermöglichen Bioprodukte den Händlern besonders attraktive Margen.

Was wir jeden Tag essen, bestimmen wir letzten Endes selbst. Darin liegt die größte Macht, die wir als Verbraucher haben – allen Anstrengungen der Lebensmittelhersteller zum Trotz. Nicht umsonst fürchten sie den langen Arm des Konsumenten. Wer die Mechanismen und Tricks im Milliardengeschäft um unsere Nahrung kennt, kann offenen Auges die Waren scannen, die ihm offeriert werden und eine Entscheidung treffen, die eine Wende einläuten könnte: in der Landwirtschaft, im Umweltbereich, in der Verbraucherpolitik.

Anmerkungen

1   Pressemitteilung vom 3. 3. 2006

Die Strategien der Giganten

1 Quelle: Büro für Technikfolgenabschätzung beim Deutschen Bundestag
2 *Consumers' Choice '05 – Trends in Food & Beverages*
3 PC-Agrar Informations- und Beraterdienst GmbH, Pfarrkirchen, nach Angeben der *Außenwirtschaft* 11/2001, zitiert von Prof. Dr. Tilman Becker, Universität Hohenheim: »Die Wertschöpfungskette bei Lebensmitteln«
4 TradeDimensions/M+M EUROdATA und *Lebensmittel Zeitung*
5 Pressemitteilung vom 30. September 2005
6 *Rundschau für den Lebensmittelhandel* vom 29.8.2005
7 Statistisches Bundesamt, 2003
8 Studie des Bundes für Umwelt und Naturschutz, BUND, Pressemitteilung vom 26.7.2005
9 Studie »Centre for European Policy Studies«
10 *Financial Times Deutschland* vom 8. 11. 2005; Oxfam, Pressemitteilung vom 7.11.2005
11 »Milchbauern mit dem Rücken zur Wand«, in: Sueddeutsche.de/dpa vom 21. 5. 2005
12 *Lebensmittel Zeitung* vom 2.2.2006, online-Ausgabe www.LZ-NET. de
13 ACNielsen, *What's Hot Around the Globe – Insights on Growth in Food and Beverages,* 2004
14 Ebd.
15 Ebd.
16 DIHK-Analyse zur KMU-Beteiligung am 6. Rahmenprogramm:

Europäische Forschungsförderung unternehmerisch gestalten, Berlin 2005

17 Europäische Kommission: Beobachtungsnetz der europäischen KMU – KMU und Zugang zur Finanzierung. 2/2003

18 S. Rössing, G. von Pilars: »Unruhige Zeiten«, in: *Lebensmittel Zeitung,* 20. 1. 2006

19 Unilever Presse Service vom 26. 9. 2005

20 *Financial Times Deutschland* vom 24. 12. 2005

21 Helmut Hetzel: »Die schwierige Suche nach dem Massengeschmack«, in: *Die Welt,* 9. 9. 2002

22 in: *Lebensmittel Praxis,* Ausgabe 23/05 vom 2.12.2005

23 Quelle: Südzucker AG

24 Historische Demographie. FU Berlin, Fachbereich Geschichts- und Kulturwissenschaften, Prof. Arthur E. Imhof. URL: http://userpage.fu-berlin.de/~aeimhof/saurhd.htm [Stand: 2005/2006]

25 URL:http://www.suedzucker.de/images/grafiken/produkt/empfaenger gruppen.gif [Stand: 7. 3. 2006]

26 »Süßwarenproduktion nahezu unverändert«. Pressemeldung vom 24.1. 2006. URL: www.bdsi.de/bdsi012.html [Stand: 7. 3. 2006]

27 Pressemeldung vom 24. 1. 2006. URL: www.bdsi.de/bdsi012.html [Stand: 7. 3. 2006]

Functional Food

1 Bayerisches Staatsministerium für Umwelt, Gesundheit und Verbraucherschutz. URL: http://www.vis-ernaehrung.bayern.de/de/left/ fachinformationen/lebensmittel/gruppen/funktionelle_lebensmittel.htm [Stand: 21.3.2006]

2 Deutsche Gesellschaft für Ernährung. URL: http://www.dge.de/modules. php?name=News&file=article&sid=475 [Stand: 21. 3. 2006]

3 *Stern* vom 25. 8. 2004

4 »The Alpha Tocopherol, Beta Carotene Cancer Prevention Study Group: The effect of vitamin E and beta carotene on the incidence of lung cancer and other cancers in male smokers«, in: *New England Journal of Medicine* 1994/330 (Finnland-Studie)

5 Henneken et al: »Lack of effect of long-term supplementation with beta carotene on the incidence of malignant neoplasms and cardiovascular disease«, in: *New England Journal of Medicine* 1996/334 (Physicians Health Study)

6 G. S. Omenn et al: »Effects of a combination of beta carotene and vitamin A on lung cancer and cardiovascular disease«, in: *New England Journal of Medicine* 1996/334 (CARET-Studie)

7 E. R. Miller, R. Pastor-Barriuso, D. Dalal, R. A. Riemersma, L. J. Appel, E. Guallar: »Meta-analysis: High-dosage vitamin E supllementation may increase all-cause mortality«, *Annals of Internal Medicine* Vol. 142 (2005)

8 Stiftung Warentest, *test* 6/2004

9 URL: http://www.novafeel.de [Stand: 2006]

10 Arbeitskreis Ernährungsforschung (2004): »Frühstückscerealien – neue und bekannte Getreideprodukte«. URL: http://orgprints.org/4794/01/Fr%C3%BChst%C3%BCcksgetreide.pdf [Stand: 21. 3. 2006]

11 Michael Engel: »… mit der Extraportion Zucker und Fett. Dossier zur Fehlernährung von Kindern und Jugendlichen in Deutschland«, Verbraucherzentrale Bundesverband vzbv, Berlin 2003

12 *Greenpeace Magazin* 2/2001

13 *Greenpeace Magazin* 6/2001

14 *Gießener Anzeiger* vom 1. 11. 2005

15 F. M. Unger, H. Viernstein: »Probiotika – Regenerierende, prophylaktische und adjuvant-therapeutische Anwendungen«, in: *Journal für Ernährungsmedizin* 6/2 (2004), Ausgabe für Österreich

16 Ebd. sowie: S. C. Bischoff, M. P. Manns: »Probiotika, Präbiotika und Synbiotika: Stellenwert in Klinik und Praxis«, *Deutsches Ärzteblatt* 102, Ausgabe 11 vom 18. 3. 2005

17 6. Symposium »Vitamine und Zusatzstoffe in der Ernährung bei Mensch und Tier« am 24. und 25. 9. 1997 in Jena

18 F. M. Unger, H. Viernstein: »Probiotika – Regenerierende, prophylaktische und adjuvant-therapeutische Anwendungen«, *Journal für Ernährungsmedizin* 6/2 (2004), Ausgabe für Österreich

19 *Deutsches Ärzteblatt*, Ausgabe 11 vom 18. 3. 2005

20 H. Spillmann: »Probiotika und probiotische Mikroorganismen: Lebensmittel oder Heilmittel? – ein Vergleich«, in: *Deutsche Molkerei-Zeitung* H. 12 (1997) 12, S. 515–522; R. D. Berg: »Translocation and the indigenous gut flora«, in: R. Fuller: *Probiotics. The scientific basis*, London 1992, S. 55–85, URL: http://www.das-eule.com/schwerp499.html [Stand: 21. 3. 2006]

21 J. Majcher-Peszynska, W. Heine, I. Richter, G. Eggers, C. Mohr: »Persistierende Lactobacillus casei subspecies rhamnosus – Bakteriämie bei einer 14jährigen Patientin mit akuter myeloischer Leukämie. Eine Kasuistik«, in: *Klinische Pädiatrie*. 2 (1999)

P. Kalima, R. G. Masterton, P. H. Roddie, A. E. Thomas: »Lactobacillus rhamnosus infection in a child following bone marrow transplant«, in: *Journal of Infection* 32 (1996)

G. Klein, E. Zill, R. Schindler, J. Louwers: »Peritonitis associated with vancomycin-resistant Lactobacillus rhamnosus in a continuous ambulatory peritoneal dialysis patient: organism identification, antibiotic therapy and case report«, in: *Journal of Clinical Microbiology* 36 (1998)

22 Stellungnahme zu Fructoololigosaccariden und Inulin, Gesellschaft Deutscher Chemiker (GDCh), in: *Lebensmittelchemie* 57 (2003). URL: http://www.gdch.de/strukturen/fg/lm/ag/ernaehrung/stellungnahmen/inulin.htm [Stand: 27. 3. 2006]

23 C. Coudray et al.: »Effect of soluble or partly soluble dietary fibres supplementation on absorption and balance of calcium, magnesium, iron and zinc in healthy young men«, in: *European Journal of Clinical Nutrition* 6 (1997)

E. G. van der Heuvel et al.: »Non-digestible oligosaccharides do not interfere with calcium and nonheme-iron absorption in young, healthy men«, in: *American Journal of Clinical Nutrition* 67 (1998)

E. G. van der Heuvel et al.: »Oligofructose stimulates calcium absorption in adolescents«, in: *American Journal of Clinical Nutrition* 69 (1999)

24 Presseinformation der Max-Planck-Gesellschaft vom 28. 7. 2000

25 Stellungnahme zu Fructoololigosaccariden und Inulin, Gesellschaft Deutscher Chemiker (GDCh), in: *Lebensmittelchemie* 57 (2003). URL: http://www.gdch.de/strukturen/fg/lm/ag/ernaehrung/stellungnahmen/inulin.htm [Stand: 27. 3. 2006]

26 Pressemitteilung der Verbraucherzentrale Sachsen vom 11. 6. 2002

27 URL: http://www.atlantis-pharm.com/Flavonoide.htm [Stand: 27. 3. 2006]

28 6. Symposium »Vitamine und Zusatzstoffe in der Ernährung bei Mensch und Tier« am 24. und 25. 9. 1997 in Jena

29 I. Kiefer, C. Haberzettl, Ch. Panuschka, A. Rieder: »Phytosterine und ihre Bedeutung in der Prävention«, in: *Journal für Kardiologie* 9/3 (2002)

30 URL: http://www.becel.at/produkte/t_proactiv_55.asp [Stand: 27. 3. 2006]

31 I. Kiefer, C. Haberzettl, Ch. Panuschka, A. Rieder: »Phytosterine und ihre Bedeutung in der Prävention«, in: *Journal für Kardiologie* 9/3 (2002)

32 Bayerisches Staatsministerium für Umwelt, Gesundheit und Verbraucher-

schutt. URL: http://www.vis-ernaehrung.bayern.de/de/left/fachinforma-tionen/lebensmittel/gruppen/pflanzensterole.htm [Stand: 27. 3. 2006]

33 B. Watzel: »Sulfide/Saponine/Glukosinolate«, in: *Ernährungs-Umschau* 48 (2001), 49 (2002), 52 (2005)

34 S. E. Kulling, B. Watzl: »Phytoöstrogene«, in: *Ernährungs-Umschau* 50/6 (2003)

35 W. Kämmerer: »Klinisch relevante Arzneimittelinteraktionen«, in: *Medizin im Dialog* 2 (2003)

36 Zitiert nach Lebensmittel- und Bedarfsgegenständegesetz LMBG, § 1 Abs. 1

37 Zitiert nach Arzneimittelgesetz AMG, § 2 Abs. 1

38 Quelle: EUFIC, Europäisches Informationszentrum für Lebensmittel, URL: www.eufic.org [Stand: 2006]

39 Quelle: Bayerisches Staatsministerium für Umwelt, Gesundheit und Verbraucherschutz

40 Quelle: Bayerisches Staatsministerium für Umwelt, Gesundheit und Verbraucherschutz

41 Vlad Georgescu, Marita Vollborn: »Das Geschäft mit den Möchtegern-Medikamenten«, in: *Spiegel Online* vom 19. 12. 2002

42 Ebd.

43 URL: http://www.spiegel.de/wissenschaft/mensch/0,1518,227454,00 html [Stand: Juni 2006]

44 *The Lancet* Vol. 364, Issue 9439, 18. September 2004, S. 1030: »Super-sizing a nation«

45 URL: www.kidnetic.com

46 *Super Size Me* (Regie: Morgan Spurlock), 2004

47 Carsten Matthäus: »Schlachtfeld Ernährung«, in: *Spiegel Online* vom 2. 10. 2002

48 *The Lancet* Vol. 366, Issue 9491, 24. 9. 2005, S. 1070: »Fighting back against fat«

49 Marita Vollborn, Vlad Georgescu: *KonsumKids – wie Marken unseren Kindern den Kopf verdrehen*, Frankfurt: S. Fischer 2006

50 Ebd.

Zusatzstoffe

1 W. Baltes: *Lebensmittelchemie*, Berlin u. a.: Springer 2000

2 *die tageszeitung* vom 3. 7. 2001

3 Nach W. Baltes: *Lebensmittelchemie*, Berlin u. a.: Springer 2000

4 Nach Vitacert: »Über Zusatzstoffe in Lebensmitteln«, Ausgabe 1/2002 (Die Vitacert GmbH ist ein Unternehmen von TÜV Deutschland und TUMTech, wissenschaftlicher Partner der Technischen Universität München.)

5 *Ärzte Zeitung* vom 16. 1. 2001

6 Informationsdienst Wissenschaft, Pressemitteilung vom 8. 6. 1998

7 URL: http://www.isabru.org/pdf/fs-Saccharin_German.pdf [Stand: 27. 3. 2006]

8 Arnold, D. L. et al.: »Log term toxicity study with orthotoluene-sulfonamide and saccharin«, in: *Toxicol. Appl. Pharmacol.* 41 (1977)

9 78/358/EWG: Empfehlung der Kommission vom 29. März 1978 an die Mitgliedstaaten über die Verwendung von Saccharin als Lebensmittelzusatzstoff und den Verkauf von Saccharin in Tablettenform an den Endverbraucher

10 URL: http://cancerweb.ncl.ac.uk/cancernet/600319.html [Stand: 27.3. 2006]

11 URL: http://assugrin.ch/daten_d/fachinformationen/suessstoffe/unbe denklichkeit.php [Stand: 27. 3. 2006]

12 URL: http://assugrin.ch/daten_d/fachinformationen/suessstoffe/zucker. php [Stand: 27. 3. 2006]

13 *AGRA-EUROPE* 31/2002, aid-Infodienst

14 URL: http://www.krebsinformation.de/Fragen_und_Antworten/lebens mittelzusatzstoffe.html [Stand: 27. 3. 2006]

15 URL: www.ugb.de

16 URL: http://www.oekotest.de/cgi/en/engs.cgi?enr=220 [Stand: 27. 3. 2006]

17 Quelle: *Ärztliche Praxis* vom 10. 9. 2004

18 Richtlinie 94/35 EG

19 Quelle: Institut für Ernährungsinformation

20 John W. Olney et al.: »Increaasing Brain Tumor Rates: Is There a Link to Aspartame?«, in: *Journal of Neuropathology and Experimental Neurology* 55/11 (1996)

21 *Frankfurter Rundschau* vom 23. 7.1997

22 Quelle: »Aspartam-Urteil«, Landgericht Düsseldorf vom 8. 9. 1999, AZ 12 0 354/99

23 Ebd.

24 Technische Universität Berlin, Extrablatt vom 19. 6. 2003

25 *arznei-telegramm* 37/1 (2006)

26 Morando Soffriti et al: *European Journal of Oncology* 2005; 10. 6. 2005.

URL: http://www.ramazzini.it/fondazione/docs/AspartameGEO2005.pdf [Stand: 21. 3. 2006]

27 Morando Soffritti et al: »First Experimental Demonstration of the Multipotential Carcinogenic Effects of Aspartame Administered in the *Feed to Sprague-Dawley Rats*«, in: *Environmental Health Perspectives* 114/3 (2006), URL: http://www.ehponline.org/members/2005/8711/8711. html [Stand: 2006]

28 *Stern* 52/2005

29 Quelle: *absatzwirtschaft online* vom Januar 2006

30 Zum Beispiel URL: http://www.ketario.de/board/viewtopic.php?t=3189 &start=20&sid=147142b717f2360c649ea266d31c047a [Stand: 2006]

31 Quelle: www.biotech-pro.de vom 24. 1. 2006

32 URL: www.truthaboutsplenda.com [Stand: 2006]

33 Quelle: *Schweizerisches Lebensmittelbuch:* Zucker und Zuckerwaren. Kapitel 24, 1976

34 URL:http://europa.eu.int/eur-lex/de/com/pdf/2002/com2002_0375de 01.pdf [Stand: 2006]

35 Deutsche Gesellschaft für Ernährung: *Ernährungsmedizin & Diätetik News* 3/2005

36 Ebd.

37 Bei der »Europäischen Gesellschaft August Bier für Ökologie und Medizin«

38 Quelle: Deutsche Gesellschaft für Ernährung: *DGE Info* 9/2002; Deutsches Ernährungsberatungs- und Informationsnetz (DEBInet): http://www.ernaehrung.de/aktuell/archiv/tabus_diabetes.htm [Stand: 27. 3. 2006]

39 URL: http://www.aok.de/bund/rd/137156.htm [Stand: 27. 3. 2006]

40 Pressemitteilung der Albert-Ludwigs-Universität Freiburg vom 31. 8. 2001

41 WHO: »Safety evaluation of certain food additives and contaminants«, in: *WHO Food Additives Series*, Nr. 48, 2002

42 URL: http://www.eufic.org/de/food/pag/food43/food432.htm [Stand: 27. 3. 2006]

43 R. v. Alvensleben, C. Kafka: *Grundprobleme der Risikokommunikation und ihre Bedeutung für die Land- und Ernährungswirtschaft*, Institut für Agrarökonomie der Universität Kiel; in: http://www.uni-kiel. de/agrarmarketing/Lehrstuhl/grundproblemederrisikokommunikation. PDF [Stand: 21. 3. 2006]

44 Quelle: CMA, Centrale Marketing-Gesellschaft der deutschen Agrarwirtschaft mbH, Bonn
45 Laut TNS Emnid-Umfrage im Auftrag der CMA
46 URL: http://www.cma.de/genuss_5565.php [Stand: 17. 3. 2006]
47 »Käse«, in: *Märkte und Tendenzen*, Nr. 23, Oktober 2005
48 URL: http://de.wikipedia.org/wiki/Zitronens%C3%A4ure#Biotechnolo
   gische_Herstellung [Stand: 17. 3. 2006]
49 In: Presseinformation der DECHEMA vom Januar 2006
50 URL: http://www.lgl.bayern.de/de/left/fachinformationen/lebensmittel/
   warencodes/frischobst.htm [Stand: 17. 3. 2006]
51 Ebd.
52 URL: http://www.bmwa.gv.at/NR/rdonlyres/7A35D1C4-9FB2-49A0-
   B351-7E681DE19DC6/19460/Kapitel03ExportManualUngarnLebens
   mittelwirtschaftV.pdf [Stand: 2006]
53 Eigene Erhebung. Durchschnitt aus Angaben der Hygieneinstitute und
   Lebensmittelüberwachungsbehörden der Länder.
54 *Gesundheitsblatt Friedrichshain-Kreuzberg*, Hrsg. vom Bezirksamt
   Friedrichshain-Kreuzberg, Abt. Gesundheit und Soziales, 2003
55 C. S. Block: *Beitrag zum Entwurf einer Strategie für den Vertrieb
   innovativer Frischeprodukte.* Dissertation an der Fakultät Prozesswis-
   senschaften der Technischen Universität Berlin, 2003
56 7. Report des WHO-Überwachungsprogramms zur Kontrolle von Le-
   bensmittelinfektionen und -intoxikationen. Pressemitteilung des Bundesinstituts für gesundheitlichen Verbraucherschutz und Veterinärmedizin
   (BgVV) 28/2000
57 E. C. Redmond et al: *Consumer Attitudes and Perceptions toward
   Foods Safety in the Domestic Kitchen.* University of Wales Institute,
   Cardiff
   Untersuchungen der Universität Tuscon, Arizona: http://www.quarks.
   de/schmutz/02.htm [Stand: 27. 3. 2006]
58 Pressemitteilung des Bundesinstituts für Risikobewertung (BfR)
   18/2002
59 Pressemitteilung des Bundesinstituts für Risikobewertung (BfR) vom
   12. 11. 2004
60 Merkblatt des Bundesministeriums für Gesundheit: Salmonellen – Tipps
   zur Vermeidung von Lebensmittelvergiftungen für Küchenpersonal
61 Conrad, C.: »Sensorik von Lebensmitteln als Auswahlkriterium«, *Er-
   nährung/Nutrition,* 16/10, 1992
62 Zitiert nach: *Tagesspiegel* vom 14. 3. 2004

63 Walter Wagner, Universität Bayreuth, URL: http://www.uni-bayreuth.
de/departments/didaktikchemie/umat/lebensmittelfaerben/lebensmit-
telfaerben.htm [Stand: 16. 3.2006]

64 Ebd.

65 URL: http://de.wikipedia.org/wiki/Triarylmethan [17. 3. 2006]

66 Zitiert nach http://www.quarks.de [Stand: 2006]

67 *Ärztliche Praxis* vom 3. Februar 2006

68 *Schrot & Korn* 6/2000

69 Zusatzstoff-Zulassungs-Verordnung, Anlage 1, Teil A, Spalte 3 lfd.
Nummer 22

70 Siehe Richtlinie 95/45/EG

71 2004/91/EG

72 Quelle: Stiftung Warentest, 1. 7. 2005
URL: http://www.stiftung-warentest.de/online/essen_trinken/test/1269
080/1269080/1272469.html [Stand: 18. 3. 2006]

73 URL: http://www.ernaehrung.de/aktuell/ [Stand: 2006]

74 Zitiert nach G. Maschkowski, L. Freischütz: Achten Sie aufs Etikett
– Etikettierung von Lebensmitteln. aid-Heft

75 Quelle: aid-Informationsdienst, basierend auf Umfragen

76 Quelle: Liechtensteinische Gesellschaft für Umweltschutz

77 URL: http://www.quarks.de/allergien/allergien.pdf [Stand: 18. 3. 2006]

78 Anmerkung: Meist enthalten die einzelnen Produkte noch mehr bzw.
andere Zusatzstoffe. Zusammenstellung nach angebotenen Produkten
in Lebensmittelmärkten sowie URL: http://www.quarks.de/dyn/19518.
phtml [Stand: 18. 3. 2006]

79 *Österreichischer Ernährungsbericht 2002*, Hrsg. vom Institut für Ernährungswissenschaften der Universität Wien im Auftrag des Bundesministeriums für Frauenangelegenheiten und Verbraucherschutz und des
Bundesministeriums für Arbeit, Gesundheit und Soziales

80 Quelle: Österreichischer Verein für Konsumentenforschung (VKI)

81 URL: http://www.tee.org/learning/nahrungsmittelallergien.html
[Stand: 2006]

82 Quelle: Institut für Epidemiologie und Sozialmedizin der Universität
Münster

83 *Financial Times Deutschland* vom 24.6.2005

84 Studie: Nanotechnology in Food and Food Processing Industry World-
wide 2003–2006–2010–2015. Helmut Kaiser Consultancy

85 *PackReport* 5/2005

86 Forbes/Wolfe: *Nanotech Report*, Juli 2005

87 *Environmental Health Journal (EHJ)* August 2005, pages 8–10
88 Quelle: Büro für Technikfolgenabschätzung beim Deutschen Bundestag
89 V. Georgescu, M. Vollborn: *Nanobiotechnologie als Wirtschaftskraft,* Frankfurt/New York: Campus 2002
90 Institut für ökologische Wirtschaftsforschung: *Potenziale und Risiken nanotechnologischer Anwendungen,* 2006
91 Harald F. Krug et al.: »Toxikologische Aspekte der Nanotechnologie. Versuch einer Abwägung«, in: *Technologiefolgenabschätzung – Theorie und Praxis,* 2/2004
92 V. Georgescu, M. Vollborn: *Nanobiotechnologie als Wirtschaftskraft,* Frankfurt/New York: Campus 2002
93 *Freitag,* 40 vom 26. 9.2003
94 URL: http://www.lifegen.de/newsip/shownews.php4?getnews=2005-11-16-2912&pc=s01 [Stand: 18. 3. 2006]
95 *Small sizes that matter: Opportunities and risks of Nanotechnologies,* 2005
96 Pressemitteilung der Universität Graz, 16.9.2005
97 Originaltextservice (ots), Meldung vom 28. 4. 2005

Rohstoffe

1 vgl. URL: http://www.vetcontact.com/de/art.php?a=2499&t= [Stand: 21. 3. 2006]
2 URL: http://ticker-grosstiere.animal-health-online.de/20040609-00001/ [Stand: 21. 3. 2006]
3 URL: www.LifeGen.de, Meldung vom 26. 5. 2004
4 foodwatch: *Alles – außer Kontrolle. Sicherheitslücken der Tiermehl-Verwertung in Zeiten von BSE.* Report, 2004
5 Prof. Ellen Kienzle, Institut für Tierernährung der Universität München im Magazin *FAKT* (mdr) vom 1. 7. 2002
6 URL: http://www.sciencemag.org/cgi/content/abstract/307/5712/1107 [Stand: 21. 3. 2006]
7 Martin Groschup, damalige Bundesforschungsanstalt für Viruskrankheiten der Tiere, auf einem Symposium in Mainz
8 Große Anfrage der Abgeordneten Klaus W. Lippold, Heinrich-Wilhelm Ronsöhr, Anette Widmann-Mauz sowie CDU/CSU-Fraktion 14/8653 vom 14. 8. 2002
9 Deutscher Bundestag, Drucksache 15/5635 vom 31. 5. 2005
10 Deutscher Bundestag, Pressemitteilung, URL: http://www.bundestag.de/bic/hib/2005/2005_125/04 [Stand: 2006]

11 *Clinical and Diagnostic Laboratory Immunology* 12 (2005)

12 »BSE-Lebendtest: Friedrich-Loeffler-Institut warnt vor übertriebenen Erwartungen«, Stellungnahme des Friedrich-Loeffler-Instituts zur Pressemeldung vom 11. 7. 2005. URL: http://idw-online.de/pages/de/news121196 [Stand: 21. 3. 2006]

13 H. K. Müller, F. Geiser, Bundesamt für Veterinärwesen, Bern: BSE – Der Tierhalter merkt es zuerst. URL: http://www.animal-health-online.de/drms/rinder/bse4.htm [Stand: 21. 3. 2006]

14 Ebd.

15 URL: http://www.vetmed.uni-muenchen.de/med2/skripten/b5-21.html [Stand: 21. 3. 2006]

16 Antwort auf eine Anfrage des Abgeordneten Hans-Michael Goldmann (FDP), beantwortet vom Parlamentarischen Staatssekretär Matthias Berninger am 26. 1. 2004.

17 O-Ton Staatssekretär im Bundeslandwirtschaftsministerium, Alexander Müller

18 Europäische Kommission, Generaldirektion Gesundheit und Verbraucherschutz: Auszug aus einem Bericht über einen Kontrollbesuch des Lebensmittel- und Veterinäramtes in Deutschland vom 12. bis 16. Januar 2004. URL: http://europa.eu.int/comm/food/fs/inspections/vi/reports/germany/vi_rep_germ_7001_2004_de.pdf [Stand: 2006]

19 *Spiegel* 25/1996

20 URL: http://www.bseinquiry.gov.uk/index.htm [Stand: 21. 3. 2006]

21 foodwatch: *Alles – außer Kontrolle. Sicherheitslücken der Tiermehlverwertung zu Zeiten von BSE*. Report, 2004

22 *Financial Times* vom 17. 11. 2000

23 *Münchner Merkur* vom 12. 1. 2001

24 1,5 Mio. Ochsen und Bullen (−114Prozent), 1,5 Mio. Kühe (−6,2 Prozent), 446 000 Färsen (−10,8 Prozent), 350 000 Kälber (−5,2 Prozent). Quelle: Statistisches Bundesamt Wiesbaden, Anzahl gewerblicher Schlachtungen

25 Pressemitteilung der FDP Baden-Württemberg vom 6.2.2002

26 Schreiben der Europäischen Kommission an Joschka Fischer vom 7. 9. 2001. URL: http://europa.eu.int/comm/secretariat_general/sgb/state_aids/agriculture-2001/n150a-01.pdf [Stand: 2006]

27 vgl. BBC News vom 12. 1. 2005. URL: http://news.bbc.co.uk/1/hi/health/4162749.stm [Stand: 21. 3. 2006]

28 URL: http://www.albert-dess.de/uploads/ media/BSE-Bek_mpfung-Straub.pdf [Stand: 21. 3. 2006]

29 Vlad Georgescu, Marita Vollborn, *Berliner Morgenpost*. URL: http://ar-chiv.berliner-morgenpost.de/archiv1997/970313/uni/story267313.html [Stand: 1997]

30 URL: http://www.wakkerdier.nl [Stand: 2006]

31 EU-Nachrichten Nr. 36 vom 13. 10. 2005

32 Siehe u. a. URL: http://www.chefkoch.de/forum/2,21,203240/Tibon-Steak-wieder-zugelassen-ab-2006.html [Stand: 21. 3. 2006]

33 Broschüre: *Fleisch. Iss gut!*, Verbraucherzentralen 2005

34 Bundesministerium für Ernährung, Landwirtschaft und Verbraucher-schutz (BMELV): Ergebnisse und Auswertung der Viehbestandserhebung vom 3. 11. 2005

35 foodwatch: *Lug und Trog. Der foodwatch-Report über billige Futter-mittel, der uns teuer zu stehen kommt*. April 2005. URL: www.glus.org/download/foodwa05.pdf [Stand: 21. 3. 2006]

36 URL: http://www.glus.org/download/foodwa05.pdf [Stand: 21. 3. 2006]

37 Ebd.

38 Ebd.

39 *Berliner Zeitung* vom 16. 12. 2005

40 URL: http://www.transgen.ch/t24.html [Stand: 21. 3. 2006]

41 *TIME*, 31.5.1976: »Searching for superplants«

42 *Nature* 399 (1999)

43 URL: http://www.lifegen.de, Meldung vom 21. 6. 2004

44 URL:http://www.monsanto.com/monsanto/content/sci_tech/prod_safety/yieldgard_rw/pss.pdf [Stand: 2006]

45 Das eingepflanzte Gen für die Herstellung des Gifts entstammt dem Bak-terium *Bacillus thuringiensis*.

46 Schubbert, R. et al.: »Ingested foreign DNA survives transiently in the gastrointestinal tract and enters the bloodstream of Mice«, in: *Molecu-lar Genetics and Genomics* 242 (1994)

47 Idw Pressemitteilung vom 3. 11. 2000

48 »Grüne Gentechnik – Risiko ohne Nutzen«, in: *Securvital* 3/05

49 Agence France Presse, Meldung vom 18. 11. 2005

50 Doerfler, W. et al.: »Fremde DNA in Säugersystemen«, in *Rundgesprä-che der Kommission für Ökologie,* Bd. 16, Lebensmittel und Gentech-nik, München: 1999 Verlag Dr. Friedrich Pfeil

51 URL: www.akademienunion.de/_files/memorandum_gentechnik/ me-morandum_gruene_gentechnik.pdf [Stand: 23. 3. 2006]

52 Eiweiße bestehen aus Aminosäureketten, die meist dreidimensional ge-faltet sind. Durch die Faltung können manche Bereiche (die so genannten

diskontinuierliche Epitope) nah beieinander liegen, obwohl sie im entfalteten Zustand weit voneinander entfernt sind.

53 H. Bergschmidt: *A comparative analysis of releases of genetically modified organisms in different EU member states. Project Report,* Umweltbundesamt, Texte 57, Berlin 1995

54 *New England Journal of Medicine*

55 J.A. Nordlee, S.L. Taylor, J.A. Townsend, L.A. Thomas, R.A. Bush R.K.: »Identification of a Brazil-nut allergen in transgenic soybeans«, in: *New England Journal of Medicine* 334/11 (1996)

56 BVEL: Diskurs Grüne Gentechnik. Auftaktveranstaltung 12. 12. 2001, Berlin.
    Grüne Gentechnik – Stand der Anwendung, Interessenskonflikte, Probleme und Risiken Dr. Beatrix Tappeser, Öko-Institut e. V. (PDF-Version zur Tagung)

57 Vlad Georgescu, Marita Vollborn: »Zauberkugel ›Antisense‹ soll Aids und Krebs heilen. Erste klinische Studien mit neuen Medikamenten aus Erbsubstanzteilchen«, in: *Frankfurter Rundschau* vom 19. 2. 1996

58 Mae-Wan Ho: *Das Geschäft mit den Genen,* München: Diederichs 1999, S. 196

59 Pressemitteilung des Thüringer Gesundheitsministeriums vom 5. September 2005

60 Quelle: E. Banu: *Biotechnologie und Gentechnik im Bereich Lebensmittel,* 8/1997, herausgegeben vom Bayerischen Staatsministerium für Ernährung, Landwirtschaft und Forsten

61 dpa, Meldung vom 5. 9. 2005

62 URL: http://www.netlink.de/gen/Nf-hipap.htm [Stand: 23. 3. 2006]

63 Verordnung (EG) Nr. 1829/2003

64 Meldung vom 15. 1. 2004. www.LZ-Net.de

65 E. Banu: *Biotechnologie und Gentechnik im Bereich Lebensmittel,* 8/1997, herausgegeben vom Bayerischen Staatsministerium für Ernährung, Landwirtschaft und Forsten

66 URL: www.fao.org/Wairdocs/TAC/X5785E/x5785e0b.htm [Stand: 23. 3. 2006]

67 GM crops – going against the grain, Action Aid, 2003; ISAAA (International Service for the Acquisition of Agribiotech Applications) 2002

68 »Global Status of Transgenic Crops in 1997« der ISAAA

69 Bundesministerium für soziale Sicherheit und Generationen: Gentechnik und Lebensmittel. Wien 2001

70 *Agra-Europe* (ein unabhängiger europäischer Presse- und Informationsdienst für Agrarpolitik und -wirtschaft)

71 Datenbank AGE. *Agra-Europe* (AgE), 44/23 (2003)

72 URL: http://www.biotech-info.net/sevenNAS.html [Stand: 23. 3. 2006]

73 Die Studie *Alternativen zu gentechnisch veränderten Pflanzen* ist in der Reihe TEXTE des Umweltbundesamtes als Nr. 68/03 erschienen.

74 Antje Springer, Georgios Papastefanou, Asterios Tsioumanis, Konstadinos Mattas: »Sociodemographic and Subjective Belief Reasons for Inter-EU Differences of Attitudes Towards Genetically Modified Food«, *ZUMA-Nachrichten 56*, Mai 2005

75 URL: http://www.pestizidreduktion.de/pestizide_im_wasser/grundwasser/haeufigkeitsverteilung.html

76 URL: www.lifegen.de, Meldung vom 9. 9. 2004

77 Greenpeace Nachrichten vom 19. 5. 2005

78 URL: http://www.verbrauchernews.de/gesundheit/lebensmittel/artikel/2005/11/0077/ [Stand: 23. 3. 2006]

79 Meldung vom 23. 9. 2004: Immer mehr giftige Pestizide in Trauben. URL: http://www.naturreporter.de/ [Stand: 23. 3. 2006]

80 URL:http://www.3sat.de/3sat.php?http://www.3sat.de/nano/news/70631/index.html [Stand: 23. 3. 2006]

81 URL: http://www.presseportal.de/story.htx?nr=597922&firmaid=6343 [Stand: 23. 3. 2006]

82 URL: http://de.einkaufsnetz.org/gift/lebensmittel/20616.html [Stand: 23. 3. 2006]

83 URL: http://www.naturkost.de/meldungen/2003/030904ev2.htm [Stand: 23. 3.2006]

84 URL: http://umweltrat.de/02gutach/downlo02/umweltg/UG_2004_lf.pdf [Stand: 23. 3. 2006]

85 URL: http://www.allum.de/index.php?PHPSESSID=cd65fafc7069a5ebb5fcc21796c9d8f8

86 URL: http://www.acrylamide-food.org/ [Stand: 23. 3. 2006]

87 URL: http://europa.eu.int/rapid/pressReleasesAction.do?reference=IP/03/348&format=HTML&aged=1&language=DE&guiLanguage=en [Stand: 24. 3. 2006]

88 *Proceedings of the National Academy of Sciences,* DOI: 10.1073/pnas.0502544102. URL: http://www.pnas.org/cgi/content/abstract/102/19/7014 [Stand: 24. 3. 2006]

89 *Endocrinology* 146/9 (2005), DOI: 10.1210/en.2005-0340

90 URL: http://www.cbgnetwork.org/1272.html [Stand: 23. 3. 2006]

91 Ebd.

92 Vlad Georgescu, Marita Vollborn: »Weichmacher könnte Hirngewebe schädigen«, in: *Spiegel Online,* 13. 12. 2005

93 URL: www.bfr.bund.de/cm/252/erbgutveraenderungen_durch_bisphenol _a.pdf [Stand: 24. 3. 2006]

94 Vlad Georgescu, Marita Vollborn: »Weichmacher könnte Hirngewebe schädigen«, in: *Spiegel Online*, 13. 12. 2005

95 Verordnung über die Behandlung von Lebensmitteln mit Elektronen-, Gamma- und Röntgenstrahlen, Neutronen oder ultravioletten Strahlen (Lebensmittelbestrahlungsverordnung – LMBestrV)

96 URL: http://www.umweltinstitut.org/frames/all/m308.htm [Stand: 24. 3. 2006]

Die gesellschaftlichen Folgen

1 Beatrice Lugger: »So dick sind die Deutschen«. URL: http://www.net-doktor.de/topic/adipositas/praevalenz.htm [Stand: 24. 3. 2006]

2 URL: http://www.netdoktor.de/images/70264_diagramm.gif [Stand: 24. 3. 2006]

3 Lebensmittelchemisches Institut der Deutschen Süßwarenindustrie, Köln. Wissenschaftlicher Pressedienst. September 2005

4 Lebensmittelchemisches Institut der Deutschen Süßwarenindustrie, Köln. Wissenschaftlicher Pressedienst. September 2005

5 URL: http://www.netdoktor.de/thema/uebergewicht.shtml [Stand: 24. 3. 2006]

6 URL: http://www3.gsf.de/kora/publikationen.html [Stand: 24. 3. 2006]

7 URL: http://www.bag.admin.ch/verbrau/ernaehrung/d/ernaehrungspolicy. pdf [Stand: 24. 3. 2006]

8 Levy, E., et al.: »The economic costs of obesity: the French situation«, *International Journal of Obesity* 19 (1995)

9 Markus Becker: »Fettsucht tötet 400.000 Amerikaner pro Jahr«, in: *Spiegel Online* 10. 3. 2004

10 National Audit Office, Tackling Obesity in England. 2001, The stationery Office: London.

11 URL: http://circ.ahajournals.org/cgi/content/full/109/16/1981 [Stand: 24. 3. 2006]

12 URL: http://www2.netdoktor.de/nachrichten/index.asp?id=123209&D= 14&M=6&Y=2006 [Stand: Juni 2006]

13 Quelle: Pressemitteilung März 2006 der Deutschen Gesellschaft für Endokrinologie (DGE)

14 Reuters: »US-Studie – Übergewicht steigert Demenz-Risiko im Alter«. URL: http://www.dieneueepoche.com/articles/2005/04/29/2508.html [Stand: 24. 3. 2006]

15 URL: http://www.sahlgrenska.se [Stand: 2006]

16 Die Ergebnisse der Studie wurden in *Neurology* http://www.neurology. org veröffentlicht.

17 Jochen Paulus: »Der IQ-Höhenflug geht zu Ende«, in: *Tages-Anzeiger* vom 3. 8. 2005

18 Thomas W. Teasdale and David R. Owen: »A long-term rise and recent decline in intelligence test performance: The Flynn Effect in reverse«, in: *Personality and Individual Differences* 39/4 (2005)

Ausblick

1 URL: http://www.123recht.net/article.asp?a=3826 [Stand: 24. 3. 2006]

2 *Der Spiegel* 11/2004

3 *Katalyse-Nachrichten* 37 1/2003

4 *Der Tagesspiegel* vom 28. 2. 2006

5 Quelle: Datenbank der Verbraucher-Initiative e. V.

6 Verordnung Nr. 2092/91 des Rates vom 24. 6. 1991 über den ökologischen Landbau und die entsprechende Kennzeichnung der landwirtschaftlichen Erzeugnisse und Lebensmittel

7 URL: http://www.institut-fresenius.de/capri-sonne/ [Stand: 24. 3. 2006]

8 www.landwirtschaftskammer.de/fachangebot/gartenbau/kip.htm [Stand: 24. 3. 2006]

9 Ebd.

10 Ebd.

11 Quelle: Amt für Gesundheitswesen, Aurich

12 http://www.fairtrade.de

13 *Lebensmittel Zeitung* , online-Archiv

14 *Spiegel Online*, 18. 4. 2006

15 *Lebensmittel Zeitung*, online-Archiv

Register